QUANGUOCHENG GONGCHENG ZIXUN CONGSHU

全过程工程咨询丛书

工程项目施工咨询

主　编　贺太全
副主编　肖玉锋　李伟才
参　编　刘彦林　孙　丹　马立棉
　　　　徐树峰　杨晓方

中国电力出版社
CHINA ELECTRIC POWER PRESS

内 容 提 要

本书内容包括工程项目施工咨询简介、施工采购及物资保管咨询、施工过程技术咨询、施工质量咨询、施工费用咨询、施工进度咨询、施工职业健康安全及环境管理咨询、施工其他咨询、工程项目施工咨询案例等内容。

本书适合全过程工程咨询项目的投资方、工程总承包方或工程项目设计单位、工程项目施工单位、工程项目咨询单位、工程项目监理单位等相关技术与管理人员参考使用。

图书在版编目（CIP）数据

工程项目施工咨询 / 贺太全主编. —北京：中国电力出版社，2021.1
（全过程工程咨询丛书）
ISBN 978-7-5198-4780-7

Ⅰ.①工… Ⅱ.①贺… Ⅲ.①建筑施工-咨询服务 Ⅳ.①F407.9

中国版本图书馆 CIP 数据核字（2020）第 120940 号

出版发行：中国电力出版社
地　　址：北京市东城区北京站西街 19 号（邮政编码 100005）
网　　址：http://www.cepp.sgcc.com.cn
责任编辑：王晓蕾
责任校对：黄　蓓　郝军燕
装帧设计：张俊霞
责任印制：杨晓东

印　　刷：北京天宇星印刷厂
版　　次：2021 年 1 月第一版
印　　次：2021 年 1 月北京第一次印刷
开　　本：787 毫米×1092 毫米　16 开本
印　　张：21
字　　数：537 千字
定　　价：69.80 元

前言

全过程工程咨询是工程咨询方综合运用多种学科知识、工程实践经验、现代科学技术和经济管理方法，采用多种服务方式组合，为委托方在工程项目策划决策、建设实施乃至运营维护阶段持续提供局部或整体解决方案的智力性服务活动。其核心是通过采用一系列工程技术、经济、管理方法和多阶段集成化服务，为委托方提供增值服务。

2017 年 2 月，国务院办公厅印发了《关于促进建筑业持续健康发展的意见》（国办发〔2017〕19 号），首次明确提出“全过程工程咨询”的概念，之后住房和城乡建设部相继出台了《关于开展全过程工程咨询试点工作的通知》《关于征求推进全过程工程咨询服务发展的指导意见（征求意见稿）和建设工程咨询服务合同示范文本（征求意见稿）意见函》等一系列文件。国家发展改革委于 2017 年 11 月出台了新的《工程咨询行业管理办法》(2017 第 9 号令)，从多个角度对全过程工程咨询做了推进、阐释和规范工作。2018 年 3 月，住房和城乡建设部发布了《关于推进全过程工程咨询服务发展的指导意见（征求意见稿）》（建办市函〔2018〕9 号），对全过程工程咨询进行了规范化，对培育全过程工程咨询市场、建立全过程工程咨询管理机制、提升工程咨询企业全过程工程咨询能力和水平等问题提出了指导意见。

国家大力推行全过程工程咨询，旨在完善工程建设组织模式和全过程工程咨询服务市场，鼓励投资咨询、勘察、设计、监理、招标代理、造价等企业采取联合经营、并购重组等方式开展全过程工程咨询，培育一批具有国际水平的全过程工程咨询企业。提出政府投资工程应带头推行全程工程咨询，鼓励非政府投资工程委托全过程工程咨询服务。

全过程工程咨询有别于传统建设模式的优势是：

（1）全过程工程咨询涉及建设工程全生命周期内的策划咨询、前期可研、工程设计、招标代理、造价咨询、工程监理、施工前期准备、施工过程管理、竣工验收及运营保修等各个阶段的管理服务。

（2）强调项目总策划。总体策划咨询是全过程工程咨询的首要工作，对未来项目实施起指导和控制作用，是开展工程咨询服务的行动纲领和指南。

（3）重视设计优化。全过程工程咨询模式紧紧抓住前期和方案设计阶段，实现项目设计价值的最大化。

(4) 全过程工程咨询以建设目标为出发点，对项目各个阶段的服务进行高度集成，并以有效的手段和合同机制进行系统性全方位管理。

(5) 强调独立性。独立性是第三方咨询机构的立业之本，更是国际咨询机构的典型特征，全过程工程咨询服务模式始终要求坚持此特性。

(6) 全过程工程咨询，更加注重责任划分和合同体系。可借助法务人员作用，规范咨询管理行为，减少过程控制风险，促进和提高咨询成果质量。

本丛书以全过程工程咨询实践经验为基础，对其产生背景、内涵与特征、服务范围与内容等进行全面讲解，以助推全过程工程咨询模式的发展。具体特色如下：

(1) 实用性。注重应用性，将咨询服务管理制度、操作流程和业务分类安排编写，使读者阅读时能尽快掌握书的主旨和要领。

(2) 专业性。根据工程咨询专业术语和规范及相应内容“量身定做”每一阶段业务知识。

(3) 指导性。用典型的案例给读者以借鉴和指引。

(4) 前瞻性。将全新的思维和理念融入全书内容之中。

(5) 通俗易懂。从全过程工程咨询参与各方考虑和安排书的结构，用咨询项目涉及人员便于理解的角度和语言进行描述。

由于时间所限，书中不妥和疏漏之处还望各位读者朋友批评指正，在此表示感谢！

编　者

目录

第一章

工程项目施工咨询简介

第一节　工程项目施工及其管理特点

建筑工程是为人民群众的生活、生产及各类社会活动所提供的活动场所，它有场地功能，有安全庇护功能，还有建筑外形对环境的美化功能。工程在施工期间同样也有其节拍秩序以及美妙的内涵和外在。各个阶段的工程施工场面，具有的特殊和不同样式的建筑秩序以及奇特景象，如深密、有序、雄浑、大气、高耸、宏伟等，不一而足。

外行看热闹，内行看门道。这些施工场面也会显示出施工管理内部的施工秩序和管理水平。施工管理水平不仅决定着工程施工能否顺利进行，更决定着工程的质量能否达到使用要求。

一、建筑施工的特点

1. 建筑施工流动性

建筑工程的固定化决定了建筑施工不可避免的流动性。参与施工的人员、材料和设备不仅要随着建筑地点流动，而且在不断改变的施工部位进行空间内的流动。与其他工业制造相反，建筑施工是在固定的建筑物上，以流动的“流水线”进行各种施工活动。

施工流动性决定了建筑施工条件的特殊和难度，造成施工人员的流动和艰辛，因此要求施工管理采取一系列措施进行应对。

2. 建筑施工单件独特性

建筑物因地点不同引起基础、气象条件及相关使用功能的不同；还因为使用目的不同、规划不同，以及设计差异，材料、设备、构配件差异，施工技术差异和经济条件差异等，造成建筑施工不可避免的单件独特性。

工程的独特性引起了施工及管理的复杂多变，这就要求施工管理人员不断地学习提高，深入掌握工程的特点和难点，制定相应的施工技术措施，以适应新的工程施工需要。也由此引申出了执行技术规范和标准的重要性。

3. 建筑施工的地区性

不同地区的建筑环境包括地质水文、天气气象、人文环境、政策法规，以及不同的设计者等，对工程施工具有不同影响：同样结构形式与计算，在不同地区却有着不同的结构形体和构造样式。其他建筑内容也是一样。它为工程施工的复杂性增添了更多因素。

为此，针对不同的工程特点和施工条件，需要进行有针对性的、周密的施工准备，进行施工调查研究，信息化管理也被提到了施工管理的重要认识高度。

4. 建筑施工周期长

建筑物的体量大，构筑复杂，决定了施工周期以年为单位来计算。施工需要消耗大量人力、物力和财力。施工需要调动一切力量，集中完成一道道工序，直到完成全部工程。施工周期要求施工人员能够排除复杂干扰、安心稳定和连续地参与施工。

工程的长时期施工管理，需要我们在用工、时间安排、综合计划等方面细心斟酌，周密应对，并不断调整预案，以适应和紧跟施工形势变化，做好动态管理。

5. 建筑施工露天作业

露天施工受天气影响大，施工条件复杂而艰苦，要求施工人员不避艰辛，吃苦耐劳；要求施工管理克服天气的不良影响，保证施工质量；要求加强安全施工措施，做好对工人的劳动保护及人文关怀，稳定和提高工人的劳动积极性，提高管理水平及企业效益；要求对工程负责，对施工企业负责，更对施工人员的安全和需求负责。

6. 建筑施工高空作业

高大雄伟的工程建筑决定了施工存在大量高空作业，它对施工机械工具的安全性能要求，对施工人员及施工环境的质量安全要求，对施工管理中施工措施、安全措施、质量保证措施等方面的要求，都需要进行有针对性的、周密的研究和准备。

7. 建筑施工手工操作多，劳动强度大

建筑施工作为一个与人类共生的古老行业，一直存在着大量的手工劳动。即使有许多高新施工技术和施工手段，但许多手工操作仍然无法取代。手工操作存在工人劳动强度大、劳动条件差、劳动效率低下的状况。这就需要施工管理进行相应的施工组织安排和周到的劳动保护工作，不断研究应用新技术、新工艺，解放劳动力，提高劳动效率，创造更高的建筑施工社会效益；当然也需要工程设计人员从根本上对工程的构造和施工工艺进行研究和改进。工厂化生产、机械化施工和标准化设计将是重要的考虑方面。

8. 建筑施工错综复杂

建筑施工时间长、工作量大、资源消耗多、涉及面广、对社会生活影响大。它涉及建筑科学、建筑物资、建筑结构施工、水电设备安装等各种专业，涉及建筑设计、地质勘察、工程监理等多个行业，需要各种行业互动和单位协作，使施工管理十分复杂。它不像其他产品和销售，可以在数分钟内完成交易。它是在整个施工期由各方人员互动中争取最好的管理决策和措施，在各种内外干扰下力争最佳的施工成果，在数年的坚持中不懈努力、进行和完成既定的工作目标。为此，施工管理需要有多方面的技术知识，有与多个单位交往合作的经验，需要多方面的管理协调能力，需要有应对复杂局面、处理各种矛盾的心理准备。

9. 建筑施工后期安全质量

建筑工程一经建成，就将矗立百年甚至更长时间。所以工程质量及使用安全是首要问题。施工方不可将“工程移交就算完事”作为心理预期。必须对长期的工程质量保证和安全使用制定施工要求，对后期安全质量树立责任意识，做好质量保修期间的服务配合工作。

二、施工管理的特点及咨询的必要性

（一）工程项目管理特点

1. 项目管理是复杂的任务

（1）建设工程项目时间跨度长、外界影响因素多，受到投资、时间、质量等多种约束条件的严格限制，并且由多个阶段和部分有机组合而成，其中任何一个阶段或部分出问题，就会影响到整个项目目标的实现，增加项目管理的不确定因素。

（2）项目管理需要各方面的人员临时组织成一个团队，要求全体人员能够综合运用包括专业技术、经济、法律等多种学科知识，步调一致地进行工作，随时解决工程实际中发生的问题。

2. 项目管理需要具有创造性

建设项目具有一次性的特点。项目管理者在项目决策和实施过程中，必须从实际出发，结合项目的具体情况，因地制宜地处理和解决工程项目实际问题。因此，项目管理就是将前人总结的建设知识和经验，创造性地运用于工程管理实践。

3. 项目管理需要专门的组织机构

工程建设项目管理需对资金、人员、材料、设备等多种资源进行优化配置和合理使用，并需要在不同阶段及时进行调整。对于项目决策和实施过程中出现的各种问题，相关部门都应迅速地做出协调一致的反应，以适应项目时间目标的要求。同时，因各种建设项目在资金来源、规模大小、专业领域等方面都存在较大不同，项目管理组织的结构形式、部门设立、人员配备必然不同，不可能采用单一的模式，而必须按照弹性原则围绕具体任务建立一次性的专门组织机构。

4. 项目管理方法具有完备的理论体系

现代项目管理方法的理论体系是多学科知识的集成，可以分为哲学方法、逻辑方法和学科方法。哲学方法是辩证地分析事物的两面性、正面效应和反面效应；逻辑方法使用概念、判断、推理等逻辑思维方式，对问题进行归纳、演绎、综合，如逻辑框架法等；专业方法是利用各种学科中常用的研究方法，如文献法、问卷法、蒙特卡罗模拟法、价值工程法、网络技术法等。这些方法在项目周期中的项目的策划与立项、目标控制、后评价等方面得到广泛应用，为建设项目的科学管理起到关键性作用。

（二）施工管理咨询的必要性

由于工程项目涉及单位多，建设周期长，各种关系协调工作量大；另外，工程技术的复杂性使得许多应用新技术、新材料和新工艺的而设备不断出现，项目的建设规模越来越大，包含的工程越来越多；社会的政治经济环境对工程项目的影响越来越复杂，特别是对一些跨地区、跨行业的大型工程项目。所有这些客观实际使得工程项目施工过程中易出现很多问题和失误，如岗位分配不明确，部门工作能力有限，缺乏专业综合性人才，无法保障工作效率及质量设计有待完善却无法制订出科学合理的方案，不能根据实际情况进行方案调整。

建设项目非常需要有很强的专业技术力量和较高管理水平的团队，专业咨询公司产期从事工程咨询管理服务工作，经验比较丰富，其进行施工管理有利于保证质量进度和节约投资。

三、施工咨询模式

（1）由一家工程咨询企业实施。“全过程”服务可由建设单位委托一家具有综合能力的工程咨询企业实施，该工程咨询企业应具备与服务项目相匹配的资质、资格和能力，在具体提供咨询服务过程中，应当将依法需要资质但其不具备的服务分包给具备相应资质的企业实施。

（2）由多家具有不同专业特长的工程咨询企业组成联合体实施。多家工程咨询企业共同投标并与建设单位签订咨询合同，约定联合实施全过程工程咨询，签署联合体协议，明确联合体成员向建设单位承担连带责任，并明确牵头单位以及联合体成员单位所承担的咨询服务内容、权利、义务和责任。

（3）建筑师负责制。《国务院办公厅关于促进建筑业持续健康发展的意见》中提出：“在民用建筑项目中，充分发挥建筑师的主导作用，鼓励提供全过程工程咨询服务。”建筑师负责制是以担任民用建筑工程项目设计主持人或设计总负责人的注册建筑师为核心的设计团队，依据合同约定，对民用建筑工程全过程或部分阶段提供全寿命周期设计咨询管理服务，最终将符合建设单位要求的建筑产品和服务交付给建设单位的一种工作模式。

第二节　施工咨询流程及工作内容

工程项目实施阶段的主要任务是通过施工，设备材料的采购、安装、调试，生产准备和工程验收，在预定的进度、质量、造价范围内，将设计要求和蓝图高效率地变成项目实体。咨询公司在此阶段内受到不同服务对象的委托，承担不同的咨询任务，主要包括：采购合同的管理、土木工程合同的管理（施工监理）、施工管理、生产准备和工程验收的监理服务。咨询公司可根据其服务内容的不同，承担不同的咨询任务。

一、施工管理咨询流程

全过程工程咨询可以使工程咨询机构早期就参与项目的开发建设，其作用在于：①更有利地熟悉设计图纸、设计要求、标底计算书等，明确工程费用最易超支的部分和环节，明确投资控制重点；②预测工程风险及可能发生索赔的诱因，制订防范性对策，避免或减少索赔事件的发生；③按合同规定的条件和要求监督各项事前准备工作，避免发生索赔条件；④在施工过程中，及时答复施工单位提出的问题及配合要求，主动协调好各方面的关系，避免索赔条件成立；⑤对工程变更、设计修改要严格把关，有利于进行技术经济合理性分析；⑥对投资进行动态控制，定期或不定期地进行工程费用分析，并提出控制工程费用的方案和措施。

工程项目全过程施工管理的流程如图 1-1 所示。

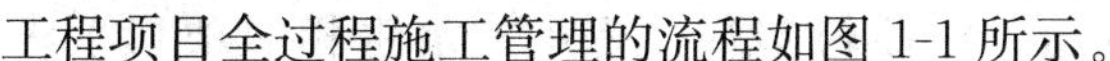

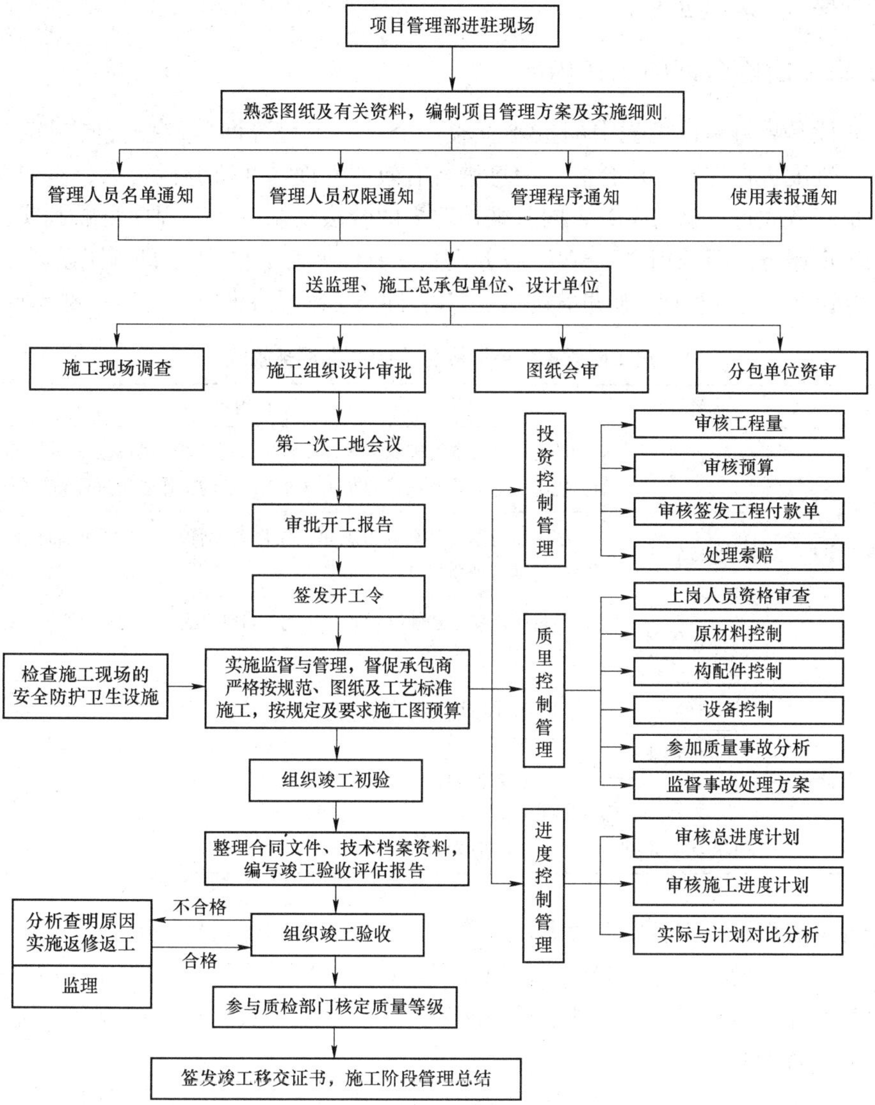

图 1-1　工程项目全过程施工管理流程

二、施工项目各参与单位的工作职责

项目施工阶段涉及的利益相关主体众多，主要集中在投资人、全过程工程咨询单位、施工承包商及设备、材料供应商等，各参与单位在施工阶段的工作以及工作职责如下。

(1) 投资人：确定全过程工程咨询单位以及施工承包及设备、材料供应商，并签订合同，对项目实施进行监督。

(2) 全过程工程咨询单位：对项目实施进行全过程管理、协调，集成各参建单位的关系和管理，以确保项目目标的实现。

（3）施工承包商及设备、材料供应商：在项目实施过程中，负责相应项目工程的协调，按合同要求完成承包任务。

三、施工阶段咨询的工作内容

施工阶段是项目建设过程中的重要阶段，全过程工程咨询单位按合同规定对工程成本、质量、进度进行控制，对合同、信息进行有效的管理，并协调投资人、承包单位各方关系，约束双方履行自己的义务，同时维护双方的合法权益，使工程项目顺利实施。施工阶段工程咨询服务内容采用“1+*N*”服务模式，具体见表1-1。“1”即施工阶段项目管理，即包括投资管理、进度管理、质量管理等。“*N*”即施工阶段咨询服务内容，要点如下。

表1-1　　施工阶段工程咨询服务“1+*N*”服务模式

“1+*N*”服务模式	内容要点	工作内容
“1”：项目管理	投资管理	负责项目投资管理的决策，确定项目投资控制的重点难点，确定项目投资控制目标，并对项目的专业造价工程师的工作进行过程和结果的考核
	进度管理	编制项目总控计划，组织建立项目进度管理制度，明确进度管理程序、规范进度管理职责及工作要求
	质量管理	质量管理应坚持缺陷预防的原则，按照策划、实施、检查、处置的循环方式进行系统运作
“*N*”：咨询服务	工程监理	（1）施工阶段勘察设计咨询； （2）成本控制； （3）质量控制； （4）进度控制； （5）其他管理
	造价管理	
	跟踪审计	
	工程纠纷处理	

基于各项咨询服务内容要点考虑，可将施工阶段咨询内容划分如下。

（1）施工阶段勘察设计咨询。建设项目在设计阶段形成设计文件之后，为了更好地将设计转化为实体，需要对设计文件进行现场咨询、专项设计及深化设计咨询、设计交底与图纸会审相关咨询服务内容。

（2）成本控制。施工阶段全过程工程咨询单位在工程造价上的控制重点在工程计量以及工程价款支付、施工组织安排，对施工中变更、索赔、签证的发生进行审核等工作上。

（3）质量控制。建筑产品是一次性产品，其体量大，投资大，建设周期长，工艺要求复杂，施工环境复杂，不便于综合测试，一经建成便不能更换。因此，在施工过程中保证工程质量是所有参建各方必须重视和关心的焦点。施工阶段工程质量的控制任务是根据投资人的委托，按照建设工程施工合同，监督承包单位按图纸、规范、规程、标准施工，使施工有序地进行，最终完成合格的、具有完整使用价值的工程。

（4）进度控制。由于在工程项目实施过程中，影响其施工进度的因素比较多，致使众多工程的施工进度一拖再拖，不能实现进度目标，因此需要加强对项目的进度管理。

（5）其他管理。

1）职业健康与安全管理。

2）风险及防范。
3）现场综合考评。
4）信息管理。
5）组织协调。

第三节　施工阶段策划

一、项目策划的依据

（1）现行《中华人民共和国建筑法》。
（2）现行《建设工程质量管理条例》。
（3）现行《建设工程监理规范》。
（4）现行《建筑工程施工质量验收统一标准》。
（5）现行《建设工程造价咨询规范》。
（6）现行《关于编制基本建设工程竣工图的几项暂行规定》。
（7）现行《建设项目（工程）竣工验收办法》。
（8）现行《实施工程建设强制性标准监督规定》。

二、施工阶段项目策划的范畴及内容

施工阶段是形成建筑实物的重要阶段，同时也是项目管理周期中工程量最大、投入的人力、物力和财力最多、工程管理难度最大的阶段。该阶段主要的工作内容包括投资管理、进度管理、质量管理、职业健康安全及环境管理，以及造价管理、跟踪审计、工程纠纷处理等专项工作内容。因此，在项目建设管理中，如何有效地对施工阶段进行管理是策划的一项极为重要的工作。全过程工程咨询单位需要对建设项目从以下三个方面进行策划考虑。

（1）从项目投资人的角度考虑对建设项目的投资、质量、工期、安全文明进行管控，努力实现“质量优、投资省、工期短”的最佳目标，并确保建设项目满足环境保护法等相关要求。

（2）从承包商角度考虑项目整个建设期，进行成本、质量、进度控制，合同、信息管理以及组织协调；通过合同管理、信息管理和组织协调等手段，控制建设工程质量、造价和进度目标，并履行建设工程安全生产管理与环境保护的法定职责。

（3）从项目所具有的风险进行分析，面对项目风险的不确定性，需要一个标准且有序的流程，通过对项目风险进行系统的识别、评估和应对，使风险保持在可接受的控制范围以内。实施项目风险管理并且提高项目风险管理效率和效果，对于保证项目目标的顺利实现具有重要意义。

因此建设项目施工阶段是将建设项目的设计图纸按照项目可研要求、项目投入、产出目标等要求建设工程项目实体，实现投资决策意图的阶段。因此，全过程工程咨询单位在项目建设管理中如何有效地对施工阶段进行控制、管理、协调，成为项目管理的一项极为重要的工作，也是建设项目最终是否成功的重要阶段。

为实现工程项目的优质建设及高效利用“1＋N”服务模式，全过程工程咨询单位在建设项目实施阶段必须通过组织协调、合同管理等手段，对项目进行全方位管理。在该阶段，组织协调是该阶段有效管理的基础，全过程工程咨询单位依据组织方案及相关合同有效控制并优化质量、进度、成本，是实现“1＋1＞2”效果的关键，也是建设项目成功的关键。

结合工程实践，建设项目实施阶段的主要参与单位包括投资人、全过程工程咨询单位、承包人等。项目实施阶段各参与单位的组织关系图如图 1-2（传统模式）和图 1-3（EPC 承包模式）所示。

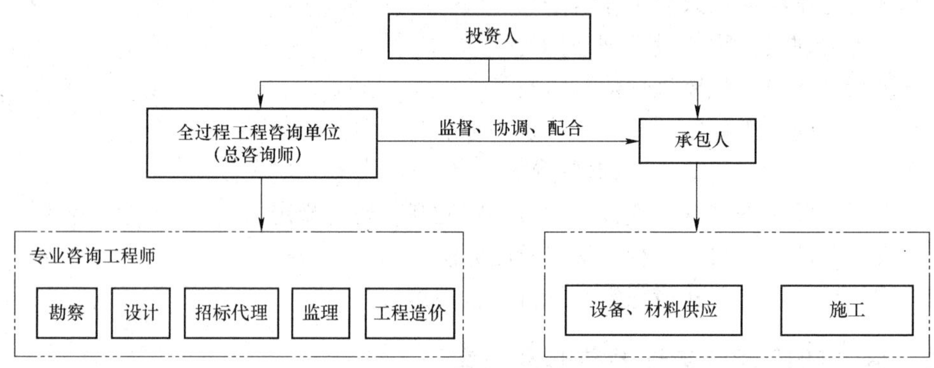

图 1-2　传统模式下全过程工程咨询单位、承包人的组织关系图

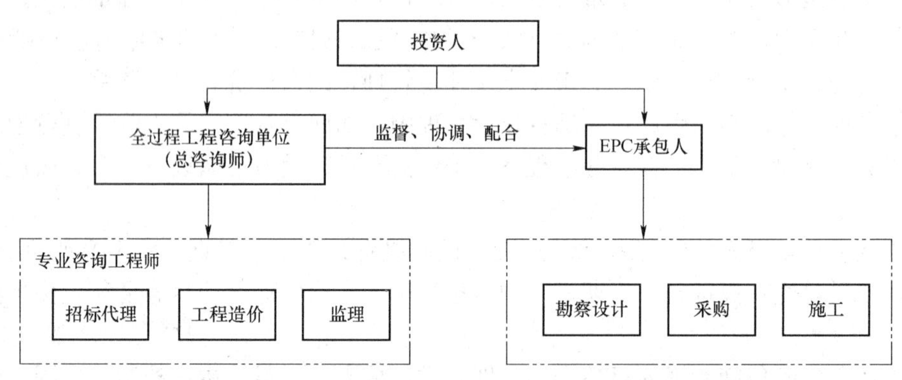

图 1-3　EPC 承包模式全过程工程咨询单位、EPC 承包人组织关系图

注：在 EPC 的模式下全过程工程咨询单位的总咨询师需要对设计优化进行协调管理。

全过程工程咨询单位在实施阶段对外协调沟通的对象有投资人和承包人，通过定期会议、联络人机制等能较好地实现沟通目标。对外沟通须注意沟通记录的整理及保管，便于事后跟踪和追溯。全过程工程咨询单位是由总咨询师与各专业咨询工程师组成的工作体系，每个人都有自己的目标和任务，为避免“各自为政”引起的紊乱无序、效率低下，须选择恰当的方式进行及时、有效的沟通，如例会、现场交流及借助各种信息媒介的高效沟通等。

1. 资金管理策划

施工阶段资金管理策划的重点在于资金使用计划的编制，其主要是根据项目的施工进度计划，安排建设项目在不同时段所需要的资金，它是实现投资管理的分时控制，并体现投资渐进的过程。在建设项目施工过程中，资金使用计划的编制过程主要包括编制的准备、投资目标的分解和编制。投资目标的分解是编制资金使用计划过程中最重要的步骤，可以分为按投资构成、按子项目、按时间分解三种类型。

全过程工程咨询单位编制资金使用计划的具体程序如图 1-4 所示。

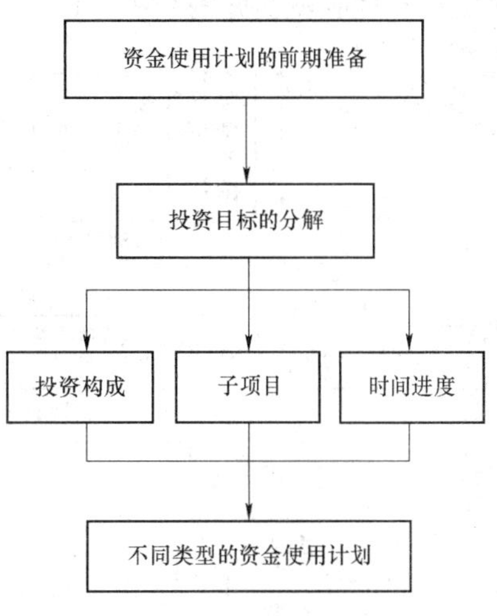

图 1-4　资金使用计划编制的程序

通常，按投资构成编制的资金使用计划主要根据建筑工程投资、安装工程投资、设备购置投资、工程购置投资及其他投资进行分解，比较适用于大量经验数据的工程项目；按不同子项目编制的资金使用计划可按单项工程、单位工程、分部分项工程进行分解，在施工阶段一般可以分解到分部分项工程；按进度编制的资金使用计划是在项目进度计划的基础上编制的，此方法有利于分时控制投资。按时间进度编制资金使用计划的步骤如下。

(1) 编制施工进度计划。

(2) 根据单位时间内完成的工程量或投入的人力、物力和财力，计算单位时间（月或旬）的投资，在时标网络图上按时间编制投资支出计划，如图 1-5 所示。

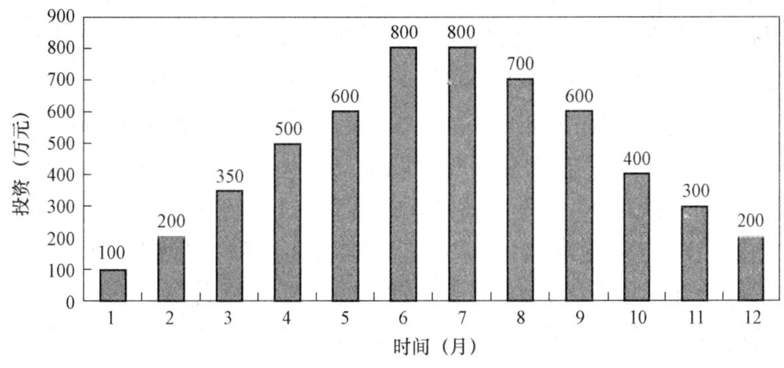

图 1-5　时标网络图上按月编制的资金使用计划

(3) 计算工期内各时点的预算支出累计额，绘制时间—投资累计曲线（S 形曲线）。

在施工过程中，全过程工程咨询单位可以根据投资构成、子项目及时间进度三种方法编制资金使用计划来保障项目的资金管理。

2. 质量管理策划

质量管理策划主要是确定全过程工程咨询单位质量管理的组织机构及各部门职责，把参建该工程项目施工的各方人员有效地组织起来，将实现既定的质量目标作为每个部门、每个人完成本职工作所应达到的目标。质量管理目标实施的保证体系是全过程工程咨询单位贯彻执行国家和各地行政主管部门颁布的质量方面现行法律法规标准、规范、规程和各项质量管理制度实施的组织保证。

(1) 质量管理组织机构。质量管理组织机构设置是要明确质量管理部门及人员岗位职责、权限，建立包括各参建单位在内的项目质量管理制度。

建设项目施工阶段中质量管理组织机构反映各参建单位在质量管理体系中的相互关系，全过程工程咨询单位质量管理组织机构框架如图 1-6 所示。

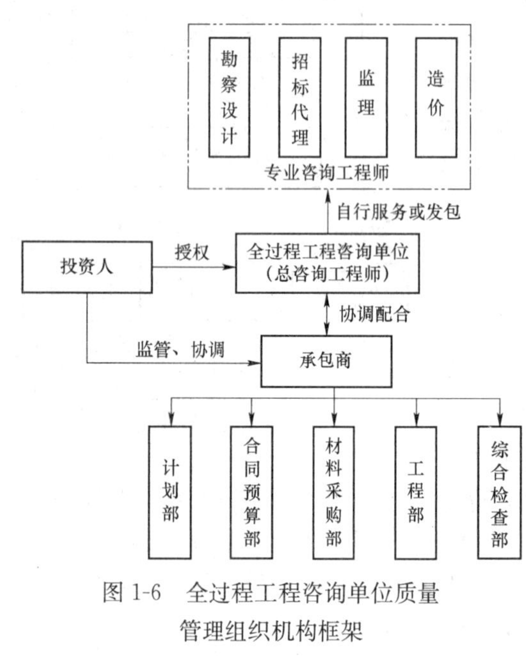

图 1-6 全过程工程咨询单位质量管理组织机构框架

(2) 各参建单位职责。建立工程项目质量管理职责，是要明确各部门及其人员在工程质量管理中应承担的任务、职责、权限，做到各尽其职，各负其责，工作有标准。建设项目施工阶段的质量管理牵头单位是全过程工程咨询单位，全过程工程咨询单位按投资人要求，通过对施工阶段中勘察部门、设计部门、监理部门、施工部门、设备材料供应部门的监督、协调、检查、管理，保证施工项目按照国家法律法规及相关技术规范程序实施，达到项目质量管理目标。

1) 全过程工程咨询单位。应履行现行《中华人民共和国建筑法》《建设工程质量管理条例》规定的勘察、设计单位、工程监理单位质量责任，履行委托合同中规定的工程质量责任。应明确全过程工程咨询单位在工程质量的控制中起到主导作用，其工作重点应该放在工程全面质量控制的策划与检查，以及为工程质量达到甚至超越原策划效果而进行的质量、技术管理，对工程质量实施监督，并对施工质量承担监理责任。

2) 投资人。承担现行《中华人民共和国建筑法》《建设工程质量管理条例》规定的投资人（即建设单位）对工程质量的决策责任，委托全过程工程咨询单位负责工程质量管理，建立工程质量管理制度，并明确有关管理人员的质量责任。

3) 施工单位。施工单位是施工质量的直接实施者和责任者，应全面履行现行《建设工程质量管理条例》和施工合同规定的质量责任。建立质量责任制，确定工程项目的项目经理、技术负责人和施工管理负责人，应强调施工单位应在自检质量合格的基础上进行全过程工程咨询单位查验。

4) 建筑材料、设备、构配件供应商。应履行现行《建设工程质量管理条例》，对所提供的材料、设备、构配件的质量进行负责，所提供的材料、设备、构配件必须符合产品标准和合同的约定。

3. 进度管理策划

建设工程总进度目标是指整个项目的进度目标，它是在项目决策阶段项目定义时确定的，工程进度控制的依据是项目决策阶段所确定的工期以及建设工程施工合同所约定的工期目标。在确保工程质量和安全并符合控制工程造价的原则下控制进度。应采用动态的控制方法，对工程进度进行主动控制。

为了完成施工阶段进度控制工作，全过程工程咨询单位或专业咨询工程师（监理）需要做好下列工作：完善建设工程控制性进度计划；审查施工单位提交的施工进度计划；协助投资人编制和实施有投资人负责供应的材料与设备供应计划；组织进度协调计划，协调各方关系；跟踪检查实际施工进度；研究制定预防工期索赔的措施，做好工期延期审批工作等。项目施工阶段进度控制程序如图 1-7 所示。项目专业监理工程师应按以下要求监督进度计划的实施。

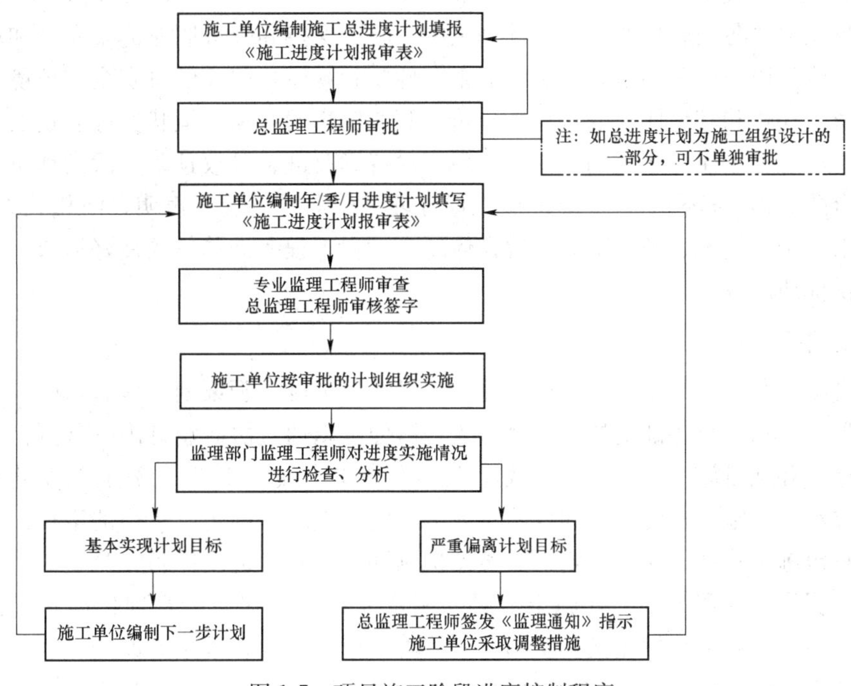

图 1-7　项目施工阶段进度控制程序

（1）依据施工总进度计划，对施工单位实际进度进行跟踪监督检查，及时收集、整理、分析进度信息，发现问题及时按照建设工程施工合同规定和已审批的进度计划要求纠正，实施动态控制。

（2）按月（周）检查实际进度，并与计划进度进行比较分析，发现实际进度滞后于计划进度且有可能影响合同工期时，要求施工单位及时采取措施，实现计划进度目标。

（3）在监理月报中向投资人报告工程实际进展情况，比较分析工程施工实际进度与计划进度偏差，预测实际进度对工程总工期的影响，报告可能出现的工期延误风险。

（4）对由投资人原因可能导致的工程延期及其相关费用索赔的风险，应向投资人提出预防建议。

专业监理工程师可以采取以下方法对施工进度偏差进行纠正。

（1）发现工程进度偏离计划时，总监理工程师应组织监理人员分析原因，召开各方协调会议，研究应对措施，签发《监理通知单》或《工作联系单》，要求施工单位进行调整。

（2）在监理月报中向投资人报告工程进度和所采取的纠正偏离措施的执行情况。

（3）由于施工单位原因造成工期延误，在专业监理工程师签发《监理通知单》后，施工单位未有明显改进，致使工程在合同工期内难以完成时，项目监理机构应及时向投资人提交书面报告，并按合同约定处理。

4. 职业健康安全及环境管理

全过程工程咨询单位的职业健康安全及环境管理主要包括职业健康安全管理和项目环境管理。职业健康安全和环境方针是该单位在安全、环境、健康方面总的指导思想，是实施和改进单位职业健康安全和环境管理的推动力，是单位生产经营方针的重要组成部分。它必须体现在单位各级管理的目标和计划之中，起到保持和改进职业健康安全和环境绩效的作用。职业健康安全和环境方针是依据单位性质和规模，职业健康安全和环境初始评审结果，法律、法规和其他要求的符合性分析，职业健康安全和环境状况等制定的。它集中体现了单位对遵守法律、法规的承诺，体现了对持续改进、事故预防、污染预防和保护员工健康安全的承诺。这种承诺是全过程工程咨询单位向社会公开声明，向相关方的保证，致力于追求安全、健康、环保绩效，旨在体现全过程工程咨询单位的良好形象，更好地为投资人提供优质服务。

5. 注意事项

（1）进度控制方案的制订。在进行建设项目工程进度管理策划工作时，必须建立里程碑节点计划，并加大与各部门的沟通和交流，以便可以通过协商制订出完善可行的项目进度总控制计划和项目施工进度节点计划。还要依照现场施工情况，确定工程进度控制措施，不仅要对总包施工进度计划和各施工环节的施工进度计划进行严格的审核，而且还要做好协调总包施工管理工作，制定人员奖惩机制和总体施工进度控制方案。

（2）工程质量管理策划。在施工前必须制定完善的工程质量管理目标和安全管理目标，并对一些关键点进行量化指标说明；要秉着质量与安全管理指导原则，制订出详细的安全文明施工管理目标和制度，严格按照工程管理规范进行工程建设及监督工作。

结合实际，制订相应的质量管理及检验措施：首先，要严格审查工程设计图纸，构建健全的质量保证体系；其次，要对进场材料进行全面的检查，确保其完全符合房产工程项目施工标准；再次，要督促相关单位加大对工作人员的培训力度，进一步提高其施工素质和施工水平；最后，做好日常质量管理工作，争取做到及时发现、及时处理，进而大大减少变更情况和施工事故，更好地促进投资人的可持续发展。

（3）工程成本管理策划。限额设计工程管理部门要结合项目成本管理要求，将目标成本细化成不同物业类型的分项管理成本，同时还要要求设计单位根据施工图，建立完善可行的成本限额设计，并制定成本控制标准，这样才能对建设项目进行限额设计，实现其最终的成本管理目标。同时，制定奖惩制度是为了进一步提升设计单位的工程成本控制意识，必须采取多方案技术和经济认证，以便可以对工程设计过程中容易影响工程质量的各项指标因素进行合理的控制。

（4）项目风险管理策划。首先，结合建设项目开发的用途和施工特点，对工程施工中容易产生的风险因素进行全面的分析；其次，根据风险分析结果制定对应的解决措施；再次，工程管理人员要牢牢掌握工程质量控制要点，并对应编制出科学合理的控制方案，另外还要对最终控制结果进行综合性评估，看其所执行的风险控制目标是否达成、控制方案是否具有一定的可行性和规范性，若是存在偏差，则要做出及时的完善和修整；最后，要提升项目管理人员的风险控制意识，制定成本风险控制对策，不仅要注重规划设计阶段的成本控制工作，而且还要强化施工图的审核和校对，由工程专业审核人员执行具体审核工作，并对各施工环节进行实时的监督和管理，进而将工程施工中存在的一切安全隐患彻底抵制在萌芽状态中。

6. 施工阶段勘察设计管理

（1）设计文件的资料咨询服务。全过程工程咨询单位对设计文件的资料进行管理可以保证设计及施工有序进行，通过图纸审查及备案的初步设计文件、方案设计文件、施工图均应先交全过程工程咨询单位登记归档，全过程工程咨询单位应设置专人进行管理并负责统计和分发设计文件，各收图单位应指定人员到全过程工程咨询单位签领。

1）依据。

①《建设工程文件归档整理规范》（GB/T 50328—2014）（2019 年版）。

②全过程工程咨询的知识和经验体系。

2）内容。

①设计文件接收。

②设计文件分发。

③图纸资料存档管理。

3）程序。

①设计文件接收。全过程工程咨询单位收到专业咨询工程师（设计）送来的图纸资料后，应做好以下工作。

a. 按照合同内容，核实图纸套数，对照图纸目录核查图纸数量是否吻合，无误后方可接收图纸。

b. 进行图纸收录登记，建立台账。

c. 涉及图纸深化或修改时，应要求专业咨询工程师（设计）进行书面交底。

d. 接收图纸须核实其有效性（出图章、设计人员签字等）。

②设计文件分发。

a. 按合同、施工标段及承包人要求及时分发设计图纸。

b. 实行设计图纸发放记录登记制度。

c. 制作《图纸资料分配单》和《图纸资料发放登记表》。

③图纸资料存档管理。

a. 图纸资料及时归档，重视零星图纸的管理与归档，应日案日清。

b. 作废版本图纸资料在验证后加盖“作废”章，且不得进柜贮存，应采取隔离措施确保不与有效图纸相混淆。

c. 需借用存档图纸资料时，应按规定办理借阅、归还手续。

d. 重要资料借阅时应提供复印件，不得随意将原件借出。

4）注意事项。

① 设计文件资料管理要依据国家有关规定，建立规范的资料管理档案和管理制度，保证设计资料不丢失、不混乱、不混淆。

② 图纸资料的签收和分发一定要保证双方签字认可，避免事后纠纷。

③ 图纸深化时一定要附带目录，避免图纸混乱而耽误施工。

④ 重要的文件、图纸应备好复印件，不能将原件随意借出。

⑤ 注意图纸的使用及图纸数量是否满足施工需要。

（2）勘察及设计的现场咨询服务。

勘察设计现场配合服务是勘察及设计工作的重要组成部分。随着建筑技术的不断发展，新技术、新结构、新工艺层出不穷，加之设计各专业之间的配合问题，勘察及设计的现场配合是勘察设计的关键性服务，发挥着对勘察设计成果补充完善的作用。

1）依据。

①《中华人民共和国建筑法》。

②《建设工程勘察设计管理条例》。

③《建设工程质量管理条例》。

④《岩土工程勘察规范》。

⑤《建设工程勘察质量管理办法》。

⑥《实施工程建设强制性标准监督规定》。

⑦ 勘察、设计合同。

⑧ 勘察、设计成果文件。

⑨ 以往全过程工程咨询单位的知识和经验体系。

2）内容。

①施工过程中勘察及设计的现场服务。例如，派驻设计现场代表，收集投资人及参加各方的意见、及时解决设计问题，质量事故技术方案的审定，对施工现场进行技术督导以及新技术、新工艺、新结构、关键工序的现场指导。

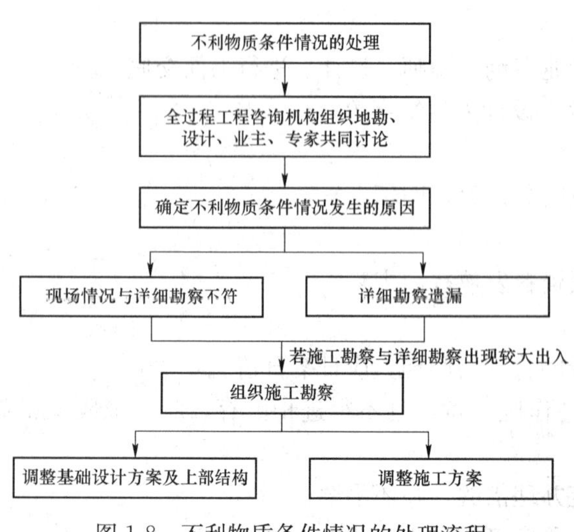

图 1-8　不利物质条件情况的处理流程

②不利物质条件情况的处理。专业咨询工程师（勘察、设计）须对实际施工中发现与勘察设计文件不符的不利物质条件进行现场分析、处理。不利物质条件情况的处理流程如图 1-8 所示。

③地基与基础工程验收。

④主体结构工程验收。

3）注意事项。

①隐蔽工程要会同专业咨询工程师（勘察、设计）进行处理。

②加强沟通，及时解决施工中存在的问题。在施工过程中，专业咨询工程师（勘察、设计）应对现场提出的技术

问题和修改意见及时响应，保证现场工作顺利实施。

③做好现场的工作技术支持服务。

（3）专项设计咨询服务。专项设计是针对建设规模相对较大、技术含量较高、各专业关系错综复杂、原设计图纸已表达但还不能完全满足施工需要的工程项目而进行的后续设计。

1）依据

①《中华人民共和国建筑法》。

②《建设工程质量管理条例》。

③《实施工程建设强制性标准监督规定》。

④《建设工程勘察质量管理办法》。

⑤《建设工程勘察设计资质管理规定》。

⑥《建设工程勘察设计管理条例》。

⑦《建筑工程设计文件编制深度规定》。

⑧ 所建项目设计合同、设计任务书等。

⑨ 经批准的设计图纸。

⑩ 以往全过程工程咨询单位的知识和经验体系。

2）内容。

①在专项设计之前，首先要熟悉和理解项目合同、原设计图纸、特殊要求等，有些重要部位还要对照原设计图纸和招标文件中的工程和技术规范及现场实际工作环境，根据自身的工程实践经验和设计经验进行专项设计。

②专业咨询工程师（设计）应根据已审批的设备、材料的规格和种类进行专项设计。

③所有的专项设计完成之后，要组织专门的评审会议，涉及的专项设计工程师须做好汇报准备，确保沟通顺畅。

④总咨询师负责专项设计总体进度管理，专业咨询工程师（设计）应在总咨询师的进度管理要求下，负责各专业专项设计进度。

⑤总咨询师负责专项设计的技术统筹，并负责将各专业的所有专项设计内容综合反映在一个共用模型或图纸系统内，该模型或图纸系统与所有工程相关单位共享使用。

3）程序。

①确定专项设计、深化设计界面划分及相应的设计要求。

②依据界面划分、合同约定，确定相应的专项设计及深化专业咨询工程师（设计），要求其应具备相应的专项设计资质，具有完善的质量保证体系。

③根据项目的实施情况开展专项设计及深化设计。

④在总咨询师综合协调下，专项设计及深化设计图纸应经总咨询师及各相关专业、深化专业咨询工程师（设计）跨专业会签。各专项设计及深化设计会签完成后，由总咨询师汇总、审核后的设计图纸提交投资人，由投资人组织相关单位进行审定。

⑤专项设计及深化设计图纸审批单位主要包括全过程工程咨询单位、投资人、具备相应资质的施工图审查机构。

⑥如报审未能通过，须根据投资人、施工图审查机构的审核意见修改，牵涉到其他专

业的还需重新进行流转确认程序。

专项设计及深化设计管理流程如图 1-9 所示。

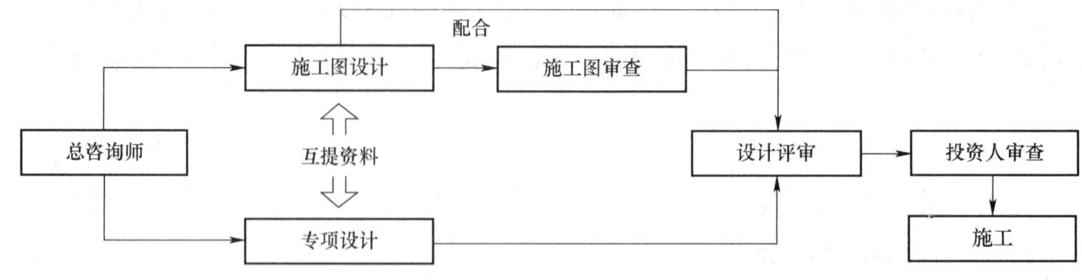

图 1-9　专项设计及深化设计管理流程

4）注意事项。

①专项设计及深化设计业务一定要委托给具备相应资格的设计专业工程师。

②专项设计及深化设计一定要满足原设计的总体要求。

（4）设计交底与图纸会审咨询服务。设计技术交底与图纸会审是保证工程顺利施工的主要步骤，通过设计交底和图纸会审可以使施工人员充分领会设计意图，熟悉设计内容，正确按图施工。

1）依据。

①《中华人民共和国建筑法》。

②《建设工程质量管理条例》。

③《建设工程勘察设计管理条例》。

④《建筑工程设计文件编制深度规定》。

⑤ 所建项目的设计合同、设计任务书等。

⑥ 经批准的设计图纸。

⑦ 以往全过程工程咨询的知识和经验体系。

2）内容。

①在技术交底与图纸会审之前，各有关单位（投资人、全过程工程咨询单位、承包人）必须事先指定主管该项目的工程技术人员、专业工程师熟悉图纸，进行初步审查，初步审查意见于图纸会审前至少 2 天送交全过程工程咨询单位汇总，之后移交专业咨询工程厅（设计）。

②设计技术交底与图纸会审工作，是设计图纸施工前的一次详细审核，各有关单位必须在图纸会审签到表上签字。

③设计技术交底与图纸会审时，主要专业咨询工程师（设计）应了解设计情况的人员出席情况，对所提交的施工图纸进行有计划、有系统的技术交底。

④全过程工程咨询单位应指定一家单位负责形成会审纪要底稿，在正式的会议纪要发出前，专业咨询工程师（造价）应对会审中提出设计变更所涉及的费用变化提供详尽的咨询报告，对设计变更可能引起的费用增减提出意见，以便投资人最后决策是否需要变更。

⑤会议纪要应由各单位签字确认，各方无异议便签字确认的会议纪要分发给各有关单位，即被视为设计档案组成部分并予以存档。

3）程序。施工图设计技术交底与图纸会审程序，如图 1-10 所示。

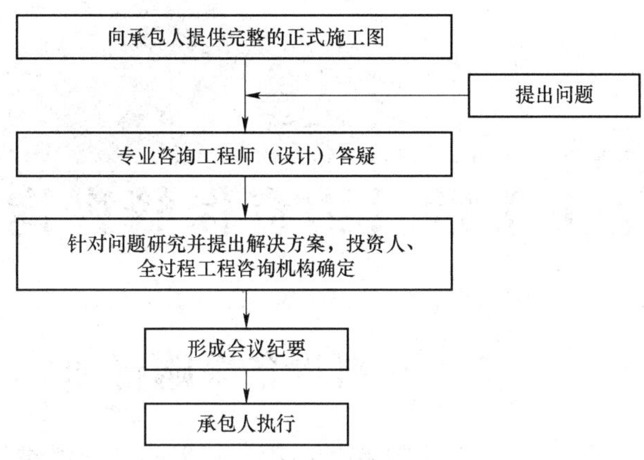

图 1-10　施工图设计技术交底与图纸会审程序

4）注意事项。

①涉及会议纪要发生的变更，需要专业咨询工程师（造价）提出咨询意见，由投资人确认是否发生该变更后，会议纪要方可发出。

②各参加单位需要在已整理好的图纸会审纪要上签字确认并各自存档。

第二章

施工采购及物资保管咨询

第一节 材料设备采购管理

材料设备采购具有相当的重要性和独特性。第一，采购是工程建设土建和安装调试实施的重要输入条件，是实现项目计划的枢纽环节。第二，项目主要成本是通过设备和材料采购支付出去的，特别是设备价值较大、占工程造价的大部分，降低采购环节的费用是降低项目总成本的重要途径。第三，工程设备的技术水平和原材料的各种性能将从根本上影响整个项目的产出水平，并最终影响项目的经济效益。第四，设备和材料采购的系统性要求很强，采购管理的重要性远远高于普通制造业的采购。第五，工程项目的动态性要求远高于普通制造业的要求，工程物资的采购面临的风险较大。第六，工程项目建设期间的采购和运行期间的采购是完全不同的两种活动，前者由于其一次性和不确定性的特征，需要进行特殊的管理；而项目运行的物资采购则具有较大的稳定性和计划性，通常为周期性采购，而且，运行的采购直接受前者的影响，前者采购的设备、选型、参数、供应商等均会成为限制因素，最终形成路径依赖。

一、材料设备采购流程

材料设备采购流程如图 2-1 所示。

二、设备材料采购过程中需要咨询单位提供的服务

（1）设备发送现场前的咨询服务。设备发送现场前的咨询任务包括：批准平面布置、总的设计和安排、修改合同图以及设备制造图纸；批准拟用设备，并尽可能地使用通用设备；在制造过程中检查并确保设备质量；在制造商工厂做最终检测；督促厂商按期交货。

（2）督办货物的运输和后勤工作。督办货物运输的后勤工作任务包括：人员配备、检查采购单、检查航运条款、选择运输工具、选择运输路线、安排好特大件的运输、了解运输价格、保险、进行货物运输途中损坏或短缺的索赔。

（3）现场采购。施工现场采购工作包括施工材料、设备、工具的进场、存储、保护和发放，材料设备等相应的合同，以及采购计划及材料管理等相关文件等。

（4）完工测试。当每一项成套设备已完全装好接妥时，要进行检查和测试，使其技术性能、参数指标达到要求。

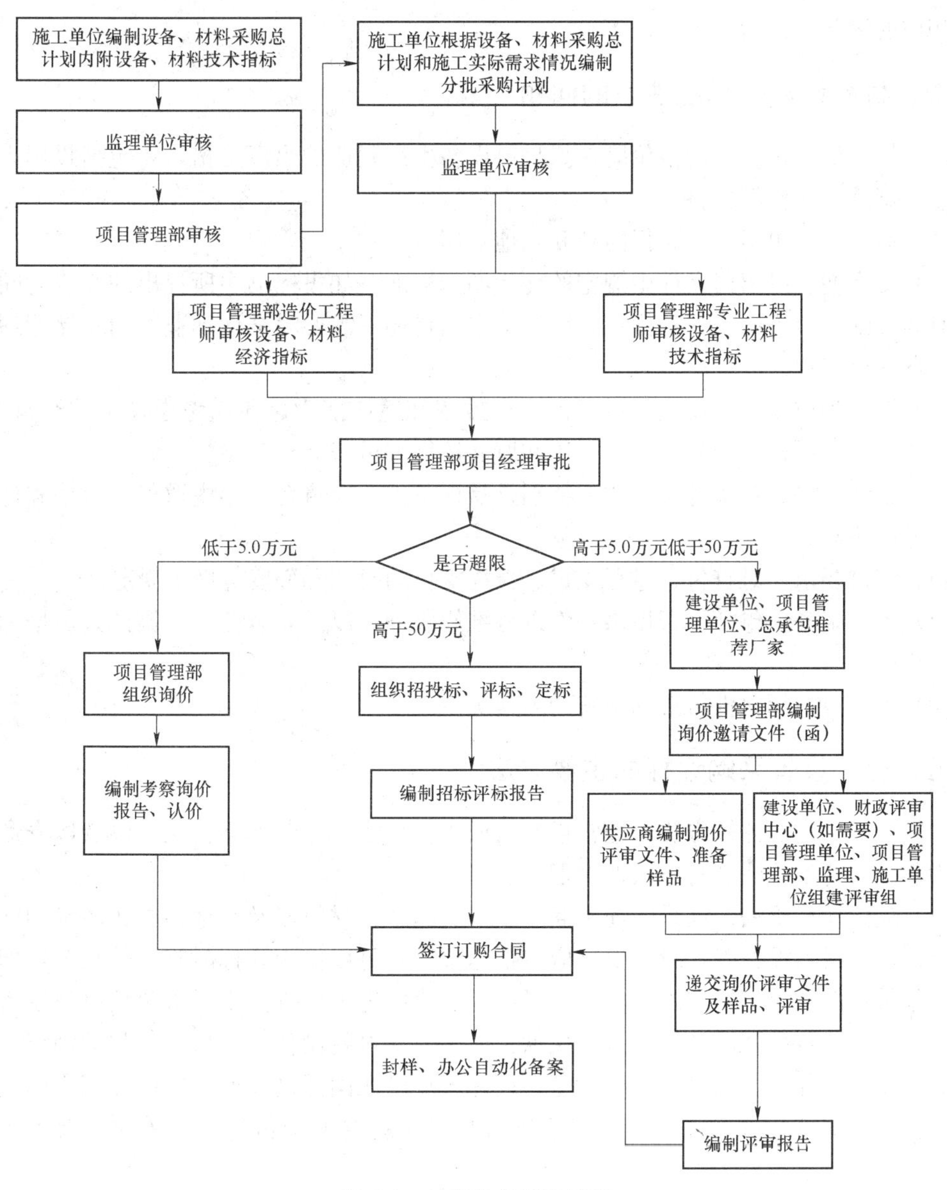

图 2-1　材料设备采购流程

三、设备材料采购招标文件的内容

材料设备采购招标文件与工程招标文件相似，但由于材料设备采购自身的特点，两者又有不同之处。材料设备采购的招标文件主要由招标书、投标须知、招标材料设备清单、技术要求及图纸、主要合同条款和其他需要说明的事项等部分组成。招标文件中技术条款是举足轻重的，对材料设备的技术参数和性能要求应根据实际情况确定，要求过高就会增加费用。此外，还应该明确材料设备的质量要求、交货期限、交货方式、交货地点和验收标准等。专用、非标准设备应有设计技术资料说明及齐全的整套图纸，以及可提供的原材料清单、价格、供应时间、地点和交货方式。投标单位应提供备品、配件数量和价格要求以及相应的售前、售后服务要求等。

四、材料设备采购应注意的问题

（1）投标价。投标人的报价既包括材料设备生产制造的出厂价格，还包括投标人所报的安装、调试、协作等价格。

（2）运输费。包括运费、保险费和其他费用。

（3）交货期。以招标文件中规定的交货期为标准。如投标书中所提出的交货时间早于规定时间，则一般不给予评标优惠，因为，当项目还不需要时会增加业主的仓储管理费和材料设备的保养费。

（4）性能和质量。主要比较设备的生产效率和适应能力，还应考虑设备的运营费用，即设备的燃料、原材料消耗，维修费用和所需运行人员费等。

（5）备件价格。对于各类备件，特别是易损备件，应将在 2 年内取得的价格和途径作为评标考虑因素。

（6）支付要求。对首付、过程支付、最终支付的时间和额度等做出规定。

（7）售后服务。包括可否提供备件进行维修服务，以及安装监督、调试人员培训等可能性和价格。

（8）其他与招标文件偏离和不符的因素等。

五、材料设备采购评标的主要方法

材料设备采购的评标方法，通常包括最低投标价法、综合评标价法，以及以寿命周期成本为基础的评标价法和打分法四种形式。

（1）最低投标价法。在采购简单商品、半成品、原材料以及其他性能、质量相同或容易进行比较的材料设备时，投标价（应包括运杂费）可以作为评标时唯一的尺度，即将合同授予报价最低的单位。国内生产的材料设备报价应为出厂价。出厂价包括材料设备生产过程中所消耗的各种资源费用及各种税款，但不包括材料设备售出后所征收的销售税以及其他类似税款。如果所提供的材料设备是投标人早已从国外进口而目前已在国内的，则应报仓库交货价或展示价，该价格应包括进口材料设备时所交付的进口关税，但不包括销售税。

（2）综合评标价法。综合评标价法是指以投标报价为基础，将评标时所应考虑的其他因素折算为相应的价格，并在投标报价的基础上增加或减少这些价格，形成综合评标价，然后再以各评标价中最低价者为中标人。采购机组、车辆等大型设备时，大多采用这种方法。评标时，除投标价格以外的其他因素折算为相应价格的方式是不尽相同的。

1）运费、保险及其他费用。

2）交货期（早交晚交的评价）。

3）付款条件。

4）零配件和售后服务。

5）性能、生产能力。

（3）以寿命周期成本为基础的评标价法。在采购生产线、成套设备、车辆等运行期内各种后续费用（零配件、油料及燃料、维修等）很高的材料设备时，可以采用以寿命周期成本为基础的评标方法。评标时，应首先确定一个统一的设备评审寿命周期，然后根据各投标报价的实际情况，在投标报价的基础上加上该寿命周期内所发生的各项费用，再减去寿命期末的设备残值，在计算各项费用或残值时，都应按招标文件中规定的贴现率折算成现值。

（4）打分法。打分法是预先对各评分因素按其重要性确定评分标准，按此标准对各投标人提供的投标报价和服务进行打分，得分最高者中标。材料设备采购的评分因素一般主要包括投标价格、运输费、保险费和其他费用，投标所报交货期，偏离招标文件规定的付款条件，备件价格和售后服务，设备的性能和质量生产能力，技术服务和培训等几方面。这几方面评分因素确定后，应依据采购材料设备的性质、特点、生产的通用程序以及各因素对采购方总投资的影响程度，具体确定各种因素所占的比例（权重）和评分标准。

六、供应商管理

（1）供应商的审查和评价。能否与具有供货资格的合格供应商签订合同，是以后合同能否顺利履行的前提。因此，做好供应商资格审查至关重要，它也是供应商管理的首要环节。供应商资格审查是物资采购前的一项前导性工作。选择供应商前应根据采购需求确定对供应商评价的标准体系。供应商综合评价指标体系是总承包商对供应商进行综合评价的依据和标准，是反映企业本身和环境所构成的整体系统不同属性的指标，它是按隶属关系、层次结构有序组成的集合。通常来讲，不同行业的物资采购中，对供应商的要求不外乎物资质量、供货价格、相关采购费用、交付的及时性和服务质量等内容，关键是在选择和评价供应商时，要全面、系统和准确地评估具体行业和具体供应商的各项评价因素，从而确定该供应商的履约能力、供货能力。

供应商资格审查和评价主要包括商务、技术和质量保证三方面的内容，综合这三方面的结果后可对供应商做出一个整体的、宏观的判断。商务审查应确定该企业是否具有满足相应项目供货的最低商务能力、合同履约能力，其合同履行是否具有资金风险，是否具有参与本项目供货的意愿，企业的管理文化和风格是否和总承包商的文化和风格相适应：技术审查应确定供应商技术水平和所供应的设备是否成熟和可靠，供应商是否具有足够的技术人员，制造设备能否满足生产需要；质量保证则应审查潜在供应商质量保证体系运行情况，良好的保证体系能够提高产品质量的符合性、可靠性，保证产品质量的稳定性，能够更早地发现问题。

供应商资格管理中，应逐步建立完整、有效、合理的各项评价指标，对供应商进行认证和考核，使供应商管理从以经验判断为基础的定性化管理提升为以各类数据和信息为基础的定量化管理相结合，实现闭环管理，综合确定供应商的资格等级。

（2）后期供应商评审和信用度管理。总承包商认可的供应商经首次审查合格后，应确定其供货资格的有效期。有效期的确定可以根据行业特点、产品性质以及资格管理的经济性等因素进行考虑。通常，普通设备供应商的有效期可定为 3 年，对于特别重要的设备，供应商的资格可为 2 年。可在供应商信息管理数据库中设定系统提示，并在确定相对经济评定数量后，开始进行供应商复审。供应商的持续管理是保证供应商状态受控的重要保障措施之一。

除了确定供应商供货资格的有效期外，还要利用行业信息简报、供应商的业务通信、竞争性商业情报，以及同业伙伴和行业供应商的反馈对供应商的管理、技术、商誉、质量问题、重大诉讼等进行监控和跟踪，特别是在世界范围内兼并和重组的情况下，供应商可能时刻面临兼并与被兼并的机遇和威胁，国内企业可能正在改制或重组，企业重要管理和技术人员的流失或重大工作调整，这些情况都将对供应商的资产质量、技术水平和合同履约能力产生实质性影响。而且，总承包商对供应商进行持续管理的一个重要方面还在于，要确保上述供应商所提供的产品在备件和耗材方面能够持续供应，确保供应商在淘汰某种产品之前要储备出足够的备件，或确定合适的过渡型号，或进行更新改造，防止在某个系统出现故障或需要大修时，因无相应的零部件而影响大修进度或影响整个系统的运行。特别是目前处于过渡时期的中国经济形势下的国内供应商，常常出现某国有企业破产，某些生产设备被快速处理，某些产品突然停产或突然退出市场的问题，国内企业供货的连续性问题须加强关注。总承包商要确保上述因素应成为供应商持续管理的重点和资格复审的重点。

供应商资格复审及其后的供应商资格确认问题。在复审时应参照合同执行过程中的资料、数据和记录以及复审时提交的答卷重新审查，有必要时，还要到工厂去进行现场审查。如果发现供应商有较为严重的商务、技术和质量问题，导致合同有可能不能正常履行，或者在合同中履行过程中发现有严重的不正当行为，有较严重的工期拖延、质量问题等则应取消该供应商的供货资格，待以后确定有无能力后再重新审查加入。

供应商的信用管理也是供应商管理的重要组成部分，它是一项长期的基础性工作。由于目前国内商业评估的缺失和不完善，因此总承包商有必要逐步建立企业内部评估系统，为长期采购工作提供服务。对于具有重大欺诈、不履约等行为的供应商，要列入“黑名单”，不允许其进入后续项目的采购环节。

七、材料设备采购策略

（1）增加关键路径设备和生产周期较长设备订货的提前期。关键路径设备和生产周期较长设备是任何工程项目管理的重点。工程项目中的大型设备，生产周期较长、技术复杂、质量要求高，属于单件小批量生产。由于固定资产投资的周期和时间限制，供应商生产能力在短期增加的可能性很小，设备生产能力具有很强的刚性。材料采购、生产、试验和运输环节的不确定性较大。为了不影响依赖路径上的工作，应提前订货，防止其他同类工程的类似订货影响供应商的交货进度。

（2）捆绑订货。捆绑订货是将具有类似功能和类似要求的产品进行捆绑，充分利用供应商自有的采购渠道和合作伙伴，增加采购金额，以此获得供应商的报价优惠。这种做法可以让供应商更多地分担合同管理责任，减少总承包商的人力资源占用，符合工程管理中“抓大放小”的思想。但这种做法要根据供应商的意愿和设备可捆绑的程度而定，不可强行打包，搞硬性摊派，否则会降低供应商的积极性，也给后期合同执行埋下隐患。

（3）强制性的国内分包采购。工程项目中多数关键设备和大型设备需要国外进口。有些设备价格差距甚至更大。如何降低设备采购的总费用是总承包商需要解决的问题。同时，这些设备通常通过招标采购，投标价格又是各家供应商需要考虑的问题之一。因此，采用国内分包策略可以实现供应商和总承包商的双赢，也符合采购国际化和本地化相结合的原则。目前，这种做法也是国外设备公司在国内开展业务的一个重要策略。通过将非关键部件或子系统分包给国内具有生产能力和成本优势的企业而降低设备的报价成本、运输成本，缩减交货周期，从而使总体供货成本大幅度降低，外国供应商同时也支持了有关项目中国家的“国产化”或“自主化”要求，得到国家管理当局的认可，这种做法对各方均十分有利。但这种做法人为地增加了合同管理接口，增加了合同协调和沟通费用，存在一定的技术和生产风险，需要在合同管理中特别注意。

(4) 保证重要原材料的及时供货。重要原材料，如重要环节管道的订货，总承包商应和国内大型物资贸易企业联合，寻求和这些公司建立长期和稳定的业务关系，充分利用这些公司多年和国外厂商合作的优势，保证在合理的价格内及时采购到所需的货物，满足工程进度要求。例如，多数重要管道需要进口，目前电厂进口管道按生产方式可分为焊接钢管和无缝钢管。总承包的策略是要加快设计进度，以最快的速度完成管道设计，要求设计院尽快提出管道采购清单，同时增强同主要材料供应商的合作，以便尽早落实货源，保证工程需要。总承包商应选择熟悉专业设计院所、熟悉国际采购市场、调度调剂能力强、全过程服务能力和具有品牌优势的供应商为项目服务，保证及时供货。

第二节 施工物资保管

一、物资保管的必要性

在各种施工准备工作完毕后，按照计划需要的施工物资只有运到现场并有必要的储备后，才具备必要的开工条件。施工期间所需要的物资设备也要源源不断地供应到现场，满足连续施工。因此，要将这项保障性工作作为施工准备工作的一个重要方面来抓好。

施工管理人员应尽早计算出各阶段对材料、施工机械、设备、工具等的需用量，并说明供应单位、交货地点、运输方式等。特别是对预制构件，必须尽早地从施工图中整理出构件的规格、质量、品种和数量，制表造册，向预制加工厂订货并确定分批交货清单、交货地点及时间。对大型施工机械、辅助机械、设备，要准确计算出需要数量、提出性能要求，并确定进场时间，做到进场后立即使用，用毕后立即退场，提高机械利用率，节省机械台班费及停置费。结合施工进度计划和施工预算中的工料分析，编制工程所需材料供应计划。拟定材料的购货申请、订货和采购工作，组织材料按计划进场，按施工平面图的相应位置堆放，并做好合理储备、保管工作。采购各种物资设备都要统一进行招标选择，以加强质量控制，降低采购价格。

物资管理的工作内容和具体方式是：按照施工材料计划进行采购供应管理，砂浆、混凝土用量及供应方式、构（配）件及设备加工订货与运输方式、施工机具采购、租赁或调配使用方式、一般施工材料、设备的采购、进货及保管方式等。由使用人提出计划，用专用表格分别列明，交主管人审批，送采购人采购进货，交现场保管验收并发放。对于大宗、用款数量较大和技术质量要求较高的采购项目，应该进行招标管理，零星采购的物资也要深入市场进行调查对比，认真掌握质量、性能、产地及价格信息，“货比三家”，严格控制质量和价格。

二、物资设备的进场验收

对于进场材料，要分别检查核对其数量和规格，做好材料质量试验和检验工作。不符合要求的材料要坚决拒收，立即退出，以保证工程质量。工程材料需要查看出厂证明；重要材料如防水用料、钢材等，还需要进行质量复检；机械设备需要对照出厂证明的有关性能及服务说明；砂浆和混凝土要接收出厂配比单、并查看其质量情况，留取样品制作试块，待达到龄期后试压验证其强度。

三、施工机具准备

各种施工机具，如土方机械，混凝土、砂浆搅拌设备，垂直及水平运输机械，钢筋加工设备，木工机械，焊接设备，打夯机，排水设备等，应根据施工方案，对施工机具配备的要求、数量及进度安排，编制施工机具使用计划。

需要外部租赁或购买的机具，要提前了解市场情况。需要购买的要采取招标方式进行采购。需要租赁的要了解其性能价格，及时办理各种手续，包括政府有关机械安全监管部门的安全备案、审验手续，保证其顺利使用。

对于由分包单位自行管理的大型施工机械，如起重机、挖土机、桩基设备等，应由分包单位编制施工方案，列出使用计划，负责向总包方提出进出场及时间需求，总包方配合管理、保证其使用。

四、生产设备的准备

订购工业生产用的安装工程工艺设备，要注意交货时间与土建进度密切配合，因为，某些庞大设备的安装往往要与土建施工穿插进行，需要预留设备进出、吊装、运输、就位的安装空间。如果土建全部完成或封闭后，安装便可能会出现困难。

按生产工艺流程及工艺设备的安装布置图，提出工艺设备的名称、型号、生产能力和需要量，确定分期分批进场时间和保管方式，编制工艺设备需要量计划，为组织运输、确定堆场面积提供依据，会同建设方和监理方一起，对进场设备进行验收登记。

五、物资设备运输准备

根据上述物资需用计划，编制物资运输计划，组织落实运输工具，确保材料、构（配）件和机具设备按期进场。如果设备重量尺寸庞大，或者运输距离遥远，或者涉及多种运输手段的配合，如火车、汽车、水运、空运和陆运等，则应提前与建设方进行协商，妥善安排。

六、施工物资成本管理

建立市场信息制度，定期收集、披露市场物资价格信息，提高价格透明度。建设方实行认质认价管理制度时，应提前编制认质认价单，列明材料设备的种类名称等内容，了解市场行情并填报拟定价格，交监理和建设方确认。确认后的认价单要统一保管，作为工程结算依据。在市场价格信息指导下，对大型重要物资尽量实行物资招标采购形式的管理，“货比三家”，择优进货，签订供货合同，保证供应落实到位。对大宗物资的采购也要采取招标采购方式，在保证物资质量和工程质量的前提下，降低成本，提高效益。

七、物资保管

受施工场地条件限制，临时保管的物资设备经常处于风吹雨淋、安全防护不到位、机械碰撞和人为损坏的状态，会对物资设备的质量产生影响，甚至损坏，造成经济损失，影响工程使用。所以必须建立物资设备管理制度，指派责任心强的人员专责管理；必要时进行夜间巡逻、节假日值班等措施，控制进场物资损耗，保证进场物资设备安全万无一失。

八、物资发放

施工材料的节约使用，是关系施工成本的大事，必须要严格执行。材料节约的方法各有不同，首先应对使用方进行具体的节约限额要求。在使用中要建立具体的材料节约制度和明确的节约做法。例如：钢筋使用，需要预做下料单，进行用量计算，研究套裁下料做法；成品料的堆放保管应予明确，防止乱拉丢失；水泥、白灰等易损物资要搭设专用防护保管棚库等。材料使用要采取限额方式，即以进行的施工项目的耗料定额或者本企业经验数量进行用量控制，采用节约有奖的做法。对于需要拌制的材料，如砂浆、胶黏剂、涂料等，必须随用随拌，按当天需要量拌制，保证当天用完，以此控制材料消耗，达到控制施工成本的目标。

九、物资盘点核算

严格物资管理是降低施工成本、保证施工盈利的主要途径。

施工每进行到一定阶段，如地下工程、主体工程及单位工程竣工等分阶段完成后，便需要进行工程成本核算。核算的主要内容和数据就是物资设备的消耗情况，为成本核算提供分析依据。为此，需要进行材料设备的盘点和结算，查明工程正常消耗的数量与节约或者浪费的数字对比。进而查明是哪种材料设备，是哪个施工项目及责任人负责造成的等，进而为管理工作考核和分包责任追究提供依据，明确责任，进行必要的奖惩。

十、竣工后物资设备的清理与退场

施工完成后要及时对各种物资机械设备进行清点、封存、逐步退场。有的需要转移到其他工地；有的可以退回仓库进行保管；如有租赁的设备要立即归还，避免不必要的租赁费用增加。清理无用物品，清扫场地，准备场地移交。

十一、进场材料质量检验的见证取样和送检规定

对进场复检样品的见证取样和送检，是指在建设单位或工程监理人员的见证下，由施工单位的现场试验人员对工程中涉及结构安全的砂浆、混凝土试块、钢筋及其连接试件、防水材料和其他试验材料在现场共同见证取样，并送至经过省级以上建设行政主管部门认

可其资质的质量检测单位进行质量检验，出具检测证明。

2000年9月，建设部颁布了《房屋建筑工程和市政基础设施工程实行见证取样和送检的规定》，对见证取样和送检做了以下规定。

（1）涉及结构安全的试块、试件和材料的见证取样和送检的比例不得低于有关技术标准中规定应取样数量的30％。

（2）以下试块、试件和材料必须实施见证取样和送检。①用于承重结构的混凝土试块。②用于承重墙体的砌筑砂浆试块。③用于承重结构的钢筋及连接接头试件。④用于承重墙的砖和混凝土小型砌块。⑤用于拌制混凝土和砌筑砂浆的水泥。⑥用于承重结构的混凝土中使用的掺加剂。⑦地下、屋面和厕浴间使用的防水材料。⑧国家规定必须实行见证取样和送检的其他试块、试件和材料。

（3）见证人员应由建设单位或该工程监理单位具备建筑施工试验知识的专业技术人员担任，并应由建设单位或该工程的监理单位书面通知施工单位、检测单位和负责该项工程的质量监督机构。

（4）在施工过程中，见证人员应按照见证取样和送检计划，对施工现场的取样和送检进行见证，取样人员应在试样或其包装上做出标识、标志。标识和标志应标明工程名称、取样部位、取样日期、样品名称、和样品数量，并由见证人员和取样人员签字。见证人员应制作见证记录，并将见证记录归于施工技术档案。见证人员和取样人员应对试样的代表性和真实性负责。

（5）见证取样的试块、试件和材料送检时，应由送检单位填写委托单，委托单位有见证人员和送检人员签字。检测单位应检查委托单及试样上的标识和标志，确认无误后方可进行检测。

第三章

施工过程技术咨询

第一节　施工准备与开工

一、总则

（1）工程项目依据工程中标通知书及工程施工合同，完成工程开工前的各项施工准备工作，办理工程开工的各项审批手续。

（2）工程开工必须有经业主和监理部门审批的工程开工报告。工程项目、单位工程都必须提交工程开工报告，单项工程也可以单独提交工程开工报告申请开工。停工后又复工应重新办理开工报告审批手续。

（3）本办法适应于所有工程项目。

二、施工准备

（一）总体要求

工程项目中标后，在公司相关部门协助下，由项目经理、总工程师共同完成施工准备工作计划，施工准备工作主要包括组织准备、技术准备、资源准备等。

（二）组织准备

（1）项目部的领导班子成员按公司相关规定组建，其他成员由项目领导班子提出建议名单，经公司人力资源部批准后决定。

（2）项目领导班子与公司签订《项目管理目标责任书》，并对责任成本目标进行分解到作业队。

（3）选定项目机构办公地址并发布联系电话等。

（4）项目机构成立后，由项目部联系当地政府行政业务主管部门和建设主管部门；获取外来的法律法规，制定管理规划和各项规章制度，识别并建立有效文件清单；与设备管理部门订立各种施工配合协议。

（5）在项目经理主持下，由项目总工程师组织编制项目实施规划大纲，拟定施工队伍、组织施工调查、编制施工组织设计，并报公司相关部门核备。

（6）在公司企业策划部的指导下，项目部综合部进行企业形象宣传策划，由项目经理审批后实施。项目部综合部在开工前，组织布置“五牌一图”，即工程概况牌、管理人员名单及监督电话牌、消防保卫牌、安全生产牌、文明施工牌和施工现场平面图。

（三）技术准备

在公司工程部、科技部和安质部的协助下，由项目总工程师组织项目工程师、测量工程师、作业队技术和作业队测量人员实施。

（1）施工测量、定测。

（2）获取设计文件和技术资料。

（3）制定安全技术标准和工艺标准（技术应准备的资料应列出）。编制创优规划、施工组织设计、用料计划。

（4）审查技术文件并将会审意见书面反馈设计、建设单位。

（5）根据设计技术标准，配齐相应的规范、定型图、工艺标准，公布有效文件清单。

（6）环境因素的识别、评价并建立重要环境因素清单。进行危险源的识别和评价。

（7）风险控制策划。

（8）搞好成本的预测。

（四）资源准备

1. 人力

（1）在公司人力资源部的协助下，按公司规定确定项目部、作业队管理人员分工、权利和义务，制定岗位职责及考核标准。

（2）在项目部总工程师的主持下，项目部工程部编制劳动力需求计划，报公司工程部和人力资源部优化配置劳动力，按规定选定劳务分包队伍和项目队。

（3）由项目部综合部组织，由各部门配合，对员工进行岗前培训并按规定持证上岗。

2. 财务

（1）项目部财务部选择好开户银行，报公司财务部核备，在公司财务的协助下备足施工准备所需资金。

（2）项目部财务部进行工商、税务联系，做好税费的调查，并将调查情况向公司财务部进行书面汇报。

3. 物资

（1）项目部物资部对工程施工材料和半成品进行详细的询价和比选，并将询价和比选的情况向公司物资部进行书面汇报。

（2）项目部物资部根据材料计划，编制采购计划和供应计划，确定材料供应方式报公司物资部和项目经理审批后实施。

（3）在公司物资部的指导下，按公司物资管理的相关规定组织项目材料及制品的订货、采购、运输和储备。

4. 机械仪器仪表

（1）项目部机备部和综合部根据施工组织设计中的施工进度安排制定机械、仪器仪表计划、进出现场时间表和作业地点使用的类型、台数，报公司机备中心和科技开发部批复后实施。

（2）公司机备中心和科技部根据项目的需求计划，确定施工机械的和仪器仪表需求的配备方案。

（3）公司机备中心和科技部确保投入现场施工机械、仪器仪表状况良好；机械和仪器、仪表的“年审”“年检”情况与项目周期相匹配。

三、开工报告

1. 开工时间

工程建设项目的开工，是指设计文件中规定的永久性工程第一次开始施工的时间；分期建设的项目，其开工建设是指第一期工程开始施工的时间；单项工程建筑物的开工，是指工程正式破土，或建筑物的基础工程动工，也算为开工。在此以前的准备工作，临时工程都不算开工。

2. 开工的必备条件

工程正式开工前，要做好各项施工准备工作，经检查合格后，方能申请开工。工程开工应做好上文所述的施工准备工作并具备以下条件。

（1）设计文件、施工图纸能满足施工需要。

（2）施工测量和复测结束、技术交底已经完成。

（3）材料、设备、机具、劳动力数量能满足施工需要。

（4）单位工程实施性施工组织设计已经编制完成并通过审批，施工方案、施工方法、工艺已经确定。

（5）土建工程的施工已完成或达到站后开工的条件。

（6）施工现场安全措施符合安全规程要求。

（7）项目部与项目队的责任成本分解协议、与外部劳务分包队伍的劳务分包合同已签订。

（8）项目队和劳务队伍的准备工作就绪后，由项目队和劳务队伍向项目部提出开工的书面申请。

（9）除上述条件以外的，其他应满足开工的必备条件。

3. 开工报告的报送时间和审批

工程开工报告的报送时间和审批，按业主的规定或在合同条款中明确规定开工报告审批手续。无相应规定的，按以下要求办理。

（1）以集团公司名义承揽，并成立了集团公司项目部或指挥部的，由公司项目部总工程师向集团公司项目部或指挥申报。由公司独立承担的，由项目部总工程师向业主申报。各项目单位工程的开工由项目部向公司工程管理部申报。

（2）开工报告的由项目总工程师组织上报和批复，具体工作程序如下。

1）以集团公司名义承揽，并成立了集团公司项目部或指挥部的工程，其开工报告报送审批程序如图 3-1 所示。

2）以公司独立承揽工程的开工报告，报送审批程序如图 3-2 所示。

3）单位工程的开工报告，报送审批程序如图 3-3 所示。

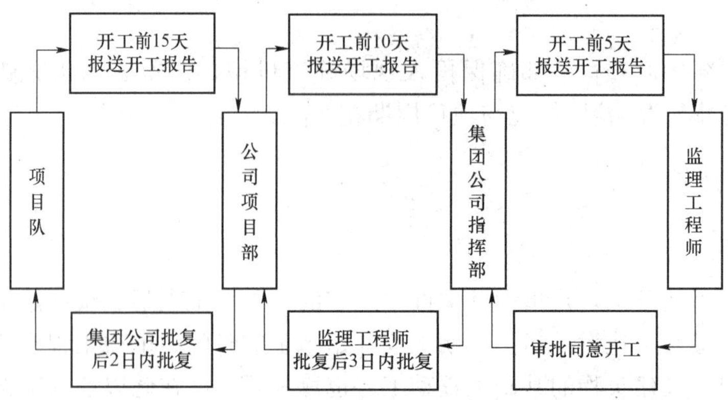

图 3-1 成立集团公司项目部或指挥部的工程开工报告报送审批程序

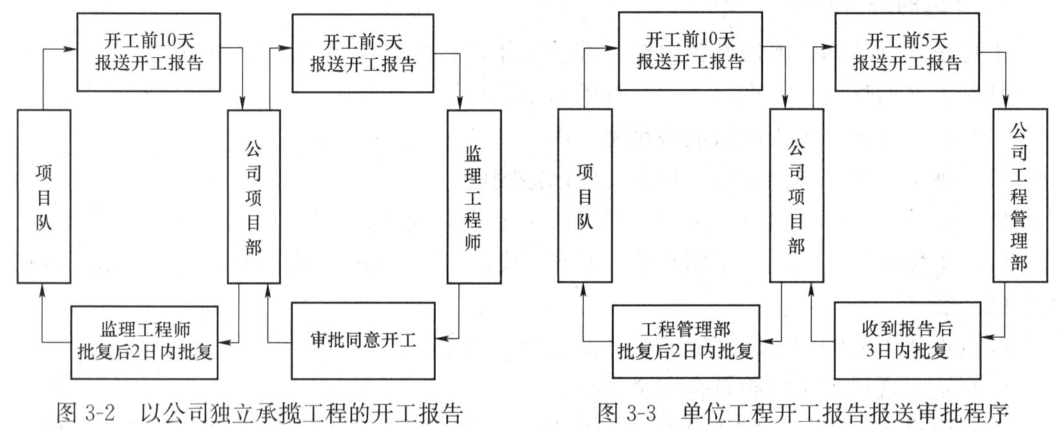

图 3-2 以公司独立承揽工程的开工报告报送审批程序

图 3-3 单位工程开工报告报送审批程序

（3）工程项目开工报告经业主或监理工程师批复后，由项目总工程师组织项目部综合部在 3 日内向由公司工程部上报。工程部收到后，由调度将项目的开工信息在公司及时通告发布。

（4）项目部要严格执行开工报告制度，未经批准开工的工程不得开工。开工报告是竣工文件的组成部分，填写所用表格必须符合内业资料及竣工文件管理办法规定要求。

第二节 施工总平面布置

一、布置原则

（1）施工平面布置应严格控制在建筑红线之内。

（2）平面布置要紧凑合理，尽量减少施工用地。

（3）尽量利用原有建筑物或构筑物。

（4）合理组织运输，保证现场运输道路畅通，尽量减少二次搬运。

（5）各项施工设施布置都要满足方便施工、安全防火、环境保护和劳动保护的要求。

1）除垂直运输工具以外，建筑物四周 3m 范围内不得布置任何设施。

2）塔吊根据建筑物平面形式和规模，布置在施工段分界处，靠近料场。

3）装修时搅拌机布置在施工外用电梯附近、施工道路近旁，以方便运输。

4）水泥库选择地势较高、排水方便、靠近搅拌机的地方。

5）临时水电应就近铺设。

（6）在平面交通上，要尽量避免土建、安装以及其他各专业施工相互干扰。

（7）符合施工现场卫生及安全技术要求和防火规范。

（8）现场布置有利于各子项目施工作业。

（9）考虑施工场地状况及场地主要出入口交通状况。

（10）结合拟采用的施工方案及施工顺序。

（11）满足半成品、原材料、周转材料堆放及钢筋加工需要。

（12）满足不同阶段、各种专业作业队伍对宿舍、办公场所及材料储存、加工场地的需要。

（13）各种施工机械既满足各工作面作业需要又便于安装、拆卸。

（14）实施严格的安全及施工标准，争创省级安全文明工地。

二、布置内容

（1）拟建的建筑物或构筑物，以及周围的重要设施。

（2）施工用的机械设备固定位置。

（3）施工运输道路。

（4）临时水源、电源位置及铺设线路。

（5）施工用生产性、生活性设施（加工棚、操作棚、仓库、材料堆场、行政管理用房、职工生活用房等）。

三、布置步骤

确定建筑位置→物料提升机位置→ 木工加工场地→钢筋加工场地→办公室、库房→临时道路→临时设施→临时水电。

四、BIM 技术的施工场地布置及规划应用

（一）施工场地布置的重要性

1. 促进安全文明施工

随着我国施工水平的不断提高，对安全文明施工的要求也越来越高。考核建筑施工企业的质量、安全、工期、成本四大指标，也称施工企业的第一系统目标的落脚点都在施工现场。加强施工现场布置的管理，在施工现场改善施工作业人员条件，消除事故隐患，落实事故隐患整改措施，防止事故伤害的发生，这是极为重要的。施工项目部一般通过对现场的安全警示牌、围挡、材料堆放等建立统一标准，形成可进行推广的企业基准及规范，推动安全文明施工的建设。基于 BIM 模型及搭建的各种临时设施，可以对施工场地进行

布置，合理安排塔吊、库房、加工厂地和生活区，解决场地划分问题。

2. 保障施工计划的执行

对施工现场合理规划，是保障施工正常进行的需要。在施工过程中往往存在着材料乱堆乱放、机械设备安置位置妨碍施工的情况，为了进行下一步的施工，必须将材料设备挪来挪去，影响施工的正常进行。施工场地布置要求在设计之初要考虑施工过程的材料以及机械设备的使用情况，合理地进行材料的堆放。通过确定最优路径等方法，为施工提供便利。

3. 有效控制现场成本支出

在施工过程中，由于场地狭小等原因，会产生大量的二次搬运费，将成品和半成品通过小车或人力进行第二次或多次的转运会产生大量的二次搬运费用，增加了项目的成本支出。在施工场地布置的时候要结合施工进度，合理地对材料进行堆放，减少因为二次搬运而产生的费用，降低施工成本。

（二）基于BIM的施工场地布置应用研究

1. 建立安全文明施工设施BIM构件库

借助BIM技术对施工场地的安全文明施工设施进行建模，并进行尺寸、材料等相关信息的标注，形成统一的安全文明施工设施库。施工现场常用的安全防护设施、加工棚、卸料平台防护、用电设施、施工通道等设施都可以通过BIM软件的族功能，建立各种施工设施的BIM族库，并且对于尺寸、材质等准确标注，为施工设施的制作提供数据支持。图3-4所示是施工现场钢筋加工棚。在保证结构稳定性情况下，对尺寸进行标准，在满足场地空间的情况下进行推广，形成企业统一标准。

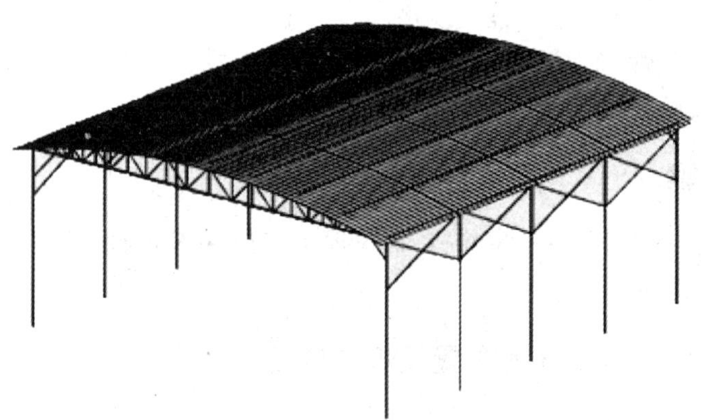

图3-4　钢筋加工棚外观及尺寸标注

随着企业BIM族库的不断丰富，施工现场设施布置也会变得简单。将所有的族文件进行分类整理，建立如图3-5所示的BIM构件库。在进行施工现场的三维模型建立时，可以将构件随意拖进三维模型中，建立丰富的施工现场BIM模型，为施工现场布置提供可视化参照。

2. 现场机械设备管理

在施工过程中会用到各种各样的重型施工机械，大型施工设备的进场和安置是施工场

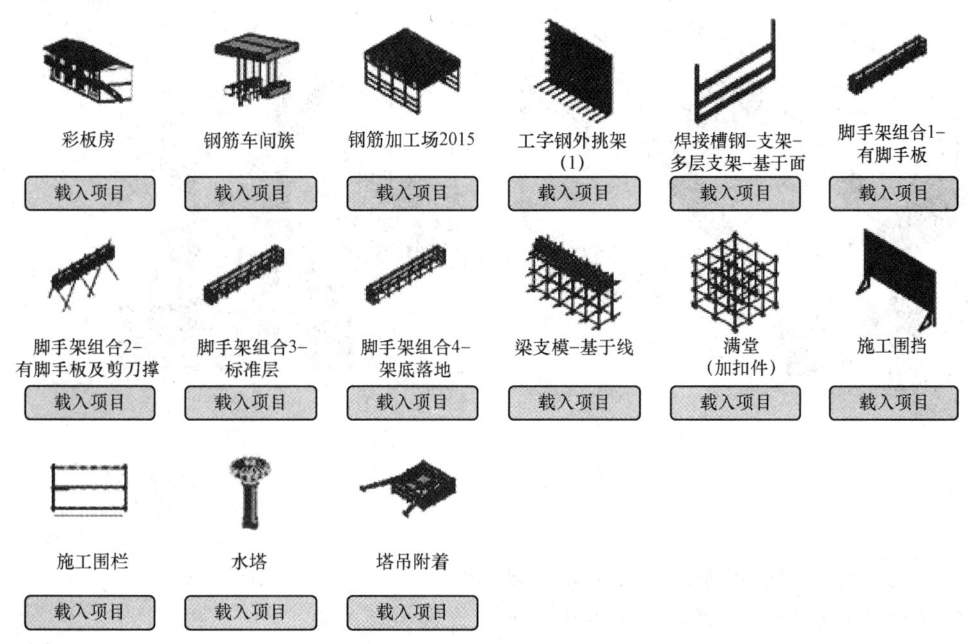

图 3-5　施工设施族库

地布置的重要环节。传统的二维 CAD 施工平面设计只能二维显示出施工的作业半径，像塔吊的作业半径、起重机的使用范围等。基于 BIM 技术的二维施工机械布置则可以在更多的方面进行应用。

（1）现场塔吊。现在利用 BIM 软件进行塔吊的参数化建模，并引入现场的模型进行分析，既可以以 3D 的视角来观察塔吊的状态，又能方便地调整塔吊的姿态以判断临界状态，同时也不影响现场施工，节约工期和能源。

通过修改模型里的参数数值，针对以下四种情况分别将模型调整至塔吊的临界状态，参考模型就可以指导塔吊安全运行，如图 3-6 所示。

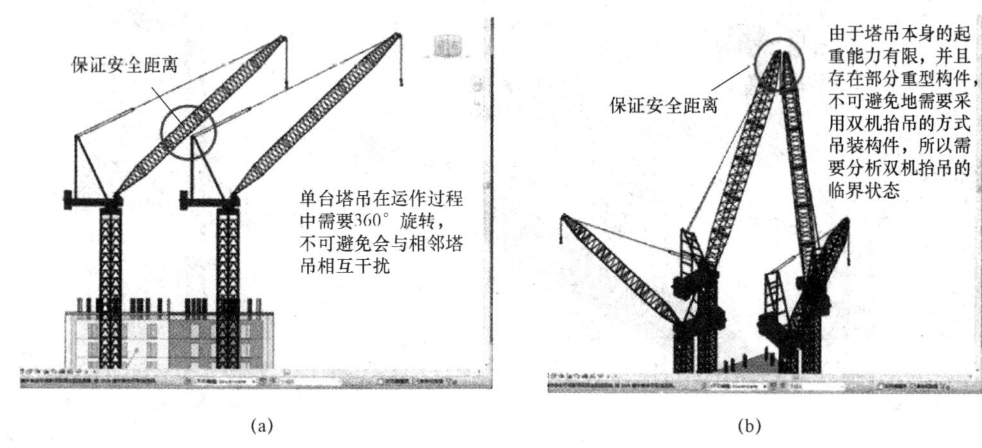

图 3-6　临界状态（一）

（a）情况一；（b）情况二

(c)

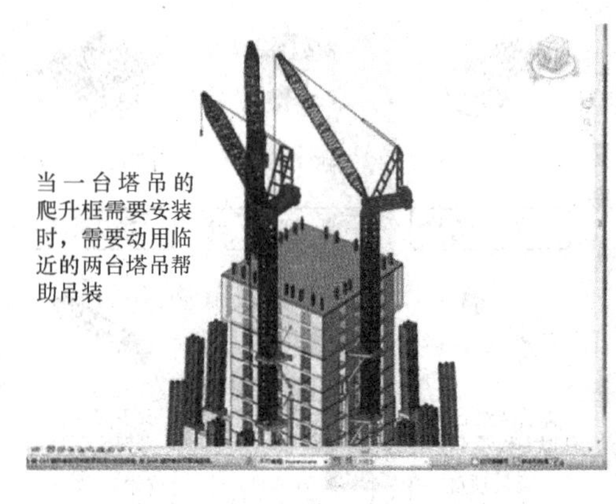

(d)

图 3-6 临界状态（二）

（c）情况三；（d）情况四

（2）机械设备现场规划。混凝土泵布置如图 3-7 和图 3-8 所示。

BIM 技术可将混凝土泵管以水平排布形式直观表现出来。

对于超高层泵送，其中需要设置的缓冲层也可以基于 BIM 技术很方便地将其表达出来，如图 3-8 所示。

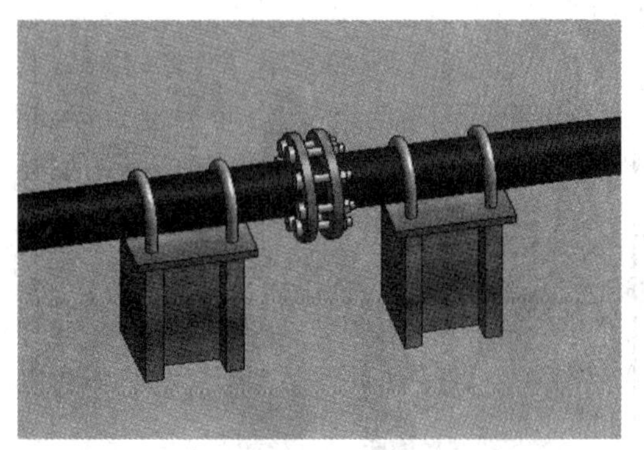

图 3-7 混凝土泵管的水平固定及连接

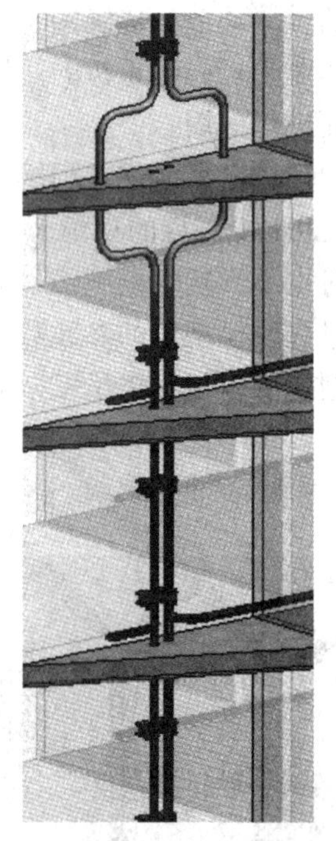

图 3-8 混凝土泵管的垂直固定及缓冲段的设置

（3）吊车类。

1）平面规划。在平面规划上，制订施工方案时往往要在平面图上推敲这些大型机械的合理布置方案。单一地看平面的 CAD 图纸和施工方案，很难发现一些施工过程中的问题，但是应用 BIM 技术就可以通过 3D 模型较为直观地选择更合理的平面规划布置，如图 3-9 所示。

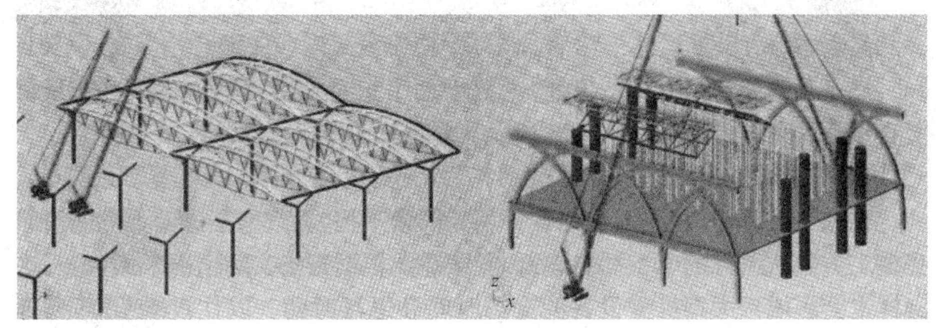

图 3-9　汽车吊平面规划布置模型

2）方案技术选型与模拟演示。以往采用履带吊吊装过程中，一旦履带吊仰角过小，就容易发生前倾，导致事故发生。现在利用 BIM 技术模拟施工，就可以预先对吊装方案进行实际可靠的指导，如图 3-10 所示。

(a)

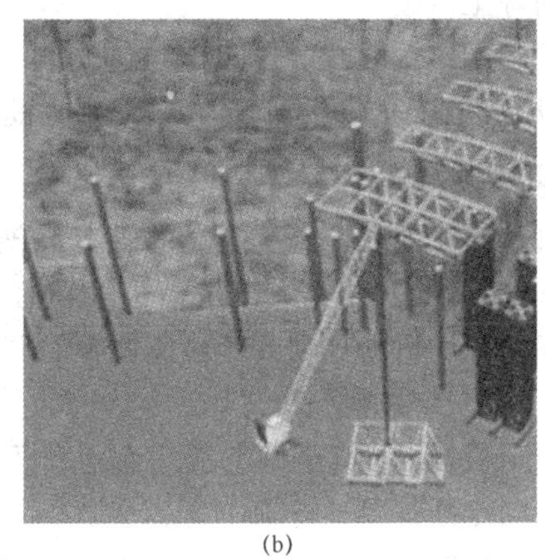

(b)

图 3-10　履带吊模拟施工

（a）履带吊仰角过小时模拟情况；（b）履带吊仰角调整后模拟情况

3）建模标准。建筑工程主要用到的大型机械设备包括汽车吊、履带吊、塔吊等，这些机械建模时最关键的是参数的可设置性，因为不同的机械设备其控制参数是有差异的。比如，履带吊的主要技术控制参数为起重量、起重高度和半径。考虑到模拟施工对履带吊动作真实性的需要，一般可以将履带吊分成下列几个部分：履带部分、机身部分、驾驶室及机身回转部分、机身吊臂连接部分、吊臂部分和吊钩部分。

汽车吊与履带吊有相似之处，主要增加了车身水平转角、整体转角、吊臂竖直平面转角等参数，如图 3-11 所示。

4）协调。在施工过程中，往往因受到各种场外因素干扰，导致施工进度不可能按原先施工方案所制订的节点计划进行，经常需要根据现场实际情况来做修正，这同样也会影

(a)

(b)

(c)

图 3-11 履带吊模型

(a) 水平转角；(b) 整体转角；(c) 吊臂竖直转角

响到大型机械设备的进场时间和退场时间。以往没有 BIM 模拟施工的时候，对于这种进度变更情况，很难及时调整机械设备的进出场时间，经常会发生各种调配不利的问题，导致不必要的等工。

现在，利用 BIM 技术的模拟施工应用可以很好地根据现场施工进度的调整，来同步调整大型设备进出场的时间节点，以此来提高调配的效率，节约成本。

3. 施工机械设备进场模拟

施工机械体积庞大，施工现场的既有设施、施工道路等可能会阻碍施工设备的进场。依托 BIM 技术，可以设置施工机械进场路径，找出施工机械在整个进场环节中碰撞点，再进行进场路径的重新规划或者碰撞位置的调整，确保施工设备在进场过程中不出现任何问题。

（1）施工机械的固定验算。施工企业对于施工机械的现场固定要求较高，像塔吊等设备的固定在固定前都要进行施工受力验算，以确保在施工过程中能够保证塔吊的稳定性。近几年塔吊事故频发，造成大量的生命财产损失。借助 BIM 技术可以对施工现场的塔吊固定进行校验和检查，保证塔吊基座和固定件的施工质量，确保塔吊在施工过程中的稳定性。

（2）成本控制。BIM 技术的优势在于其信息的可流转性，一个 BIM 模型不仅包含构件的三维样式，更重要的是其所涵盖的信息，包括尺寸、重量、材料类型以及材料生产厂家等。在使用 BIM 软件进行场地建模之后，可以将布置过程中所使用的施工机械设备数量、临电临水管线长度、场地硬化混凝土工程量等一系列的数据进行统计，形成可靠的工程量统计数据，为工程造价提供可靠依据。通过在软件中选择要进行统计的构件，设置要显示的字段等信息，输出工程量清单计算表，如图 3-12 所示。

4. 碰撞检测

施工现场总平面布置模型中需要做碰撞检查的主要内容包括以下几项。

（1）物料、机械堆放布置：进行相应的碰撞检查，检查施工机械设备之间是否有冲

图 3-12　三维平面布置模型

突、施工机械设备与材料堆放场地的距离是否合理。

（2）道路的规划布置：检查所用的道路与施工道路尽量不交叉或者少交叉，以此保证施工现场的安全生产。

（3）临时水电布置：避免与施工现场的固定式的机械设备的布置发生冲突，也要避免施工机械，如吊臂等与高压线发生碰撞，应用 BIM 软件进行漫游和浏览，发现危险源并采取措施。

5. 现场人流管理

（1）数字化表达。采用三维的模型展示，以 Revit、Navisworks 为模型建模、动画演示软件平台。这些模拟可能包括人流的疏散模拟结果、道路的交通要求、各种消防规范的安全系数对建筑物的要求等。

工作采用总体协调的方式，即在全部专业合并后所整合的模型（包括建筑、结构、机电）中，使用 Navisworks 的漫游、动画模拟功能，按照规范要求、方案要求和具体工程要求，检验建筑物各处人员或者车辆的交通流向情况，并生成相关的影音、图片文件。

采用软件模拟，专业工程师在模拟过程中发现问题、记录问题、解决问题、重新修订方案和进行模型的过程管理。

（2）模型要求。对于需要做人流模拟的模型，需要先定义模型的深度，模型的深度按照 LOD100~LOD500 的程度来建模，具体与人流模拟的相关建模见表 3-1。

表 3-1　建模标准

深度等级	LOD100	LOD200	LOD300	LOD400	LOD500
场地	表示	简单的场地布置。部分构件用体量表示	按图纸精确建模。景观、人物、植物、道路贴近真实	可以显示场地等高线	—
停车场	表示	按实际标示位置	停车位大小、位置都按照实际尺寸准确标示	—	—

续表

深度等级	LOD100	LOD200	LOD300	LOD400	LOD500
各种指示标牌	表示	标示的轮廓大小与实际相符，只有主要的文字、图案等可识别的信息	精确的标示，文字、图案等信息比较精准，清晰可辨	各种标牌、标示、文字、图案都精确到位	增加材质信息，与实物一致
辅助指示箭头	不表示	不表示	不表示	道路、通道、楼梯等处有交通方向的示意箭头	—
尺寸标注	不表示	不表示	只在需要展示人流交通布局时，在有消防、安全需要的地方标注尺寸	—	—
其他辅助设备	不表示	不表示	长、宽、高物理轮廓。表面材质颜色类型属性，材质，二维填充表示	物体建模，材质精确地表示	—
车辆、消防车等机动设备	不表示	按照设备或该车辆最高最宽处的尺寸给予粗略的形状表示	比较精确的模型，具有制作模拟的、渲染、展示的必备效果（如吊机的最长吊臂）	精确地建模	可输入机械设备、运输工具的相关信息

（3）交通人流4D模拟要求。

1）交通道路模拟。交通道路模拟结合3D场地、机械、设备模型，在L3的程度下，进行现场场地的机械运输路线规划模拟。交通道路模拟可以提供图形的模拟设计和视频，以及三维可视化工具的分析结果。

按照实际方案和规范要求（在模拟前的场地建模中，模型就已经按照相关规范要求与施工方案，做到符合要求的尺寸模式）利用Navisworks在整个场地、建筑物、临时设施、宿舍区、生活区、办公区模拟人员流向、人员疏散、车辆交通规划，并在实际施工中同步跟踪，科学地分析相关数据。

交通运动模拟中机械碰撞行为是最基本的行为，如道路宽度、建筑物高度、车辆本身的尺寸与周边建筑设备的影响、车辆的回转半径、转弯道路的半径模拟等，都将作为模拟分析的要点，分析出交通运输的最佳状态，并同步修改模型内容。

2）交通及人流模拟要求：①使用Revit建模导出.nwc格式的图形文件，并导入Navisworks中进行模拟；②Navisworks三维动画视觉效果展示交通人流运动碰撞时的场景；③按照相关规范要求、消防要求、建筑设计规范、施工方案等指导模拟；④构筑物区域分解功能，同时展示各区域的交通流向、人员逃生路径；⑤准确确定在碰撞发生后需要修改处的正确尺寸。

（4）实例式样。人流式样布置：在3D建筑中放置人流方向箭头，表示人流动向。设计最合理的线路，以3D的形式展示。

在模型中可以加入时间进度条以展现下列模拟：疏散模拟、感知时间、响应时间、道路宽度合适度、依据建筑空间功能规划的最佳营建空间（包括建筑物高度、家具的摆放布置、设备的位置等），如图 3-13 所示。

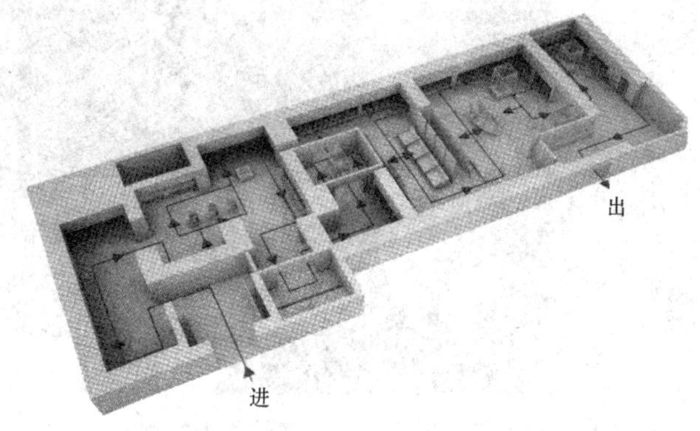

图 3-13 三维视图标示人流走向的示意模型

在场景中做真实的 3D 人流模拟，使用 Navisworks 的 3D 漫游和 4D 模拟来展示真实的人员在场景或者建筑物内的通行状况，也可以用达到一定程度的机械设备模型，来模拟对于道路或者相关消防的交通通行要求，如图 3-14 所示。

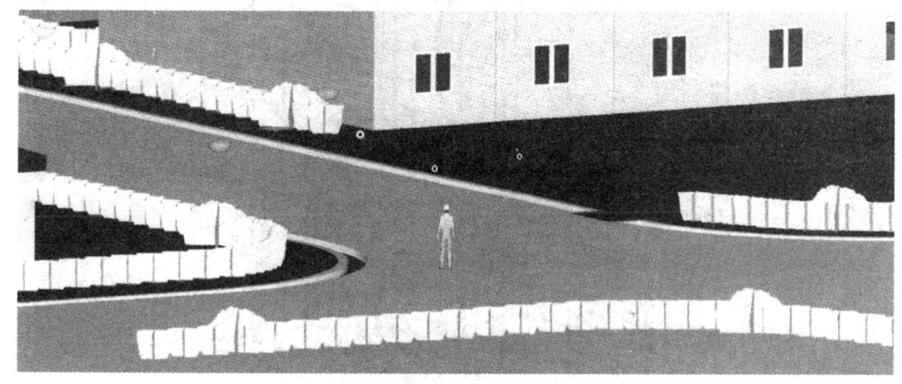

图 3-14 漫游模拟展示人流走向

在整合后的模型中进行结构、设备、周边环境和人流模拟的单独模拟，如门窗高度、楼梯上雨篷、转弯角处的设备等，可能会对人流行走造成碰撞的模拟，都是必要的模拟作业，如图 3-15 所示。

（5）竖向交通人流规划。基础施工阶段的交通规划主要是上下基坑和地下室的通道，并与平面通道接通。挖土阶段，基础施工时一般采用临时的上下基坑通道，有临时性的和标准化工具式的。标准化工具式多用于较深的基坑，如多层地下室基坑、地铁车站基坑等，临时性的坡道或脚手架通道多用于较浅的基坑。

临时上下基坑通道根据维护形式各不相同。放坡开挖的基坑一般采用斜坡形成踏步式的人行通道，满足上下行人员同时行走，以及人员搬运货物时通道宽度。在坡度较大时，一般采用临时钢管脚手架搭设踏步式通道。通道设置位置一般在与平面人员安全通行的出

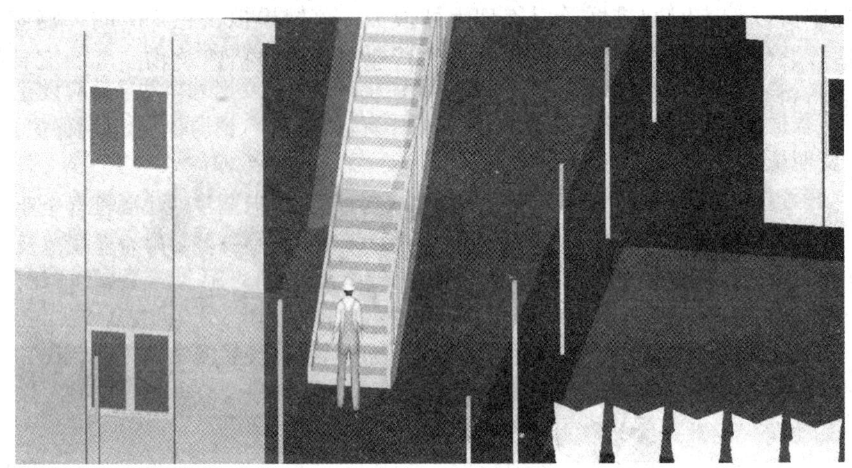

图 3-15 漫游模拟展示人流与建筑物等的碰撞关系

入口处，以避开吊装回转半径之外为宜，否则应搭设安全防护棚。上下通道的两侧均应设置防护栏杆，坡道的坡度应满足舒适性与安全性要求，如图 3-16 所示。

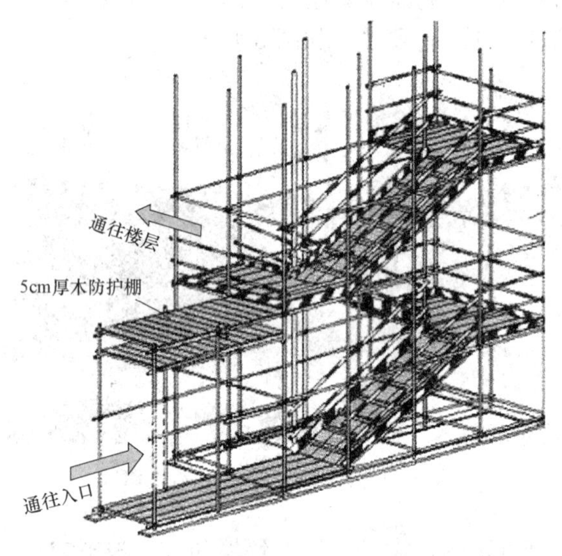

图 3-16 临时上下基坑施工人流通道模型

在采用支护围护的深基坑施工中，人行安全通道常采用脚手架搭设楼梯式的上下通道。在更深的基坑中常采用工具式的钢结构通道，常用于地铁车站基坑、超深基坑中。通道宽度为 1.0～1.1m，通行人员只能携带简易工具，不能搬运货物通行。通道采用与支护结构连接的固定方式，一般随着基坑的开挖由上向下逐段安装，如图 3-17 所示。

6. BIM 及 RFID 技术的物流管理

BIM 技术首先能够起到很好的信息收集和管理功能，但是这些信息的收集一定要和现场密切结合才能发挥更大的作用，而物联网技术是一个很好的载体，它能够很好地将物体与网络信息关联，再与 BIM 技术进行信息对接，这样 BIM 技术能真正地用于物流的管理

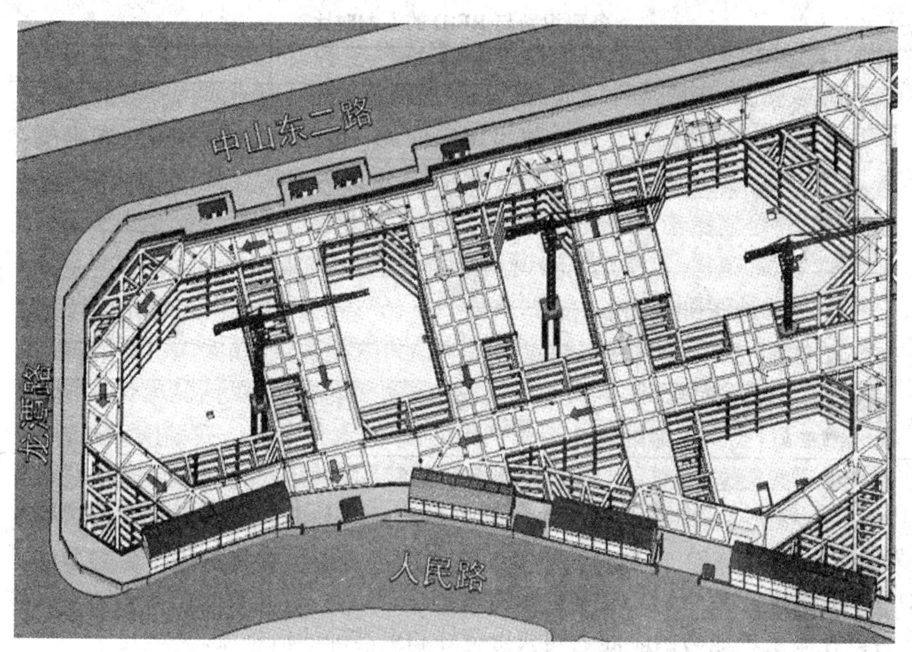

图 3-17　深基坑施工人流通道模型

与规划。

（1）RFID 技术简介。物联网技术的应用流程如图 3-18 所示。

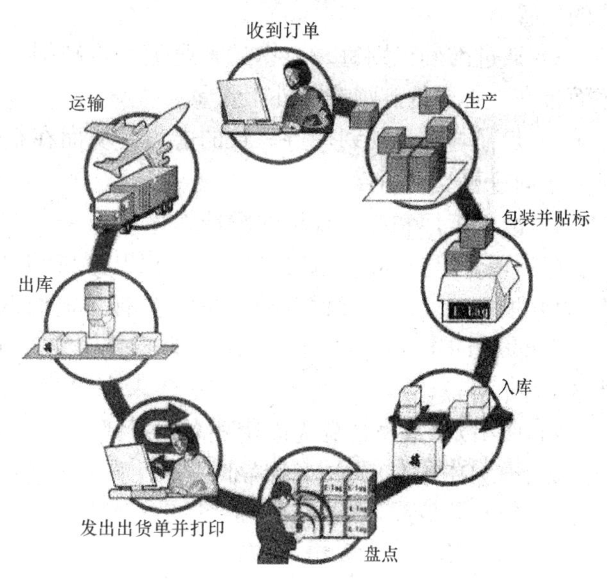

图 3-18　物联网技术应用流程

而目前在建筑领域可能涉及的编码方式有条形码、二维码以及 RFID 技术。RFID 技术，又称电子标签、无线射频识别，是一种通信技术，可通过无线电信号识别特定目标并读写相关数据，而无须识别系统与特定目标之间建立机械或光学接触，常用的有低频（125 ～ 134.2kHz）、高频（13.56MHz）、超高频、无源等技术。RFID 读写器也分移动式的和固定式的，目前 RFID 技术在物流、门禁系统、医疗、食品溯源方面都有应用。

而二进制的条码识别是一种基于条空组合的二进制光电识别码，广泛应用于各个领域。

条码与 RFID 从性能上来说各有优缺点，具体应根据项目的实际预算及复杂程度考虑采用不同的方案，其优缺点见表 3-2。

表 3-2　　条码识别与 RFID 的性能对比

系统参数	RFID	条码识别
信息量	大	小
标签成本	高	低
读写性能	读/写	只读
保密性	好	无
环境适应性	好	不好
识别速度	很高	低
读取距离	远	近
使用寿命	长	一次性
多标签识别	能	不能
系统成本	较高	较低

条码信息量较小，但如果均是文本信息的格式，它基本已能满足普通的使用要求，且条码较为便宜。

（2）RFID 技术主要可以用于物料及进度的管理。

1）可以在施工场地与供应商之间获得更好和更准确的信息流。

2）能够更加准确和及时地供货：将正确的物品以正确的时间和正确的顺序放置到正确的位置上。

3）通过准确识别每一个物品来避免严重缺损，避免使用错误的物品或错误的交货顺序而带来不必要的麻烦或额外工作量。

4）加强与项目规划保持一致的能力，从而在整个项目的过程中减少劳动力的成本并避免合同违规受到罚款。

5）减少工厂和施工现场的缓冲库存量。

（3）RFID 与 BIM 技术的结合。使用 RFID 与 BIM 技术进行结合需要配置以下软、硬件。

1）根据现场构件及材料的数量需要有一定的 RFID 芯片，同时考虑到土木工程的特殊性，部分 RFID 标签应具备防金属干扰功能。其形式可以采取内置式或粘贴式，如图 3-19 所示。

2）RFID 读取设备分为固定式和手持式，工地大门或堆场位置口可以考虑安装固定式以提高读取 RFID 的稳定性和降低成本，施工现场可以采取手持式，如图 3-20 所示。

图 3-19　部分 RFID 标签

图 3-20　手持式 RFID 读取设备

3）针对项目的流程专门开发的 RFID 数据应用系统软件。

由于土建施工多数为现场绑扎钢筋，浇捣混凝土，故而 RFID 的应用应从材料进场开始管理。而安装施工根据实际工程情况可以较多地采用工厂预制的形式，能够形成从生产到安装整个产业链的信息化管理，故而流程以及系统的设置应有不同。

（4）土建施工流程。

1）材料运至现场，进入仓库或者堆场前进行入库前贴 RFID 芯片，芯片应包括生产商、出厂日期、型号、构件安装位置、入库时间、验收情况的信息、责任人（需 1～2 人负责验收和堆场管理、处理数据）。

2）材料进入仓库。

3）工人来领材料，领取的材料扫描，同时数据库添加领料时间、领料人员、所领材料。

4）混凝土浇筑时，再进行一次扫描，以确认构件最终完成，实现进度的控制。

（5）安装施工流程。

1）加工厂制造构件，在构件中加入 RFID 芯片，加入相关信息，需加入生产厂商、出厂日期、构件尺寸、构件所安装位置、责任人（需有 1～2 人与加工厂协调）。

2）构件出场运输，进行实时跟踪。

3）构件运至现场，进入仓库前进行入库前扫描，将构件中所包含的信息扫入数据库，同时添加入库时间、验收情况的信息、责任人（需 1～2 人负责验收和堆场管理、处理数据）。

4）材料进入仓库。

5）工人来领材料，领取的材料扫描，同时数据库添加领料时间、领料人员、领取的构件、预计安装完成时间（需 1～2 人负责记录数据）。

6）构件安装完后，由工人确认将完成时间加入数据库（需一人记录、处理数据）。

例如，某住宅产业化项目预制工程中也全面地将 BIM 技术与 RFID 技术相结合，并贯穿于整个建筑物的多个阶段：设计阶段→PC 构件生产阶段→施工阶段。

在设计阶段，开发出具有唯一编码的 28 位 RFID 芯片代码，与构件本身代码一致。

在 PC 构件生产阶段，开发专门的 PC 构件状态管理平台，通过 RFID 芯片的扫描对 PC 构件生产的全过程进行监控。

同时工人的质检、运输、进场、吊装等全过程都采用手持式 RFID 芯片扫描的方式来完成，并将相关的构件信息录入到管理平台中，完成全过程的监控，如图 3-21 所示。

（三）BIM 技术在施工场地布置中的应用案例分析

某商业项目位于市绿园区，总建筑面积 108 371m^2，地下 3 层，地上 23 层，总体呈 L 形。项目靠近大路，临建面积狭小，周围有居民小区，周边情况复杂，施工受周围因素影响较大。

1. 总平面布置

在项目投标的时候，工程部决定改变以往二维 CAD 进行平面设计的做法，采用 BIM 技术对施工场地的总体布置进行详尽的建模，在投标的时候进行三维演示，受到了评标专家的一致好评。在项目中标之后，根据前期建立的三维模型进行了精细化布置和材料提

图 3-21 预制系统现场作业图（部分）

取，大大减少了工程技术人员的工作量，具体流程如图 3-22 所示。

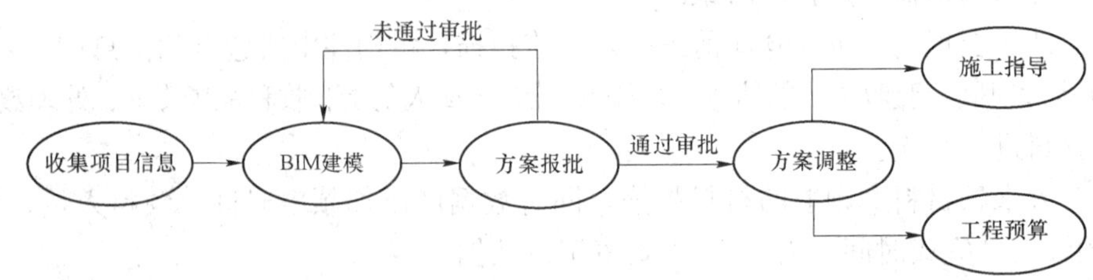

图 3-22 BIM 技术下的场地布置流程

经过公司技术部的反复论证，得到如图 3-23 和图 3-24 所示的施工总平面布置 BIM 模型。它对办公室、生活宿舍、材料堆放、材料加工、塔吊、电梯等施工设施的安置都有详细的布置，并且还能实现三维效果图渲染、二维出图等功能，对于后期的安全文明施工宣传和项目施工材料留档等都有很大的帮助。

图 3-23 Navisworks 下的场地布置重要节点

2. 工程设施细部详图

将 BIM 模型建立完成之后，如果只是进行三维演示，还远远没有体现出 BIM 的价值。通过建立的 BIM 模型，对各部分构件进行提取，对施工材料等信息进行详细的标准，在进行施工场地布置的时候能够指导现场人员进行施工。图 3-25 所示是围墙墙身的详细构造，从图片右侧可以看出来墙体的具体参数设置，包括墙身、基础、垫层，以及下部基础的材料类型、高度、标高等信息就能详细读出，并且还可以对构件类型进行随意添加、删减等，以满足不同工程的需要。

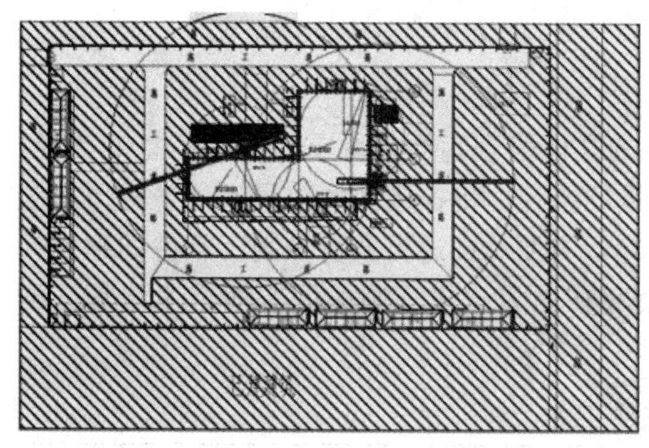

图 3-24 二维 CAD 平面出图

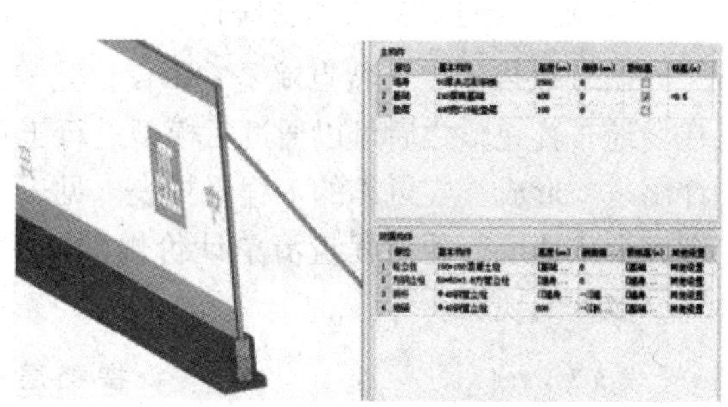

图 3-25 围墙墙身的详细构造

3. 碰撞检测

在大型机械设备进场之后，必须规范其作业位置以及作业半径，保证不会与其他设备设施发生碰撞。借助 BIM 技术对不同机械设备之间的空间关系进行模拟，找出在作业过程中可能会出现碰撞的地方，在施工的过程中加以防护。图 3-26 所示为现场布料机与电梯发生了碰撞，为了保证施工的正常进行就要更换布料机的作业位置，避免再与电梯发生碰撞。

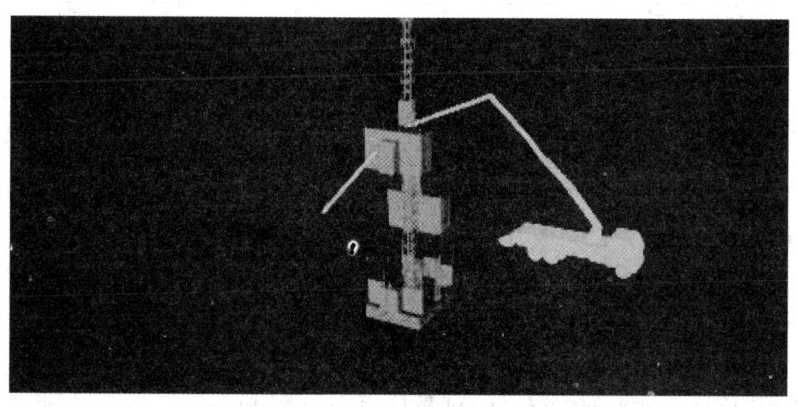

图 3-26 布料机与电梯发生碰撞

4. 施工组织设计审查

传统的施工组织设计与现场实际结合得不够紧密，方案中的设计难以付诸实践，各方在施工组织论证的时候由于缺乏三维图示等，往往各执一词，不能形成统一的意见。在应用 BIM 技术之后能够有效地避免上述问题，通过使用 BIM 模型，以可视化的方式协助业主和监理审核施工组织设计；在监理例会等场合快速理解现场情况，快速沟通，在 Navisworks 软件中，在关键部位增加视点，视点中可包含静态视点、动画、注释、测量等，如图 3-23 所示。在后期施工检查的过程中可以依照模型，严格要求施工单位将施工组织设计中的内容落实到位，在保证施工正常进行的前提下，也能展示公司的精神风貌，体现公司的品牌价值。

5. 施工场地布置工程量统计

BIM 软件的一大特点就是它不仅仅是三维的立体表现，而且更重要的是信息的传递。在场地布置完整之后可以通过对模型进行工程量的统计，将各构件的数量以报表的形式统计出来，形成真实可靠的工程量报表（见表 3-3），方便后面进行造价控制。软件的建模规则完全依据现行的工程量清单计价规则，不会存在因为建模规则的问题而产生错算、漏算、多算的现象。

表 3-3 按楼层构件汇总

项目类别	项目具体名称	工程量	单位
地貌	场区地貌面积	35 276.174	m^2
塔吊	1 号塔吊	2	个
大门	临时大门	2	个
安全围护	安全围护 1	117.905	m
施工电梯	1 号施工电梯	2	个
板房	板房面积	1467.878	m^2
木工加工棚	施工现场临时设施	5	个
围墙	夹芯彩钢板围墙 1	572.917	m
毗邻建筑	多层建筑面积	10 242.948	m^2

使用 BIM 软件建立完成场地布置模型之后，就形成了资产使用信息库，将使用的材料设备等记录在案，进行资产管理，避免因施工现场人员混杂、设备使用情况统计不及时而造成财产损失的问题。

BIM 技术在工程场地布置方面的应用，通过场地设施布置、安全文明施工、构件细部构造三维显示，以及最后工程量统计功能的展示中可以看出，BIM 技术在施工场地布置方面比传统的二维布置更为直观，也更为方便。随着 BIM 技术的应用越来越广泛，它在场地布置方面的应用也会越来越广泛，BIM 软件也会越来越成熟。

几个场地布置要求如图 3-27 所示。

图 3-27　场地布置图

五、某施工现场总平面布置案例

要保证工程项目能安全、优质、高速地完成，关键在于合理严密地进行总平面布置以及科学地进行总平面的管理。

（一）场地特征

本工程地处某市某医院院内偏东南角，北侧和西侧均临路，交通较为拥挤，本工程南侧为仅有的进场道路；医院院内部分北面、西面、东侧均为原有建筑。

（二）施工现场总平面布置原则

（1）遵循招标文件、现场实际情况和某省建设工程施工现场生活区设置和管理标准的要求，有效利用场地的使用空间，对施工机械、生产生活临建、材料堆放区等进行最优化布置，满足安全生产、文明施工、方便生活和环境保护的要求。

（2）尽量减少对周边居民区产生影响，不破坏周边的公共设施。

（3）施工设备和材料堆放区的布置满足现场施工的使用要求，并尽量减少材料的搬运量。

（4）根据工程量计算和施工进度安排，合理布置塔吊、施工电梯、混凝土泵等大中型机械设备，以达到最优的使用率。

（5）不同施工阶段总平面布置做动态调整，但临建的迁移量不宜过大。

（6）所有材料堆放区按照“就近堆放”和“及时周转”的原则，既布置在塔吊覆盖范围内，同时考虑到交通运输的便利，又保证现场的文明施工。

（7）临时用水满足现场施工用水、生活用水及消防用水的要求，排水设施通畅，所有污水必须经过沉淀处理。

（8）临时用电遵循生产生活用电分路和“三级配电三级保护”的原则。

（9）楼层内及临建设施均按照消防要求配置足够的消防设施。

（10）对施工区域和周边各种公用设施、树木等加以保护。

（11）做好对总平面的分配和统一管理，协调各专业对总平面的使用。

（三）各阶段总平面布置

本工程场内可利用面积很少，且仅有南侧可以进出材料和设备，合理布置施工机具、材料、临时设施是保证工程顺利施工的关键。由于地下室工程已完成，本工程施工总平面布置根据不同施工阶段进行动态调整，划分为主体施工阶段、装饰施工阶段两个不同时期进行管理，根据每个时期的材料和设备的不同，合理调整堆放区位置，同时兼顾到不宜移动的设施，如办公用房、大型机械设备、临时水电管线、道路等，由于现场可用场地有限，现场除搭设部分职工临时用房外，经对周围环境考察后决定，施工单位将租用部分场地搭设临时用房，供职工住宿。

1. 主体施工阶段总平面布置

本阶段总平面布置主要考虑以下几个方面。

（1）进场后首先在南侧和东南侧临时用地进行临建的搭设。

（2）在现场南侧设置一个 6m 宽大门作为施工人员和物资材料的出入口，并设门卫室。

（3）对施工现场硬化区域、排水设施及基坑支护结构、防护栏杆进行检修，确保交通、排水通畅及安全。

（4）按部署的位置安装一台塔吊，钢筋、模板等材料临时堆场均布置在塔吊覆盖范围内。

（5）从业主指定的水源接驳口处接水管至施工现场，供生产、生活和消防用水需要。

（6）从业主指定的电源处埋设供电电缆至施工现场，在场内修建配电室，并引至各专用配电箱，供生产及生活用电需要。

（7）在临时办公用房北侧设置钢筋加工房及木工房，并设置临时钢筋加工场；在场内西南角设置标养室；在东侧空地设置工具间及机修间。

（8）混凝土浇筑用一台输送泵（一台备用），布置在大楼东侧附近。

1）材料及人员垂直运输：主体结构施工至 4 层后，在北侧安装一台 SCD200/200 型施工电梯，用于满足垂直运输需要。

2）采用一台混凝土输送泵，布置在东面。

3）在施工电梯附近布置部分砌体临时堆场。

4）从给水主干管接支管至建筑物各楼层，根据要求留出接头位置，以满足楼层内生产用水和消防用水需要。

5）从现场一级配电箱引电缆至建筑物内，每层均设置两级配电箱，以满足楼层内生产用电需要。

6）建筑物楼层内逐层设置垃圾箱，并派专人负责定时清理。

2. 安装和装修施工阶段总平面布置

本阶段总平面布置在主体阶段布置的基础上结合装饰阶段的特点和要求考虑，主要考虑以下几个方面。

（1）主体混凝土结构封顶后，及时拆除塔吊，混凝土输送泵及时退场。

（2）拆除所有的钢筋、模板临时堆场，布置安装和装修材料临时堆场。

（3）此阶段分包商数量较多，将增设分包临时仓储用地，重点在于协调各分包商对仓储用地的需求。

（4）车道及室外工程的插入：北面车道施工在现有变配电室拆除后进行，为方便新建变配电站的正常使用，在北面搭设安全通道至建筑物内，保证操作人员的安全通行；现场临建、材料临时堆场及临时水管、电线等根据室外工程的需要陆续转移或拆除。拆除完后，将对受影响的地方进行修复并恢复原状，以确保室外工程的和谐统一。

（四）现场临时设施布置和需用面积统计

1. 围墙的布置设计

经踏勘，现场东侧、西侧、北侧、南侧均有原砖砌围墙，西南侧为进出口大门，为便于现场管理，进场后我单位将对原有围墙进行改造，对施工现场实行封闭式施工管理，在对现有南侧临建进行改建时重新砌筑围墙，位置与现有临建的外皮一致，确保不影响医院内道路的正常通行。

2. 大门的布置

现场大门的布置根据现场踏勘时的实际情况和招标文件要求，留置在施工现场的西南侧，作为材料及人员唯一出入口。大门宽为 6m，为钢管－薄铁板组合大门，门外侧在显眼位置设立一个名板，用于书写工程、业主、设计单位、监理单位、施工单位等的名称，书写的格式、标牌的样式和尺寸、设立的位置报送业主审批，文字将聘请高级标志绘制人员书写，并在工程进行期间不时进行重新油漆和书写，确保工地的良好形象。

3. 排水设施的布置

在场地四周设置宽 300mm、深 350mm 的排水沟；根据排污口位置设置 600mm×600mm×600mm 的沉淀池，进行有组织排水，坡度 0.2%，排至排污口。同时在大门出入口处设置洗车槽，配备高压冲洗水枪，以免车辆出入带泥，引起扬尘污染。

洗车槽构造做法如图 3-28 所示。

4. 办公区和生活区临建的布置

利用西南侧空地作为现场办公区临建布置场地，布置一栋 2 层的办公用房，主要包括

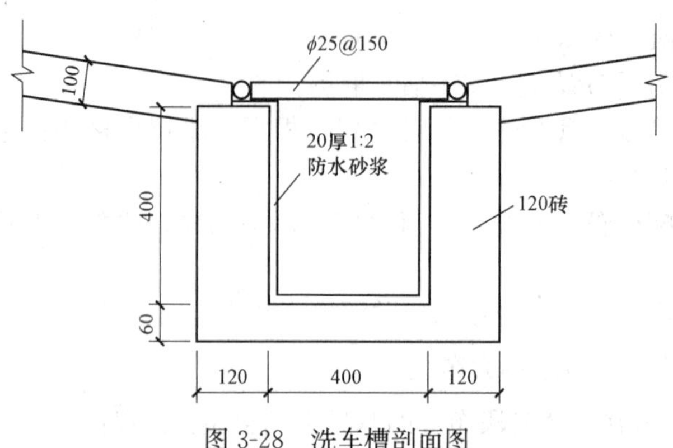

图 3-28　洗车槽剖面图

管理人员办公室、会议室等，约 200m²。

办公室为简易彩钢板房，门窗为中空塑钢门窗，地面为 400mm×400mm 地板砖，吊顶为 600mm×600mm 矿棉板吊顶。办公室内还将配备足够的空调、照明、电源和电源插座以及电话系统。

为解决生活区用地不足的情况，除在现场面置部分职工宿舍外，单位根据本工程组织机构及人员配备情况和劳动力计划，已在投标期间联系到一块可供搭设临建的用地，布置食堂 60m²、卫生间 48m²；搭设职工宿舍面积 1000m²，距施工现场 200m 左右。

5. 标养室和厕所的布置

现场标养室布置在场地东南侧，采用为 240mm 厚砖砌，内外墙抹灰，刷大白浆，地面为水泥砂浆压光，屋顶为石棉瓦，门窗为木门窗。标养室内配备标准混凝土养护池、标准混凝土试块模具、坍落度检验设备、各种必要的计量和现场取样设备。

现场厕所布置在场地西南侧，占地 60m²，采用 240mm 厚砖砌，门窗采用木门窗带纱窗，室内墙面、天棚刷大白浆，墙裙高 1.5m，采用 15mm 厚 1∶2防水砂浆并镶贴白瓷砖，地面为 200mm×200mm 防滑地砖，内设自动冲刷设备和洗手盆。考虑环保要求，厕所设置三级化粪池。

6. 库房的布置

库房 60m²，布置在场地东南侧，采用单层水泥板房，内外墙抹灰，刷大白浆，地面为水泥砂浆压光，屋顶为石棉瓦，门窗为木门窗。

7. 临时设施需用面积统计

各类临时用地情况统计见表 3-4。

表 3-4　临时用地统计表

用途	面积（m²）	位置	需用时间
管理人员办公室	200	现场东南侧	2009.2.15～2009.12.15
库房	60	现场东南侧	2009.2.15～2009.12.10
工具间	60	现场东南侧	2009.2.15～2009.12.10

续表

用途	面积（m^2）	位置	需用时间
机修间	60	现场东南侧	2009.2.15～2009.12.10
标养室	15	现场西南侧	2009.2.15～2009.12.10
门卫房	9	现场西南侧	2009.2.15～2009.12.30
配电室	15	现场北侧	2009.2.15～2009.12.31
厕所	60	现场东南侧	2009.2.15～2009.12.31
木工房	42	现场南侧	2009.2.15～2009.12.10
钢筋加工房	150	现场东侧	2009.2.15～2009.6.20
分类垃圾站	18	现场办公室西侧	2009.2.15～2009.12.31

（五）大型机械设备现场布置

1. 塔吊的布置

（1）塔吊选用的原则。塔吊的选择主要根据建筑平面尺寸、吊物重量、起重机的能力、招标文件和现场实际情况，又考虑塔吊的安装、拆除的方便，同时使各类大宗材料堆场位于塔吊覆盖范围内。为满足塔吊覆盖范围，在裙楼内布置一台塔吊。

（2）塔吊位置确定。塔吊选用 QTZ63 型塔吊，根据现场踏勘情况，我公司将利用原有塔吊基础布置在 D 轴以南 1.88m，6 轴以西 2.1m。

2. 施工电梯的布置

（1）施工电梯布置原则。根据工程量统计和施工电梯运载能力的计算，在建筑物南侧安装一台 SCD200/200 型双笼施工电梯就可以满足各施工阶段材料及人员的垂直运输需要。

（2）施工电梯位置确定。主体施工至 4 层后，进行施工电梯基础的施工，开始施工电梯的安装，布置在 H 轴以北，6 轴以东 3m 位置。

（3）物料提升机位置确定。主体施工至 4 层后，进行物料提升机的安装，布置在 1 轴以东，C 轴以南 2m 位置。

3. 混凝土泵的布置

根据本工程流水段的划分和工程量计算，地上结构施工阶段现场布置一台混凝土输送泵可以满足施工需要。所有混凝土输送泵搭设隔声棚，以降低混凝土浇筑期间产生的噪声对周围居民的影响。

（六）材料运输道路车流量统计及交通运输策划

1. 场外交通现状

本工程南临安国东路，这是唯一可作为材料及设备的运输道路。为此单位连续几天对南路的车流量进行了观测统计，结果见表 3-5（车流量为平均值）。

表 3-5　　南路车流量观测统计

时间段	7:30～8:00	8:00～8:30	8:30～9:00	9:00～9:30
车流量	240	261	295	294
时间段	10:30～11:00	11:00～11:30	11:30～12:00	12:00～12:30
车流量	281	325	329	271
时间段	16:30～17:00	17:00～17:30	17:30～18:00	18:00～18:30
车流量	196	186	210	232

2. 场外交通运输策划

(1) 通过车流量统计表可发现，在 8:30～9:30、11:30～12:30、17:30～18:30 这三个时间段车流量最大。为此，在制订大型机具和大宗材料运输计划时，尽量避开这三个车流高峰期。

(2) 在进场后立即与交通部门沟通联系，以取得支持，大型车辆进出时，在南路出入口设置警示牌，派专人协助维持交通。

(七) 施工与消防用水的计算和布置

本工程现场临时用水包括给水和排水两套系统。给水系统又包括生产、生活和消防用水。排水系统包括现场排水系统和生活排水系统。

1. 给水系统

从业主指定的施工现场北侧及西侧市政水源接用水管至生活区和各施工用水点，并按有关要求报装和安装水表。管道布置及管道选型要以施工用水量计算为依据，合理地进行选择。经计算，现场需配备管径为 100mm 的供水管，才能满足施工需求。

2. 现场初期的临时消防及供水措施

(1) 临时供水方式。沿主楼及裙楼外侧敷设一根供水干管，使现场实现环网供水。

(2) 现场供水方式。利用医院原有给水管网压力直接给水，主要负责地下施工区和首层的消防及生产用水，以及场区的办公用水。

(3) 现场消防供水方式。在施工场地东南侧设置临时水池，水源包括市政给水、地下降水、雨水等，蓄水量中包括 20min 的消防用水量（$12m^3$），并设置消防泵，其流量大于等于 10L/s，其扬程满足最高消火栓的消防要求，沿施工现场的给水管道设置两个室外消火栓，分别布以 50m 为半径覆盖施工现场。主供水管采用 ϕ100 的镀锌钢管架空敷设，管道外做 50mm 厚的离心超细玻璃保温棉保温。

3. 施工中后期的临时消防及施工供水

系统布置：在楼层内形成环状消防管网，将消防用水与施工用水系统分开，分别设置消防水泵及施工用水泵，消火栓以 50m 的半径覆盖每层施工现场，消火栓立管均采用 DN100 的管道，消火栓管道平时不充水，在着火的情况下，消火栓水泵手动启动供水。同时在楼层内设置 DN50 的临时生产用水立管，每层管道上开 DN20 的取水点，水泵在现场施工时间段内常开，在水泵出口处加装安全阀，保证管道压力不至于超高，临时用水管道外做 50mm 厚的离心超细玻璃保温棉保温。

用离心泵加压通过立管送至各施工楼层。消防用水采用独立的供水管，每栋每一楼层均设两个消防栓，配备消防水带。

4. 排水系统

排水管道采用铸铁管，施工现场的各类排水必须经过处理达标后才能排入城市排水管网。沿临时设施、建筑四周及施工道路设置排水明沟，并做好排水坡度，生活污水和施工污水经过沉淀处理后将清水排入市政管线。排水沟要定期派人清掏，保持畅通，防止雨季高水位时发生雨水倒灌。生产、生活用水必须经过沉淀，厕所的排污必须经过三级化粪处理，食堂设隔油池。施工现场出入口设洗车槽，所有外运渣土的车辆必须清洗，减少车辆带尘。

（八）施工用电的计算和布置

1. 用电容量计算

本工程现场用电负荷根据用电机具类别分为电动机负荷、电焊机负荷和照明负荷，各种机具设备容量、相关参数及其计算见表 3-6 和表 3-7。由于用电高峰在结构施工期间，故只考虑结构施工时的负荷容量。其中照明用电按动力用电的 10%考虑。

表 3-6　　电焊机负荷计算

序号	负荷名称	额定功率 P（kW）	数量	型号
1	对焊机	100	2	UN-100
2	交流焊机	20	2	BX-300
3	直流焊机	26	1	AX7-500-7

表 3-7　　电动机负荷计算

序号	负荷名称	数量	型号	额定功率 P（kW）
1	塔吊	1	QTZ63	35
2	塔吊	1	QTZ40	25
3	施工电梯	3	SCD200/200	12
4	钢筋弯曲机	2	GW40	0.9
5	钢筋切断机	2	GQ50	2
6	钢筋调直机	1	GT4/14	2
7	套丝机	1	CW-3	1
8	木工机具	3		11
9	空压机	1	3W-1.0/7	1.8
10	卷扬机	1	JJK-1B	2.8
11	混凝土输送泵	1	HBT80	30

2. 电源容量的选择

根据计算结果，现场需一台 400kVA 电源，即可满足施工需求。

3. 供电方式及线路布局

本工程现场临时用电采取 TN-S 供电系统，放射式多路主干线送至各用电区域，然后在每个供电区域内再分级放射式或树干式构成配电网络，并在配电柜及二级配电箱处做重复接地，按照配电柜（一级配电箱）→现场总配电箱（二级配电箱）→现场分配电箱（三级配电箱）的流程，三级配电，设置两级漏电保护。根据施工现场平面布置及用电负荷分布情况，配电柜置于临电配电房内，由现场总箱深入负荷相对集中区域，供给塔吊和附近现场用电。现场总配电箱配合以楼层配电箱分散供电。施工作业面采用手提箱供细部施工及照明。在装修阶段，施工电梯用电由塔吊箱（此时塔吊已经拆除）就近移位供给，线路基本保持不变。

4. 配电线路选择

按照供电区域负荷容量，并考虑可能出现的机动用电，从满足以下三个方面的条件进行配线选择。

（1）按机械强度选择。

（2）按允许电流选择。

（3）按允许电压降选择。

所选用的线缆以三个中最大者为准。考虑到施工现场条件差、临时性强、变化大等因素，所有电缆针对使用环境及工况从 YJV、YCW 型中选用。

5. 基本保护系统的接线方式

本工程采用 TN-S 接零保护系统，即三相五线制，并且在配电室及现场总配电箱处做重复接地，塔吊等高大金属设备做防雷接地。

6. 配电线路的敷设

结构施工阶段和装修阶段用电区域相对稳定，考虑现场实际情况电缆线路的敷设主要为埋地敷设，为保证电缆埋设安全，埋设时电缆不能绷得太直，而应预留“S”形弯，电缆穿钢管进行保护。

装修阶段配电箱进线电缆明敷设，上盖保护板保护，保护板用废弃木模板制作。钢筋加工棚、木工加工棚各支线电缆穿钢管保护敷设，不能明露，防止钢筋戳破绝缘层。

（九）总平面管理措施

为了合理有效地利用空间，使现场处于整齐有序的状态，对总平面的分配和使用，将坚持以下原则。

（1）总平面布置与管理应以确保用电、安全防护、消防、交通顺畅为重点，及时做好现场给排水、清理，减少环境污染，保证场容符合文明施工要求。

（2）本工程施工场地较小，施工质量要求特别高，各专业施工队伍多，现场内施工人员复杂，因此要保证完成施工任务，不仅要合理布置施工总平面，而且要有以下科学严密的管理措施。

1）施工平面管理由项目经理负责，各分包单位进场前应将本单位所需的材料堆放区、库房、临时办公室需用面积报总包单位项目经理部，根据现场实际情况划分各分包单位的材料堆放区、库房、临时办公室。未经同意，任何分包单位不得随意占领其他分包单位区域，如确需调整扩大材料堆放场地区域，必须以书面形式报总包项目部，由总包项目部进行协调，并将协调结果，用书面形式反馈给分包单位。

2）施工场区已全部进行硬化处理，入场后对硬化区域进行检修，并设置好排水坡度，做好排水沟并保持畅通。

3）现场入口处设门卫室，挂出入制度、场容管理条例、工程简介、安全管理制度、质量方针、管理机构图等图牌。所有人员凭出入证出入，无关人员禁止入内，警卫全天候值班，特别加强夜间巡逻，防止偷盗现场材料等行为发生，维持良好工作秩序和劳动纪律。

4）凡进出入现场的设备、材料须出示有关部门所签放行条，保安进行登记方可进入，所有设备、材料必须按平面布置图指定的位置堆放整齐，不得任意堆放或改动。

5）施工现场的水准点、轴线控制点、埋地线缆、架空电线应有醒目标志，所有材料堆放区也必须做好标识，并加以保护。

6）现场施工垃圾集中放入分类垃圾站内，专人管理，统一搬运，并及时运出场外。

7）各个场区均安排固定的施工管理人员和相关的专业分包队伍负责人负责该区的材料堆放和文明施工。

8）现场易燃易爆货物的堆放位置在进场后经业主、监理批准后方可使用。

9）每天派人对现场进行湿水降尘、清理维护，确保其干净整洁。

第三节 土方工程施工咨询

土方工程是建筑工程施工中的主要工种之一，常见的土方工程有场地平整、基坑（槽）的开挖、岩土爆破及运输、土方回填与夯实等主要施工过程，其中包括基坑（槽）降水、排水和边坡处理等准备与辅助工作。土方工程施工质量，直接影响基础工程乃至主体结构工程施工的正常进行。

一、施工准备

（一）作业条件

1. 土方开挖

（1）承建单位上报土方平衡方案和开挖方案，经建设单位和承建单位审批后实施。要确定合理的开挖方式、施工顺序和边坡防护措施，选择适当的施工机械，根据工程的实际情况，做好土石方工程的车道设计和开挖设计。

（2）建设单位开发报建部报请规划局放样场地控制点（一般放样三个点，每个点标注纵横坐标、高程），承建单位对控制点进行测量放线的保护。对道路及场内的临时设施、周边建筑物等做好监测定位标记，以备观测。在开挖前，根据施工图纸、建筑轴线位置放出土方开挖放坡边线。将施工区城内的地上、地下障碍物清除和处理完毕。做好建筑物的标准轴线桩、标准水平桩，用白灰撒出开挖线，上述工作完成后，承建单位必须经过自检合格后，上报建设单位和监理单位进行验线。

（3）承建单位在施工区域内做好排水设施，场地向排水沟方向应做成不小于2‰的坡度，使场地不积水，必要时设置截水沟，阻止雨水流入开挖基坑区域内。在排水沟和集水井施工的同时，进行现场临水、临电的施工，向排水泵的运作提供电源，为土方的全面铺开提供配合。

（4）承建单位正式开挖前按施工方案要求设置集水坑，在浇筑混凝土垫层时保留，确保在基坑浇筑时能随时抽排坑内集水。要提前采取降水措施，把地下水位降至低于开挖底面0.5m以下，然后再开挖。

（5）开挖过程中，施工机械不能施工作业之处，应用少量人工配合清坡，将松土清至机械作业半径范围内，再用机械运走。

（6）夜间施工时，应合理安排工序，防止错挖或超挖。施工场地应根据需要安装照明设施，在危险地段应设置明显标志。

（7）承建单位项目技术负责人对项目施工员、班组长、施工作业人员等进行工程技术交底并形成记录。

（8）土方开挖过程要注意对基坑的安全监测。

2. 土方回填

（1）承建单位上报土方平衡方案和开挖方案，经建设单位和承建单位审批后实施。确定合理的回填方式、施工顺序和边坡防护措施，选择适当的施工机械。根据工程的实际情况，做好土石方工程的车道设计和开挖设计。

（2）承建单位进行场内土方回填及地下车库顶板上土方回填前，必须清除场地内垃圾、杂物，排除场地内积水，并通过建设单位和监理单位对地下车库顶板防水层、保护层、滤水层等进行的检查验收，要求车库顶板的试水合格，且通过室外园区排水安装验收和试水试验，已办好各项隐检手续。

（3）承建单位场内土方回填及地下车库顶板上土方回填前，必须测量好场地标高控制线，并在明显部位做好水平标志，如在地下车库坡道墙、通风井墙、主楼墙上等，并根据每层填土厚度画出水平控制线。

（4）承建单位必须确定好土方回填机械、外购土方车辆进场时的行走路线，必须事先经过检查，必要时要进行加固加宽等准备工作。

（5）施工用具、机械设备已进场配备齐全，并经调试、维修试用，满足施工要求，场地内各种障碍物已清除干净，具备土方回填条件。

（6）土方回填前必须根据工程特点、填方土料种类、密实度要求、施工条件等，合理确定填方土料含水量控制范围、虚铺厚度和压实遍数等参数。

（7）土方回填前，先按10m间距做好方格网控制桩，用水准仪将回填土水平控制标高测量在控制桩上，以控制土方回填厚度。

（8）确定好土方机械、车辆的行走路线，建筑物四周5m范围内，不得采用机械回填，必须采用人工进行回填。

（9）土方回填前，由工程部向分包作业班组、质检员、安全员进行详细的安全、技术交底，将回填区域划分、根据碾压试验确定的压实参数、施工方法等问题交代清楚。

（二）材料要求

现场内土方回填及地下室土方回填的土料必须符合要求，必须保证填方的强度和稳定性，本工程回填土料全部采用外购，并选择不具有膨胀性的黏性土，通过自卸车运送到土方回填区域进行土方回填，严禁选用淤泥、膨胀性土或有机质含量大于5%的土及建筑垃圾进行回填，回填土不得含有石块、碎砖，灰渣及有机质，素土回填前，必须先做干密度试验，最小干密度应符合设计和施工规范要求，压实系数0.94。

要求土方回填的土料必须严格控制含水量，施工前应进行检验，当水的含水量大于最优含水量时，采用翻松、晾晒、风干法降低含水量，若含水量偏低，可预先洒水湿润。

（三）施工机具

铲土机、自卸汽车、挖手推车、铁锹、3～5m钢尺，20号铅丝、胶皮管、尖、平头铁锹、手锤、手推车、梯子、钢尺、坡度尺、小线等。

二、质量要求

（一）土方开挖工程质量要求

土方开挖工程质量要求见表3-8。

表3-8　　土方开挖工程质量要求

项	序	项　　目	允许偏差或允许值（mm）				
			柱基、基坑、基槽	挖方场地平整		管沟	地（路）面基层
				人工	机械		
主控项目	1	标高	−50	±30	±50	−50	−50
	2	长度、宽度（由设计中心线向两边量）	+200 −50	+300 −100	+500 −100	+100	—
	3	边坡	设计要求				
一般项目	1	表面平整度	20	20	50	20	20
	2	基底土性	设计要求				

注　地（路）面基层的偏差只适用于直接在挖、填土方上做地（路）面的基层。

（二）土方开挖其他要求

土方开挖其他要求见表3-9。

表3-9　　土方开挖其他要求

项次	项目	允许偏差（mm）	检验方法
1	顶面标高	−50	用水准仪或拉线尺量检查
2	表面平整度	20	用2m靠尺和楔形塞尺尺量检查
3	分层厚度	设计要求	±50水准仪
4	含水量	设计要求	按规定方法
5	回填土料	设计要求	取样检查或直观鉴别

三、工艺流程

（一）土方开挖

确定开挖的顺序和坡度→标记每层土方开挖深度控制点→分层开挖→修整基底。

（二）土方回填

场地内垃圾、杂物清理→地下车库顶板防水层验收、标高测量→外购土方进场、检验土质→分层铺土、机械平整及人工耙平→机械压实及人工配合机械夯打密实→环刀法回填土取样检验→修整找平验收。

四、操作工艺

（一）土方开挖

1. 土方开挖

（1）土方开挖时，应在平面上分段、均匀对称开挖，竖向分层进行流水作业，每段开挖长度原则上一级基坑支护剖面土方每次开挖宽度不大于 15m，每次开挖深度不大于 1.5m，且开挖至每层锚索或锚杆标高下 0.5m，以作为锚索或锚杆的工作面基坑中心土方开挖边应距支护开挖边不小于 10m。

（2）必须在相应剖面的冠梁、腰梁、锚索、锚杆构件强度达到设计强度的 70%时，方可开挖下一层。

（3）修坡时，须将上层接口处的松散混凝土凿除，并使钢筋网的钢筋露出足够的搭接或焊接长度，以便与本层的焊接。修坡时铲落的土不得堆积在坡脚，并沿坡脚挖一条临时排水沟。

（4）当开挖到支护桩周边的土时，挖掘机采用轻放、慢收铲的方式进行开挖，同时每台挖掘机指挥要严密监控挖掘机的运作，必要时采用人工修整。

2. 土方外运措施

临时施工道路采用 40cm 厚砖碴路面，其他场地采用原厂区混凝土硬化路面。大门口均设置洗车槽或截流沟，所有车辆出施工场地前必须冲洗干净，以免对城市道路造成污染。

3. 修整基底

坑顶及坑底土方开挖完成后，立即组织人力进行人工修理，首先在该段两端上下各用木枋或钢筋垂直于坡面各打设一个点，在其上标出设计坡面的位置，再挖深 10cm，即为设计的土面，然后上下标志分别拉线作为修坡的控制线，同时人工用锄头、铲等工具铲土、修坡，直至两标志线可通视并且坡土面各点距离标志线 10cm 即为合格。

（二）土方平整

1. 场地内垃圾、杂物清理

地下车库顶板上土方回填前，必须将场地上土方回填区域的垃圾、杂物清除干净。

2. 地下车库顶板防水层验收、标高测量

地下车库顶板上土方回填前，必须通过项目质量检查工程师检查，并及时会同甲方、监理对地下车库顶板的防水层进行检查验收，地下车库顶板试水必须符合要求，并办好各项隐检签证手续。在回填时必须由甲方、监理对场地标高进行测量。

3. 外购土方进场、检验土质

外购土方进场、检验土质必须检验回填土的质量有无杂物，粒径是否符合规定，以及回填土的含水量是否在控制的范围内；如含水量偏高，则可以采用翻松、晾晒或均匀掺入干土等措施；如遇回填土的含水量偏低，则可以采用预先洒水湿润、增加压实遍数等措施。

4. 分层铺土、机械平整及人工耙平

本工程地下车库顶板上土方回填均采用自卸汽车外购运送到场地回填土区域附近，集中堆放，回填时采用挖掘机、推土机与装载机配合进行场地及地下车库顶板上土方回填，大面积土方回填，要求边回填土方边采用装载机进行平整。地下车库坡道、风井、主楼周边 5m 范围内土方回填时，用手推车运送至各个回填部位，采用人工铺摊，并随之耙平。要求土方回填无论是机械回填还是人工回填，土方回填的表平整度都必须控制在±50mm 内。要求在土方回填过程中，必须在人工回填与机械回填交接处、土方回填区域与已回填区域交接处、自然地面与场地土方回填交接处按《建筑地基基础工程施工质量验收规范》（GB 50202—2002）及《建筑安装工程分项工程施工工艺规程》工艺标准要求进行，必须在交接处边缘回填成阶梯形，以保持填方的稳定。当在主楼周边土方回填时，必须先回填墙根部或管道部位及易碰撞部位的土，采用人工夯实的方法，对墙根部或管道部位及易碰撞部位起到保护作用。

要求填土必须分层铺摊，每层铺土厚度必须根据土质、密实度要求和机具性能确定；当采用压路机碾压时，铺土厚度为 250～300mm，采用蛙式打夯机时为 200～250mm；人工夯实时不大于 200mm，要求铺完土在打夯前，必须用木耙找平。

5. 机械压实及人工配合机械夯打密实

（1）在靠近建筑物周边与压路机不能碾压的地方采用蛙式打夯机夯实，每步夯击不少于 3 遍，打夯时应一夯压半夯，夯夯相接，行行相接，纵横交叉；机械打夯完成后，靠墙边及转角处需人工用木夯夯实，打夯要领为“夯高过膝，一夯压半夯，夯排三次”。

（2）土方回填施工要求从场地最低处开始，水平分层整片回填碾压（夯实）。由于本工程土方回填划分多个区域分批次回填，同时在每个区域内分为建筑物周边与场地及建筑物周边的土方回填，因此土方回填在区域与区域间场地、地下车库与建筑物周边需要设置施工缝，施工缝不得在墙体转角处留接槎，要求每层接缝处必须做成斜坡形［倾斜度一般为 1∶(1.5～2)］，碾压重叠 500～1000mm，上、下层错缝距离不小于 1m。

（3）为了保证填土压实的均匀性及密实度，避免滚子下陷，在压路机或其他重型碾压机械碾压之前，必须先用轻型压实机械推平，低速行驶 4～5 遍，使表面平实，即稳压。碾压机械在压实回填土方时，必须严格控制行驶速度，超过一定限度，压实效果显著下降，要求平碾、振动碾不超过 2km/h，羊足碾不超过 3km/h；并且要控制压实遍数。采用压路机进行大面积碾压时，要求压路机从两侧逐渐压向中间，每次碾压轮迹必须保证有150～200mm的重叠度，避免漏压，轮子的下沉量一般压至不超过10～20mm为度，碾压不到之处，采用人力夯或小型夯实机械配合夯实。

(4) 在土方回填过程中，如遇降雨，要求在降雨前，必须及时压实作业面表层松土，并将作业面做成拱面或坡面以利排水，雨后应晾晒或对填土面的淤泥进行清除，合格后方可进行下道工序。在整个回填过程中，设置专人保证观测仪器与测量工作的正常进行，并保护所埋设的仪器和测量标志的完好。

(5) 找平与验收：土方回填最上一层完成后，应拉线或用靠尺检查标高和平整度，超高处用铁锹铲平；低洼处应及时补土，完成土方的回填施工。

(6) 回填土每层夯（压）实后，根据相关的规范规定，分别按取样平面图的点位进行环刀取样，测出回填土的质量密度，达到设计要求或规范规定后，方可进行上层回填土的施工。用贯入度仪检查灰土质量时，必须先进行现场试验以确定贯入度的具体要求。本工程环刀取土的压实系数大于等于0.94。

6. 取样检验密实度

回填土必须分层夯实，且每层回填夯实后，必须严格按规范规定进行环刀取样，测出干土的质量密度，达到要求后，再进行上一层的铺土。

回填土方每层压实后，密实度检验方法如下。

检验数量：本工程按场地平整至少每400～900m^2检验取样一点。取样的垂直部位应在每层表面下2/3厚度处，各层取样点应错开。取样时将检验点部位刨平，原位画一个直径150mm的圆或边长为200mm的正方形。用环刀将圆内或正方形内土样小心地挖出（挖深约150mm），放至一干燥容器中。将一不漏水塑料袋放入已挖出土样部位，小心地注满水，使平检验点刨平面。用炒锅将容器中的土样炒干，测出土样的干土质量。用量筒或量杯测出塑料袋中的水的体积，算出干土的质量密度。当采用灌砂（或灌水）法取样时，取样数量可较环刀法适当减少，并注意正确取样的部位和随机性。

7. 修整、找平、验收

填土全部完成后，应进行表面拉线找平，凡是超过标准高程的地方，应及时依线铲平；凡是低于标准高程的地方，应补土夯实。冬期土方回填时，应预留比常温时增加的沉陷量，一般为填方高度的3%左右。

五、成品保护措施

(1) 施工时，对定位标准桩、轴线引桩、标准水准点、降水井及管线等，填运土时不得撞碰，并应定期复测和检查这些标准桩点是否正确。

(2) 夜间施工时，必须合理安排施工顺序，保证有足够的照明设施，防止铺填超厚，严禁汽车直接倒土，损坏结构，导致防水层及防水保护层的破坏。

(3) 必须保证地下车库结构混凝土及防水保护层必须达到一定强度，并能保证混凝土车库顶板结构及混凝土防水保护层不因土方的回填而受损坏时，方可回填。

(4) 场地内从建筑物伸出的各种管线，必须得到妥善保护后，再按相关规范规定回填土料，不得损坏、碰坏。

（5）不得在已回填好的回填土上随意挖掘，不得在其上行驶车辆或堆放重物。

（6）下层铺设完毕后，必须尽快进行上一层的施工，防止长期暴露；如长时间不进行上部作业则应进行遮盖和拦挡，并经常洒水湿润。

六、土方工程要注意的质量问题

（1）土方回填前，必须做好有针对性的各级安全技术交底工作。施工人员在施工现场必须戴好安全帽，不准穿拖鞋，高跟鞋、光膀、赤脚等。

（2）要求上部楼层上的作业人员文明施工，不得随意乱扔施工材料及建筑垃圾。

（3）夯填回填土前，必须先检查打夯机械的电线绝缘是否完好，接地线、开关是否符合要求。打夯时，每台打夯机必须两人操作，一人操作夯机另一人拖线，拖线者应随时将拖线整理通顺，盘圈送行，距夯机留有3～4m的余量，不要全长拉直，更不能拉得过紧或在夯下通行。操作者必须戴绝缘手套，穿绝缘胶鞋，操作手柄应采取绝缘措施，防止漏电伤人。两台打夯机在同一作业面夯实时，前后距离不得小于5m，夯打时严禁夯打电线，以防触电，打夯机用后应切断电源，严禁在打夯机运转时清除积土。搬运时必须断电拆线，绑好夯头；打夯机手把上必须按规定装设开关，严禁施工时夯击电源线，严禁背着牵引。打夯工人必须按操作规程操作，所用的电器设备必须三级配电两级保护，使用三相五线制，严禁乱拉乱接。

（4）行夯时必须按规定夯机前后间距保持10m以上，不得平行作业，不得交叉穿插，严禁电源线缠在一起，对拐角及其他施工不便处必须采用人力夯填，不得采用夯机夯填。

（5）采用压路机械压实前，必须有专业机械工按规定进行检查、维修、保养，机械操作人员必须持证上岗。

（6）施工现场车辆车速必须小于等于5km/h，必须派专人负责指挥疏导现场施工车辆。

（7）夜间施工作业地，必须有足够的照明条件，沟槽坑部位设防护栏及红色警示灯。

（8）土方回填施工时，必须注意现场协调与指挥工作，严禁乱抛物品，严禁汽车直接卸土破坏防水层及结构层。

（9）施工现场必须遵守一切有关安全规程，服从指挥，严禁破坏场内设施，严禁无证操作机械电器设备。

（10）在防护设施不全或无安全交底时施工作业人员有权拒绝违章操作、违章指挥。

（11）场地土方回填时，不仅要避开上部结构施工时的物体打击区域，而且在回填土操作区域上方用跳板设置硬质隔离层，避免交叉作业，以防发生事故。

（12）土方回填时，严禁汽车直接卸土；卸土时必须派专人指挥。

（13）建筑物四周采取封闭式施工，平面满铺安全网，安全网要铺设严密，避免有漏洞。在建筑物四周土方回填时，一定要避免上面交叉作业，防止掉物伤人。并设专人进行安全巡视，设明显的安全警示牌，确保土方在建筑物四周回填时的安全。

（14）场照明灯具的架设高度必须符合有关安全规程的要求，不低于2.5m。夜间施工必须有足够的照明设施。

（15）为防止噪声扬尘扰民，运土车辆进场时严禁鸣笛，且运土车辆须做好防尘措施，运土车辆在行车时，不得尘土飞扬影响市容，运土车辆出入场时须进行清理，不得带土入路。

（16）对扬尘的控制：配备洒水车，对干土等进行洒水或覆盖，防止扬尘。

（17）对机械的噪声控制：符合国家和地方的有关规定。

（18）要求运土车辆必须加以覆盖，防止遗撒。

（19）由于本工程建筑面积大，施工现场内车辆较多，回填土工作必须与其他工作统一协调安排，所有土方运输车辆进入现场，设专人指挥车辆，严格按现场平面布置所指定的堆土位置堆放土方。

（20）随时派专人清扫场区施工道路，适量洒水压尘，达到环卫要求。

（21）在土方回填及运土过程中，对施工道路上所造成的遗撒，必须及时清扫清理。

（22）区域责任工程师必须对施工班组作业区的现场文明负责，必须落实到人。

第四节 混凝土施工

一、影响混凝土施工质量的因素

1. 温度变形而引起的混凝土裂缝

混凝土会受到温度的影响而发生变形进而导致裂缝，这主要表现在两个方面，首先，混凝土在凝固硬化的过程中，由于水泥的水热化会在硬化过程中释放出大量的热量，这时由于混凝土的体积比较大因此内部散热比较慢而使得的混凝土内部的温度快速地上升，进而会使得混凝土内部与外部的温差很大，这时内部的混凝土会发生膨胀，而外部因为温度比较低而发生收缩现象，由于内部的温差比较大而产生裂缝问题；其次，是外部环境的温度变化而引发的裂缝问题，根据物理上的热胀冷缩的现象，在外部的温度下降时必然会使得混凝土因收缩而出现各种拉应力，而当这种拉应力强于混凝土的拉力时，就会使混凝土产生裂缝。

2. 干缩变形而引起的混凝土裂缝

混凝土会因为干缩而发生变形进而引发混凝土裂缝，这是由于混凝土内部的水分蒸发而产生的。混凝土在凝固硬化的过程中，其内部的水分会逐渐被蒸发，这时水泥中存在的胶凝体会由于干燥而引发收缩现象，这时就会发生混凝土的干缩变形。而混凝土在某种压力的影响下会因为这种干缩变形而产生很大的拉应力，尤其是混凝土在硬化的初期阶段其强度比较低，很容易因为干缩变形而引发混凝土的裂缝现象。

3. 不均匀沉降

如果混凝土的结构物基础不牢，那么很容易发生不均匀沉降，就会导致混凝土结构发生变形，最终会因为内部的拉应力而引发混凝土产生裂缝现象，而这种情况也是经常发生的。

二、混凝土工程施工技术要点

1. 施工缝的预留

混凝土施工中要注意施工缝的预留，尤其是下列两种情况：首先，由于技术、设备或者是人力的局限性，在建筑工程施工中对混凝土的浇筑往往不能持续进行，而对间断的时间又有严格的限制，因此，就需要在混凝土施工时预留施工缝，而且施工缝的位置也有严格的限制，要在施工之前根据混凝土的设计要求以及建筑工程的整体设计来进行确定；其次，在建筑工程中，新旧混凝土之间的结合力往往是比较差的，因此，结合处成为混凝土施工的薄弱环节，这就需要在此处预留施工缝，这样会使结构受到比较小的力而方便混凝土施工。

2. 混凝土的振捣

混凝土的振捣主要指的是在混凝土凝固、硬化到密实以及成型的过程中，为了要保证混凝土的表面平整、结构正确以及性能与强度符合工程设计的要求而采用的一种措施。在混凝土施工过程中，为了保证混凝土的质量，在混凝土入模浇筑后就要立刻进行振捣，这样才能使得混凝土可以充实到每一个模块的角落，然后挤出所有的气泡，使得混凝土有着充足的紧实度与密实度。

3. 采用切实可行的混凝土施工工艺

要保证工程的整体质量，要根据工程现场的实际情况采用切实可行的混凝土施工工艺。例如在大体积泵送混凝土时，因为混凝土的表面水泥浆比较厚，因此，在进行浇筑时要用滚筒进行充分的碾压，然后打磨压实，可以充分避免混凝土的裂缝。

4. 注重混凝土的养护技术

混凝土在凝结以及硬化的过程中，水泥与水会产生水化反应，因此，在混凝土浇筑成型的前期就要采取一定的养护工艺来抑制这种水化反应，这就是混凝土的养护工作。另外，混凝土会因为风吹、日晒等外部环境的影响而出现收缩以及裂缝等现象，因此，混凝土的后期养护工作也很重要，一定要注重混凝土的养护技术。

5. 加强混凝土的技术管理工作

做好混凝土的技术管理工作，可以从下列几个方面进行：首先，做好混凝土原材料的检验工作；其次，要加强混凝土施工中的检测工作，并详细地做好记录，认真处理出现的各种问题，采取有效的措施；再次，要加强对技术人员的管理，对施工中的每一个环节都要做好技术交底工作；最后，在施工完成后还要进行技术总结，尤其是对于那些大体积的混凝土来说，要总结经验吸取教训，为以后的同类工程提供参考借鉴。

6. 合理安排机械设备以及人员

混凝土施工中一定要注意合理安排机械设备以及人员。一是根据工程的设计要求以及施工进度合理安排好人员，然后组织人员的调动，做好对施工人员的有序管理；二是要在施工中采用先进高效的设备，这样才能为工程的顺利进行提供保障。

三、装配式建筑施工技术

（一）构件灌浆

这里以某项目的竖向构件灌浆为例介绍。

某项目为装配式立体楼，该楼采用全装配式钢筋混凝土剪力墙—梁柱结构体系，预制率95%以上，抗震设防烈度为7度，结构抗震等级三级。该工程地上4层，地下1层，预制构件共计3788块，其中水平构件及竖向构件连接均采用灌浆套筒连接方式。

现在该工程其中一块预制剪力墙外墙板已完成吊装固定，该项目现场灌浆操作班组技术员需要将该预制外墙板进行灌浆连接，如图3-29所示。

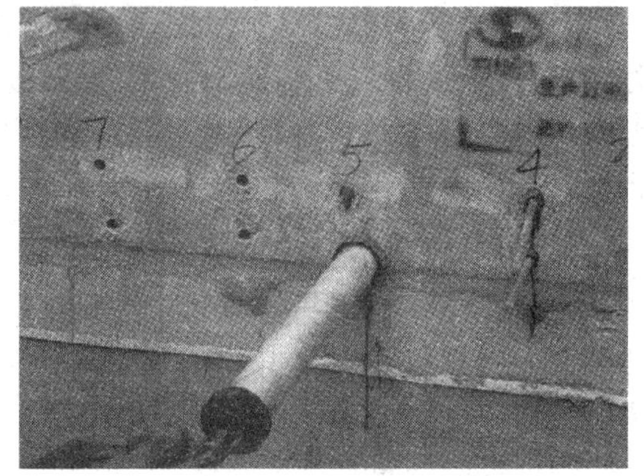

图3-29 剪力墙套筒灌浆示意图

（二）相关知识

钢筋灌浆套筒连接是在金属套筒内灌注水泥基浆料，将钢筋对接连接所形成的机械连接接头。

1. 竖向构件钢筋灌浆套筒连接原理及工艺

（1）竖向构件钢筋灌浆套筒连接原理。带肋钢筋插入套筒，向套筒内灌注无收缩或微膨胀的水泥基灌浆料，充满套筒与钢筋之间的间隙，灌浆料硬化后与钢筋的横肋和套筒内壁凹槽或凸肋紧密齿合，钢筋连接后所受外力能够有效传递。

实际应用在竖向预制构件时，通常将灌浆连接套筒现场连接端固定在构件下端部模板上，另一端即预埋端的孔口安装密封圈，构件内预埋的连接钢筋穿过密封圈插入灌浆连接套筒的预埋端，套筒两端侧壁上灌浆孔和出浆孔分别引出两条灌浆管和出浆管连通至构件外表面，预制构件成型后，套筒下端为连接另一构件钢筋的灌浆连接端。构件在现场安装时，将另一构件的连接钢筋全部插入该构件上对应的灌浆连接套筒内，从构件下部各个套筒的灌浆孔向各个套筒内灌注高强灌浆料，至灌浆料充满套筒与连接钢筋的间隙从所有套筒上部出浆孔流出，灌浆料凝固后，即形成钢筋套筒灌浆接头，从而完成两个构件之间的钢筋连接。

（2）竖向构件钢筋灌浆套筒连接工艺。钢筋套筒灌浆连接分两个阶段进行：第一阶段在预制构件加工厂；第二阶段在结构安装现场。

预制剪力墙、柱在工厂预制加工阶段，是将一端钢筋与套筒进行连接或预安装，再与构件的钢筋结构中其他钢筋连接固定，套筒侧壁接灌浆、排浆管并引到构件模板外，然后浇筑混凝土，将连接钢筋、套筒预埋在构件内。其连接钢筋和套筒的布置如图3-30所示。

2. 钢筋灌浆套筒接头的组成

钢筋灌浆套筒连接接头由带肋钢筋、套筒和灌浆料三个部分组成，如图3-31所示。

（1）连接钢筋。《钢筋连接用灌浆套筒》（JG/T 398—2019）规定了灌浆套筒适用直径为12～40mm的热轧带肋或余热处理钢筋，钢筋的机械性能技术参数见表3-10。

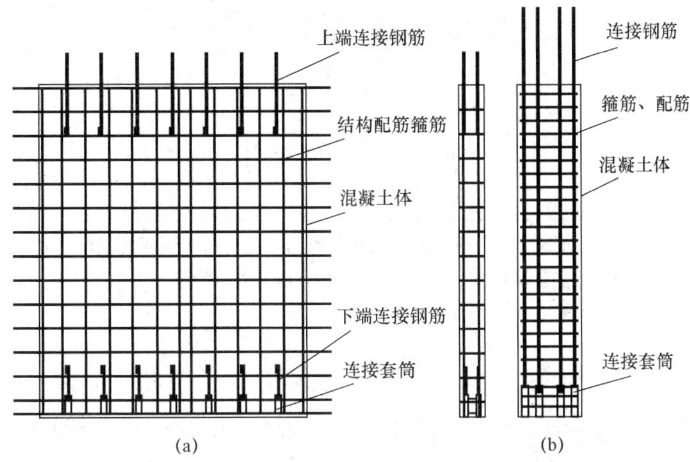

图 3-30 剪力墙、柱接头及布筋示意图

（a）剪力墙；（b）柱

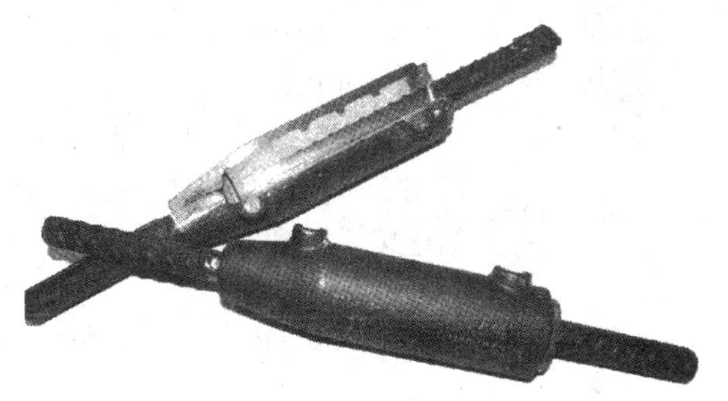

图 3-31 钢筋灌浆套筒接头组成

表 3-10　　钢筋的机械性能技术参数

强度级别	钢筋牌号	屈服强度（MPa）	抗拉强度（MPa）	延伸率	断后伸长率
335	HRB335 HRBF335	≥335	≥455	≥17%	≥7.5%
	HRB335E HRBF335E	≥335	≥455	≥17%	≥9%
400	HRB400 HRBF400	≥400	≥540	≥16%	≥7.5%
	HRB400E HRBF400E	≥400	≥540	≥16%	≥9.0%
	RRB400	≥400	≥540	≥14%	≥5.0%
	RRB400W	≥430	≥570	≥16%	≥7.5%

续表

强度级别	钢筋牌号	屈服强度（MPa）	抗拉强度（MPa）	延伸率	断后伸长率
500	HRB500 HRBF500	≥500	≥630	≥15%	≥7.5%
	HRB500E HRBF500E	≥500	≥630	≥15%	≥9.0%
	RRB500	≥500	≥630	≥13%	≥5.0%

注 1. 带“E”钢筋为适用于抗震结构的钢筋，其钢筋实测抗拉强度与实测屈服强度之比不小于1.25；钢筋实测屈服强度与规定的屈服强度特征值之比不大于1.30，最大力总伸长率不小于9%。

2. 带“W”钢筋为可焊接的余热处理钢筋。

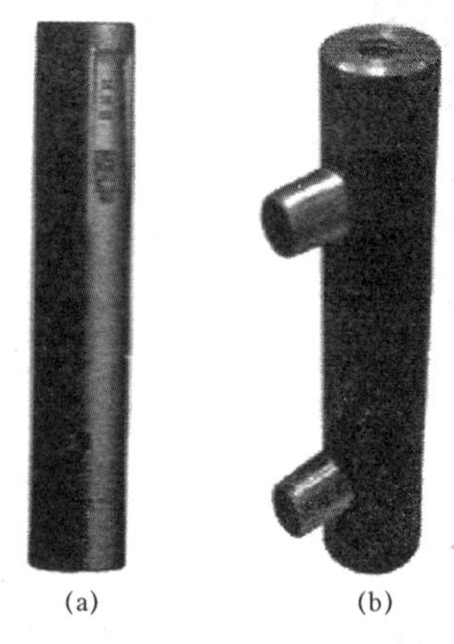

图 3-32 灌浆套筒按加工方式分类

(a) 铸造灌浆套筒；(b) 机械加工灌浆套筒

(2) 灌浆套筒。钢筋套筒灌浆连接接头采用的套筒应符合现行行业标准《钢筋连接用灌浆套筒》(JG/T 398—2019) 的规定。

1) 灌浆套筒分类。

a. 按加工方式。灌浆套筒按加工方式分为铸造灌浆套筒和机械加工灌浆套筒，如图 3-32 所示。

b. 按结构形式。灌浆套筒按结构形式分为全灌浆套筒和半灌浆套筒。

全灌浆套筒接头两端均采用灌浆方式连接钢筋，适用于竖向构件（墙、柱）和横向构件（梁）的钢筋连接，如图 3-33 所示。

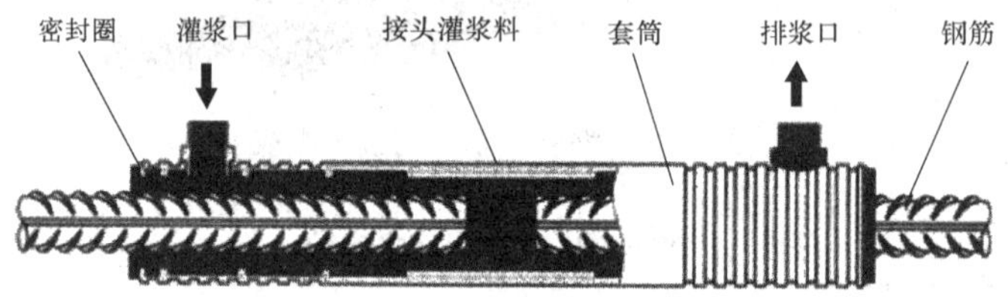

图 3-33 全灌浆套筒

半灌浆套筒接头一端采用灌浆方式连接，另一端采用非灌浆方式（通常采用螺纹连接）连接钢筋，主要适用于竖向构件（墙、柱）的连接，如图 3-34 所示。半灌浆套筒按非灌浆一端连接方式还分为直接滚轧直螺纹灌浆套筒、剥肋滚轧直螺纹灌浆套筒和镦粗直螺纹灌浆套筒。

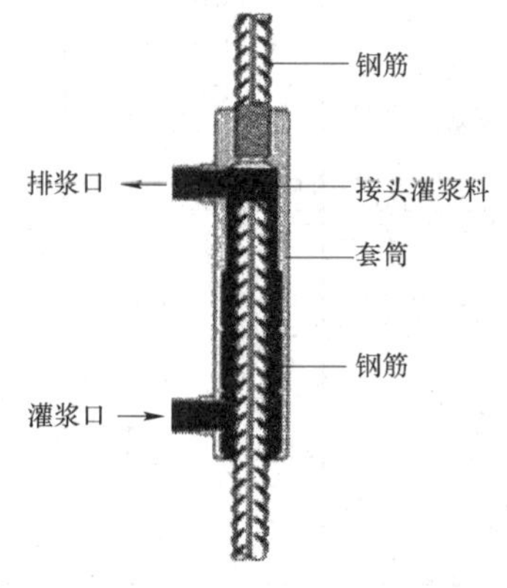

图 3-34 半灌浆套筒

2) 灌浆套筒型号。灌浆套筒型号由名称代号、分类代号、主参数代号和产品更新变形代号组成。灌浆套筒主参数为被连接钢筋的强度级别和直径。灌浆套筒型号表示如图 3-35 所示。

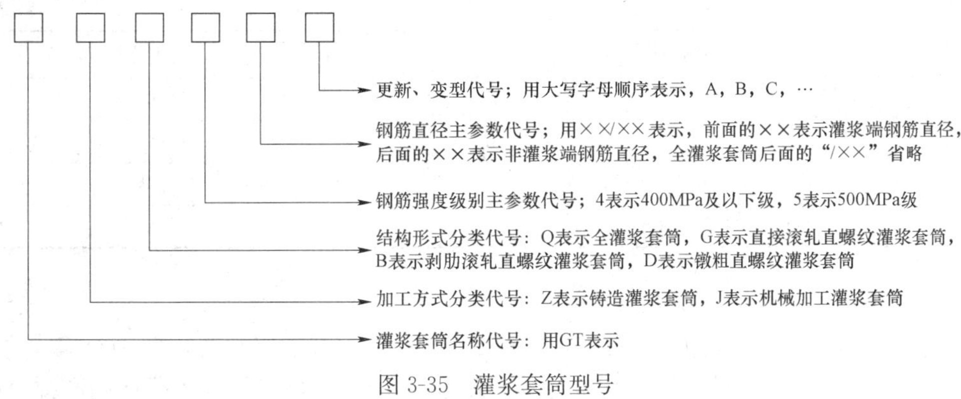

图 3-35 灌浆套筒型号

例如，GTZQ440 表示采用铸造加工的全灌浆套筒，连接标准屈服强度为 400MPa、直径 40mm 的钢筋。再如，GTJB536/32A 表示采用机械加工方式加工的剥肋滚轧直螺纹灌浆套筒，第一次变形，连接标准屈服强度为 500MPa 钢筋，灌浆端连接直径 36mm 的钢筋，非灌浆端连接直径 32mm 的钢筋。

3）灌浆套筒内径与锚固长度。灌浆套筒灌浆端的最小内径与连接钢筋公称直径的差值不宜小于表 3-11 规定的数值。用于钢筋锚固的深度不宜小于插入钢筋公称直径的 8 倍。

表 3-11　　　　灌浆套筒内径最小尺寸要求

钢筋直径（mm）	套筒灌浆段最小内径与连接钢筋公称直径差最小值
12～25	10
28～40	15

（3）灌浆料。钢筋连接用套筒灌浆料是以水泥为基本材料，配以细骨料及混凝土外加剂和其他材料组成的干混料，加水搅拌后具有良好的流动性、早强、高强、微膨胀等性能，填充于套筒和带肋钢筋间隙内，简称“套筒灌浆料”。

1）灌浆料性能指标。《钢筋连接用套筒灌浆料》（JG/T 408—2019）中规定了灌浆料在标准温度和湿度条件下的各项性能指标的要求，具体见表 3-12。其中抗压强度值越高，对灌浆接头连接性能越有帮助；流动度越高对施工作业越方便，接头灌浆饱满度越容易保证。

表 3-12　　　　钢筋连接用套筒灌浆料主要性能指标

检测项目		性能指标
流动度（mm）	初始	≥300
	30min	≥260
抗压强度（MPa）	1d	≥35
	3d	≥60
	28d	≥85

续表

检测项目		性能指标
竖向膨胀率（%）	3h	≥0.02
	24h与3h差值	0.02～0.5
氯离子含量（%）		≤0.03
泌水率（%）		0

2）灌浆料主要指标测试方法。

a. 流动度试验应按下列步骤进行：①称取1800g水泥基灌浆材料，精确至5g，按照产品设计（说明书）要求的用水量称量好拌和用水，精确至1g；②湿润搅拌锅和搅拌叶，但不得有明水，将水泥基灌浆材料倒入搅拌锅中，开启搅拌机，同时加入拌和水，应在10s内加完；③按水泥胶砂搅拌机的设定程序搅拌240s；④湿润玻璃板和截锥圆模内壁，但不得有明水，将截锥圆模放置在玻璃板中间位置；⑤将水泥基灌浆材料浆体倒入截锥圆模内，直至浆体与截锥圆模上口平，徐徐提起截锥圆模，让浆体在无扰动条件下自由流动直至停止；⑥测量浆体最大扩散直径及与其垂直方向的直径如图3-36所示，计算平均值，精确到1mm，作为流动度初始值；应在6min内完成上述搅拌和测量过程；⑦将玻璃板上的浆体装入搅拌锅内，并采取防止浆体水分蒸发的措施。自加水拌和起30min时，将搅拌锅内浆体按③～⑥步骤试验，测定结果作为流动度30min保留值。

图3-36　灌浆料流动度测定

b. 抗压强度试验步骤（抗压强度试验试件应采用尺寸为40mm×40mm×160mm的棱柱体）：①称取1800g水泥基灌浆材料，精确至5g，按照产品设计（说明书）要求的用水量称量拌和用水，精确至1g；②按照流动度试验的有关规定拌和水泥基灌浆材料；③将浆体灌入试模，至浆体与试模的上边缘平齐，成型过程中不应振动试模，应在6min内完成搅拌和成型过程；④将装有浆体的试模在成型室内静置2h后移入养护箱；⑤灌浆料抗压强度的试验按水泥胶砂强度试验有关规定执行。

c. 竖向膨胀率试验步骤：①仪表安装（见图3-37）应符合下列要求：钢垫板表面平装，水平放置在工作台上，水平度不应超过0.02；试模放置在钢垫板上，不可摇动；玻璃板平放在试模中间位

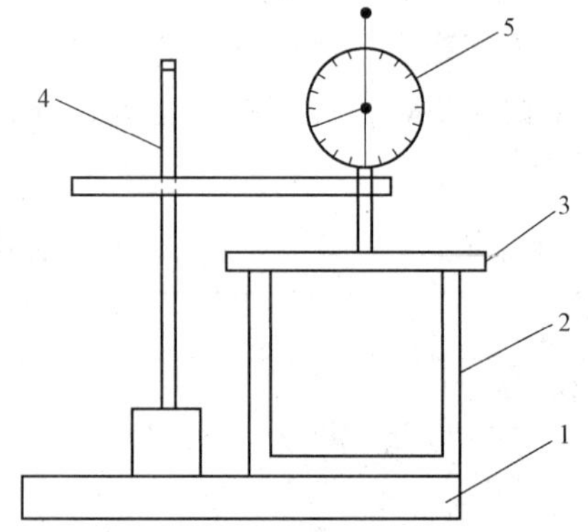

图3-37　竖向膨胀率装置示意图
1—钢垫板；2—试模；3—玻璃板；4—百分表架（磁力式）；5—百分表

置，其左右两边与试模内侧边留出10mm空隙；百分表架固定在钢垫板上，尽量靠近试模，缩短横杆悬臂长度；百分表与百分表架卡头固定牢靠，但表杆能够自由升降，安装百分表时，要下压表头，使表针指到量程的1/2处左右，百分表不可前后左右倾斜。②按流动度试验的有关规定拌和水泥基灌浆材料。③将玻璃板平放在试模中间位置，并轻轻压住玻璃板，拌和料一次性从一侧倒满试模，至另一侧溢出并高于试模边缘约2mm。④用湿棉丝覆盖玻璃板两侧的浆体。⑤把百分表测量头垂直放在玻璃板中央，并安装牢固，在30s内读取百分表初始读数 h_0；成型过程应在搅拌结束后3min内完成。⑥自加水拌和时起分别于3h和24h读取百分表的读数 h_t。整个测量过程中应保持棉丝湿润，装置不得受振动，成型养护温度均为（20±2)℃。⑦竖向膨胀率的计算公式为

$$\varepsilon_t=\frac{h_t-h_0}{h}\times 100\%$$

式中　ε_t——竖向膨胀率；

h_t——试件龄期为 t 时的高度读数，mm；

h_0——试件高度的初始读数，mm；

h——试件基准高度100，mm。

试验结果取一组三个试件的算术平均值，计算精确至 10^{-2}。

3）灌浆料使用注意事项。灌浆料是通过加水拌和均匀后使用的材料，不同厂家的产品配方设计不同，虽然都可以满足《钢筋连接用套筒灌浆料》（JG/T 408—2019）所规定的性能指标，但却具有不同的工作性能，对环境条件的适应能力不同，灌浆施工的工艺也会有所差异。

为了确保灌浆料使用时达到其产品设计指标，具备灌浆连接施工所需要的工作性能，并能顺利地灌注到预制构件的灌浆套筒内，实现钢筋的可靠连接，操作人员需要严格掌握并准确执行产品使用说明书规定的操作要求。实际施工中需要注意的要点包括以下几点。

a. 灌浆料使用时应检查产品包装上印制的有效期和产品外观，无过期情况和异常现象后方可开袋使用。

b. 加水。浆料拌和时严格控制加水量，必须执行产品生产厂家规定的加水率。加水过多时，会造成灌浆料泌水、离析、沉淀，多余的水分挥发后形成孔洞，严重降低灌浆料抗压强度；加水过少时，灌浆料胶凝材料部分不能充分发生水化反应，无法达到预期的工作性能。灌浆料宜在加水后30min内用完，以防后续灌浆遇到意外情况时灌浆料可流动的操作时间不足。

c. 搅拌。灌浆料与水的拌和应充分、均匀，通常是在搅拌容器内先后依次加入水及灌浆料并使用产品要求的搅拌设备，在规定的时间范围内，将浆料拌和均匀，使其具备应有的工作性能。灌浆料搅拌时，应保证搅拌容器底部边缘死角处的灌浆料干粉与水充分拌和搅拌均匀后，静置2～3min排气，尽量排出搅拌时卷入浆料的气体，保证最终灌浆料的强度性能，如图3-38所示。

d. 流动度检测。灌浆料流动度是保证灌浆连接施工的关键性能指标，灌浆施工环境的温、湿度差异影响着灌浆的可操作性。在任何情况下，流动度低于要求值的灌浆料都不

图 3-38 搅拌灌浆料

能用于灌浆连接施工，以防止构件灌浆失败造成事故。为此在灌浆施工前，应首先进行流动度的检测，在流动度值满足要求后方可施工，施工中注意灌浆时间应短于灌浆料具有规定流动度值的时间（可操作时间）。每工作班应检查灌浆料拌和物初始流动度不少于一次，确认合格后，方可用于灌浆；留置灌浆料强度检验试件的数量应符合验收及施工控制要求。

e. 灌浆料的强度与养护温度。灌浆料是水泥基制品，其抗压强度增长速度受养护环境的温度影响。冬期施工灌浆料强度增长慢，后续工序应在灌浆料满足规定强度值后方可进行；而夏季施工灌浆料凝固速度加快，灌浆施工时间必须严格控制。

f. 散落的灌浆料拌和物成分已经改变，不得二次使用；剩余的灌浆料拌和物由于已经发生水化反应，如再次加灌浆料、水后混合使用，可能出现早凝或泌水，因此不能使用。

3. 灌浆施工及检验工具

（1）灌浆设备。

1）电动灌浆设备见表 3-13。

表 3-13 电动灌浆设备

产品	泵管挤压灌浆泵	螺杆灌浆泵	气动灌浆器
工作原理	泵管挤压式	螺杆挤压式	气压式
示意图			
特点	（1）流量稳定，快速慢速可调，适合泵送不同黏度灌浆料。 （2）故障率低，泵送可靠，可设定泵送极限压力。 （3）使用后需要认真清洗，防止浆料固结堵塞设备	（1）适合低黏度，骨料较粗的灌浆料灌浆。 （2）体积小重量轻，便于运输。 （3）螺旋泵胶套寿命有限，骨料对其磨损较大，需要更换。 （4）扭矩偏低，泵送力量不足。 （5）不易清洗	（1）结构简单，清洗简单。 （2）没有固定流量，需配气泵使用，最大输送压力受气体压力制约，不能应对需要较大压力灌浆场合。 （3）要严防压力气体进入灌浆料和管路中

2）手动灌浆设备如图 3-39 所示。它适用于单仓套筒灌浆、制作灌浆接头及水平缝连通腔不超过 30cm 的少量接头灌浆、补浆施工。

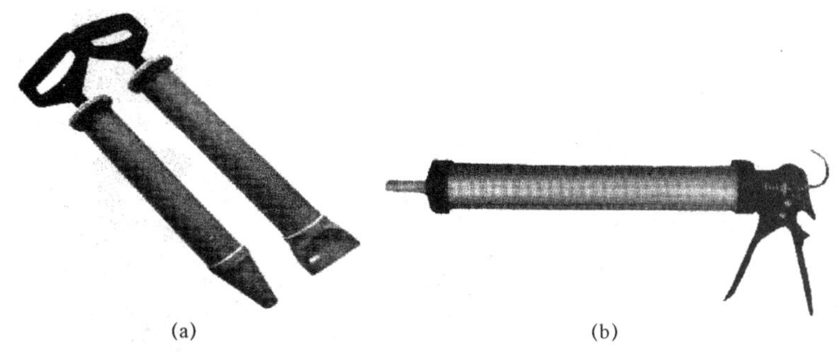

(a)　(b)

图 3-39　手动灌浆设备

（a）推压式灌浆枪；（b）按压式灌浆枪

（2）灌浆料称量检验工具见表 3-14。

表 3-14　灌浆料称量检验工具

工作项目	工具名称	规格参数	图示
流动度检测	圆截锥试模	上口×下口×高： ϕ70×ϕ100×60mm	
	钢化玻璃板	长×宽×厚： 500mm×500mm×6mm	
抗压强度检测	试块试模	长×宽×高： 40mm×40mm×160mm 三联	
施工环境及材料的温度检测	测温计	—	

续表

工作项目	工具名称	规格参数	图示
灌浆料、拌和水称重	电子秤	30～50kg	
拌和水计量	量杯	3L	
灌浆料拌和容器	平底金属桶（最好为不锈钢制）	ϕ300×H400，30L	
灌浆料拌和工具	电动搅拌机	功率：1200～1400W； 转速：0～800r/min 可调； 电压：单相 220V/50H； 搅拌头：片状或圆形花栏式	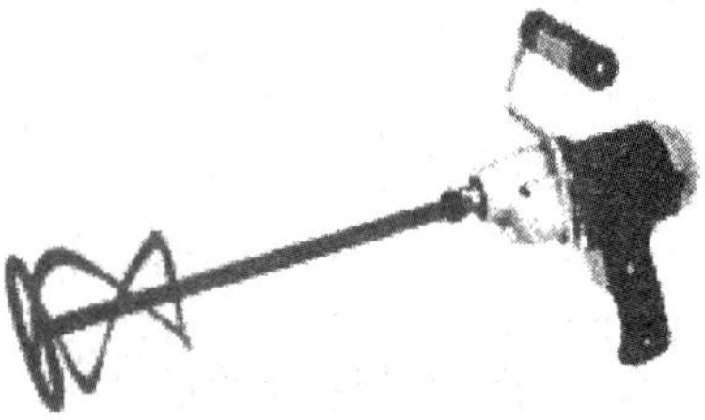

（3）应急设备。

1）高压水枪如图 3-40 所示。它主要在冲洗灌浆不合格的构件及灌浆料填塞部位时使用。

2）柴油发电机如图 3-41 所示。在大型构件灌浆突然停电时，给电动灌浆设备应急供电使用。

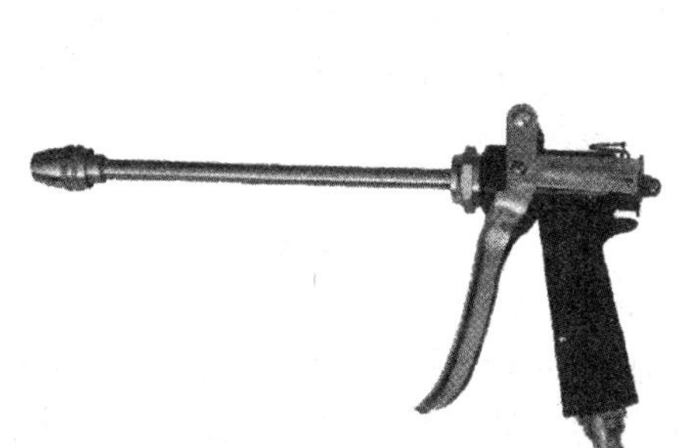

图 3-40　高压水枪

图 3-41　柴油发电机

4. 竖向构件灌浆施工工艺及要求

（1）灌浆施工工艺流程。图 3-42 所示为现场预制构件灌浆连接施工作业工艺。

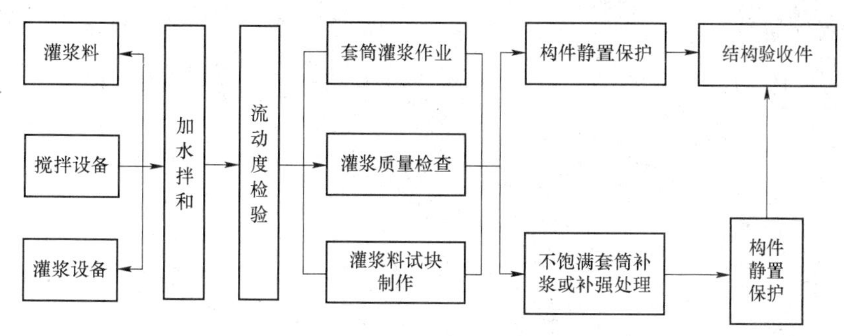

图 3-42　现场预制构件灌浆连接施工作业工艺

（2）竖向构件灌浆施工要点。灌浆施工时须按施工方案执行灌浆作业。全过程应有专职检验人员负责现场监督并及时形成施工检查记录。

1）灌浆施工方法。竖向钢筋套筒灌浆连接，灌浆应采用压浆法从灌浆套筒下方灌浆孔注入，当灌浆料从构件上本套筒和其他套筒的灌浆孔、出浆孔流出后应及时封堵。

竖向构件宜采用连通腔灌浆，并合理划分连通灌浆区域，每个区域除预留灌浆孔、出浆孔与排气孔（有些需要设置排气孔）外，应形成密闭空腔，且保证灌浆压力下不漏浆；连通灌浆区域内任意两个灌浆套筒间距不宜超过 1.5m。采用连通腔灌浆方式时，灌浆施工前应对各连通灌浆区域进行封堵，且封堵材料不应减小结合面的设计面积。竖向钢筋套筒灌浆连接用连通腔工艺灌浆时，采用一点灌浆的方式，即用灌浆泵从接头下方的一个灌浆孔处向套筒内压力灌浆，在该构件灌注完成之前不得更换灌浆孔，且需连续灌注，不得断料，严禁从出浆孔进行灌浆。当一点灌浆遇到问题而需要改变灌浆点时，各套筒已封堵灌浆孔、出浆孔应重新打开，待灌浆料拌和物再次流出后进行封堵。

竖向预制构件不采用连通腔灌浆方式时，构件就位前应设置坐浆层或套筒下端密封装置。

2）灌浆施工环境温度要求。灌浆施工时，环境温度应符合灌浆料产品使用说明书要求；环境温度低于5℃时不宜施工，低于0℃时不得施工；当环境温度高于30℃时，应采取降低灌浆料拌和物温度的措施。

3）灌浆施工异常的处置。接头灌浆出现无法出浆的情况时，应查明原因，采取补救施工措施：对于未密实饱满的竖向连接灌浆套筒，当在灌浆料加水拌和30min内时，应首选在灌浆孔补灌；当灌浆料拌和物已无法流动时，可从出浆孔补灌，并应采用手动设备结合细管压力灌浆，但此时应制订专门的补灌方案并严格执行。

（三）任务实施

构件灌浆模块是装配式建筑虚拟仿真实训软件的重要模块之一，其主要工序有施工前准备、灌浆机具选择、封缝料制作、墙体封缝操作、灌浆料制作、灌浆料流动度检测、构件灌浆、工完料清。这里以标准图集《预制混凝土剪力墙外墙板》（15G365-1）中编号为WQCA-3028-1516夹心墙板为实例进行模拟仿真灌浆过程，具体仿真操作如下。

1. 登录系统查询操作计划

输入用户名及密码登录，如图3-43所示。

图3-43 系统登录

2. 任务查询

登录系统后查询施工任务，根据任务列表，明确任务内容，如图3-44所示。

3. 施工前准备

工作开始前首先进行施工前准备，进行着装检查和杂物清理及施工前注意事项了解，本次操作任务为带窗口空洞的夹心墙板，如图 3-45 所示。

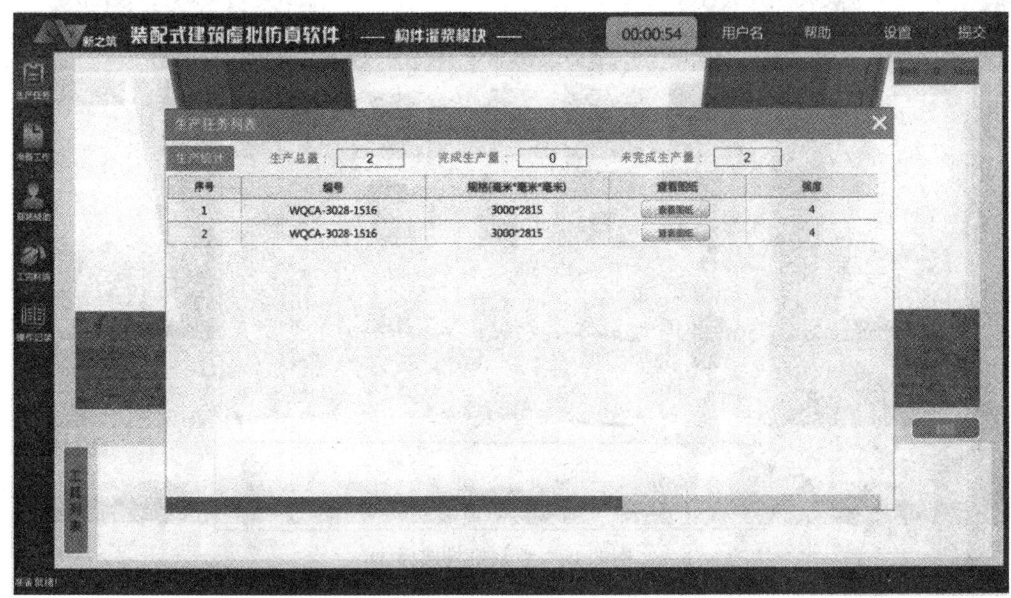

图 3-44　任务查询

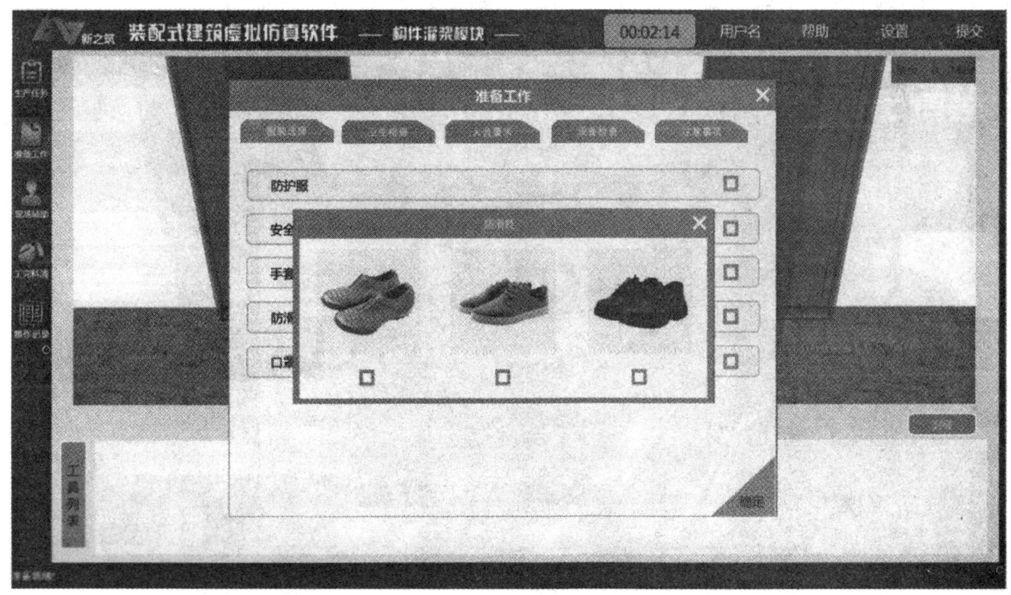

图 3-45　施工前准备

4. 灌浆机具选择

根据灌浆过程所需工具，从工具库领取相应工具，如图 3-46 所示。

图 3-46 灌浆机具选择

5. 封缝料制作

根据工作任务计算所需封缝料用量及领取对应用量的原料进行封缝料制作，过程中训练项目包括原料成本控制、配比及操作步骤，如图 3-47 所示。

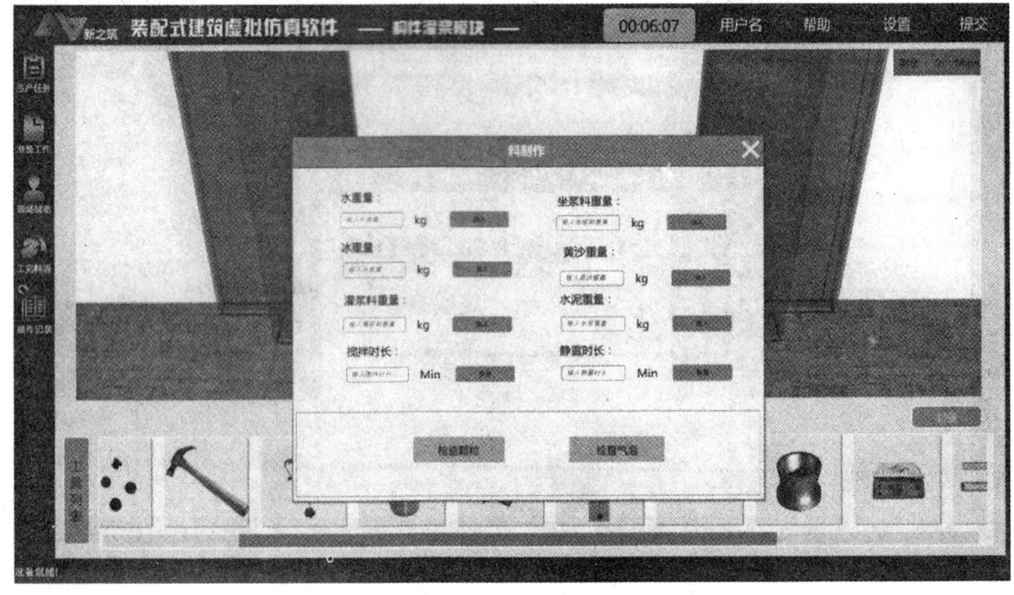

图 3-47 封缝料制作

6. 封缝操作

操作封缝枪对构件四周进行封缝密封操作，如图 3-48 所示。

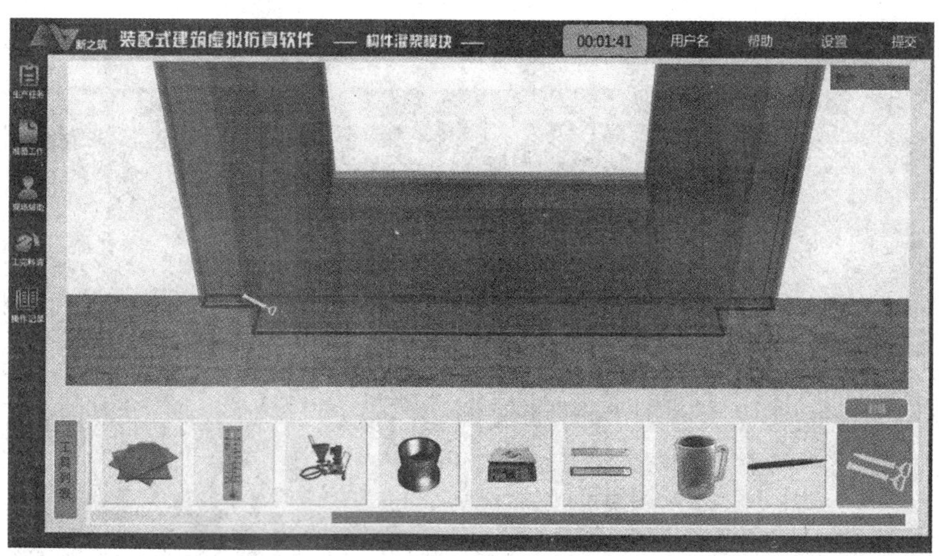

图 3-48　封缝操作（控制）

7. 灌浆料流动度测试

根据灌浆料配比制作适当灌浆料样品进行灌浆料流动度测试，如图 3-49 和图 3-50 所示。

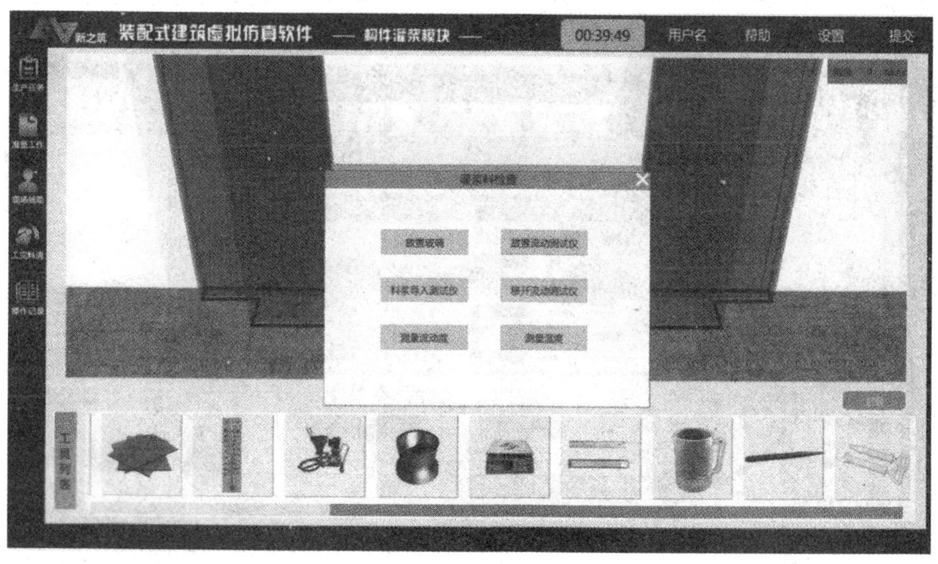

图 3-49　灌浆料流动度测试（控制端）

（1）灌浆前应首先测定灌浆料的流动度。

（2）主要设备及工具：圆截锥试模、钢化玻璃板。

（3）检测方法：将制备好的灌浆料倒入钢化玻璃板上的圆截锥试模，进行振动排出气体，提起圆截锥试模，待砂浆流动扩散停止后，测量两方向扩展度，取平均值。

（4）要求初始流动度大于等于 300mm，30min 流动度大于等于 260mm。

图 3-50 灌浆料流动度测试（虚拟端）

8. 灌浆料制作

添加等比例的水与灌浆干料，进行搅拌，搅拌方法为：先向筒内加入拌和用水量 80% 的水，若施工场地气温高于 30℃，则需将 20% 的拌和用水置换成同等重量的冰块，如图 3-51 所示。

图 3-51 灌浆料搅拌（虚拟端）

9. 构件灌浆

（1）灌浆孔检查。

1）检查灌浆孔的目的：为了确保灌浆套筒内畅通，没有异物。套筒内不畅通会导致灌浆料不能填充满套筒，导致钢筋连接不符合要求。

2）检查方法：使用细钢丝从上部灌浆孔伸入套筒，如从底部可以伸出，并且从下部灌浆孔可以看见细钢丝，即为畅通。如果钢丝无法从底部伸出，则说明里面有异物，需要清除异物直到畅通为止。

（2）构件灌浆操作。把枪嘴对准套筒下部的胶管，操作灌浆注入灌浆料，直至溢浆孔连续出浆且无气泡时，通过木塞进行封堵。待全部出浆口封堵完毕后，本任务构件灌浆完毕，如图 3-52 和图 3-53 所示。

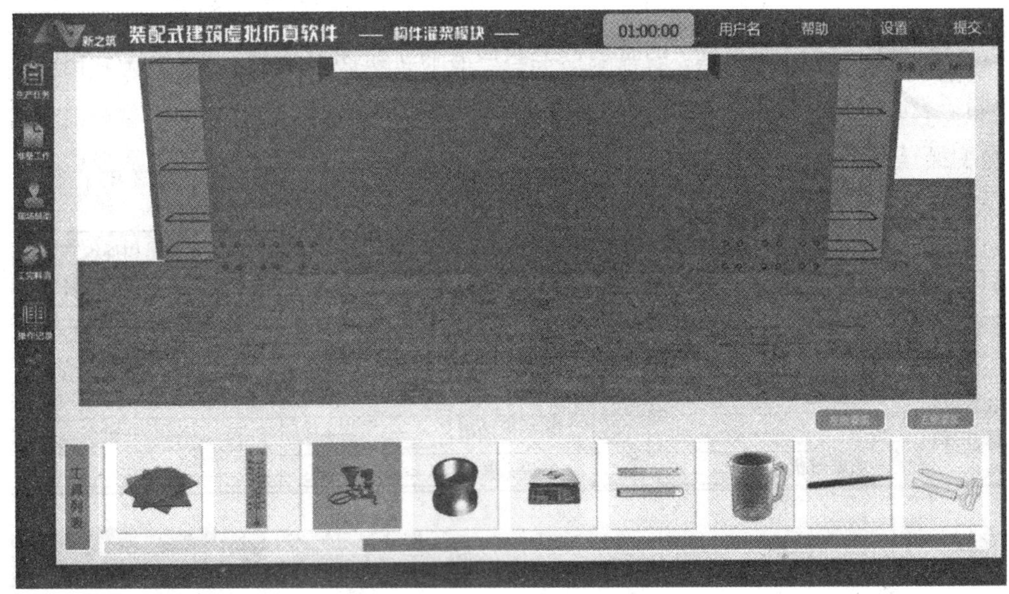

图 3-52　二维封堵界面（控制端）

图 3-53　灌浆场景（虚拟端）

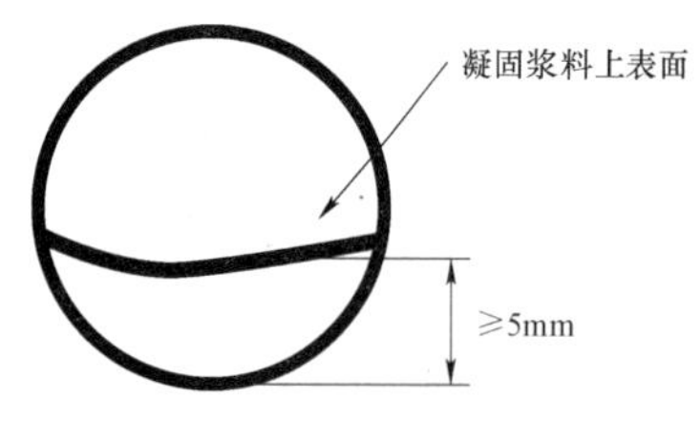

图 3-54 接头充盈度检验

（3）灌浆注意事项。

1）灌浆料要在自加水搅拌开始 20～30min 内灌完，以尽量保留一定的操作应急时间。

2）同一仓只能在一个灌浆孔灌浆，不能同时选择两个以上孔灌浆。

3）同一仓应连续灌浆，不得中途停顿。如果中途停顿，再次灌浆时，则应保证已灌入的浆料有足够的流动性后，还需要将已经封堵的出浆孔打开，待灌浆料再次流出后逐个封堵出浆孔。

（4）灌浆接头充盈度检验。灌浆料凝固后，取下灌排浆孔封堵胶塞，检查孔内凝固的灌浆料上表面应高于排浆孔下缘 5mm 以上，如图 3-54 所示。

（5）填写灌浆施工记录。灌浆完成后，填写灌浆作业记录表，具体见表 3-15。

表 3-15　　套筒灌浆施工报告书

项目名称：		施工日期：	施工部位（构件编号）：
灌浆开始时间： 灌浆结束时间：		灌浆责任人：	监理责任人：
灌浆料注入管理记录	室外温度：______℃	水量：______ kg/袋	灌浆料批号：
	水温：______℃	初始流动值：______ mm	备注：
	灌浆时浆体温度：______℃	30min 流动值：______ mm	

（四）现浇构件连接

某项目为装配式立体楼，该楼采用全装配式钢筋混凝土剪力墙—梁柱结构体系，预制率 95%以上，抗震设防烈度为 7 度，结构抗震等级三级。该工程地上 4 层，地下 1 层，预制构件共计 3788 块，其中水平构件及竖向构件连接均采用灌浆套筒连接方式。

该项目技术员赵某现需要结合任务 3 中所吊装完成的竖向构件完成现浇部分构件连接任务，其竖向构件墙板如图 3-55 所示。

图 3-55 竖向构件墙板安装示意图

1. 装配整体式混凝土结构后浇混凝土模板及支撑要求

（1）装配整体式混凝土结构的模板与支撑应根据施工过程中的各种工况进行设计，应具有足够的承载力、刚度，并应保证其整体稳固性。

装配整体式混凝土结构的模板与支撑应根据工程结构形式、预制构件类型、荷载大小、施工设备和材料供应等条件确定，此处所要求的各种工况应由施工单位根据工程具体情况确定，以确保模板与支撑稳固可靠。

（2）模板与支撑安装应保证工程结构构件各部分形状、尺寸和位置的准确，模板安装应牢固、严密、不漏浆，且应便于钢筋敷设和混凝土浇筑、养护。

（3）预制构件接缝处宜采用与预制构件可靠连接的定型模板。定型模板与预制构件之间应粘贴密封条，在混凝土浇筑时节点处模板不应产生明显变形和漏浆。

预制构件宜预留与模板连接用的孔洞、螺栓，预留位置应与模板模数相协调并便于模板安装。预制墙板现浇节点区的模板支设是施工的重点。为了保证节点区模板支设的可靠性，通常采用在预制构件上预留螺母、孔洞等连接方式，施工单位应根据节点区选用的模板形式，使构件预埋与模板固定相协调。

（4）模板宜采用水性脱模剂。脱模剂应能有效减小混凝土与模板间的吸附力，并应有一定的成模强度，且不应影响脱模后混凝土表面的后期装饰。

（5）模板与支撑安装。

1）安装预制墙板、预制柱等竖向构件时，应采用可调斜支撑临时固定；斜支撑的位置应避免与模板支架、相邻支撑冲突。

2）夹心保温外墙板竖缝采用后浇混凝土连接时，宜采用工具式定型模板支撑，并应符合以下规定。

a. 定型模板应通过螺栓或预留孔洞拉结的方式与预制构件可靠连接。

b. 定型模板安装应避免遮挡预墙板下部灌浆预留孔洞。

c. 夹心墙板的外叶板应采用螺栓拉结或夹板等加强固定。

d. 墙板接缝部位及与定型模板连接处均应采取可靠的密封防漏浆措施。

e. 对夹心保温外墙板拼接竖缝节点后浇混凝土采用定型模板做了规定，如图 3-56 所示。通过在模板与预制构件、预制构件与预制构件之间采取可靠的密封防漏措施，达到后浇混凝土与预制混凝土相接表面平整度符合验收要求的目的。

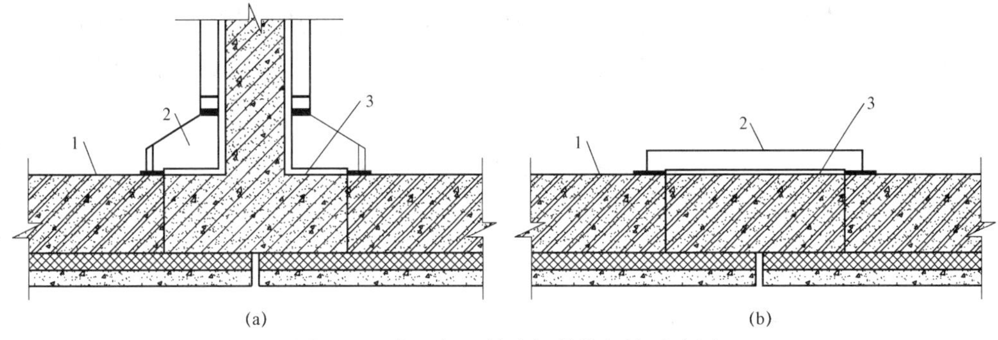

图 3-56 夹心保温外墙板拼接竖缝示意图

（a）“T”形节点；（b）“一”形节点

1—夹心保温外墙板；2—定型模板；3—后浇混凝土

3）采用预制保温作为免拆除外墙模板进行支模时，预制外墙模板的尺寸参数及与相邻外墙板之间的拼缝宽度应符合设计要求。安装时应与内侧模板或相邻构件连接牢固并采取可靠的密封防漏浆措施。预制梁柱节点区域后，浇筑混凝土部分采用定型模板支模时，宜采用螺栓与预制构件可靠连接固定，模板与预制构件之间应采取可靠的密封防漏浆措施。

当采用预制外墙模板时（见图 3-57），应符合建筑与结构设计的要求，以保证预制外墙板符合外墙装饰要求并且在使用过程中结构安全可靠。预制外墙模板与相邻预制构件安装定位后，为防止浇筑混凝土时漏浆，需要采取有效的密封措施。

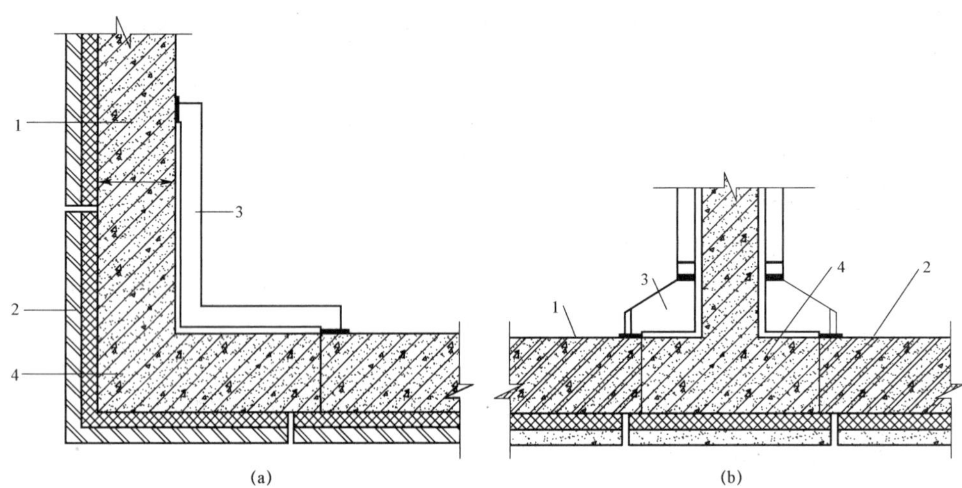

图 3-57 预制外墙板模板拼接竖缝节点

(a)"L"形节点;(b)"T"形节点

1—夹心保温外墙板;2—预制外墙模板;3—定型模板;4—后浇混凝土

(6) 模板与支撑拆除。

1) 模板拆除时,应按照先拆非承重模板、后拆承重模板的顺序进行。水平结构模板应由跨中向两端拆除,竖向结构模板应自上而下进行拆除;多个楼层间连续支模的底层支架拆除时间,应根据连续支模的楼层间荷载分配和后浇混凝土强度的增长情况确定;当后浇混凝土强度能保证构件表面及棱角不受损伤时,方可拆除侧模模板。

2) 叠合构件的后浇混凝土同条件立方体抗压强度达到设计要求时,方可拆除龙骨及下一层支撑;当设计无具体要求时,同条件养护的后浇混凝土立方体试件抗压强度应符合表 3-16 的规定。

表 3-16　　模板与支撑拆除时后浇混凝土强度要求

构件类型	构件跨度(m)	达到设计混凝土强度等级值的百分率(%)
板	≤2	≥50
	>2,≤8	≥75
	>8	≥100
梁	≤8	≥75
	>8	≥100
悬臂构件		≥100

注　受弯类叠合构件的施工要考虑两阶段受力的特点,支撑的拆除时间需要考虑现浇混凝土同条件立方体抗压强度,施工时要采取措施满足设计要求。

3) 预制墙板斜支撑和限位装置应在连接节点和连接接缝部位后浇混凝土或灌浆料强度达到设计要求后拆除;当设计无具体要求时,后浇混凝土或灌浆料应达到设计强度的75%以上方可拆除。

4) 预制柱斜支撑应在预制柱与连接节点部位后浇混凝土或灌浆料强度达到设计要求

且上部构件吊装完成后进行拆除。

5）拆除的模板和支撑应分散堆放并及时清运，应采取措施避免施工集中堆载。

2. 装配整体式混凝土结构后浇混凝土的钢筋要求

（1）钢筋连接。

1）预制构件的钢筋连接可选用钢筋套筒灌浆连接接头。采用直螺纹钢筋灌浆套筒时，钢筋的直螺纹连接部分应符合《钢筋机械连接技术规程》（JGJ 107—2016）的规定；钢筋套筒灌浆连接部分应符合设计要求及《钢筋连接用灌浆套筒》（JG/T 398—2019）和《钢筋套筒连接用灌浆料》（JG/T 408—2019）的规定。

2）钢筋连接如果采用钢筋焊接连接，接头应符合《钢筋焊接及验收规程》（JGJ 18—2012）的有关规定；如果采用钢筋机械连接，接头应符合《钢筋机械连接技术规程》（JGJ 107—2016）的有关规定。机械连接接头部位的混凝土保护层厚度宜符合《混凝土结构设计规范》（GB 50010—2010，2015 年版）中受力钢筋的混凝土保护层最小厚度的规定，且不得小于 15mm；接头之间的横向净距不宜小于 25mm；当钢筋采用弯钩或机械锚固措施时，钢筋锚固端的锚固长度应符合《混凝土结构设计规范》（GB 50010—2010，2015 年版）的有关规定；采用钢筋锚固板时，应符合《钢筋锚固板应用技术规程》（JGJ 256—2011）的有关规定。

（2）钢筋定位。

1）装配整体式混凝土结构后浇混凝土内的连接钢筋应埋设准确，连接与锚固方式应符合设计和现行有关技术标准的规定。

2）构件连接处钢筋位置应符合设计要求。当设计无具体要求时，应保证主要受力构件和构件中主要受力方向的钢筋位置，并应符合下列规定：①框架节点处，梁纵向受力钢筋宜置于柱纵向钢筋内侧；②当主次梁底部标高相同时，次梁下部钢筋应放在主梁下部钢筋之上；③剪力墙中水平分布钢筋宜置于竖向钢筋外侧，并在墙端弯折锚固。

3）钢筋套筒灌浆连接接头的预留钢筋应采用专用模具进行定位；并应符合下列规定：①定位钢筋中心位置存在细微偏差时，宜采用钢套管方式进行细微调整；②定位钢筋中心位置存在严重偏差影响预制构件安装时，应按设计单位确认的技术方案处理；应采用可靠的绑扎固定措施对连接钢筋的外露长度进行控制。

预留钢筋定位精度对预制构件的安装有重要影响，因此对预埋于现浇混凝土内的预留钢筋采用专用定型钢模具对其中心位置进行控制，采用可靠的绑扎固定措施对连接钢筋的外露长度进行控制。

4）预制构件的外露钢筋应防止弯曲变形，并在预制构件吊装完成后，对其位置进行校核与调整。

3. 装配整体式混凝土结构后浇混凝土要求

（1）装配整体式混凝土结构施工应采用预拌混凝土。预拌混凝土应符合现行相关标准的规定。

（2）装配整体式混凝土结构施工中的结合部位或接缝处混凝土的工作性应符合设计施工规定；当采用自密实混凝土时，应符合现行相关标准的规定。

浇筑混凝土过程中应按规定见证取样留置混凝土试件。同一配合比的混凝土，每工作班且建筑面积不超过 1000m² 应制作一组标准养护试件，同一楼层应制作不少于 3 组标准养护试件。

（3）装配整体式混凝土结构工程在浇筑混凝土前应进行隐蔽项目的现场检查与验收。

（4）连接接缝混凝土应连续浇筑，竖向连接接缝可逐层浇筑，混凝土分层浇筑高度应符合现行规范要求；浇筑时应采取保证混凝土浇筑密实的措施；同一连接接缝的混凝土应连续浇筑，并应在底层混凝土初凝之前将上一层混凝土浇筑完毕；预制构件连接节点和连接接缝部位的混凝土应加密振捣点，并适当延长振捣时间；预制构件连接处混凝土浇筑和振捣时，应对模板和支架进行观察和维护，发生异常情况应及时进行处理；构件接缝混凝土浇筑和振捣时应采取措施防止模板、相连接构件、钢筋、预埋件及其定位件发生移位。

（5）混凝土浇筑完毕后，应按施工技术方案要求及时采取有效的养护措施，并应符合以下规定。

1）应在浇筑完毕后的 12h 以内对混凝土加以覆盖并养护。

2）浇水次数应能保持混凝土处于湿润状态。

3）采用塑料薄膜覆盖养护的混凝土，其敞露的全部表面应覆盖严密。并应保持塑料薄膜内有凝结水。

4）叠合层及构件连接处后浇混凝土的养护时间不应少于 14d。叠合层及构件连接处混凝土浇筑完成后，可采取洒水、覆膜、喷涂养护剂等养护方式，为保证后浇混凝土的质量，规定养护时间不应少于 14d。

5）混凝土强度达到 1.2MPa 前，不得在其上踩踏或安装模板及支架。

（6）混凝土冬期施工应按现行规范《混凝土结构工程施工规范》（GB 50666—2011）、《建筑工程冬期施工规程》（JGJ/T 104—2011）的相关规定执行。

4. 预制剪力墙的现浇连接施工

（1）后浇带节点构造要求。预制剪力墙的顶面、底面和两侧面应处理为粗糙面或者制作键槽，与预制剪力墙连接的圈梁上表面也应处理为粗糙面，如图 3-58 所示。粗糙面露出的混凝土粗骨料不宜小于其最大粒径的 1/3，且粗糙面凹凸不应小于 6mm。根据《装配式混凝土结构技术规程》（JGJ 1—2014）规范，对高层预制装配式墙体结构，楼层内相邻预制剪力墙的连接应符合以下规定。

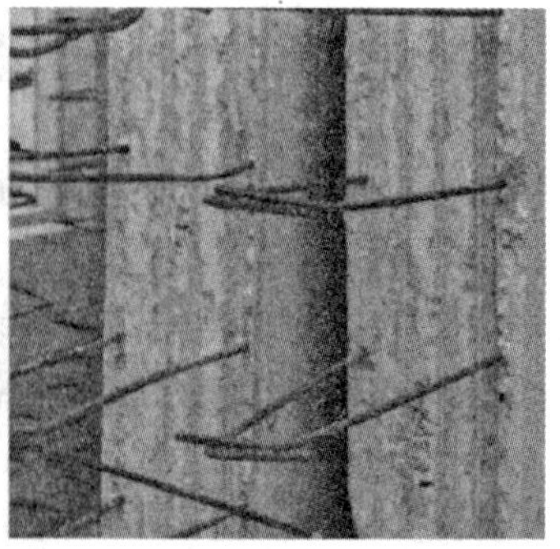

图 3-58　预制构件表面键槽和粗糙面处理示意图

1）边缘构件应现浇，现浇段内按照现浇混凝土结构的要求设置箍筋和纵筋，如图 3-59～图 3-61 所示。预制剪力墙的水平钢筋应在现浇段内锚固，或与现浇段内水平钢筋焊接或搭接连接。

2）上下剪力墙板之间，先在下墙板和叠合板上部浇筑圈梁连续带后，坐浆安装上部墙板，套筒灌浆或浆锚搭接进行连接，如图 3-62 所示。

图 3-59　边缘构件连接示意图

3）剪力墙板底部局部套筒未对准时可使用倒链将墙板手动微调、对孔。底部没有灌浆套筒的外填充墙板可直接顺着角码缓缓放下墙板。垫板造成的空隙可用坐浆方式填补（也可以后填砂浆，但要密实）。为防止坐浆料填充到外叶板之间，在保温层上方采用橡胶止水条堵塞缝隙，如图 3-63 所示。预埋套筒一侧钢筋直螺纹连接后预埋在预制墙板底部，另一侧的钢筋预埋在下层预制墙板的顶部。墙板安装时，墙顶部钢筋插入上层墙底部的套筒内。根据现场情况，拟采用高强砂浆对墙体根部周围缝隙进行密封，确保注浆料不从缝隙中溢出，待封堵砂浆凝固后，然后对连接套筒通过灌浆孔进行灌浆处理，完成上下墙板内钢筋的连接。复核墙体的水平位置和标高、垂直度，相邻墙体的尺寸等，确保无误后向墙板内的钢筋连接套筒预留注浆孔内灌注高压浆，待发现出浆孔溢出浆料后，结束灌浆，依次连续注浆完毕，如图 3-64 所示。

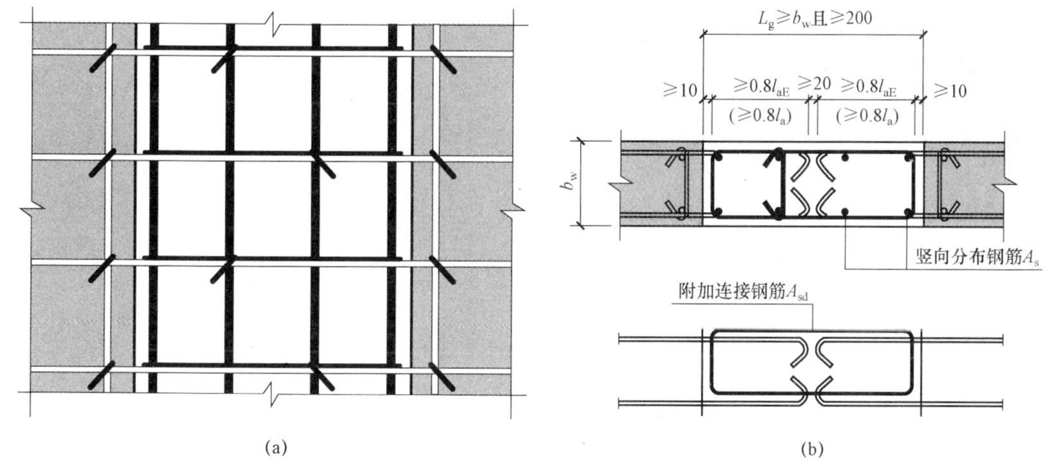

图 3-60　预制墙间的竖向接缝构造

（a）立面图；（b）平面图

注：附加封闭连接钢筋与预留弯钩钢筋连接

（2）后浇带施工。装配整体式混凝土结构竖向构件安装完成后，应及时穿插进行边缘构件后浇带的钢筋和模板施工，并完成后浇混凝土施工。图 3-65 所示为安装完成后等待后浇混凝土的预制墙板。

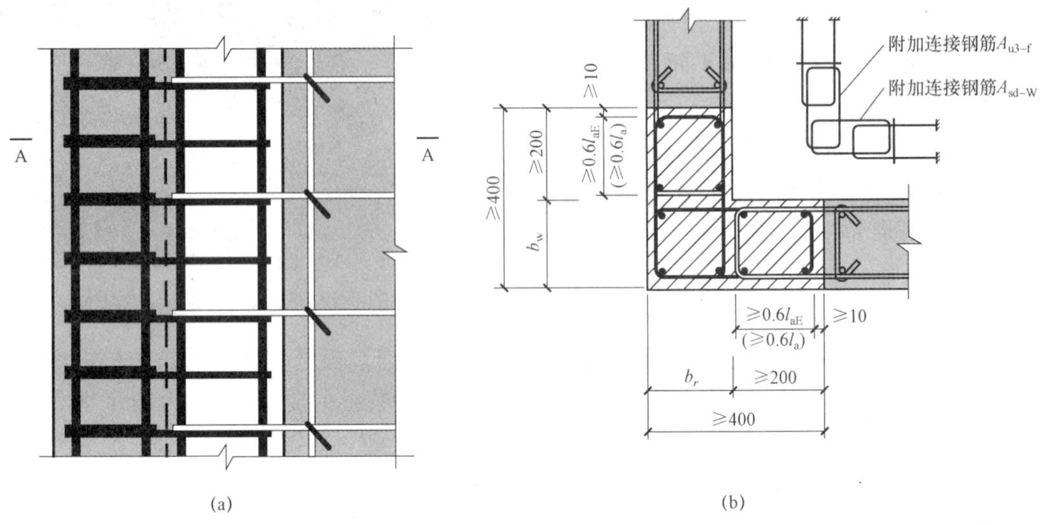

图 3-61　预制墙在转角墙处的竖向接缝构造（构造边缘转角墙）

（a）立面图；（b）平面图

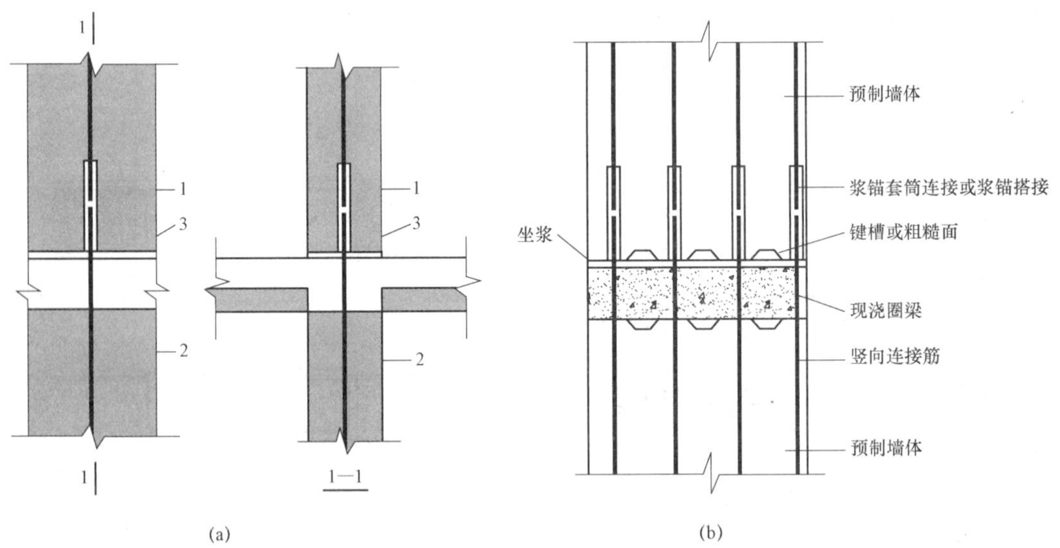

图 3-62　预制剪力墙板上下节点连接

1—钢筋套筒灌浆连接；2—连接钢筋；3—坐浆层

图 3-63　预制墙板底部连接

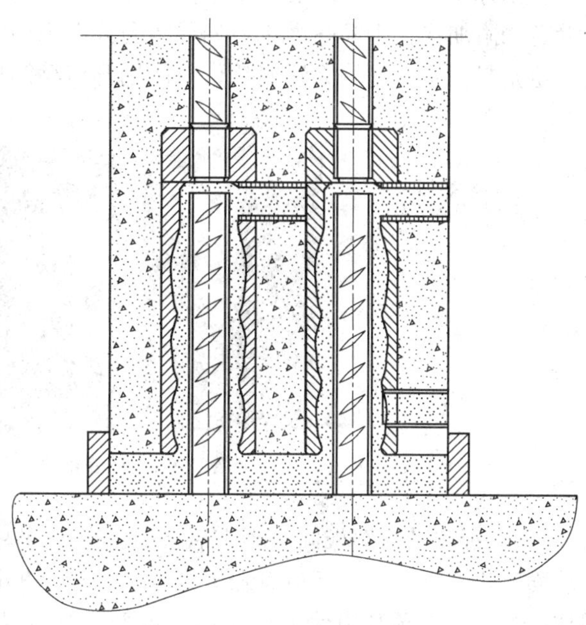

图 3-64　墙体注浆示意图

(a)

(b)

图 3-65　安装完成后等待后浇混凝土的预制墙板

(a) 立体示意图；(b) 待浇节点详图

1) 钢筋施工。预制墙板连接部位宜先校正水平连接钢筋，后安装箍筋套，待墙体竖向钢筋连接完成后，绑扎箍筋，连接部位加密区的箍筋宜采用封闭箍筋；装配整体式混凝土结构后浇混凝土节点间的钢筋施工除满足本任务前面的相关规定外，还需要注意以下问题。

a. 后浇混凝土节点间的钢筋安装做法因受操作顺序和空间的限制，与常规做法有很大的不同，必须在符合相关规范要求的同时顺应装配整体式混凝土结构的要求。

b. 装配混凝土结构预制墙板间竖缝（墙板间混凝土后浇带）的钢筋安装做法按《装配式混凝土结构技术规程》（JGJ 1—2014）的要求“……约束边缘构件……宜全部采用后

浇混凝土，并且应在后浇段内设置封闭箍筋”，如图 3-60 和图 3-61 所示。

按国标图集《装配式混凝土结构连接节点构造》（15G310—1～2）中预制墙板间构件竖缝有加附加连接钢筋的做法，如果竖向分布钢筋按搭接做法预留，则封闭箍筋或附加连接（也是封闭）钢筋均无法安装，只能用开口箍筋代替，如图 3-66 所示。

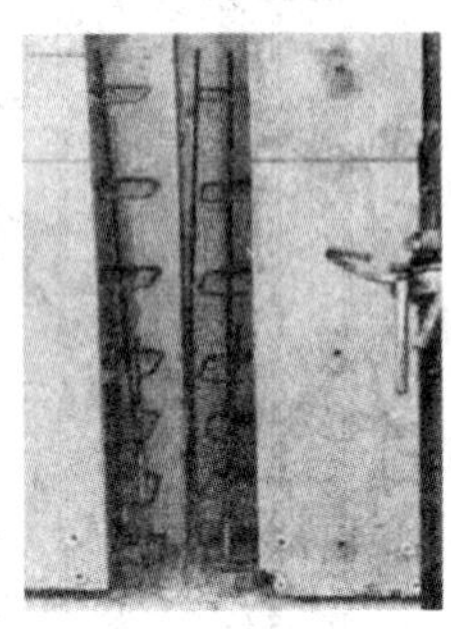

图 3-66 竖缝钢筋需另加箍筋

2）模板安装。墙板间混凝土后浇带连接宜采用工具式定型模板支撑，除应满足本任务前面的相关规定外，还应符合下列规定：定型模板应通过螺栓（预置内螺母）或预留孔洞拉结的方式与预制构件可靠连接；定型模板安装应避免遮挡预制墙板下部灌浆预留孔洞；夹心墙板的外叶板应采用螺栓拉结或夹板等加强固定；墙板接缝部位及与定型模板连接处均应采取可靠的密封防漏浆措施，如图 3-67 所示。

采用预制保温作为免拆除外墙模板（PCF）进行支模时，预制外墙模板的尺寸参数及与相邻外墙板之间的拼缝宽度应符合设计要求，安装时与内侧模板或相邻构件应连接牢固并采取可靠的密封防漏浆措施，如图 3-68 所示。

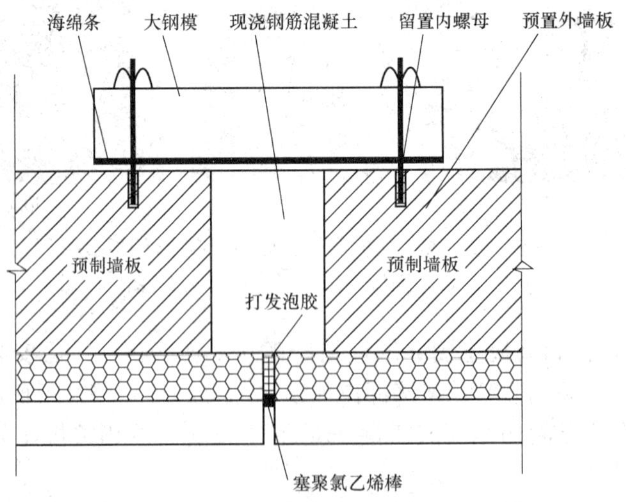

图 3-67 “一”字形墙板间混凝土后浇带模板支设图

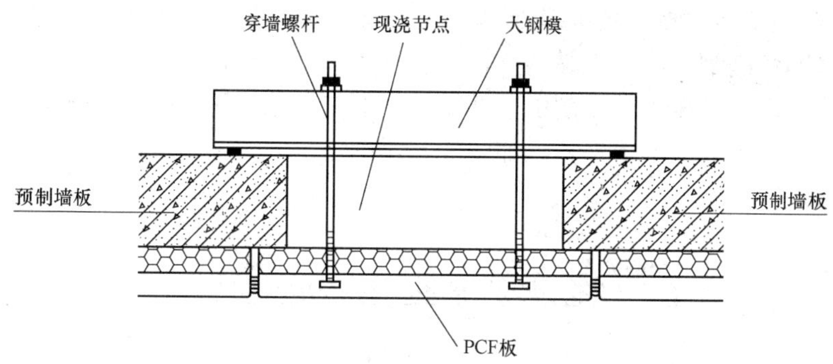

图 3-68　“一”字形后浇混凝土节点采用 PCF 模板支设图

3）后浇带混凝土施工。后浇带混凝土的浇筑与养护参照本任务前面的相关规定执行。

对预制墙板斜支撑和限位装置，应在连接节点和连接接缝部位后浇混凝土或灌浆料强度达到设计要求后拆除；当设计无具体要求时，后浇混凝土或灌浆料应达到设计强度的75%以上方可拆除。

（3）预制内填充墙连接接缝处理。

1）挤压成型墙板板间拼缝宽度为（5±2）mm。板必须用专用黏结剂和嵌缝带处理。黏结剂应挤实、粘牢，嵌缝带用嵌缝剂粘牢刮平，如图 3-69 所示。

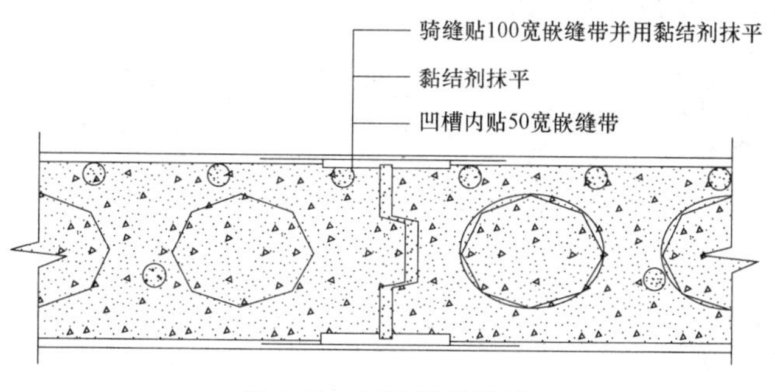

图 3-69　嵌缝带构造图

2）预制内墙板与楼面连接处理。墙板安装经检验合格 24h 内，用细石混凝土（高度大于 30mm）或 1:2干硬性水泥砂浆（高度小于等于 30mm）将板的底部填塞密实，底部填塞完成 7 天后，撤出木楔并用 1:2干硬性水泥砂浆填实木楔孔，如图 3-70 所示。

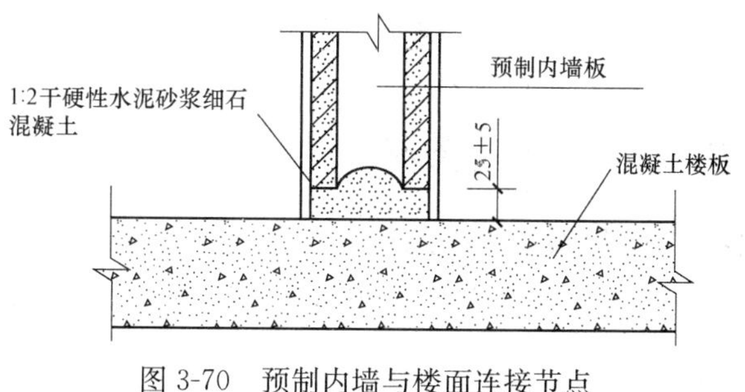

图 3-70　预制内墙与楼面连接节点

3）门头板与结构顶板连接拼缝处理。施工前30min开始清理阴角基面，涂刷专用界面剂，在接缝阴角满刮一层专用黏结剂，厚度约为3～5mm，并粘贴第一道50mm宽的嵌缝带；用抹子将嵌缝带压入黏结剂中，并用黏结剂将凹槽抹平墙面；嵌缝带宜埋于距黏结剂完成面约1/3位置处并不得外露，如图3-71所示。

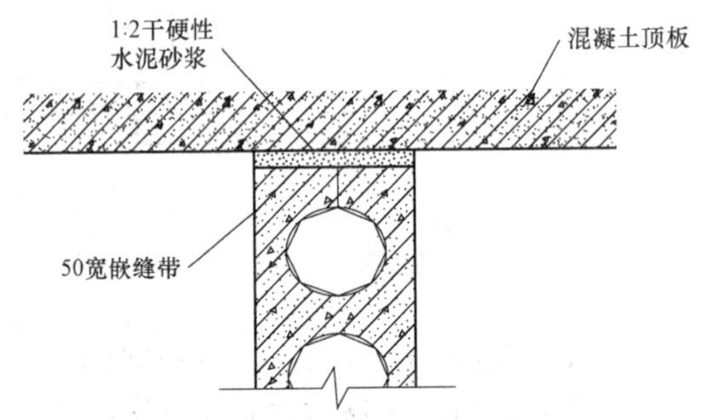

图3-71　门头板与混凝土顶板连接节点

4）门头板与门框板水平连接拼缝处理。在墙板与结构板底夹角两侧100mm范围内满刮黏结剂，用抹子将嵌缝带压入黏结剂中抹平。门头板拼缝处开裂概率较高，施工时应注意黏结剂的饱满度，并将门头板与门框板顶实，在板缝黏结材料和填缝材料未达到强度之前，应避免使门框板受到较大的撞击，如图3-72所示。

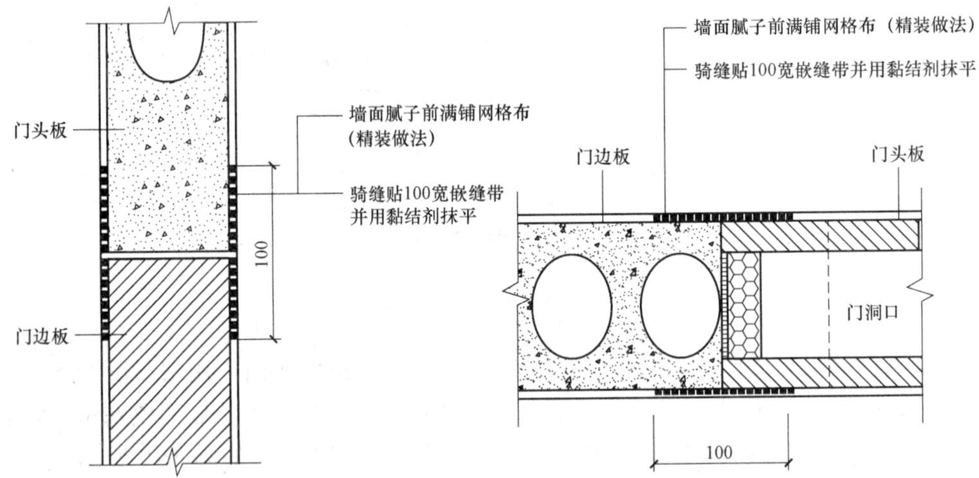

图3-72　门头板与门边板连接节点

四、BIM在混凝土结构工程中的深化设计及数字加工

（一）BIM钢筋混凝土深化设计组织结构

现浇混凝土结构工程的深化设计及后续相关工作如图3-73所示。

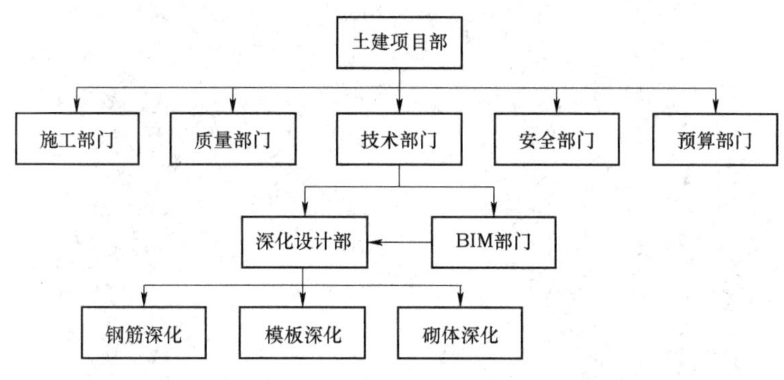

图 3-73　钢筋混凝土深化组织构架图

钢筋工程是钢筋混凝土结构施工工程中的一个关键环节，它是整个建筑工程中工程量计算的重点与难点。据统计，钢筋工程的计算量占总工程量的50%～60%，其中列计算的时间约占50%。

1. 现浇钢筋混凝土深化设计

由于结构的形态日趋复杂，越来越多的工程钢筋节点处非常密集，施工有比较大的难度，同时不少设计采用型钢混凝土的结构形式，在本已密集的钢筋工程中加入了尺寸比较大的型钢，带来了新的矛盾。通常表现如下。

(1) 型钢与箍筋之间的矛盾，大量的箍筋需要在型钢上留孔或焊接。

(2) 型钢柱与混凝土梁接头部位钢筋的连接形式较为复杂，需要通过焊接、架设牛腿或者贯通等方式来完成连接。

(3) 多个构件相交之处钢筋较为密集，多层钢筋重叠，钢筋本身的标高控制及施工有着很大的难度。

采用BIM技术不能完全解决以上矛盾，但是可以给施工单位一种很好的手段来与设计方进行交流，同时利用三维模型的直观性可以很好地模拟施工的工序，避免因为施工过程中的操作失误导致钢筋无法放置。

如图3-74所示，某工程采用劲性结构，其中箍筋为六肢箍，多穿型钢且间距较小，施工难度较大，施工方采用Tekla软件将钢筋及其中的型钢构件模型建立出来，并标注详细的尺寸，以此作为沟通工具与设计方沟通，取得了良好的效果。

2. 钢筋的数字化加工

对于复杂的现浇混凝土结构，除了由模板定位保证其几何形状正确以外，内部钢筋的绑扎和定位也是一项很大的挑战。

对于三维空间曲面的结构，传统方式的钢筋加工机器已经无法生产出来，也无法用常规的二维图纸将其表示出来。因此，必须采用BIM软件将三维钢筋模型建立出来，同时以合适的格式传递给相关的三维钢筋弯折机器，以顺利完成钢筋的加工，如图3-75所示。

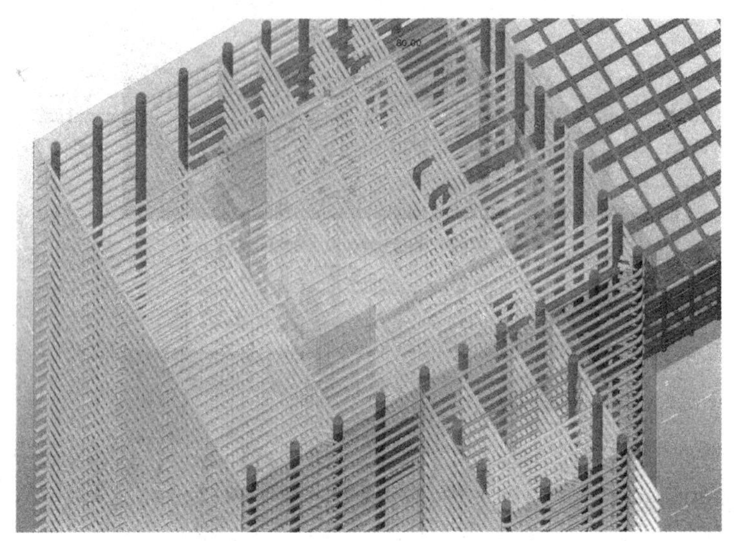

图 3-74 复杂节点钢筋效果表现图

图 3-75 钢筋弯折机外形图

3. 国外钢筋工程 BIM 深化成功案例

某国外大桥工程，有着复杂的锚缆结构，锚缆相当沉重，而且需要在混凝土浇捣前作为支撑，大量的钢筋放置在每个锚缆的旁边，如何确保锚缆和钢筋位置的正确并保证混凝土的顺利浇捣成为技术难点。BIM 技术的使用很好地解决了这些问题，如图 3-76 所示。

同时，桥梁钢筋的建模比想象中困难许多，这种斜拉桥具有高密度的钢筋和复杂的桥面与桥墩形状，使建模比一般单纯的结构更加困难与费时。在普通的钢筋混凝土结构中，常规的梁柱墙板等建筑构件都有充分的形状标准，可以用参数化的构件钢筋详图和配筋图加速建模的速度，桥梁元件则因为其曲率及独特的几何结构，需要自定义建模。

图 3-76 某大桥钢筋 BIM 模型的构件图

施工总承包方使用 Tekla Structures 的 ASCII、Excel 和其他资料格式提供钢筋材料的数量计算。

对于桥梁 ASCII 报表资料，其被格式化成可以直接和自动导入供应商的钢筋制造软件中，内含所有的弯曲和切割资料。软件在工厂生产时驱动 NC 机器，格式化是在软件商和承包商共同支撑之下完成的，也避免了很多人为作业的潜在错误，如图 3-77 所示。

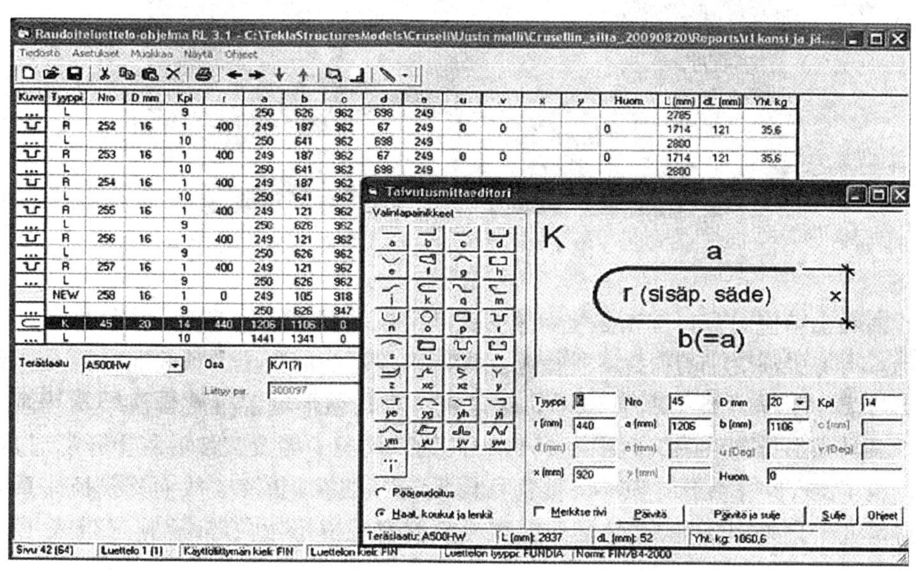

图 3-77 钢筋预算软件相关界面图

钢筋生产及数字加工操作流程如图 3-78 所示。

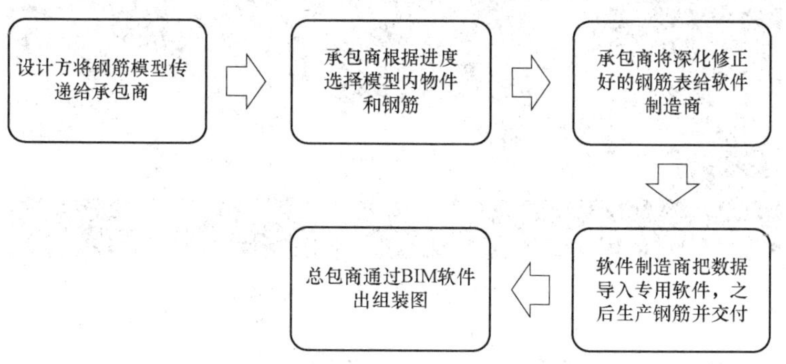

图 3-78 钢筋生产及数字加工流程

（二）BIM 模板深化设计及数字化加工

BIM 模板深化设计的基本流程为：基于建筑结构本身的 BIM 模型进行模板的深化设计→进行模板的 BIM 建模→调整深化设计→完成基于 BIM 的模板深化设计。图 3-79 所示为一个复杂的筒体结构，通过 BIM 模型反映出其错综复杂的楼板平面位置及相关的标高关系，并通过 BIM 模型导出了相关数据，传递给机械制造业的 SolidWorks 等软件进行后续的模板深化工作，顺利完成了异形模板的深化设计及制造。

图 3-79 模板深化示意图

对于混凝土结构而言，首先必须确保的就是模板排架的定位准确，搭设规范。只有在此基础上，再加强混凝土的振捣养护措施，才能确保现浇混凝土形状的准确。

以某排演厅工程为例（见图 3-80），这是由一个马鞍形的混凝土排演厅及其他附属结构组成，其马鞍形排演厅建筑面积为 1544m^2，为双层剪力墙及双层混凝土异形屋盖形式。其双墙的施工由于声学要求，其中不能保留模板结构，必须拆除，故而其模板体系的排布值得好好研究，同时其异形的混凝土屋盖模板排架的搭设也给常规施工带来了很大的难度。

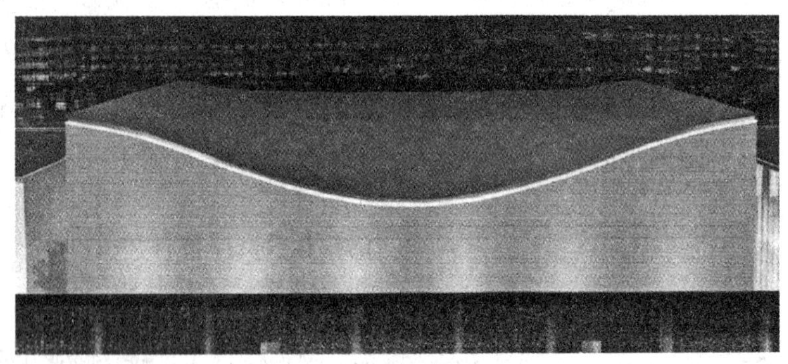

图 3-80 某排演厅工程效果图

此项目的模板施工，充分地利用了 BIM 软件具有完善的信息，能够很好地表现异形构件几何属性的特点，使用了 Revit、Rhino 等软件来辅助完成相关模板的定位及施工，尤其是充分地利用了 Rhino 中的参数化定位等功能精确地控制了现场施工的误差，并减少了现场施工的工作量，大大地提升了工作效率。

（1）底板双层模板及双层墙的搭设。底板模板为双层模板，施工中混凝土浇捣分为两次进行，首先浇捣下层混凝土，然后使用木方进行上层排架支撑体系的搭设，此部分模板将保留在混凝土中。项目部利用了 BIM 技术将底板模板排架搭设形式展示出来，进行了三维虚拟交底，提高了模板搭设的准确性，如图 3-81 所示。

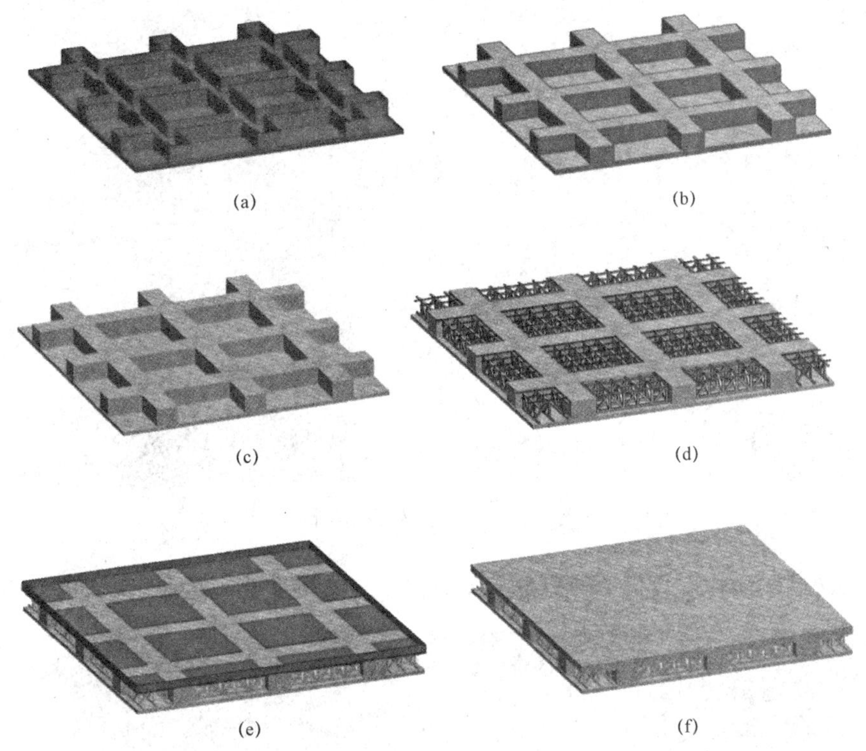

图 3-81　BIM 技术双层底板混凝土浇捣

(a) 底模支设；(b) 浇捣第一次混凝土；(c) 拆模；(d) 搭设木方支撑；(e) 第二次支模；(f) 第二次浇捣及拆模（其中木方永久保留其中）

相比之下，双墙体的施工要求更高，国外设计出于声学效果的考虑，不允许空腔内留有任何形式、任何材质的模板及支撑材料。项目部利用 BIM 工具并结合工作经验，对模板本身的设计及施工流程做了调整，用自行深化设计的模板排架支撑工具完成了双层墙体的施工，如图 3-82 所示。

图 3-82　排演厅双墙模板施工图

(2) 顶部异形双曲面屋顶的施工。对于顶部异形双曲面混凝土屋面的施工，排架顶部标高是控制梁、板底面标高的重要依据。

此排演厅 A 排架顶部为双曲面马鞍形，在 7.000m 标高设置标高控制平面，以此平面为基准向上确定排架立杆长度（屋盖暗梁下方立杆适当加密），预先采用 BIM 技术建立模型，并从模型中读取相关截面的标高数据，按此数据拟合曲率制作钢筋桁架，如图 3-83 所示。

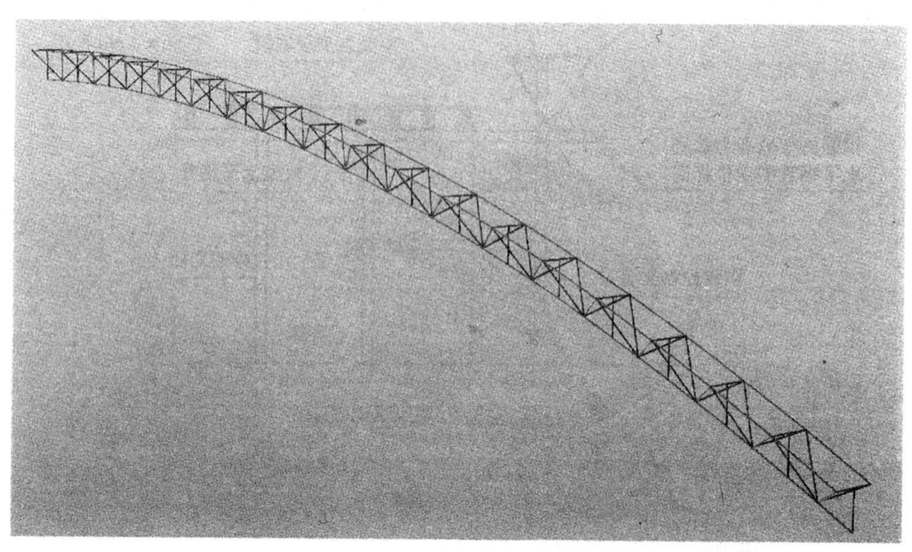

图 3-83　钢筋桁架的模型图

同时现场试验制作了一榀 2 号钢筋桁架，测试桁架刚度能满足要求，如图 3-84 所示。

图 3-84　现场制作的钢筋桁架小样图

总共制作了 12 榀钢架（整个屋面的 1/4 部分），桁架底标高即为屋盖下方水平钢管顶面的定位标高，如图 3-85 所示。

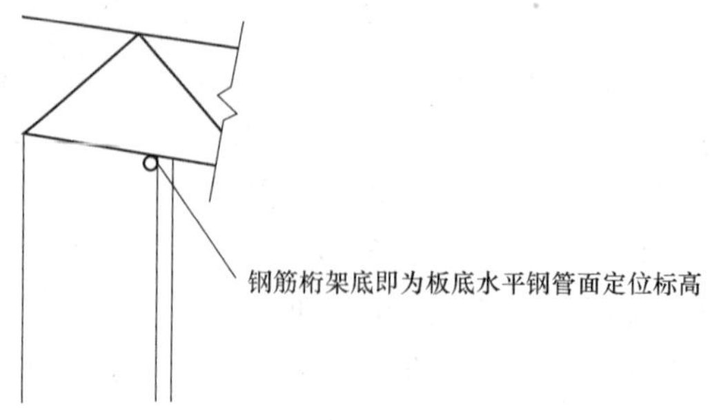

图 3-85　板底水平钢管顶面定位标高

第五节　机电安装施工

在建筑工程施工中，机电安装工程是不可或缺的主要组成部分，包括电气工程、弱电工程、给排水工程、空调通风工程、防火配置及其工程等。机电安装工程施工的施工质量将直接决定整体工程建筑使用质量，对人们的生命和财产安全产生重要的影响。当前，随着建筑工程规模的不断扩大和工序的日渐复杂，对机电安装的要求也越来越高，所以积极应用新设备，拓展新工艺和开创新技术，确保机电安装工程符合时代和社会发展是非常必要的。除此之外，还要增强管理机电安装施工的力度，使机电安装工程按照施工技术规范和要求进行，使其环境和条件变得更加有序，从而保证机电安装的质量和安全。高层建筑机电安装工程包括机电系统、给排水系统和弱电系统，故通过它们的施工技术要点和工序来阐述建筑机电安装工程施工技术。

一、建筑工程机电安装施工技术要点

1. 电气工程

在施工前，必须预备好充分的劳动力，计划好相关的施工图纸、施工机械、工程材料设备和场地。在对底板结构进行施工前，须与土地建设专业配合，做好预埋工作。预埋主要针对线槽、桥架穿越楼板、结构墙处的孔洞，预埋电气管线，必须根据电气专业管线图进行，并且严格参照相关规定合法施工。该工程所用的镀锌电线管丝扣毗连，其曲径、支点、线盒之间的连接或跨接，都要符合标准。对于浅表预埋的电线管，标识其位置所在的方法，通常是在楼板上留下重墨，这样做也可以避免将来其他专业在周围打孔时，对管线有所损坏。

设置在楼板内的两层钢筋网间的电气管线，称为暗敷电气管线。必须在楼板第一层钢筋网以后对此线管预埋，而且在第二层钢筋网编扎以前完成此事是最佳时刻。暗敷管线从楼板转移至墙壁，须由土建给出精确的参考坐标，自楼板牵引的管线应位于相应的墙壁中。要预先处理终端线盒的定位事宜，一次精确定位，规范计划。所以，房间里面线盒之间的暗敷管线大多都是管径较小横向管向的。而且，　般不选择在砌体过程中敷设，要等完成墙体的堆砌，墙壁干硬之后、饰面进行前，由电气专业用钻机在墙壁上钻出浅沟，用来敷设管线，之后再由土地建设专业对墙壁上的浅沟进行修补。

直接安装在楼板或墙上的线管采取线卡支架，线槽采取角铁支架，而桥架和母线则取厂家出产的专用支架，支架间的间隔，要与相干范例不冲突。管口打成喇叭形以起保护作用，完成电缆穿管后，在管口处填充防火填料，做严格密封处理。注意：不同电压等级、不同回路的导线切忌共管、共槽敷设。

2. 弱电工程

单独敷设电梯的供电电源线时，接地保护系统要求不可接触不良，电线管、槽、箱、盒跨接地线必须紧固无漏。随行电缆敷设长度在极限时，轿箱必须没有外力影响，必须不与地面接触。各安全开关与机械配合，动作须可靠，符合电梯的设计技术参数。电梯运行过程当中，轿箱内应没有任何振动或打击。

3. 给排水工程

给水、热水、排水、消火栓等体系是给排水工程的主要内容。该工程在实行时要求有下列几点：安装之前，必须由专人负责设备的规范设计；合格证、质保书等质保资料缺一不可；要在施工图纸及厂家设备安装图样的参照下，合理计划施工。例如，在装喷淋系统警报装置时，要位置方位、流向正确，装好后要设置醒目标识。遵照“先难后易、先大后小”的原则对管道进行施工，坐标、标高和给水管道等采用与管材相符合的管道设备。镀锌时，针对管径值采用相应办法处理。

4. 空调通风工程

安装风管时，应该把位置设在管线比较密集的设备层或建筑走廊的夹层等区域。待风管位置被定下来后，还要调查高层电气、水暖等路线的交织状况，保证建筑施工预留空间是否符合之后风管安装的标准，据实情制订详细方案。按施工要求，制作支架、托架等，并根据详细方案，安装风管。最后还要通过安装位置，来修整支架及吊架形式。

5. 消防工程

在建筑工程机电安装施工时，一定要高度重视消防工程。消防在建筑安全中亦为重中之重。消防水泵与稳压装置作为消防系统的动力设备，它们的正常工作是预防、控制火灾的首要保障。一方面，要有效运行消防装置，严格规范安装标准；另一方面，在完成消防设施的安装后，还要仔细进行检测验收。

二、建筑工程机电安装的管理及发展趋势

1. 安全管理

安全，是永恒的话题，任何行为都要以安全为前提，机电安装施工也不例外。在建筑工程机电安装施工中，安全管理也不可轻视，要使利益损失最小化。因此，我们要增强技术人员的安全教育，培育技术人员的应急本领，熬炼技术人员的安全意识，在安全设施方面必须做到质量过关，必须保证每个环节的安全问题得到保障。

2. 质量管理

机电安装工程的质量直接对修建工程质量产生影响，关系企业的经济效益和社会效益，尤其是质量管理尤为重要。首先，要对工程图纸严格审查，一旦发现图纸设计中有问题，要尽快加以改进；其次，施工人员必须有较高的专业水平、过硬的专业技能，在施工过程中采用正确的工艺，严格按照工程质量标准进行施工，减少人为因素造成的问题；除此之外，若想从源头上解决质量问题，还须保证工程材料的质量，还要有具备一定实力的监理机构来对工程施工质量加强监管。

3. 进度管理

为保障各方利益，建筑工程要在规定的工期内竣工，因而必须要管理建筑工程机电的施工进度，在保证质量和安全的基础上，使机电安装施工尽快完成。在机电安装施工中，一些需要和土建工程、装修工程等进行实时配合的工程，也是整体工程的重点难点。只有

加强监督和管理工程的进度，才可使有序进行的工程得到保障。

4. 组织管理

组织管理是指对安装人员、技术人员、调试人员等的数量与进入工程施工的时间妥善安排，减少劳动力浪费，降低工程成本。并且，组织管理要和进度管理相辅相成，在不同阶段合理调配施工队伍，确保机电安装施工可以按时按量地完成。

三、BIM在机电设备工程中的深化设计及数字化加工中的应用

（一）BIM机电设备安装深化设计

1. 机电管线全方位冲突碰撞检测

利用BIM技术建立三维可视化的模型，在碰撞发生处可以实时变换角度进行全方位、多角度的观察，便于讨论修改，这是提高工作效率的一大突破。BIM使各专业在统一的建筑模型平台上进行修改，各专业的调整可以实时显现、实时反馈。

BIM技术应用下的任何修改体现在：其一，能最大程度地发挥BIM所具备的参数化联动特点，从参数信息到形状信息各方面同步修改；其二，无改图或重新绘图的工作步骤，更改完成后的模型可以根据需要来生成平面图、剖面图以及立面图。与传统利用二维方式绘制施工图相比，它在效率上大大提高了。为避免各专业管线碰撞问题，提高碰撞检测工作效率，推荐采用图3-86所示的流程实施。

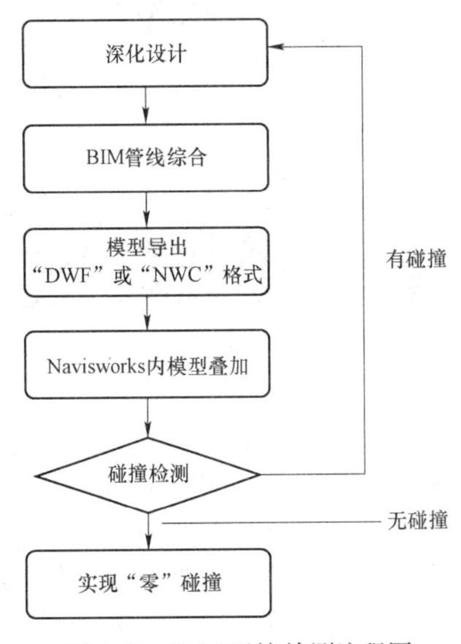

图3-86 BIM碰撞检测流程图

（1）将综合模型按不同专业分别导出。模型导出格式为DWF或NWC的文件。

（2）在Navisworks软件里面将各专业模型叠加成综合管线模型进行碰撞检测，如图3-87所示为某工程BIM机电综合管线碰撞检测。

（3）根据碰撞结果回到Revit软件里对模型进行调整。

（4）将调整后的结果反馈给深化设计员；深化设计员调整深化设计图，然后将图纸返回给BIM设计员；最后BIM设计员将三维模型按深化设计图进行调整，碰撞检测。

如此反复，直至碰撞检测结果为“零”碰撞为止。

全方位碰撞检测时首先进行的应该是机电各专业与建筑结构之间的碰撞检测，在确保机电与建筑结构之间无碰撞之后再对模型进行综合机电管线间的碰撞检测。同时，根据碰撞检测结果对原设计进行综合管线调整，对碰撞检测过程中可能出现的误判，人为对报告进行审核调整，进而得出修改意见。

可以说，各专业间的碰撞交叉是深化设计阶段中无法避免的一个问题，但运用BIM技术则可以通过将各专业模型汇总到一起之后利用碰撞检测的功能，快速检测到并提示空间某一点的碰撞，同时以高亮做出显示，便于设计师快速定位和调整管路，从而极大地提高工作效率。

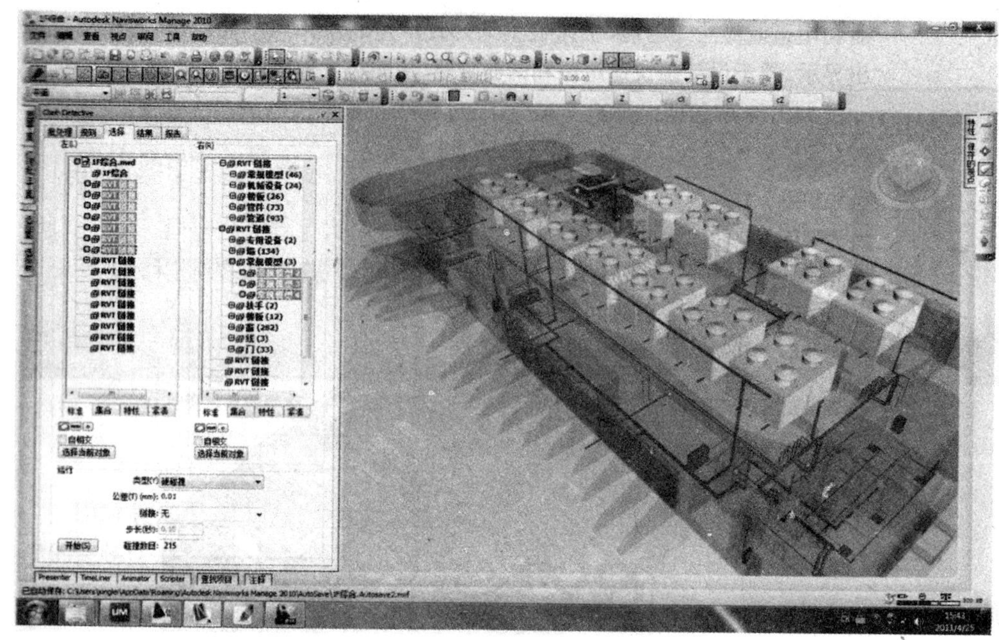

图 3-87 某工程 BIM 机电综合管线碰撞检测

又如，某改造工程中，通过管线与基础模型的碰撞检查，发现梁与管线处有上百处的错误。如图 3-88 所示，四根风管排放时只考虑到 300mm×750mm 的混凝土梁，将风管贴梁底排布，但没有考虑到旁边 400mm×1200mm 的大梁，从而使得风管经过大梁处发生碰撞。通过调整，将四根风管下调，将喷淋主管贴梁底敷设，不仅解决了风管撞梁问题，还解决了喷淋管道的布留摆放问题。

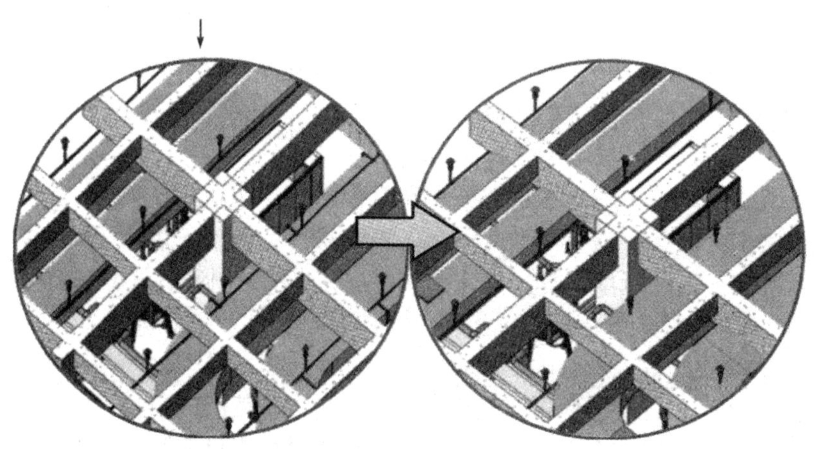

图 3-88 某工程机电综合管线与结构冲突检查调整前后对比图

该项目待完成机电与建筑结构的冲突检查及修改后，利用 Navisworks 碰撞检测软件完成管线的碰撞检测，并根据碰撞的情况在 Revit 软件中进行一一调整和解决。

一般根据下列原则解决碰撞问题：小管让大管；有压管让无压管；电气管在水管上

方；风管尽量贴梁底；充分利用梁内空间；冷水管道避让热水管道；附件少的管道避让附件多的管道；给水管在上排水管在下等原则。

同时也须注意有安装坡度要求的管路，如除尘、蒸汽及冷凝水，最后综合考虑疏水器、固定支架的安装位置和数量应该满足规模要求和实际情况的需求，通过对管道的修改消除碰撞点。

调整完成之后会对模型进行第二次的检测，如有碰撞则继续进行修改，如此反复，直至最终检测结果为“零”碰撞，如图 3-89 所示。

(a)

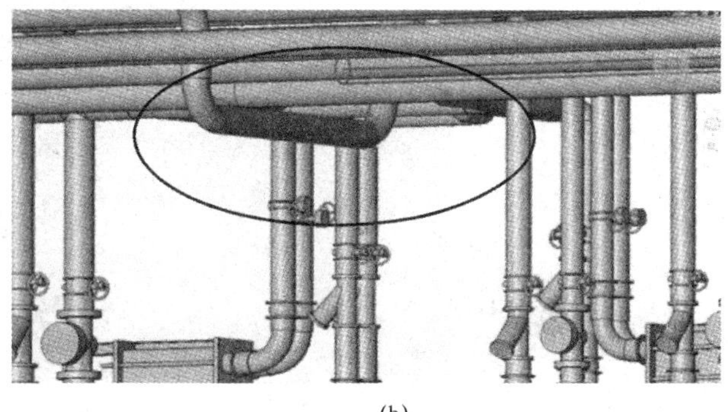

(b)

图 3-89　某工程机电综合管线间冲突检查调整前后对比图
(a) 冲突检查调整前；(b) 冲突检查调整后

BIM 技术的应用在碰撞检测中起到了重大作用，其在机电深化碰撞检测中的优越性主要见表 3-17。

表 3-17　碰撞检测工作应用 BIM 技术前后对比

碰撞检测	工作方式	影响	调整后工作量
传统碰撞检测工作	各专业反复讨论、修改、再讨论，耗时长	调整工作对同步操作要求高，牵一发动全身——工程进度因重复劳动而拖延，效率低下	重新绘制各部分图纸（平、立、剖面图）
BIM 技术下的碰撞检测工作	在模型中直接对碰撞实时调整	简化异步操作中的协调问题，模型实时调整，统一、即时显现	利用模型按需生成图纸，无须进行绘制步骤

2. 方案对比

利用 BIM 软件可以进行方案对比，通过不同的方案对比，选择最优的管线排布方式。如图 3-90 所示，方案一中管道弯头比较多，布置略显凌乱，相比较而言，方案二中管道布置比较合理，阻力较小，是最优的管线布置方式。若最优方案与深化设计图有出入，则可以与深化设计人员进行沟通，修改深化设计图。

3. 空间合理布留

管线综合是一项技术性较强的工作，不仅可利用它来解决碰撞问题，同时也能考虑到系统的合理性和优化问题。当多专业系统综合后，个别系统的设备参数不足以满足运行要

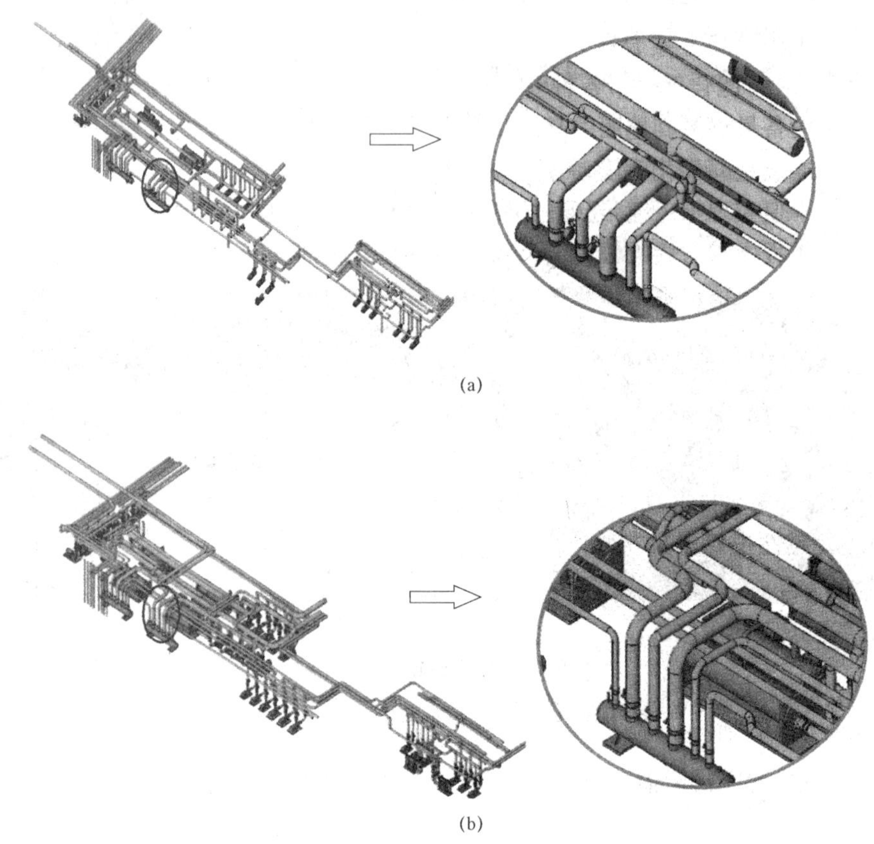

图 3-90 不同方案的对比图
(a) 方案一；(b) 方案二

求时，可以及时做出修正，对于设计中可以优化的地方也可以尽量完善。

图 3-91 中通过空间优化手段，将原来净高 3100mm 提升到 3450mm。最终，冷冻机房不仅实现零碰撞，还通过 BIM 空间优化后使得空间得到提升。在一般的深化过程中只对管线较为复杂的地方绘制剖面，但对于部分未剖切到的地方，是否能够保证局部吊顶高度，是否考虑到操作空间，这些都是深化设计人员应考虑的问题。

空间优化、合理布留的策略是在不影响原管线机能及施工可行性的前提下，对机电管线进行适当调整。这类空间优化正是通过 BIM 技术应用中的可视化设计实现的。深化设计人员可以任意角度查看模型中的任意位置，呈现三维实际情况，弥补个人空间想象力及设计经验的不足，保证各深化区域的可行性和合理性，而这些在二维的平面图上是很难实现的。

4. 精确留洞位置

凭借 BIM 技术三维可视化的特点，BIM 模型能够直观地表达出需要留洞的具体位置，不仅不容易遗漏，还能做到精确定位，有效解决深化设计人员出留洞图时的诸多问题。同时，出图质量的提高也省去了修改图纸返工的时间，大大提高了深化出图效率。

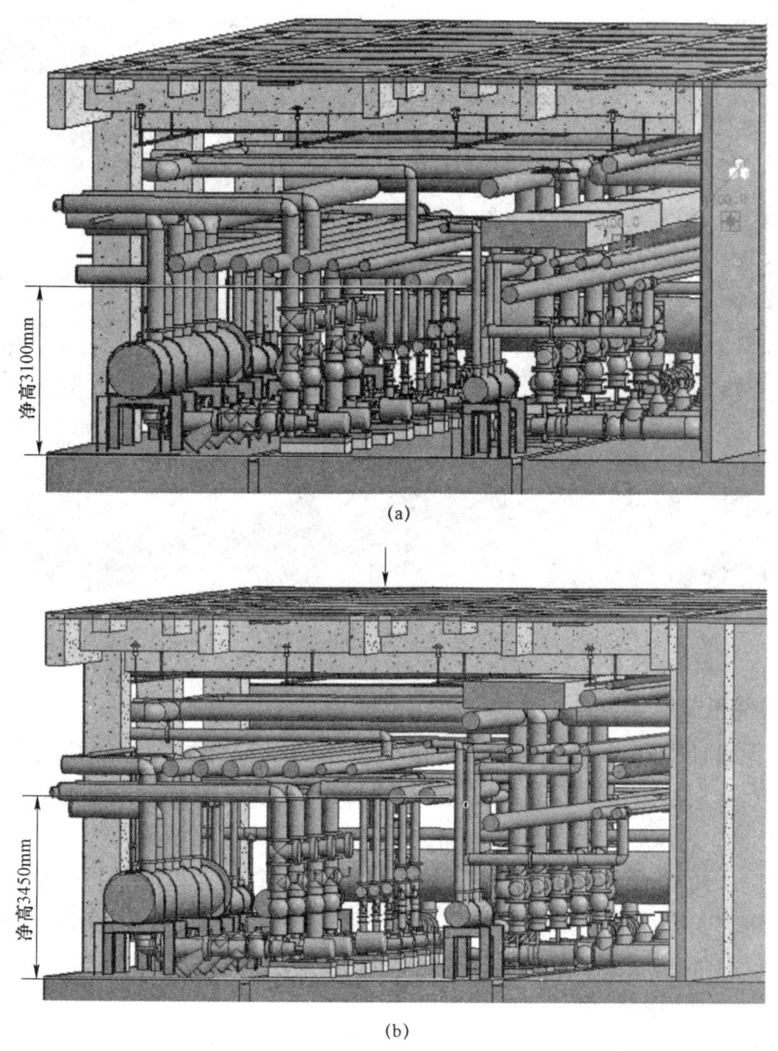

图 3-91　空间调整方案前后对比图
(a) 调整方案前；(b) 调整方案后

利用 BIM 技术可以巧妙地运用 Navisworks 的碰撞检测功能，不仅能发现管线和管线间的撞点，还能利用这一点快速、准确地找出需要留洞的地方。图 3-92 所示为上海某超高层项目工程 BIM 模型，在该项目中，BIM 技术人员通过碰撞检测功能确定留洞位置，此种方法的好处在于，不用一个一个在 Revit 软件中找寻留洞处，而是根据软件碰撞结果，快速、准确地找到需要留洞区域，解决漏留、错留、乱留的现象，有效辅助了深化设计人员出图，提高了出图质量，省去了大量修改图纸的时间，提高了深化出图效率。图 3-93 所示为按 BIM 模型精确定位后所出的深化留洞图。

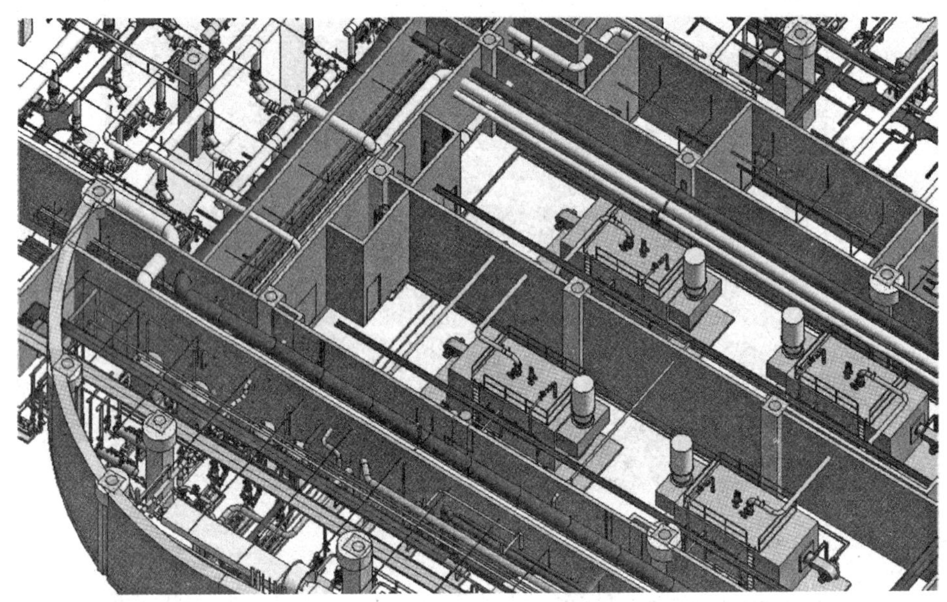

图 3-92 某超高层项目工程 Navisworks 中 BIM 机电模型

5. 精确支架布留预埋位置

在机电深化设计中，支架预埋布留是极为重要的一部分。在管线情况较为复杂的地方，经常会存在支架摆放困难、无法安装的问题。对于剖面未剖到的地方，支架是否能够合理安装，符合吊顶标高要求，满足美观、整齐的施工要求就显得尤为重要。

其次，从施工角度而言，部分支架在土建阶段就需要在楼板上预埋钢板，如冷冻机房等管线较多的地方，支架为了承受管线的重量需在楼板进行预埋，但在未对机电管线仔细考虑的情况下，具体位置无法控制定位，现在普遍采用“盲打式”预埋法，在一个区域的楼板上均布预留，其中存在着以下几个问题。

（1）支架并没有为机电管线量身定造，支架布留无法保证 100%成功安装。

（2）预埋钢板利用率较低，管线未经过地方的预埋板有大量浪费。

（3）对于局部特殊要求的区域可变性较小，容易造成无法满足安装或吊顶的要求。

针对以上几个问题，BIM 模型可以模拟出支架的布留方案，在模型中就可以提前模拟出施工现场可能会遇到的问题，对支架具体的布留摆放位置给予准确定位。

特别是剖面未剖到、未考虑到的地方，在模型中都可以形象具体地进行表达，确保 100%能够满足布留及吊顶高度要求。同时，按照各专业设计图纸、施工验收规范、标准图集要求，可以正确选用支架形式、间距、布置及拱顶方式。

对大型设备、大规格管道、重点施工部分进行应力、力矩验算，包括支架的规格、长度，固定端做法，采用的膨胀螺栓规格，预埋件尺寸及预埋件具体位置。这些都能够通过 BIM 模型直观反映，通过模型模拟使得出图图纸更加精细。

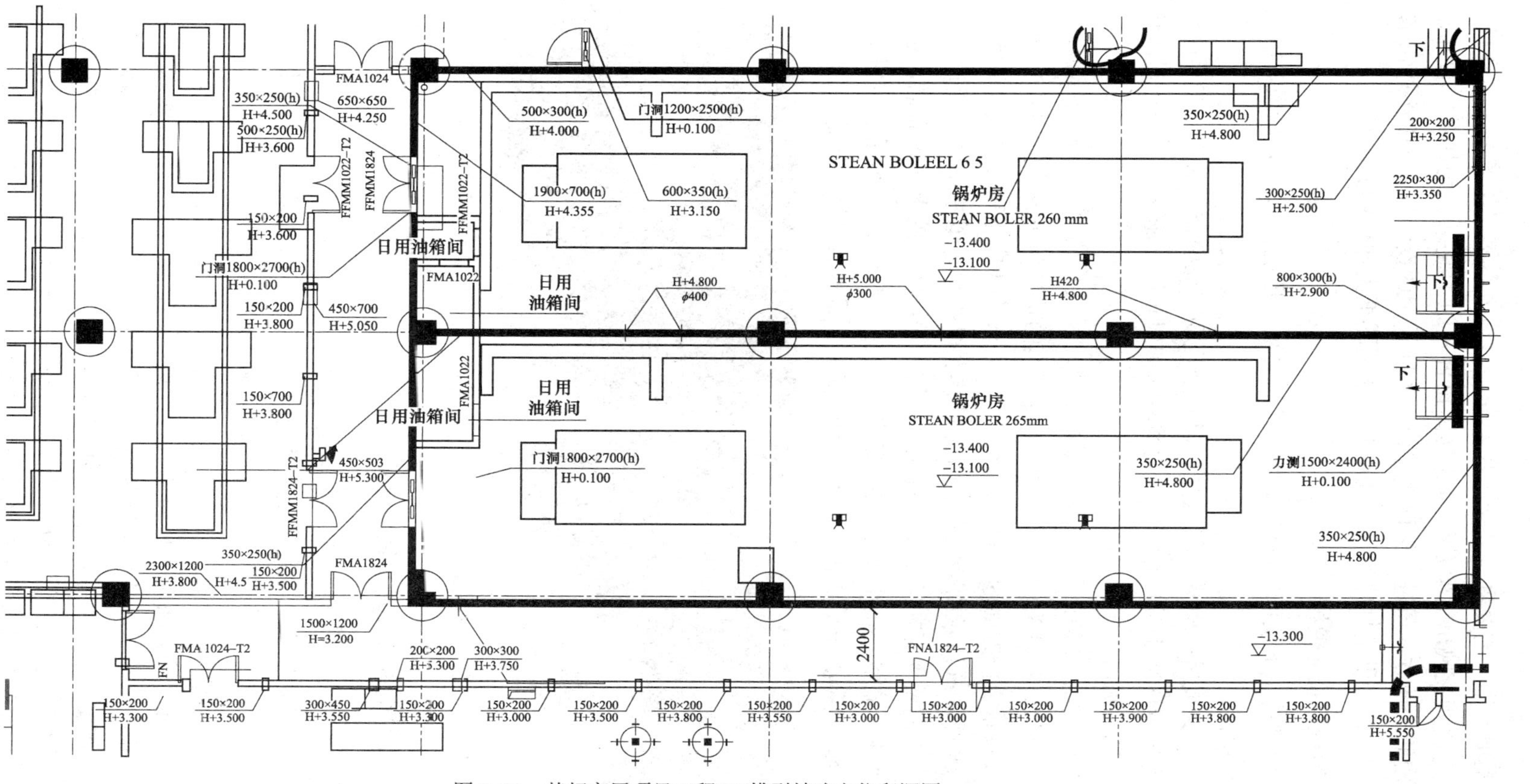

图 3-93　某超高层项目工程BIM模型精确定位留洞图

例如，某项目中，需要进行支架、托架安装的地方很多，结合各个专业的安装需求，通过BIM模型直观反映出支架及预埋的具体位置及施工效果，尤其对于管线密集、结构突兀、标高较低的地方，通过支架两头定位、中间补全的设计方式辅助深化出图，模拟模型，为深化的修改提供了良好依据，使得深化出图图纸更加精细。

6. 精装图纸可视化模拟

在BIM模型中，不仅可以反映管线布留的关系，还能模拟精装吊顶，吊顶装饰图也可以根据模型出图。

在模型调整完成后，BIM设计人员可以赶赴现场实地勘查，对现场实际施工进度和情况与所建模型进行详细比对，并将模型调整后的排列布局与施工人员进行讨论协调，充分听取施工人员的意见后确定模型的最终排布。

一旦系统管线或末端有任何修改，都可以及时反映在模型中，及时模拟出精装效果，在进行灯具、风口、喷淋头、探头、检修口等设施的选型与平面设置时，除满足功能要求外，还可以兼顾精装修方面的选材与设计理念，力求达到功能和装修效果的完美统一。

图3-94和图3-95所示为某项目的站台精装模拟图和管道模拟图。通过调整模型和现场勘查比对，它们做到了在准确反映现场真实施工进度的基础上合理布局，达到空间利用率最大化的要求；在满足施工规范的前提下兼顾业主实际需求，实现了使用功能和布局美观的完美结合，最终演绎了“布局合理、操作简便、维修方便”的理想效果。

图3-94 某站台BIM可视化精装模拟图

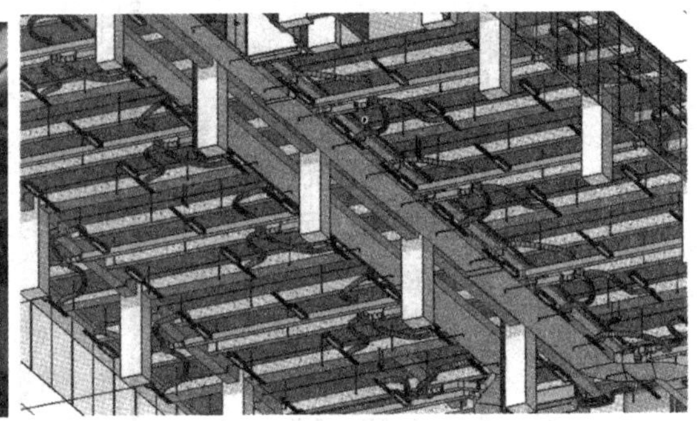

图3-95 某轨道交通站台BIM可视化管道模拟图

（二）BIM机电设备安装工程数字化加工

1. 机电数字化加工流程

BIM技术下的预制加工作用体现在通过利用精确的BIM模型作为预制加工设计的基础模型，在提高预制加工精确度的同时，减少现场测绘工作量，为加快施工进度、提高施工质量提供有力保证。

管道数字化加工预先将施工所需的管材、壁厚、类型等一些参数输入BIM设计模型中，再将模型根据现场实际情况进行调整，待模型调整到与现场一致的时候再将管材、壁厚、类型和长度等信息导出一张完成的预制加工图，将图纸送到工厂进行管道的预制加工，实际施工时将预制好的管道送到现场进行安装。因此，数字化加工前对BIM模型的准确性和信息的完整性提出了较高的要求，模型的准确性决定了数字化加工的精确程度，主要工作流程如图 3-96 所示。

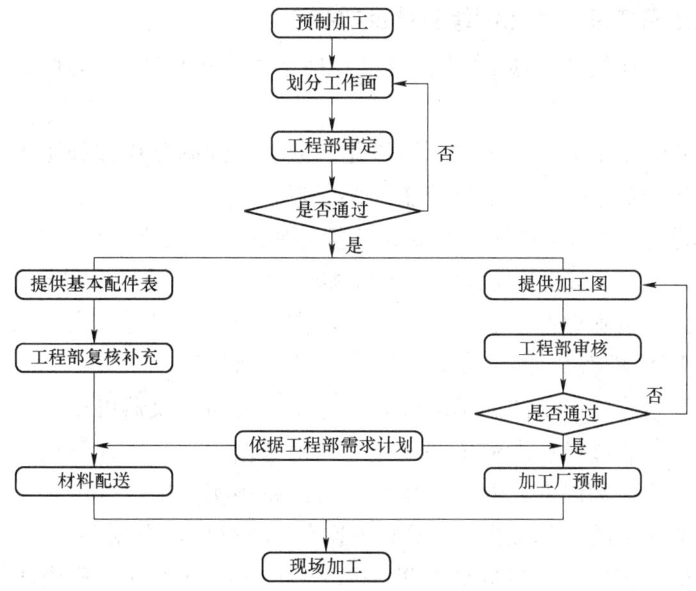

图 3-96　BIM 机电设备安装数字化加工协作流程

由图 3-96 可以发现，数字化加工需由项目 BIM 深化技术团队、现场项目部及预制厂商在准备阶段共同参与讨论，根据业主、施工要求及现场实际情况确定优化和预制方案，将模型根据现场实际情况及方案进行调整，待模型调整到与现场一致时再将管材、壁厚、类型和长度等信息导出为预制加工图，交由厂商进行生产加工。但考虑及准备的内容不应仅仅是 BIM 管道、管线等主体部分的预制，还包括预制所需的配件，并要求按照规范提供基本配件表。

同时，无论加工图或是基本配件表均需通过工程部审核、复核及补充，并根据工程部的需求计划进行数字化加工，才能够有效地将 BIM 和工程部计划相结合。

待整体方案确定后制作一个合理、完整又与现场高度一致的 BIM 模型，把它导入预制加工软件中，通过必要的数据转换、机械设计以及归类标注等工作，把 BIM 模型转换为数字化加工设计图纸，指导工厂生产加工。

管道预制过程的输入端是管道安装的设计图纸，输出端是预制成形的管段，交付给安装现场进行组装。

例如，某项目由于场地非常狭窄，各系统大量采用工厂化预制，为了加快进度和提高管道的预制精度，该项目在 BIM 模型数据综合平衡的基础上，为各专业提供了精确的预制加工图。项目中采用了 Inventor 软件作为数字化加工的应用软件，成功实现将三维模型导入软件中制作成数字化预制加工图。具体过程如下。

（1）将 Revit 模型导入 Inventor 软件中。

（2）根据组装顺序在模型中对所有管道进行编号，并将编号结果与管道长度编辑成表格形式。编号时在总管和支管连接处设置一段调整段，以保证机电和结构的误差。另外，管段编号规则应与二维编码或 RFID 命名规则相配套。

（3）将带有编号的三维轴测图与带有管道长度的表格编辑成图纸并打印。

2. BIM 机电设备安装数字化测绘复核及放样

现场测绘复核放样技术能使 BIM 建模更好地指导现场施工，实现 BIM 的数字化复核及建造。

通过把现场测绘技术运用于机电管线深化、数字化预制复核和施工测绘放样之中，可以为机电管线深化和数字化加工质量控制提供保障。

同时运用现场测绘技术可将深化图纸的信息全面、迅速、准确地反映到施工现场，保证了施工作业的精确性、可靠性及高效性。现场测绘放样技术在项目中主要可实现以下两点。

（1）减少误差，精确设计。通过先进的现场测绘技术不仅可以实现数字化加工过程的复核，还能实现 BIM 模型与加工过程中数据的协同和修正。

同时，由于测绘放样设备的高精度性，在施工现场通过仪器可以测得实际建筑、结构专业的一系列数据，通过信息平台传递到企业内部数据中心，经计算机处理后可以获得模型与现场实际施工的准确误差。通过现场测绘可以将核实、报告等以电子邮件形式发回以供参考；按照现场传送的实际数据与 BIM 数据的精确对比，根据差值可以对 BIM 模型进行相应的修改调整，实现模型与现场高度一致，为 BIM 模型机电管线的精确定位、深化设计打下坚实基础，也为预制加工提供有效保证。

对于修改后深化调整部分，尤其是之前测量未涉及的区域将进行第二次测量，确保现场建筑结构与 BIM 模型以及机电深化图纸相对应，保证机电管线的综合可靠性、准确性和可行性，完美实现无须等候第三方专家，即可通过发送和接收更新设计及施工进度数据，高效掌控作业现场的效果。

例如，某超高层建筑，其设备层桁架结构错综复杂，同时设备层中还具有多个系统和大型设备，机电管线只能在桁架钢结构有限的三角空间中进行排布，机电深化设计难度非常大，若钢结构现场施工桁架角度发生偏差或者高度发生偏移，轻则影响机电管线的安装检修空间，重则会使机电管线无法排布，施工难以进行，因此需要通过 BIM 技术建立三维模型并运用现场测绘技术对现场设备层钢结构，尤其是桁架区域进行测绘，以验证该项目钢结构设计与施工的精确性。图 3-97 和图 3-98 为设备层某桁架的测量点平面布置图及剖面图，图中标识的点为对机电深化具有影响的关键点。

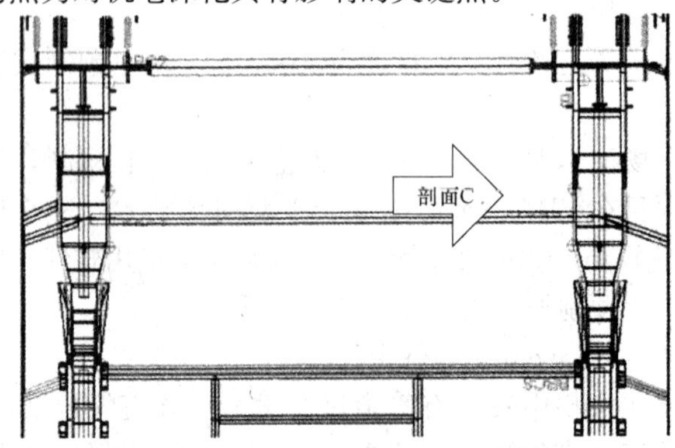

图 3-97　某超高层设备层桁架 BIM 模型中测绘标识点平面布置图

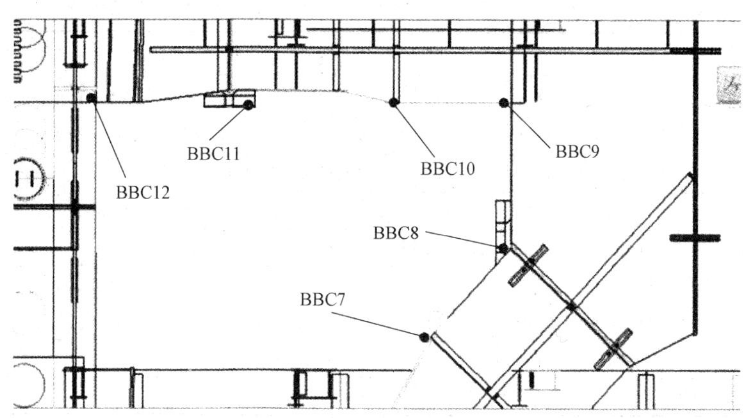

图 3-98 上海某超高层设备层桁架测绘标识点剖面图

通过对设备层所有关键点的现场测绘，得到数据表并进行设计值和测定值的误差比对，具体见表 3-18 和表 3-19。

表 3-18 **某超高层设备层桁架测绘结果数据 1** 单位：m

编号	设计值			测定值			误差值			净误差	备注
	X	Y	Z	X	Y	Z	X	Y	Z		
BHl1	4.600	−18.962	314.359	4.597	−18.964	314.361	0.003	0.002	0.002	0.004	基准点
BHl8	−4.600	−17.939	315.443	−4.602	−17.931	315.447	0.002	0.008	0.004	0.009	基准点
BHl2	4.600	−17.939	315.443	4.572	−17.962	315.449	0.028	0.023	0.006	0.037	
BHl3	4.600	−19.435	317.250	4.576	−19.448	317.251	0.024	0.013	0.001	0.027	
BHl4	4.425	−20.135	317.400	4.397	−20.146	317.403	0.028	0.011	0.003	0.030	
BHl5	4.440	−21.191	317.176	—	—	—	—	—	—	—	辅助构件已割除
BHl6	4.425	−23.203	317.250	—	—	—	—	—	—	—	混凝土包围
BHl7	−4.600	−18.962	314.359	−4.584	−18.974	314.359	0.016	0.012	0.000	0.020	
BHl9	−4.600	−19.435	317.250	−4.586	−19.443	317.260	0.014	0.008	0.010	0.019	
BHl10	−4.425	−20.135	317.400	−4.424	−20.135	317.440	0.001	0.000	0.040	0.040	
BHl11	−4.440	−21.191	317.176	—	—	—	—	—	—	—	辅助构件已割除
BHl12	−4.425	−23.203	317.250	—	—	—	—	—	—	—	混凝土包围

表 3-19 **某超高层设备层桁架测绘结果数据 2** 单位：m

编号	设计值			测定值			误差值			净误差	备注
	X	Y	Z	X	Y	Z	X	Y	Z		
BBC5	−4.600	17.940	315.443	−4.578	17.960	315.442	0.022	0.020	0.001	0.030	基准点
BBC8	4.600	17.940	315.443	4.584	17.949	315.440	0.016	0.009	0.003	0.019	基准点
BBC1	−4.440	21.191	317.176	—	—	—	—	—	—	—	辅助构件已割除
BBC2	−4.425	23.205	317.250	—	—	—	—	—	—	—	混凝土包围

续表

编号	设计值			测定值			误差值			净误差	备注
	X	Y	Z	X	Y	Z	X	Y	Z		
BBC3	−4.425	20.135	317.400	−4.390	20.136	317.420	0.035	0.001	0.020	0.040	
BBC4	−4.600	19.435	317.250	−4.537	19.444	317.238	0.063	0.009	0.012	0.065	
BBC6	−4.600	18.964	314.359	−4.540	18.956	314.379	0.060	0.008	0.020	0.064	
BBC7	4.600	18.964	314.359	4.629	18.952	314.379	0.029	0.012	0.020	0.037	
BBC9	4.600	19.435	317.250	4.578	19.442	317.234	0.022	0.007	0.016	0.028	
BBC10	4.425	20.135	317.400	4.396	20.142	317.400	0.029	0.007	0.000	0.030	
BBC11	4.440	21.191	317.176	—	—	—	—	—	—	—	辅助构件已割除
BBC12	4.625	23.205	317.250	—	—	—	—	—	—	—	混凝土包围

利用得到的测绘数据进行统计分析，可以得到如图 3-99 和图 3-100 所示的误差离散图和分布图。项目该次测量共设计 64 个测量点，由于现场混凝土已经浇筑、安装配件已经割除等原因，共测得有效测量点 36 个，最小误差为 0.002m，最大误差为 0.076m，平均误差为 0.031m。

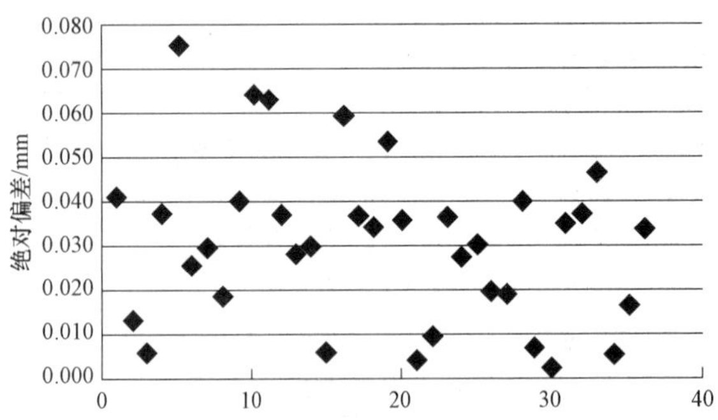

图 3-99 某超高层设备层桁架测绘结果误差离散图

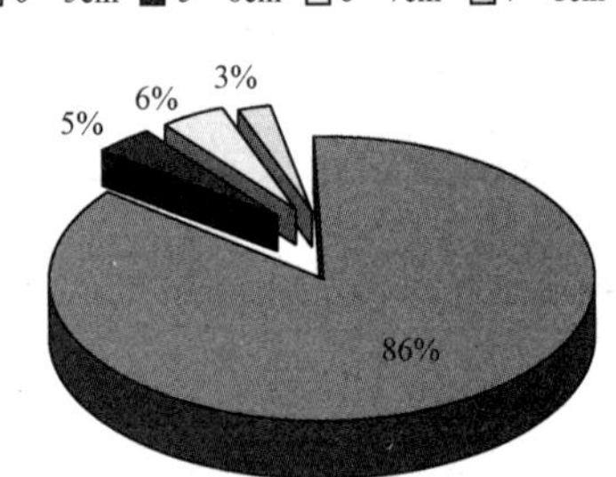

图 3-100 某超高层设备层桁架测绘结果误差分布图

图 3-101 某超高层现场测绘放样

从测量数据中可看出，误差分布在 5cm 以下较为集中，共 31 个点；5～6cm 两个点，6～7cm 两个点，7～8cm 一个点，为可接受的误差范围，故认为被测对象的偏差满足建筑施工精度的要求，可认为该设备层的机电管线深化设计能够在此基础上开展，并实现按图施工。

（2）高效放样，精确施工。现场测绘可以保证现场能够充分实现按图施工、按模型施工，将模型中的管线位置精确定位到施工现场。例如，风管在 BIM 模型中离墙的距离为 500mm，通过创建放样点到现场放样，可以精确捕捉定位点，确保风管与墙之间的距离。管线支架按照图纸 3m 一副的距离放置，以往采用的是人工拉线方式，现通过现场放样，确定放样点后设备发射激光于楼板显示定位点，施工人员在激光点处绘制标记即可，可以高效定位、降低误差，如图 3-101 所示。

现场需对测试仪表进行定位，找到现场的基准点，即图纸上的轴线位置，只要找到两个定位点，设备即可通过自动测量出这两个定位点之间的位置偏差，从而确定现在设站位置。

确定平面基准点后还需要设定高度基准，现场皆已划定一米线，使用定点测量后就可获得。

通过现场测绘可以实现在 BIM 模型调整修改、确保机电模型无碰撞后，按模型使用 CAD 文件或 3D BIM 模型创建放样点。同时将放样信息以电子邮件形式直接发送至作业现场或直接连接设备导入数据，实现现场利用电子图纸施工，最后在施工现场定位创建的放样点轻松放样，有效确保机电深化管线的高效安装、精确施工。

（三）数字化物流

机电设备中具有管道设备种类多、数量大的特点，二维码和 RFID 技术主要用于物流和仓库存储的管理。将 BIM 平台下数字化加工预制管线技术和现场测绘放样技术结合，对数字化物流而言更是锦上添花。

在现场的数字化物流操作中给每个管件和设备按照数字化预制加工图纸上的编号贴上二维码或者埋入 RFID 芯片，利用手持设备扫描二维码及芯片，信息即可立即传送到计算机上进行相关操作。

在数字化预制加工图阶段，要求预制件编码与二维码命名规则配套，目的是实现预制加工信息与二维编码间信息的准确传递，确保信息完整性。数字化建造过程中采用二维编码的应用项目，结合预制加工技术，对二维编码在预制加工中的新型应用模板、后台界面及标准进行开发、制定和研究，确保编码形式简单明了便利，可操作性强，二维码在预制构件中的应用如图 3-102 所示。利用二维码使预制配送、现场领料环节更加精确顺畅，确保突显出二维码在整体装配过程中的独特优势，加强后台参数信息的添加录入。

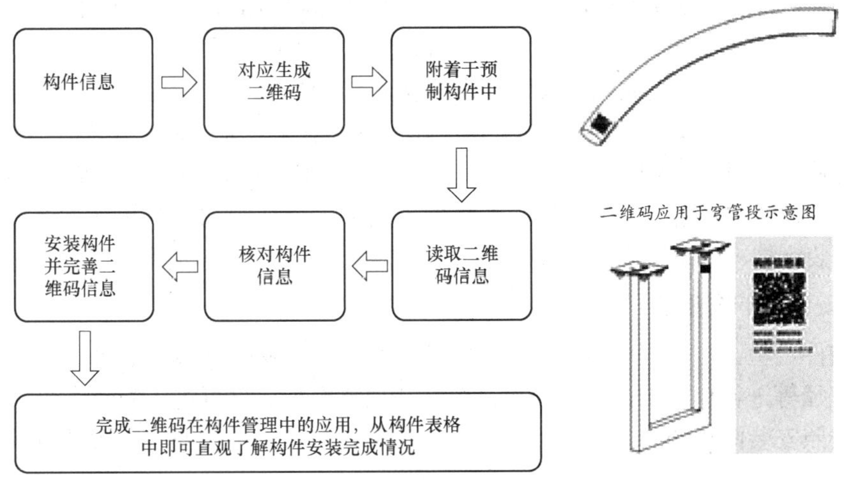

图 3-102　预制图与二维码相对应

该项目通过二维码技术实现了以下几个目标。

（1）纸质数据转化为电子数据，便于查询。

（2）通过二维码扫描仪扫描管件上的二维码，可获取图纸中的详细信息。

（3）通过二维码扫描可获取管配件安装具体位置、性能、厂商参数，包括安装人员姓名、安装时间等信息，并关联到BIM模型上。

二维码技术的应用，一方面确保了配送的顺利开展，保证了现场准确领料，以便预制化绿色施工顺利开展；另一方面确保了信息录入的完整性，从生产、配送、安装、管理、维护等各个环节，涉及生产制造、质量追溯、物流管理、库存管理、供应链管理等各个方面，对行业优化、产业升级、创新技术以及提升管理和服务水平具有重要意义。

二维码技术在预制加工的配套使用中开创了另一个新的应用领域。运用二维码技术可以实现预制工厂至施工现场各个环节的数据采集、核对和统计，保证仓库管理数据输入的效率和准确性，实现精准智能、简便有效的装配管理模式，亦可为后期数据查询提供强有力的技术支持，开创数字化建造信息管理新格局。

第六节　钢结构安装

本节内容以简易门式钢结构安装及彩钢板房施工为例进行介绍。

一、钢结构安装施工办法及要点

钢结构总体施工程序为：基槽开挖→浇筑垫层→预埋件的固定→基础浇筑→埋件的校正→立承重柱子→安装柱间支撑→抗风柱→屋架或屋面梁→安装连系杆→安装檩条→安装墙板加固条→焊接檩条及墙板加固条的拉条。

由于门式刚架结构重量轻、构件细长，钢结构在安装的过程中易于变形，另外施工材料构件提前下料，如果控制不好误差，则安装构件时难度很大，并且变形很厉害，损耗材料及浪费有效工期。因此，钢结构施工难点在于施工精确度高，选择合理的安装顺序是保证整体结构安装质量的重要环节。

在实际施工当中，从基础测量放线定位开始，一定要把误差控制在按规范要求的范围之内，对整个门式刚架来说一榀屋架和承重柱子作为一个安装单元，但是安装时不能一榀一榀地安装，应从由柱间撑的节间开始，先安装四根钢柱及其间的柱间支撑，使之形成稳定体。然后安装此两柱间的屋面梁及次结构，这样就形成了一个稳定的安装单元，最后再扩展安装，依次安装钢柱、屋面梁及次结构构件形成整体稳定。下面简易地阐述钢结构安装步骤。

（一）安装前的准备工作

（1）构件检验：构件进场后必须认真按照图纸要求对构件的编号、外形尺寸、连接螺孔位置及直径等进行全面复核，符合设计图纸和规范要求后方可进入安装作业。

（2）按照安装图纸的要求认真核查构件的数量，并对构件在安装位置就近放置，以便于吊装。

（3）基础复测及放线。钢结构安装前根据土建专业工序交接单及施工图纸对基础的定位轴线、柱基础标高、杯口几何尺寸、预埋件位置、平整度等项目进行复测与放线，确定安装基准，做好测量记录。基础复测应符合的要求见表 3-20。

表 3-20 基础复测表

序号	项目		允许偏差（mm）
1	支承面	标高	+3.0
		水平度	$L/1000$
2	建筑物定位轴线		$L/20000$ 且不大于 3.0

（二）钢柱安装

基础浇筑完成过 14 天后进行安装钢柱子，钢柱的安装应先从有柱间支撑的柱子开始安装，先安装两个钢柱及柱间撑，使其形成体系，然后再安装其间的连系梁及屋面梁形成整体稳定体系。

1. 吊装前的准备工作

（1）确定安装基准，在基础上做出柱子安装十字中心线，以便于柱子对位检查。

（2）在柱身上做好安装标记，主要包括十字中心线、垂直度检测线、标高检测线等。垂直度检测线应标记两个相互垂直的柱面，标高检测线应以牛腿上表面为基准，在柱身上+1.000m 的位置标记测量点，以便于安装时进行复测。

（3）基础垫板安装。

1）根据基础复测及柱外形检测记录，确定基础垫板的厚度及垫板上表面标高。使得基础标高+垫板厚度+柱子高=柱子顶表面标高，确保安装后柱子顶表面标高，以保证纵向连系梁的安装精度。

2）基础垫板应由一对斜垫铁及数块方垫铁制成，每摞最多不可超过 5 块。

3）垫板应设置在靠近柱脚底板加劲板或柱肢下，垫板与基础面的接触应平整紧密。

4）垫板安装前必须认真清理基础，用水准将垫板标高找平后，将垫铁临时固定，以防滑动。

5）使用成对斜垫板时，两块垫板斜度应相同，且重合长度不应小于垫板长度的 2/3。

（4）吊装柱子之前在柱身上做好吊装环及作业用爬梯、吊框、吊索具、拖拉绳等，以便于安装。

2. 柱子吊装

选用适当的吊车性能参数，采用旋转法缓慢起吊钢柱，然后使柱子缓缓就位，如柱子高度在 15m 以下，则应采用一点旋转法进行吊装；如柱子高度在 15～25m 的，则必须采用两点并进行吊装验算工作，因为钢构件易变形。

3. 柱子的校正

首先应将柱子十字中心线与基础中心线对正，用楔块初步固定，然后复测调整柱子标高，再调整柱子垂直度。在柱子校正时，各项指标应综合调整，直至各项指标调整合格为止。调整完成后，将垫板与柱底板焊接，将柱子用拖拉绳及楔块固定，再复测各项指标应合格。

4. 柱子的测量

（1）由于钢构件安装过程中易于变形，因此安装过程中必须测量以下几点。

1）钢柱测量时应排除阳光侧面照射所引起的偏差。

2）应根据气温控制垂直度偏差并应符合以下规定。

a. 当气温接近年平均气温时，柱垂直度应控制在 0 附近。

b. 当气温高于或低于年平均气温时，应以每个伸缩段设柱间撑的柱子为基准，垂直度校正至接近于 0。当气温高于平均气温（夏季）时，其他柱应倾向基准点相反方向；当气温低于平均气温（冬季）时，其他柱应倾向基准点方向。

（2）柱子安装允许偏差见表 3-21。

表 3-21　　柱子安装允许偏差

序号	项　目	允许偏差（mm）
1	柱子垂直度	$e \leqslant H/1000$；$e \leqslant 10$
2	定位轴线位移	$e \leqslant 3$
3	柱基准点标高	+3 −5
4	柱弯曲失高	$H/1200$ 且不大于 15

5. 二次灌浆

柱子调整固定合格后，交土建单位进行二次灌浆。要求二次灌浆的振捣平缓且不能碰撞钢柱。二次灌浆后要复测柱子垂直度，如有问题必须及时进行处理。

6. 提交检测记录

以上所有工作完成后，复测钢柱允许偏差项目，提交钢柱安装检测记录。

（三）屋面结构的安装

屋面梁出厂时是分段出厂的，每跨屋面梁一般分为 3 段，每段屋面梁间为高强螺栓连接。现场跨内设置可移动式拼装台架，安装前在地面拼装成整体，然后整体吊装。

1. 屋面梁的地面拼装

（1）屋面梁地面拼装时，应在地面搭设拼装平台，拼装平台的基础要坚实，拼装平台的不平度应小于 5mm。

（2）在拼装平台上放出构件大样，大样对角线偏差小于等于 2mm，设定定位基准点，然后设置挡铁。

（3）拼装。

1）在拼装平台上依次摆放各段屋面梁并调整至符合设计要求，然后临时固定。

2）拼装完毕，检查屋面梁几何尺寸，合格后进行高强螺栓连接。

2. 屋面梁的高空安装

屋面梁吊点位置的确定既要保证方便就位又要考虑到钢梁的稳定性，防止因钢梁稳定性差、吊点位置集中而产生弯曲变形。由于屋面梁较长，吊装宜采取 4 点吊装，以防止吊装过程平面内挠曲。

拼装好的屋面梁整体吊装，缓慢就位。就位时用临时螺栓过眼冲子将屋面梁校正固定，经检查合格后，进行高强螺栓连接。

3. 屋面次梁的安装

每榀屋面梁安装完成后，随即安装屋面次梁及其他次结构，使之形成稳定体。这样依次按顺序安装屋面结构至完毕。

二、彩钢板墙及屋面板安装要点

（一）彩钢板固定方式

彩钢板安装的固定方式有穿透式和暗扣隐蔽式两种。穿透式固定是屋面和墙面彩钢板安装的最常用方式，即用自攻螺钉或铆钉将彩板固定在支撑件（如檩条）上，穿透式固定分为波峰固定、波谷固定和它们的组合。暗扣隐蔽式固定是将与暗扣式彩钢板配套的特制暗扣先固定在支撑件（如檩条）上，彩钢板的母肋与暗扣的中心肋齿合的固定方法，一般用于屋面板的安装。

（二）彩钢板的侧向和端部搭接

安装每一块钢板时，应将其边搭接准确地放在前一块钢板上，并与前一块钢板夹紧，直到钢板的两端都固定为止。一种简单而有效的方法是用一对夹口钳分别夹住所搭接的钢板。钢板沿纵向就位时，其端部尤其是上端部需用钳子夹住搭边部分，这样可以保证钢板一端的就位，并使一端的搭接也处于正确的位置，从而固定住钢板，在固定的过程中，夹钳始终应在纵向夹住钢板。在安装下一块钢板之前，每块钢板必须完全被固定住。固定必须始于钢板的中心，然后向两边伸展，最后固定钢板的搭接边。对于端部搭接，由于屋面和墙面外形板是用连续加工的方法制成的，因此可以按运输条件所限制的长度供应钢板，通常不需要搭接，钢板长度就足以满足屋面铺设的需要。

出于对现场处理和运输考虑，必要时可用两块较短的钢板通过端部搭接来覆盖整个长度，每一列钢板的搭接顺序依次从底部到顶部，然后再放下一列。对使用穿透式固定法的屋面和墙面钢板端搭接需定位在支撑上。对坡度在1/12（50）～1/4（150）的屋面，钢板端部重叠长度至少为200mm；坡度超过1/4（150）时，重叠长度至少为150mm，而且钢板端部重叠部分的中点应在支撑件的中心。墙面板最小重叠长度为100mm。

（三）彩钢板的固定

彩钢板固定一般采用自攻螺钉，在选用时自攻螺钉应该按照结构的使用寿命选择固定件，而且特别注意外覆材料的寿命与指定的固定件寿命是否一致，同时注意钢檩条厚度不能超过螺钉的自钻能力。目前供应的螺钉可带有塑料头、不锈钢顶盖或涂有特殊的耐久保护层。另外，除暗扣固定用螺钉外，其他螺钉均带有防水垫圈，而且针对采光板和特殊风压下的情况均配有相应的专用垫圈。

三、屋面彩钢瓦楞板安装

彩板的安装较易掌握，而一些细节的处理比较重要。对于屋面用彩板应该在屋顶及屋檐处将彩板进行相应的收边工作，其目的是为了更有效地阻止雨水进入屋面以内。

屋面外板在屋脊的地方，都可用收边工具将位于钢板终端肋条之间的底盘向上折。它用于所有坡度低于1/2（250）屋面钢板的上端，以保证在泛水板或盖板下方由风吹入的水不会流入建筑之中。收边操作可以在钢板定位之前实施，也可以在钢板安装之后实施，但后一种方法要在钢板的顶端留有足够的间隙（约50mm），便于收边工具的操作，其具体操作方法是：把收边工具位于钢板终端底盘之上，尽快将工具滑于钢板之上，越靠里越好。用工具握住钢板终端，将底盘往上折，上折约800mm。如上所述，折弯每一底盘。当板被用在坡度低于1/5（100）的屋面时，应将钢板下端的底盘端部稍微向下弯曲（呈唇状），可用同一收边工具来实现，这样可保证雨水顺着钢板终端被排出，并且不会因毛细或风力作用回流至平底盘的下边，向下折边的操作必须在屋面钢板被固定以后才能进行，否则这项操作将会受到阻碍。下折板的边端时，适当张开下撬工具的口，将工具夹住底盘端，尽量向里推。工具紧贴在底盘端部，同时将手柄摇动约200mm，这样在钢板的端部会形成一向下折边。对于非常长的屋面钢板，应设置伸缩节点，距离不得大于表3-22中所列数据，以便克服纵向热位移。对于穿透固定式来说，在两伸缩节点之间，仅能设置一个穿透固定的搭接，具体见表3-22。

表3-22　两伸缩节点间最大钢板长度

固定系统	最大距离（m）
隐蔽式固定暗扣	35
穿透式波峰固定	24
穿透式波谷固定	15

可用下列方式形成伸缩节点：升高端接处上面钢板的所有檩条及屋面钢板的支撑以形成一个比钢板深度高15mm的高差；在高差处屋面钢板至少搭接250mm，并提供合适的防雨措施；落差处需另外设置檩条或支撑，对于肋条钢板，无须为热位移设置横向伸缩节点，因为每个肋条的纵断面允许有一些横向位移。实验数据表明，温度变化为10℃、50℃、75℃时，钢板长度方向上会产生热胀冷缩，结果见表3-23。

如有云飘过遮住太阳，则钢板在阴影下30s之后，温度约下降3℃；2min后约下降10℃，具体见表3-23。

表3-23　钢板的热膨胀/收缩

钢板长度（mm）	膨胀/伸缩量（mm）		
	10℃	50℃	75℃
5000	0.6	2.9	4.3
10000	1.1	5.7	8.6
15000	1.7	8.6	12.8
20000	2.3	11.4	17.1
25000	2.9	14.3	21.4
30000	3.4	17.1	25.7

一般而言，在用于屋面和墙面板的所有金属中，钢的热胀冷缩到目前为止是最低的。

事实上，在钢板的终端和最后支撑之间的膨胀或收缩位移只是表 3-23 中所显示数据的一小部分，因为被固定的钢板位移通常是从中心开始趋向于钢板的每个端部。每端的位移量只是膨胀或收缩量的一半。同样在建筑结构或屋面框架中也有一些温度变化位移，尽管不如屋面那么大，但仍减小了屋面板和其支撑面之间的位移。最终，由于檩条的屈曲，特别是在跨中，更进一步减小了这种差动位移。

外形板都有相应的成型泡沫密封条。当它们被嵌在屋檐支撑面和屋面板下边之间时(用作屋檐密封)，这一底部密封带可以防止灰尘、昆虫、鸟、啮齿动物以及雨水进入肋条空间内。可以沿泛水板和盖板的下方，将一顶部有轮廓的成型条嵌入泛水板下方和屋面板顶面之间，并用双面胶进行适当的固定，从而起到类似的密封作用。这一点很重要，不进行这样的处理，会导致房屋的漏水。

位于屋面板下方用于隔热的反射箔，可以很简单地用作防潮，只要在其搭接处用一防潮粘带密封即可。搭接应大于 100mm，在定位箔片层时，保持紧密接触，使粘胶带充分发挥作用。箔片层必须覆盖在屋顶支撑之间，多数的天花板，进入天花板空间，直接与屋面板接触，除了水从屋面或天花板下滴或弄脏天花板和墙面的明显现象外，冷凝还会导致建筑物隐蔽构件的损坏。同样，如果大片隔热层因冷凝而受潮或者即使是轻微受潮，也会大大降低隔热效果。

如果在建筑物中，出现冷凝现象，消除其不利影响既困难，花费的成本又高。因此在设计和施工中采取预防措施是明智的做法。为了避免在屋面上的水凝结，必须防止潮湿空气与钢板下方接触，可以采用在反射箔片层和屋面钢板之间放置隔热棉的方法将进一步避免潮气的侵入。同时，隔热棉还可以减少雨水在金属屋面钢板上产生的噪声。当采用隔热棉层时，必须注意保持完全防潮。尤其对屋顶边缘周围和钢板终端底部在小坡度屋面的情况下，流下的雨水可能被吹回来。假如隔热棉悬在底部支撑面之上，有可能与天沟的水接触，在这种情况下，隔热棉会吸收水分，在潮湿的气候期间，将潮气长期保留在隔热棉内，这将损坏因与潮湿的隔热棉相接触的屋面板涂层。

四、BIM 钢结构工程深化设计及数字化加工

（一）BIM 钢结构工程深化设计

钢结构 BIM 三维实体建模出图深化设计的过程，其本质就是进行计算机预拼装、实现“所见即所得”的过程。首先，所有的杆件、节点连接、螺栓焊缝、混凝土梁柱等信息都通过三维实体建模进入整体模型，该三维实体模型与以后实际建造的建筑完全一致；其次，所有加工详图（包括布置图、构件图、零件图等）均是利用三视图原理投影生成，图纸中所有尺寸，包括杆件长度、断面尺寸、杆件相交角度等均是从三维实体模型上直接投影产生的。

三维实体建模出图深化设计的过程，基本可分为 4 个阶段，具体流程如图 3-103 所示。每一个深化设计阶段都将有校对人员参与，实施过程控制，由校对人员审核通过后才能出图，并进行下一阶段的工作。

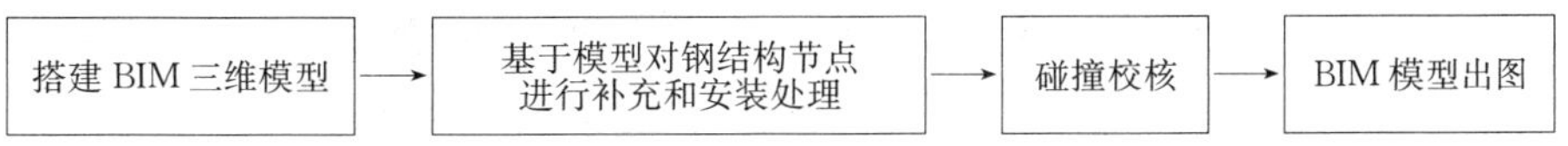

图 3-103　钢结构深化设计流程示意图

（1）根据结构施工图建立轴线布置和搭建杆件实体模型。导入 AutoCAD 中的单线布置，并进行相应的校核和检查，保证两套软件设计出来的构件数据理论上完全吻合，从而确保了构件定位和拼装的精度。创建轴线系统及创建、选定工程中所要用到的截面类型、几何参数。

（2）根据设计院图纸对模型中的杆件连接节点、构造、加工和安装工艺细节进行安装和处理。在整体模型建立后，需要对每个节点进行装配，结合工厂制作条件、运输条件，考虑现场拼装、安装方案及土建条件。

（3）对搭建的模型进行“碰撞校核”，并由审核人员进行整体校核、审查。所有连接节点装配完成之后，运用“碰撞校核”功能进行所有细微的碰撞校核。

图 3-104 梁柱节点

（4）BIM 模型出图。某工程 BIM 钢结构深设计如图 3-104 所示。

又如，上海世博会，某展馆的垂直承重结构由钢材制成。正面由窄体元件组成，在现场进行组装。水平结构由木质框架元件组成，地板则由小板块拼成。内部使用木板铺面。外部正面使用富有现代气息的鳞状花纹纸塑复合板，这是一种工业再生产品。中庭墙壁以及二层的一些墙壁由织物覆盖，并用透明织物覆盖中庭。楼梯和电梯为独立元件。全部建筑元件在进行制造的时候，就必须保证建筑建成后能被分解和再组装。

此工程采用了三维深化设计软件，把复杂纷乱的连接节点以三维的形式呈现出来，显示出所有构件之间的相互关系，通过这样的设计手段，保证了异形空间结构的三维设计，提高了工作效率和空间定位的准确性，如图 3-105～图 3-107 所示。

图 3-105 构件加工

图 3-106 梁柱节点

图 3-107　结构系统

又如，某工程钢网架支座节点深化设计 BIM 模型如图 3-108 所示。基于 BIM 模型自动生成的施工图纸如图 3-109 所示。

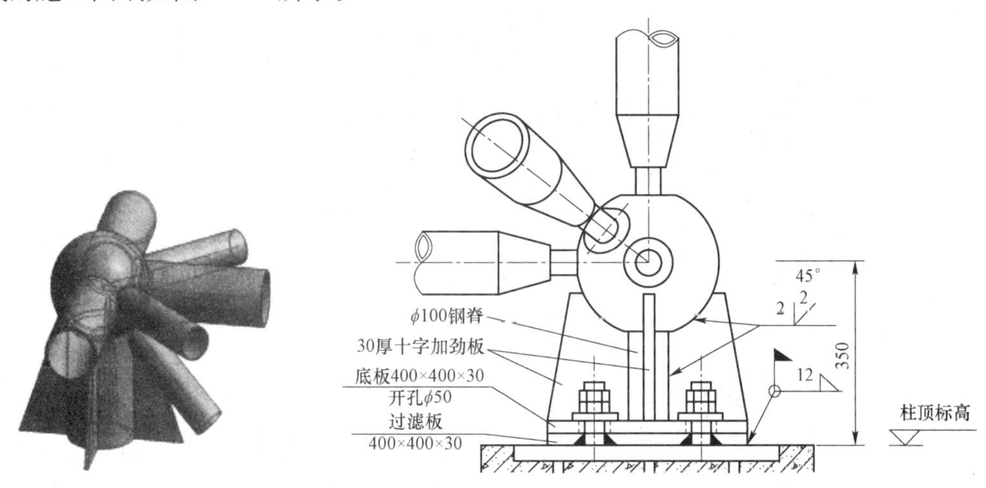

图 3-108　网架支座深化设计 BIM 模型　　　图 3-109　BIM 模型生成网架支座深化设计施工图

完成的钢结构深化图在理论上是没有误差的，可以保证钢构件精度达到理想状态。统计选定构件的用钢量，并按照构件类别、材质、构件长度进行归并和排序，同时还输出构件数量、单重、总重及表面积等统计信息。

通过 3D 建模的前三个阶段，我们可以清楚地看到，钢结构深化设计的过程就是参数化建模的过程，输入的参数作为函数自变量（包括杆件的尺寸、材质、坐标点、螺栓、焊缝形式、成本等）和通过一系列函数计算而成的信息和模型一起被存储起来，形成了模型数据库集，而第四个阶段正是通过数据库集输出形成的结果。可视化的模型和可结构化的参数数据库，构成了钢结构 BIM，我们可以通过变更参数的方式方便地修改杆件的属性，也可以通过输出一系列标准格式（如 IFC、XML、IGS、DSTV 等），与其他专业的 BIM 进行协同，更为重要的是它可以成为钢结构制作企业的生产和管理数据源。

采用 BIM 技术对钢网架复杂节点进行深化设计，提前对重要部位的安装进行动态展示、施工方案预演和比选，实现三维指导施工，从而更加直观化地传递施工意图，避免二次返工。

深化设计的数据需要为后续加工和虚拟拼装服务，包括的内容见表 3-24。

表 3-24　　深化设计内容

类别	内容
标准化编号	所有构件在三维建模时会被赋予一个固定的 ID 识别号，这个号码在整个系统中是唯一的，它可以被电子设备识别。但是在这个过程中也不可避免地需要加入工程师的活动，那么就需要编列同时便于人识别的构件编号。通过构件的编号可以让工程师快速找到该构件的所在位置或者相邻构件的识别信息。编号系统必须通过数字和英文字母的组合表述出以下内容（根据实际情况取舍）。 （1）建筑区块； （2）轴线位置； （3）高程区域； （4）结构类型（主结构、次结构、临时连接等）； （5）构件类型（梁、柱、支撑等）
	例如，某工程复杂的单片网壳结构使深化设计、构件加工和拼接安装都面临严峻的考验。首当其冲的就是编号系统的建立，方便识别的编号将有助于优化生产计划和拼装安排，从而提高施工的效率。 “细胞墙”结构中的钢构件分为两类：节点和杆件。节点的编号由三部分构成：高程、类型和轴线。整个工程以“米”为单位划分高程，每个节点所在高度的整数位作为编号的第一部分；而节点的类型分为普通、边界和特殊，分别对应“N”“S”和“SP”，加入第二部分；整个弧形墙沿着弧面设置竖向轴线，节点靠近的轴线编号就作为节点编号的第三部分。建立了这样的编号系统，所有参与的工程师都能够快速找到指定节点所在位置，甚至不必去翻阅布置展开图。 杆件的编号系统就可以相对简单一些：直接串联两边节点编号。通过杆件上的编号，既能够知道两边节点是哪两个，又可以通过节点编号辨别杆件的位置，如图 3-110 所示
关键坐标数据记录	虽说经过三维建模已经可以得到所有构件的空间关系，但是如果能在构件信息列表里加入控制点理论坐标，则既便于工程师快速识别，又能够辅助后续工作。坐标点的选取应根据实际情况的需要而确定。例如，规则的梁和柱往往只需要记录端部截面中点即可，而复杂节点就比较适合选择与其他构件接触面上的点。这些坐标数据需要被有规则地排列以便于调取
数据平台架设	BIM 应用与深化设计的融合不单是建立模型和数据应用，还需要在管理上体现融合的优势。建立一个数据平台，这个数据平台不仅要作为文件存储的服务器，也要为团队协作和参与单位交流提供服务。所有的数据和文件的发布、更新都要第一时间让所有相关人员了解

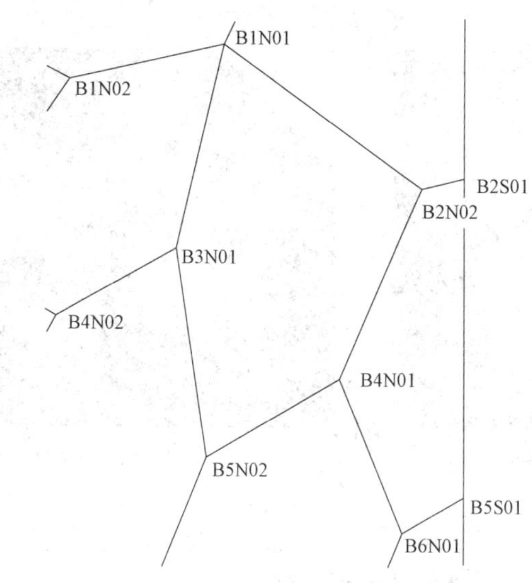

图 3-110 节点编号示意图

（二）BIM 钢结构工程数字化加工

1. 铸钢节点

首先，将各不相同的铸钢节点按一定的截面规格分解成标准模块，然后将标准模块按最终形状组合成模，再加以浇注成型。这种创造性地改变了对应不同形式节点需加工不同模型的思路，可以大大节省模型制作时间及费用，非常适合具有一定量化且又不尽一致的铸钢节点。

其次，采用高密度泡沫塑料压铸成标准模块，利用机器人技术进行数控切割和数控定位组合成模，大大提高了模型的制作加工精度及效率，如图 3-111 和图 3-112 所示。

图 3-111 泡沫塑料块

图 3-112 机器人数控切割

然后，采用熔模精铸工艺（消失模技术），提高了铸件尺寸精度和表面质量。一般的砂型铸造工艺无论尺寸精度还是表面质量都达不到要求，且节点形状复杂，难于进行全面机械加工，选择熔模精密铸造工艺，如图 3-113 和图 3-114 所示。

图 3-113　节点泡沫塑料模型

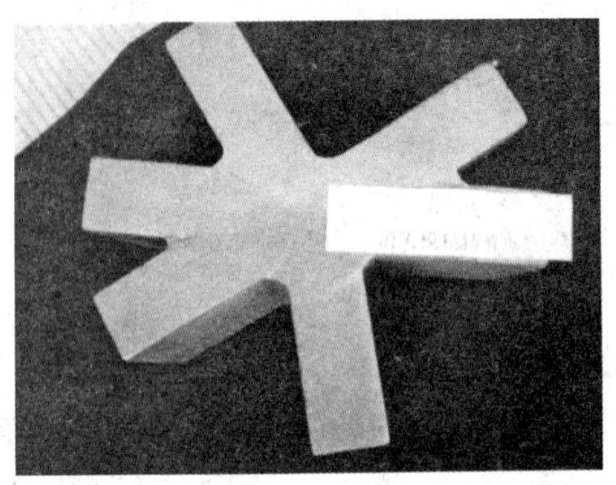

图 3-114　铸钢节点

钢结构实心铸钢节点各不相同，如采用传统的模型制作工艺，则需加工相同数量的模型。每个模型都需要制作一副铝模再压制成蜡模或塑料模型，通常每副铝模制作周期约两星期，且只能使用一次，光模型制作时间对工程进度来说就是相当大的制约，无法满足施工要求。如采用组合成模技术，按不同截面划分 12 种形式，则节省模具数量，节省模具费用，时间上也会大大节约。

2. 焊接节点

焊接节点按照加工工艺主要分为两类：散板拼接焊接节点和整板弯扭组合焊接节点。

散板拼接焊接节点主要是将节点分散为中心柱体和四周牛腿两大部分，如图 3-115 所示，分别加工，最后进行组拼并焊接形成整体。首先将节点的每个牛腿按照截面特性做成矩形空心块体，然后利用机器人进行精确切割，形成基础组拼件。

(a)

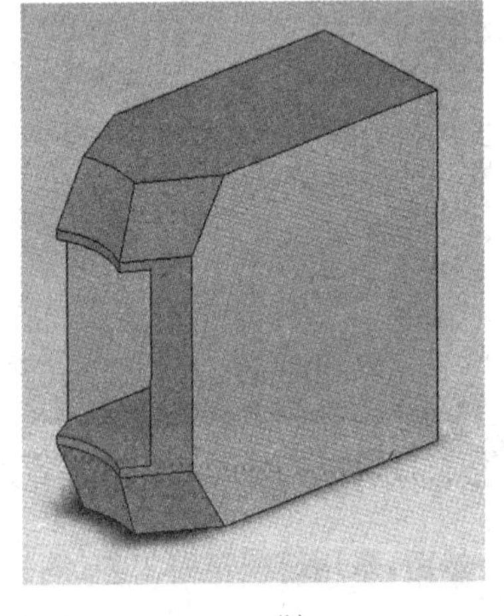

(b)

图 3-115　散板拼接焊接节点

(a) 节点散件示意；(b) 加工过的节点牛腿

在完成了节点所有基础组拼件的加工后，即需要组拼并焊接，形成完整节点。如图 3-116所示，焊接主要分为两个步骤：打底焊以及后期填焊。整个过程必须保证焊接的连续性和均匀性。整板弯扭焊接主要是将节点的上下翼缘板分别作为一个整体，利用有关机械进行弯扭以保证端部能够达到设计要求的位置，之后再将节点的腹板和构造板件组合进行整体焊接。

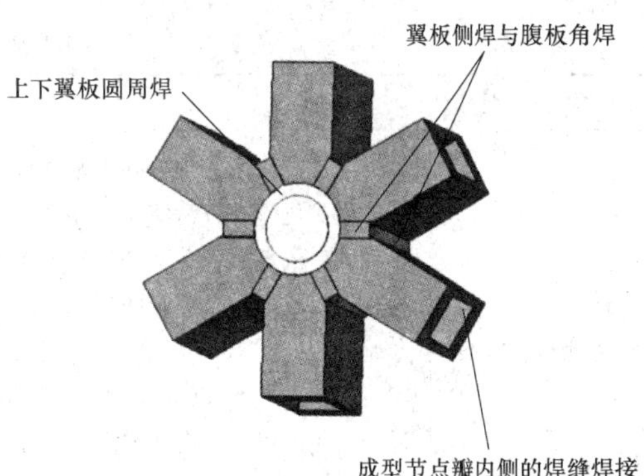

图 3-116　节点焊缝示意图

在完成节点的制作过程以后需要对节点的断面进行机加工处理。阳光谷作为曲面、异形精细钢结构，其加工精度较之常规钢结构来说要求更高，尤其是节点牛腿各端面，其精度将直接影响到安装的精确性。这一指标需要作为重点控制内容。

(1) 节点在组装、焊接、机加工与三坐标检测时采用统一基准孔和面，在加工过程中应保护基准面与孔不损坏。

(2) 节点端面机加工在专用机床进行，在加工前仔细对节点编号与加工数据编号进行校核，核对准确后按节点加工顺序示意图规定加工。如采用五轴数控机床，其经济性和加工周期难以保证，因而采用设计的专用机床，既保证了加工精度，同时加工周期也得到了保障。

钢结构工程，加工过程实现数字化精密加工，成本会逐渐下降，以后 BIM 与数字化加工的整合也将更多地普及。

第七节　BIM 施工过程整体控制

BIM 在项目建造阶段的应用主要体现在虚拟施工的管理。虚拟施工的管理是指通过 BIM 技术结合施工方案、施工模拟和现场视频监测，进行基于 BIM 技术的虚拟施工。其施工本身不消耗施工资源，却可以根据可视化效果看到并了解施工的过程和结果，可以较大程度地降低返工成本和管理成本，降低风险，增强管理者对施工过程的控制能力。

一、BIM 施工方案管理

建模的过程就是虚拟施工的过程，是先试后建的过程。施工过程的顺利实施是在有效的施工方案指导下进行的，施工方案的制订主要是根据项目经理、项目总工程师及项目部的经验进行的，施工方案的可行性一直受到业界的关注。由于建筑产品的单一性和不可重复性，施工方案也具有不可重复性。一般情况，当某个工程即将结束时，一套完整的施工方案才得以展现。虚拟施工技术不仅可以检测和比较施工方案，还可以优化施工方案，具体见表 3-25。

表 3-25 **BIM 施工方案管理**

类　别	内容
场地布置方案	为使现场使用合理，施工平面布置应有条理，尽量减少占用施工用地，使平面布置紧凑合理，同时做到场容整齐清洁、道路畅通，符合防火安全及文明施工的要求。施工过程中应避免多个工种在同一场地、同一区域进行施工而相互牵制、相互干扰。施工现场应设专人负责管理，使各项材料、机具等按已审定的现场施工平面布置图的位置堆放。 基于建立的 BIM 三维模型及搭建的各种临时设施，可以对施工场地进行布置，合理安排塔吊、库房、加工厂地和生活区等位置，解决现场施工场地平面布置问题，解决现场场地划分问题；通过与业主的可视化沟通协调，对施工场地进行优化，选择最优施工路线。 利用 BIM 进行三维动态展现施工现场布置，划分功能区域，便于场地分析。某工程基于 BIM 的施工场地布置方案规划示例如图 3-117 及图 3-118 所示
专项施工方案	通过 BIM 技术指导编制专项施工方案，可以直观地分析复杂工序，将复杂部位简单化、透明化，提前模拟方案编制后的现场施工状态，对现场可能存在的危险源、安全隐患、消防隐患等进行提前排查，对专项方案的施工工序进行合理排布，有利于方案的专项性、合理性，如图 3-119 所示

(a)

(b)

(c)

图 3-117　基于 BIM 的场地布置示例

(a) 钢筋笼堆放区；(b) 原材堆放区；(c) 厂区设备区

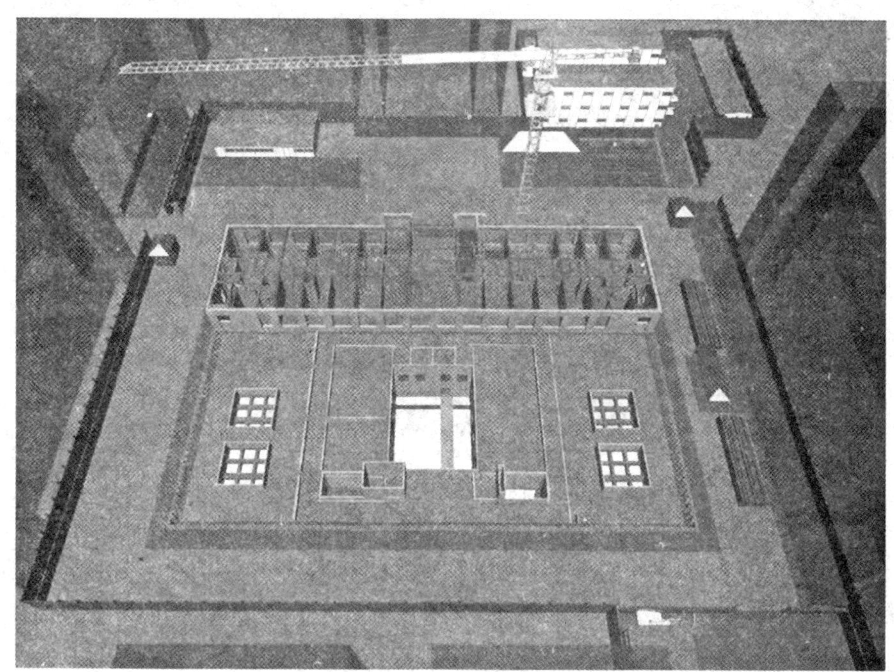

图 3-118　基于 BIM 的场地布置示例

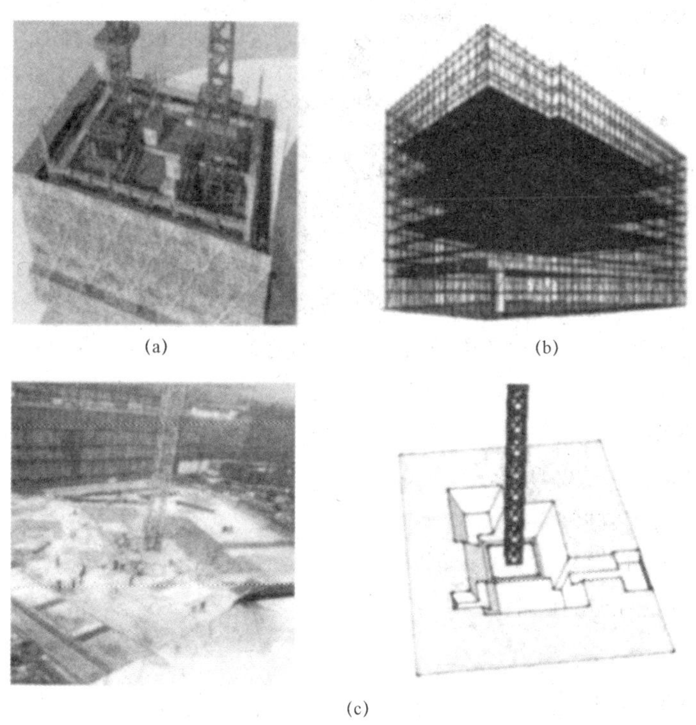

(a)　(b)　(c)

图 3-119　专项施工方案规划示例

(a) 测量方案演示模拟；(b) 施工脚手架方案验证模拟；(c) 塔吊基础开挖方案模拟

以某工程为例，根据其具体工程内容可将施工方案制订如下。

1. 土方开挖方案

土方开挖方案如图 3-120 所示。

(1) 利用三维模型进行土方开挖方案的验证。

(2) 对支护方案进行优化，节约了近 14m 的支护成本。

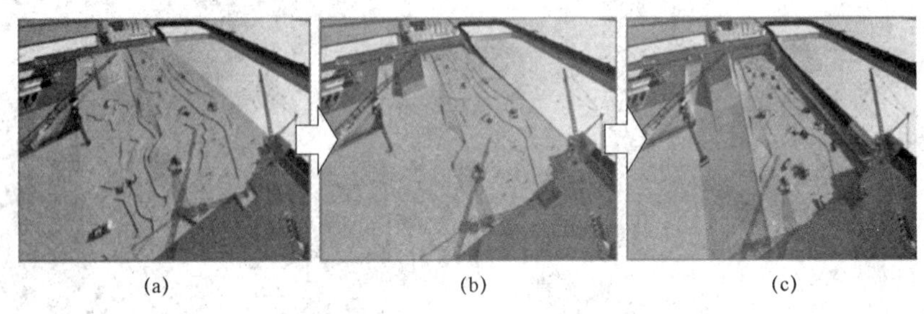

图 3-120 土方开挖方案

(a) 开挖阶段；(b) 下挖阶段；(c) 挖槽完毕

2. 基础浇筑方案

基础浇筑方案如图 3-121 所示。

基础变标高连接做法、集水坑以及电梯井模型——进入方案库。

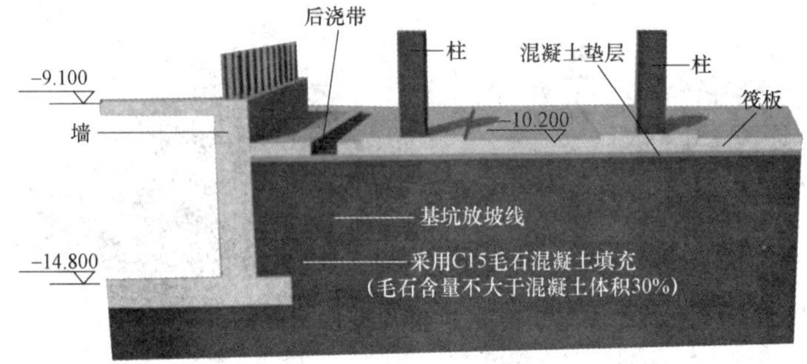

图 3-121 基础浇筑方案

3. 测量方案模拟

测量方案模拟如图 3-122 所示。

(1) 平台共享测量数据。

(2) 吊装顺序对测量影响。

(3) 结合两台塔吊的运输配合。

4. 幕墙方案

幕墙方案如图 3-123 所示。

对幕墙专业设计图纸进行模型建立后，同厂家一同进行幕墙三维深化设计，同时加入幕墙安装方式模拟、施工工序交叉、运输作业。

图 3-122　桁架层定位测量

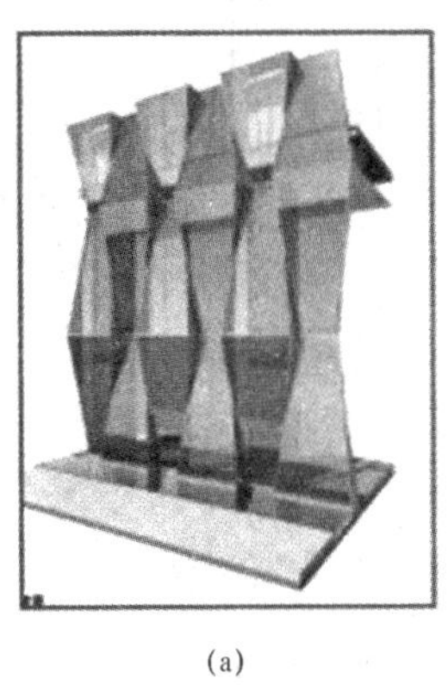

(a)

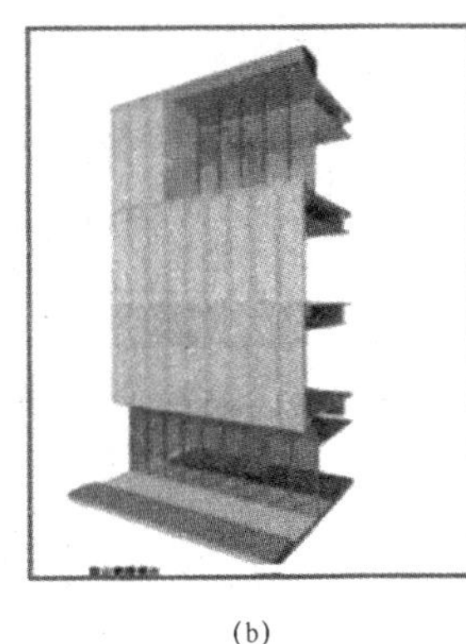

(b)

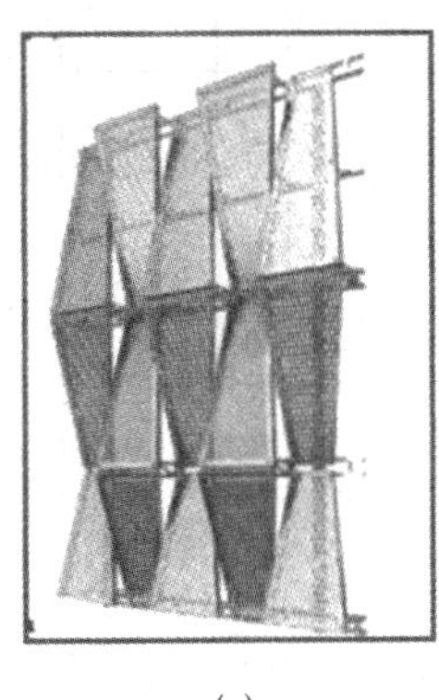

(c)

图 3-123　幕墙方案

5. 精装修方案

由总承包负责精装修模型建立，根据模型验证装修效果，提出对各分包深化的意见，如图 3-124 所示。

图 3-124　精装修方案

二、BIM 工艺模拟

对于工程施工的关键部位，如预应力钢结构的关键构件及部位，其安装相对比较复杂，因此合理的安装方案非常重要，正确的安装方法能够省时省费，传统方法只有工程实施时才能得到验证，这就导致了二次返工等问题的发生。同时，传统方法是施工人员在完全领会设计意图之后，再传达给建筑工人，相对专业性的术语及步骤工人难以完全领会。基于 BIM 技术，能够提前对重要部位的安装进行动态展示，提供施工方案讨论和技术交流的虚拟现实信息。

某工程钢结构吊装工艺模拟如图 3-125～图 3-127 所示，包括验证钢构的吊装顺序、防止吊装过程中的碰撞问题以及将吊装顺序进行合理优化、计算塔吊荷载与吊装路径等。

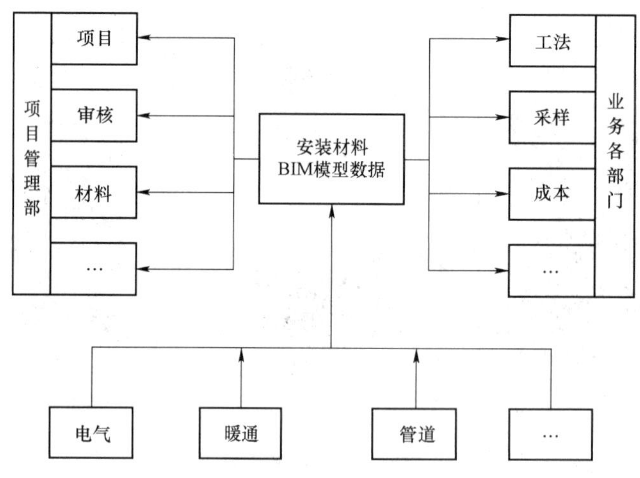

图 3-125　关键部位施工工艺展示

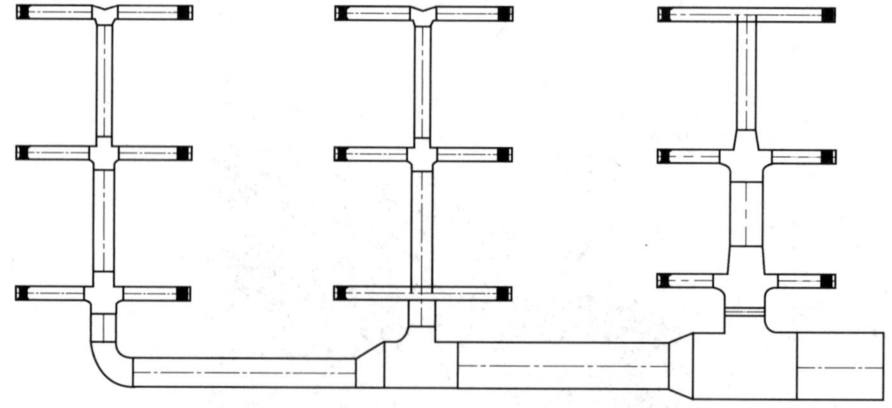

图 3-126　关键节点安装方案演示

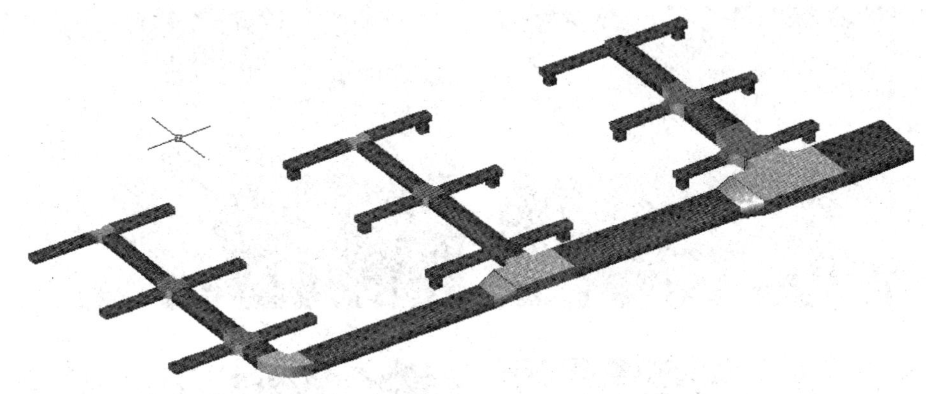

图 3-127　某关键节点吊装方案演示动画截图

三、BIM 施工过程模拟

1. 土建主体结构施工模拟

根据拟定的最优施工现场布置和最优施工方案，将由项目管理软件，如 Project 编制而成的施工进度计划与施工现场 3D 模型集成一体，引入时间维度，能够完成对工程主体结构施工过程的 4D 施工模拟。4D 施工模拟，可以使设备材料进场、劳动力配置、机械排班等各项工作安排得更加经济合理，从而加强了对施工进度、施工质量的控制。针对主体结构施工过程，利用已完成的 BIM 模型进行动态施工方案模拟，展示重要施工环节动画，对比分析不同施工方案的可行性，能够对施工方案进行分析，并听从甲方指令对施工方案进行动态调整。

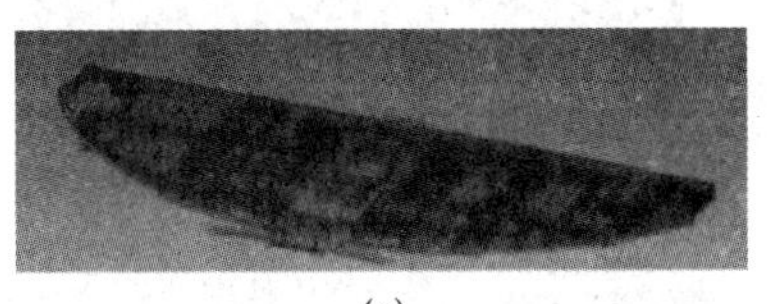

(a)

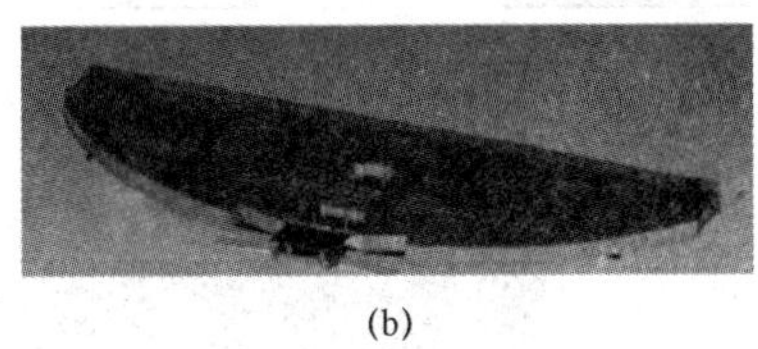

(b)

图 3-128　某工程土建主体施工模拟过程
（a）一层施工前；（b）一层施工后

某工程土建主体施工模拟如图 3-128 所示。

2. 钢结构部分施工模拟

针对钢结构部分，其关键构件及部位安装相对复杂，因此采用 BIM 技术对其安装过程进行模拟，能够有效帮助指导施工，同土建主体结构施工模拟过程一致。

某工程采用 BIM 技术对网架安装过程进行模拟，过程如图 3-129 所示。它是 BIM 三维动画模拟施工过程，显然基于 BIM 的施工模拟更加形象、易于理解。

3. 装修效果模拟

针对工程技术重点难点、样板间、精装修等，完成对窗帘盒、吊顶、木门、地面砖等基础模型的搭建，并基于 BIM 模型，对施工工序的搭接，对新型、复杂施工工艺进行模拟，对灯光环境等进行分析，综合考虑相关影响因素，利用三维效果预演的方式有效解决各方协同管理的难题。某工程室内装修模拟如图 3-130 所示。

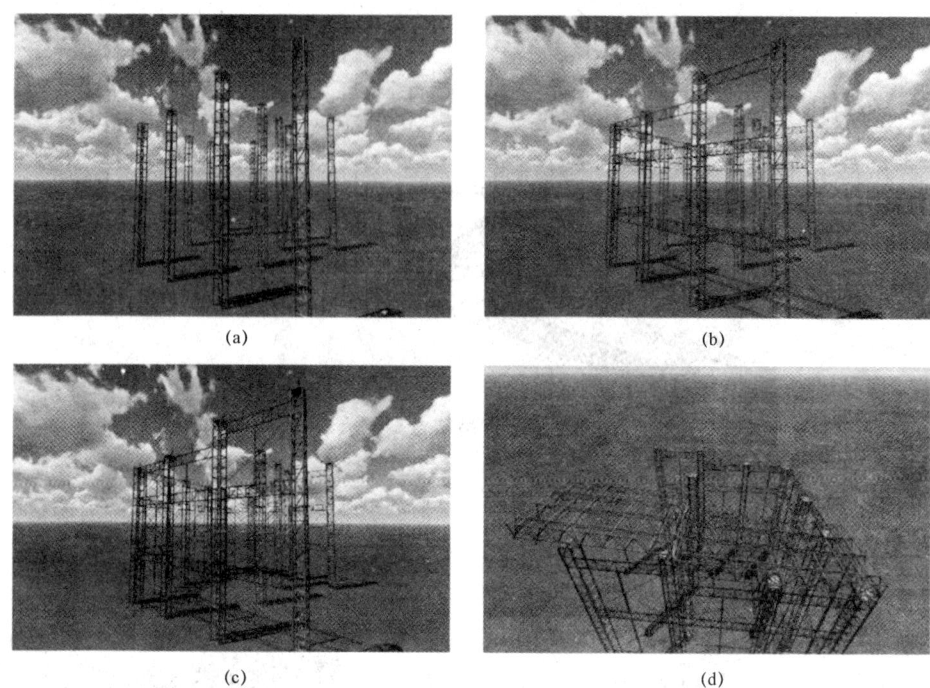

图 3-129 整体 BIM 模型

(a) 格构柱安装；(b)、(c) 格构柱附属构件安装；(d) 屋顶网架局部吊装

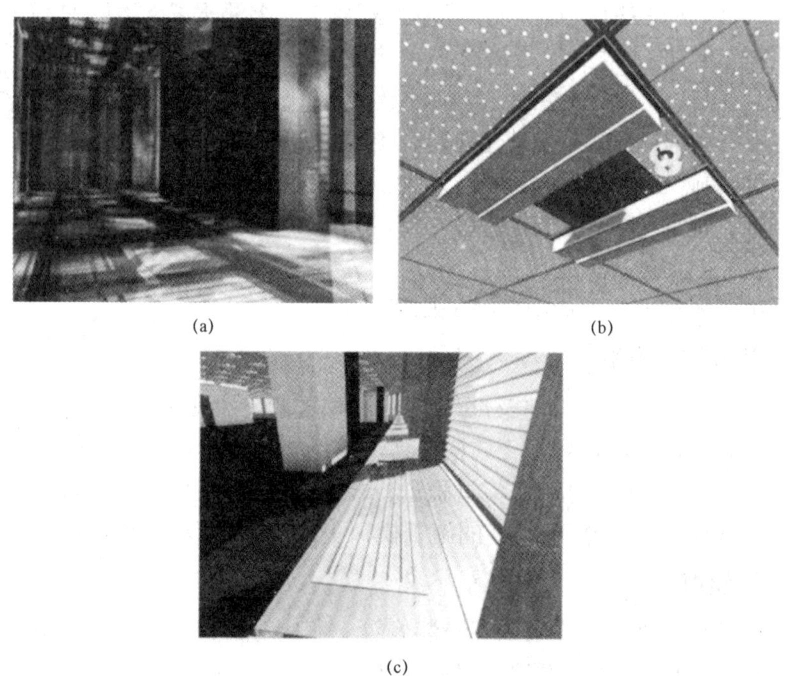

图 3-130 某工程室内装修效果模拟

(a) 首层样板间模拟；(b) 灯具效果展示；(c) 风口钢板效果展示

四、BIM虚拟施工模拟

BIM虚拟施工模拟的优点见表3-26。

表3-26　BIM虚拟施工模拟的优点

类　别	内　容
施工方法可视化	虚拟施工使施工变得可视化，随时随地、直观快速地将施工计划与实际进展进行对比，同时进行有效的协同，施工方、监理方，甚至非工程行业出身的业主领导都对工程项目的各种问题和情况了如指掌。施工过程的可视化，使BIM成为一个便于施工方参与各方交流的沟通平台。通过这种可视化的模拟缩短了现场工作人员熟悉项目施工内容、方法的时间，减少了现场人员在工程施工初期因为错误施工而导致的时间和成本的浪费，还可以加快、加深对工程参与人员培训的速度及深度，真正做到质量、安全、进度、成本管理和控制的人人参与。 5D全真模型平台虚拟原型工程施工，对施工过程进行可视化的模拟，包括工程设计、现场环境和资源使用状况，具有更大的可预见性，将改变传统的施工计划、组织模式。施工方法的可视化使所有项目参与者在施工前就能清楚地知道所有施工内容以及自己的工作职责，能促进施工过程中的有效交流，它是目前评估施工方法、发现问题、评估施工风险简单、经济、安全的方法
施工方法验证过程化	BIM技术能全真模拟运行整个施工过程，项目管理人员、工程技术人员和施工人员可以了解每一步施工活动。如果发现问题，工程技术人员和施工人员可以提出新的施工方法，并对新的施工方法进行模拟来验证其是否可行，即判断施工过程，它能在工程施工前识别绝大多数的施工风险和问题，并有效地解决
施工组织控制化	施工组织是对施工活动实行科学管理的重要手段，它决定了各阶段的施工准备工作内容，协调施工过程中各施工单位、各施工工种以及各项资源之间的相互关系。BIM可以对施工的重点或难点部分进行可见性模拟，按网络时标进行施工方案的分析和优化。对一些重要的施工环节或采用施工工艺的关键部位、施工现场平面布置等施工指导措施进行模拟和分析，以提高计划的可执行性。利用BIM技术结合施工组织设计进行计算机预演，以提高复杂建筑体系的可施工性。借助BIM对施工组织的模拟，项目管理者能非常直观地理解间隔施工过程的时间节点和关键工序情况，并清晰地把握在施工过程中的难点和要点，也可以进一步对施工方案进行优化完善，以提高施工效率和施工方案的安全性。可视化模型输出的施工图片，可作为可视化的工作操作说明或技术交底分发给施工人员，用于指导现场的施工，方便现场的施工管理人员拿图纸进行施工指导

第四章

施 工 质 量 咨 询

在项目施工阶段，质量对于项目的成功至关重要。全过程工程咨询单位对项目施工阶段进行质量控制，即做好有效的质量管理规划，明确项目质量管理的范围，建立和健全质量保证体系，通过采取有效措施，在满足工程造价和进度要求的前提下，保障项目质量目标的实现。

第一节　施工阶段质量控制

一、施工阶段质量控制依据

建设工程质量控制，就是通过采取有效措施，在满足工程造价和进度要求的前提下，实现预定的工程质量目标。全过程工程咨询单位的或专业咨询工程师（监理）在建设工程施工阶段质量控制的主要任务是通过对施工投入、施工和安装过程、施工产出品进行全过程控制，以及对施工单位及其人员的资格、材料和设备、施工机械和机具、施工方案和方法、施工环境等实施全面控制，以期按标准实现预定的施工质量目标。主要依据如下。

(1) 国家及地方相关法律、法规性文件，如《关于修改〈中华人民共和国建筑法〉的决定》(2011 年)、《建设工程质量管理条例》（国务院第 279 号令）及建设工程的强制性标准。

(2)《建筑工程施工质量验收统一标准》。

(3)《建设工程质量检测管理办法》。

(4)《建筑工程质量监督条例》(试行)。

(5)《质量管理体系基础和术语》。

(6) 所建项目工程监理和施工、发承包及材料设备采购等相关承办单位合同文件。

(7) 所建项目质量管理计划。

(8) 投资人的功能要求报告及设计任务书。

(9) 所建项目地质勘察文件、设计施工图纸及设计要求。

(10) 所建项目施工组织设计及专项施工方案措施。

(11) 所建项目其他影响质量的因素等。

二、施工阶段质量控制内容

为完成施工阶段质量控制任务，全过程工程咨询单位或专业咨询工程师（监理）需要做好以下工作。

(1) 协助投资人做好施工现场准备工作，为施工单位提交合格的施工现场。

(2) 审查确认施工总包单位及分包单位资格。

(3) 检查工程材料、构配件、设备质量。

(4) 检查施工机械和机具质量。

(5) 审查施工组织设计和施工方案。

(6) 检查施工单位的现场质量管理体系和管理环境。

(7) 控制施工工艺过程质量。

(8) 验收分部分项工程和隐蔽工程。

(9) 处置工程质量问题、质量缺陷。

(10) 组织协助处理工程质量事故。

(11) 审核工程竣工图，组织工程预验收。

(12) 参加工程竣工验收。

任何建设工程项目都是由分项工程、分部工程和单位工程所组成的，而工程项目的建设则是通过一道道工序来完成。工程项目施工阶段质量控制是从工序质量到分项工程质量、分部工程质量、单位工程质量的控制过程，由原材料的质量控制开始，达到完成各项工程质量目标为止的质量控制过程。为确保工程质量，对实施的全过程进行质量管理监督、控制与检查，按照施工过程前后顺序将过程控制划分为事前、事中、事后质量控制，主要内容如图 4-1 所示。

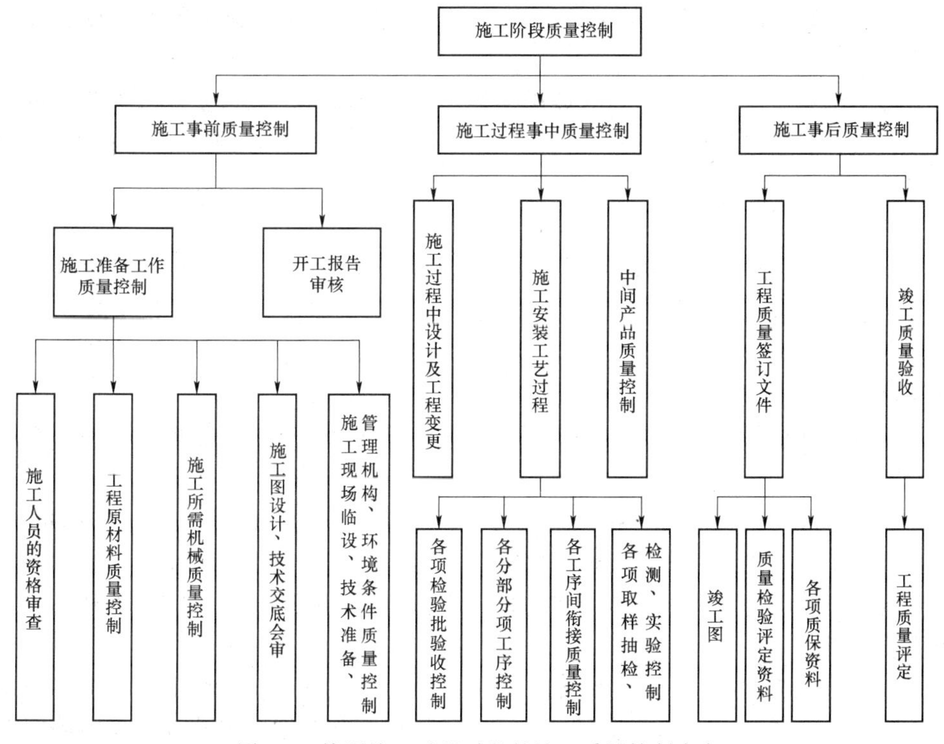

图 4-1 按照施工过程时段的施工质量控制内容

1. 施工事前质量控制

全过程工程咨询单位应明确各级技术、质量、操作人员的职责，督促相关单位做好施工组织设计（方案）、专项方案的评审和技术交底工作，开工前针对施工中可能影响质量的各种因素做出预控措施，制定切实可行的操作程序和交底工作，要求施工单位技术人员提前做好各项技术保证措施，避免质量问题的出现。具体内容如下。

（1）对施工单位资质进行核查，确保施工单位的资质等级与承揽的工程项目要求相符；对施工人员素质和人员结构进行检查，使参与施工的人员技术水平与工程技术要求相适应。

（2）对施工组织设计和质量计划进行审查。施工组织设计，包括施工方案、施工方法、进度计划、施工措施、现场平面布置等。施工组织设计是施工准备和施工全过程的指导性文件。对施工组织设计，要着重审查以下几点。

1）施工组织设计的编制、审查和批准应符合规定的程序。

2）施工组织设计应符合国家的技术政策，充分考虑承包合同规定的条件、现场条件及法规条件的要求，突出“安全第一”的原则。

3）施工组织设计具有较强的针对性。

4）施工组织设计要有可操作性，即切实可行。

5）技术方案应择优选择，突出成熟、稳妥、安全可靠、经济可行。

6）质量管理体系和技术管理体系健全完善。

7）施工现场安全、环保、消防和文明施工符合规定。

8）在满足合同和法规要求的前提下，在审查过程中要尊重施工单位的自主决策权和自主管理权。

（3）施工准备阶段的检查工作，如岗前培训、操作规程、技术交底、施工机械设备的使用运转检查、各项施工设施的安全检查等，以及进入场地的各项工程材料报检、抽检、检测、复验。

（4）对进场的原材料、构配件和设备的监控。

1）进入现场的原材料，必须经施工单位自检合格后，报监理单位进行审查。

2）对到达现场的构配件和设备，由监理单位、施工单位、安装单位按规定程序进行检查验收。合格的移交施工单位保管，凡是不合格的原材料、构配件和设备不能进入现场，不得在施工中使用。

（5）对施工机械设备的监控。审查所需的施工机械设备是否与已批准的施工组织设计或施工计划一致，是否满足施工的需求。

（6）审查主要分部（分项）工程施工方案。应要求承包单位对某些主要分部（分项）工程或重点部位、关键工序在施工前，将施工工艺、原材料使用、劳动力配置、质量保证措施等情况编写专项施工方案，当承包单位采用新技术、新工艺时，应审查其提供的鉴定证明和确认文件。

（7）组织设计交底会议。为了使施工单位了解设计意图，全过程工程咨询单位要组织由设计部门、施工单位、监理单位参加设计施工图交底和图纸会审会议，督促施工单位准备好技术标准图集、规范、规程等文件。

（8）对施工单位质量管理体系的检查。检查施工单位是否按照施工组织设计建立、健全了质量保证体系，该体系运行能否起到工程质量的控制作用。

（9）审查参建单位质量管理计划的全面性、针对性、协调性。

（10）审查参建单位是否建立健全质量管理相关制度。

事前控制内容见表 4-1 所示。

表 4-1　　事前控制内容

事前控制工作项	事前控制工作内容
检查施工企业资质、质量认证文件	（1）查看承包企业资质证书是否符合承包工程的资质等级要求；与投标时名称是否一致且有效。 （2）是否有《质量管理体系》认证文件，且在有效期内。 （3）查验分包单位、设备供应单位相关资质
查看承包企业项目管理班子构成	（1）查看项目经理及项目组成员姓名、专业、人数是否与投标书相一致。 （2）对主要组成员发生的更换应有合理的说明，更换者不得降低标准
参与施工图纸会审和设计交底	（1）核实设计图纸是否为经过政府有关部门审查通过的施工图纸。 （2）了解施工企业理解设计意图、确定质量重点、难点，消除施工图纸差错，提出深化设计部位，提出新技术、重要部位质量控制详细要求
核查施工现场环境及施工条件	（1）现场条件是否达到基本三通一平等施工要求的基本条件，特别是地下障碍物是否全部清理处理完毕。 （2）查看勘探、设计资料，核查标高基准点和项目定位数据
检查进场的主要施工设备、签认建筑构配件、设备报验、签认材料的报验	（1）要求承包单位应按有关规定对主要原材料进行复试。 （2）审查构配件和设备厂家的资质证明及产品合格证明、进口材料和设备商检证明，并要求承包单位按规定进行复试。应审查施工现场主要设备的规格、型号是否符合施工组织设计的要求
审查主要分部（分项）工程施工方案	要求承包单位对某些主要分部（分项）工程或重点部位、关键工序在施工前，将施工工艺、原材料使用、劳动力配置、质量保证措施等情况编写专项施工方案，审查其可施工性
核查质量管理体系和管理制度	（1）参与单位是否建立符合该项目的质量管理组织，完备的质量管理体系；以及相应的质量管理制度。 （2）质量管理体系文件是否符合《质量管理体系　基础和术语》（GB/T 19000—2016）质量管理体系的原则和文件相关要求。 （3）参建单位是否配备了符合要求的质量管理人员，并为质量管理人员配置了质量管理的相关设备、工具及相关条件
检查参建单位项目质量管理文件符合性	（1）与投资人签订的合同，合同中规定的质量特性，项目应达到的各项指标及验收标准，包括项目所执行的技术标准和规范是否一致。 （2）是否遵守了项目所在地区的法律、法规及技术标准、规范。 （3）是否与其投标文件相关内容相一致。 （4）与参建单位的项目管理计划及其他质量管理文件一致

续表

事前控制工作项	事前控制工作内容
审查参建单位质量管理计划的全面性、针对性、协调性	(1) 项目质量计划的范围、工程特点及施工合同条件、法规条件、现场条件分析。 (2) 质量管理计划是否充分考虑了设计、施工、采购、试运行等的全过程质量管理与协调要求。 (3) 项目质量管理是否遵循持续策划、实施、检查、改进质量管理活动的过程。 (4) 项目质量总目标及分解目标，拟定的质量标准。 (5) 质量管理组织结构和职责、人员及资源配置计划。 (6) 确定施工工艺与操作方法的技术方案和施工任务的流程组织方案。 (7) 施工材料、设备物资等的质量管理及控制措施。 (8) 施工质量检验、检测、试验工作的计划安排及实施方法和准则。 (9) 施工质量控制重点部位是否明确，其控制的方式要求是否配套。 (10) 与其他参建单位交叉工作面质量保证措施。 (11) 质量记录文件和资料的管理。 (12) 产品标识、成品保护和不合格产品的管控。 (13) 项目质量计划的编制依据（技术标准、规范等）。 (14) 是否与该项目的其他管理计划相协调
审查参建单位是否建立健全质量管理相关制度	(1) 施工单位的技术交底制度。 (2) 施工单位材料进场检验制度。 (3) 施工单位的样板制度。 (4) 施工部位挂牌制度。 (5) 施工单位过程“三检”制度。 (6) 质量否决制度。 (7) 成品保护制度。 (8) 质量考核奖惩制度。 (9) 质量文件记录制度。 (10) 有关工程技术、质量的文件资料管理制度。 (11) 工程质量等级评定、核定制度。 (12) 培训上岗制度。 (13) 竣工服务承诺制度。 (14) 工程质量事故报告及调查制度

2. 施工过程中质量控制

在施工过程中，全过程工程咨询单位要狠抓施工单位对质量控制措施的落实，做到分工清晰，职责明确，措施到位。加强对监理单位的监督管理，要求监理单位严格按巡视、平行检查、旁站等方法对施工质量进行监督检查，严格按质量控制程序，对分部、分项、检验批、隐蔽工程和单位工程进行检查验收、签认。督促相关各方按规定及时见证取样抽检，及时做好质量管理资料的收集、整理和归档工作。具体内容如下。

(1) 对施工单位质量保证体系的运行情况监控。施工单位是否真正按质量管理体系文件执行。质量管理体系的运行是否发挥了良好的作用，有何不足和问题。如果达不到质量目标的要求，对该体系要进行持续改进和调整。

(2) 对关键质量点跟踪监控。监督检查关键工序施工过程中的操作人员、机械设备、材料、施工方法及工艺流程是否按规定执行，是否符合保证质量的要求。现场监督检查的方式有旁站与巡视检查以及平行检查。对于重要的工序和部位，要求进行旁站监督与控制，确保工程质量。

1）全过程工程咨询单位或专业咨询工程师（监理）应根据工程特点和施工单位报送的施工组织设计，确定旁站的关键部位、关键工序，安排监理人员进行旁站，并应及时记录旁站情况。

2）全过程工程咨询单位或专业咨询工程师（监理）应安排监理人员对工程施工质量进行巡视。巡视应包括以下主要内容。

a. 施工单位是否按工程设计文件、工程建设标准和批准的施工组织设计、（专项）施工方案施工。

b. 使用的工程材料、构配件和设备是否合格。

c. 施工现场管理人员，特别是施工质量管理人员是否到位。

d. 特种作业人员是否持证上岗。

3）全过程工程咨询单位或专业咨询工程师（监理）应根据工程特点、专业要求以及建设工程监理合同约定，对施工质量进行平行检验。

（3）认真处理工程变更，严格执行变更程序。施工过程中，由于前期勘察设计的原因，或由于外界自然条件的变化，探明的地下障碍物、管线、文物、地质条件不符，以及施工工艺方面的限制、投资人要求的改变，均会涉及工程变更。因此，做好工程变更的控制工作，也是施工质量控制的一项重要内容。

（4）做好施工过程中的检查验收工作。对于各工序完成后的成果和重要部位，应先由施工单位按规定自检，自检合格后，向监理单位提交《质量验收通知单》，经全过程工程咨询单位或专业咨询工程师（监理）检验确认合格后，才能进入下一道工序施工。

（5）工程质量问题和质量事故的处理。质量缺陷、质量事故是由各种主观和客观原因造成的，工程上出现的质量缺陷难以避免。当施工中发现质量问题时，应立即向施工单位发出通知，要求其对质量缺陷进行补救处理。当出现不合格产品时，全过程工程咨询单位或专业咨询工程师（监理）应要求施工单位拿出方案采取措施，实施整改，并跟踪检查，直到整改合格。交工后在质量责任期内出现质量问题时，监理单位应要求施工单位进行修补或返工，直到问题清除或投资人满意为止。

（6）下达停工和复工指令，确保工程质量。当施工现场出现下列情况之一时：质量异常情况，又未采取有效措施；隐蔽作业未经检验而擅自修改封闭；未经同意擅自修改设计或图纸；使用不合格的原材料、构配件等。全过程工程咨询单位或专业咨询工程师（监理）应下达停工指令，纠正之后下达复工指令。

（7）材料配合比的质量控制。施工过程中，均会涉及材料配合比、不同材料的混合拌制作业，如混凝土工程中，水泥、砂、石原材料的组成配合比，混凝土拌制的配合比；交通工程中路基填料的配合比及拌制；路面工程中沥青摊辅料的配合比等。由于不同原材料配合及拌制后的产品对最终工程质量有重要的影响，因此，监理单位要高度重视相关的质量控制工作。

为确保工程质量，要对工程材料、混凝土试块、砂浆试块、受力钢筋等进行取样送检制度。施工单位在取样时，要通知全过程工程咨询单位或专业咨询工程师（监理），在其监督下完成见证取样的工作，在见证条件下，将取样送实验室检验。

(8) 计量工作的质量控制。施工过程计量器具包括计量仪器、检测设备、称重衡器等。对于施工单位来说，从事计量作业的人员必须经过培训，并且具有一定的专业知识，操作方法得当，会处理和整理数据。监理单位要对操作人员技术水平进行审核，对计量作业结果进行评价和确认。

施工阶段的质量管理的事中控制内容见表 4-2。事中控制的控制重点见表 4-3。

表 4-2　质量管理的事中控制内容

事中控制	实施控制的内容
检查质量管理体系管理工作质量、评价管理体系管理工作质量；对存在的责任不落实、质量意识差等问题提出纠正要求	(1) 建立定期质量管理人员会议制度，分析评价当前质量管理中的问题，布置当前质量工作预控内容要点，确定落实的措施及要求。 (2) 协调处理施工中各参建单位交叉工作界面质量管理发生的矛盾等问题，减少界面质量责任不清。 (3) 查看质量职能部门是否按照预定的质量管理体系和管理计划实施了管理；质量管理人员管理是否到位，是否做到及时检查测量，严格掌握质量标准，坚决纠正质量偏差；分析评价质量计划中、特别是重要质量控制点、关键技术的质量措施落实问题。 (4) 通过一定数量、部位或阶段的质量管理结果判断质量管理体系的项目适用性和质量人员的职业水准；对于管理体系运行存在的问题提出纠正措施和要求。 (5) 对照施工设计修改或深化设计的图纸技术说明等设计文件、有关设计质量要求和强制性标准等相关规定，检查相对应的质量措施跟进和落实情况。 (6) 按照控制工作计划和有针对性地参与施工技术复核、计量检测、见证取样等活动，检查其质量管理的规范性、及时性、计划性；参加有关施工质量例会。 (7) 实施过程中的各项质量信息是否完整、连续、真实；信息传递流程是否畅通。 (8) 根据质量控制计划分阶段或定期分析工程质量信息，并提出分析报告及项目管理机构的意见，评价质量管理体系运行效果。 (9) 对发生的质量事件应对措施是否得当、及时，是否执行了预定程序

表 4-3　质量管理事中控制的控制重点

控制项目	控制重点内容
检查施工单位的技术交底制度	(1) 坚持以技术进步保证施工质量的原则。 (2) 施工单位技术部门应编制有针对性的施工组织设计，积极采用新工艺、新技术；针对特殊工序编制要有针对性的作业指导书。 (3) 每个工种、每道工序施工前要组织进行各级技术交底，包括项目技术负责人对作业长的技术交底、作业长对班组长的技术交底、班组长对作业班组的技术交底。 (4) 各级交底以书面进行。因技术措施不当或交底不清而引起质量事故的要追究有关部门和人员的责任
检查施工单位设备材料进场检查制度、使用流向登记管理制度	(1) 用于工程的钢筋、混凝土等建筑材料、构配件和设备应通过正常的采购渠道，并具有出厂合格证明、质检或试验记录等相关资料。 (2) 根据国家规范要求对使用材料分批分量进行抽查检验，检验见证取样过程、原料进场检验制度、编号、封存、记录、送检单位是否符合有关规定，抽检不合格的材料一律不准使用，并监督进行标识，隔离保存，不得再用。 (3) 建立设备材料流向跟踪登记管理制度，以便保证工程所用的所有原材料和设备从进场、检试验、领用直到使用部位都具有可追溯性

续表

控制项目	控制重点内容
检查施工挂牌制度	（1）主要工种如钢筋、混凝土、模板、砌砖、抹灰等，施工过程中在现场实行挂牌制度，注明管理者、操作者、施工日期，并做相应的图文记录。 （2）挂牌记录作为重要的施工档案保存，因现场不按规范、规程施工而引发质量事故的要追究有关人员的责任
抽查施工单位过程三检制度	（1）实行并坚持自检、互检、交接检制度，自检要做方案记录。 （2）隐藏工程要由项目技术负责人、质量检查员、班组长检查。并做出较详细的方案记录
检查质量否决制度	（1）对不合格分项、分部和单位工程必须进行返工，不合格分部工程不得进入下道工序。 （2）要追究不合格品作业组长和相关监管者的责任。有关责任人员要查出不合格品的原因，并采取必要的纠正和预防措施
检查成品保护制度	（1）要像重视工序的操作一样重视成品的保护，实际是否规定并正确执行了明确规定的成品保护办法，进行成品保护意识的培养。 （2）施工单位合理安排施工工序，避免对成品破坏和污染。减少工序的交叉作业上下工序的成品造成影响时，应征得上道工序操作人员及管理人员的同意，建立起如造成的损失由下道工序操作者及管理人员负责的成品保护赔偿制度等
检查质量文件记录制度	（1）质量记录是质量责任追溯的依据，力求真实和详尽，各类现场操作记录、质量检验记录等要妥善保管，特别是各类工序交接的处理，要详细记录当时的情况，理清各方责任。 （2）是否认真执行了质量文件记录制度
检查有关工程技术、质量的文件资料管理制度	（1）工程文件资料的完整是工程竣工验收的重要依据，由专职资料员整理、保管、存档，做到工程技术、质量保证资料及验收资料随工程进行。 （2）整理、存档情况是否标准规范
检查工程质量等级评定、核定制度	竣工工程首先由施工企业按国家有关标准、规范进行质量等级评定，然后报当地工程质量监督机构进行等级核定，合格的工程发给质量等级证书，未经质量等级核定或核定为不合格的工程不得交工
持证上岗、培训上岗制度	（1）核查按照规定应当持证上岗的有效上岗证。 （2）工程项目所有管理及操作人员经过业务知识技能培训，并持证上岗
工程质量事故报告及调查制度	工程发生质量事故，应立即向当地质量监督机构和建设行政主管部门报告，并做好事故现场抢险及保护工作，建设行政主管部门要根据事故等级逐级上报，同时按照“三不放过”的原则，负责事故的调查及处理工作。对事故上报不及时或隐瞒不报的要追究有关人员的责任
监督过程质量的验收	通过参加分项、分部工程的中间过程验收，进行抽样检验、操作依据及质量记录的检查，确认是否符合设计及验收标准的要求，考核施工综合质量管理的阶段性状况

3. 施工事后质量控制

各分部分项工程和结构主体工程、单位工程完工后，全过程工程咨询单位应督促监理单位、施工单位按国家或行业规定整理、归档有关资料，分部、分项、主体工程由监理主持组织验收，单位工程验收由全过程工程咨询单位主持组织各参建单位参加共同验收，确保工程质量符合国家验收标准。质量管理事后控制内容见表 4-4。

表 4-4　质量管理事后控制内容

事后控制	实施控制的内容
已完施工产品保护	适时检查对已经完成的成品是否明确实施成品保护的具体措施，如防护、覆盖、封闭、包裹等，对未实施保护或保护措施不当的，提出整改要求

续表

事后控制	实施控制的内容
施工质量检查验收	（1）确认工程质量检查验收所使用的标准先进和有效，并符合相关规定。 （2）按照施工质量验收统一标准的规定划分验收的批次、分项工程、分部工程及单位工程的施工质量验收，多层次设防把关，控制项目质量目标
不合格产品的处理	（1）对项目实施各阶段中发现的材料不合格品，应监督施工等有关单位及时进行标识，并应及时隔离和处置，防止使用到项目中，并保存不合格品处置的记录。 （2）各种不合格品的记录和报告，应传递到有关部门进行不合格原因的检测分析，制定纠正措施，防止同类不合格品的再次使用。 （3）修订同类产品质量管理办法，根据发生的原因完善和改进相关监控措施

质量控制的重点，是指工程质量控制管理中对后续工程质量影响大的因素，或是发生质量问题时危害大的因素，或是技术要求高、施工难度大的工程部位，或是产品质量不稳定容易发生质量通病的工序，以及设计采用的特种地基、特种结构等新材料、新技术的经验不足的情形，都应列为项目质量控制的重点。

工程质量控制重点的设置原则如下。

（1）采用新技术、新工艺、新材料的部位或环节。

（2）施工条件困难的和操作技术要求难度大的工序或环节，如复杂的曲线结构拼装、模板放样等。

（3）施工过程中技术要求高的关键环节，如预应力结构的张拉工序中张拉力的控制。

（4）施工中质量不稳定又不容易被直接发现的部位工序，如地下室、人防工程的防水层、屋面防水层等。

（5）对操作人员心理、身体素质或者技术要求较高的工序操作，如高温、高空、水下、危险作业、负责设备安装、重型构件吊装等。

（6）特殊气候对质量影响的因素，如高温或寒冷季节对浇筑混凝土采取的防裂、防冻、测温、施工缝处理等措施。

（7）大体积混凝土浇筑、特种混凝土的质量保证措施、大型屋架等构配件吊装等。

（8）大跨度或超高结构等技术难度大的施工环节，大孔性湿陷性黄土、膨胀土特殊地基的处理等。

（9）关键性的施工操作，工序之间的技术性间歇、施工过程中的观测数据等。

（10）质量通病易发的部位、设计变更频繁的部位。

（11）涉及多个参建单位交叉集中作业的部位。

（12）认为必要的重要控制点，如设备安装调试及装修中的质量控制确定的重点等。

4. 设置项目质量控制点

工程质量控制点是指对影响质量的关键部位、关键工序、重要环节或薄弱环节确定的重点控制对象，施工单位应设置质量控制点并制定相应的质量管理措施，项目管理机构应当检查施工单位对工程质量控制点的设置和执行措施的情况，相关人员应实施对控制点的监督。一般建筑工程质量控制点的设置见表 4-5。

表 4-5　**质量控制点的设置**

工程内容	质量控制点
工程测量定位	坐标控制网、标高控制点、定位轴线、基础标高、楼层标高垂直测量数据等
地基基础	基底标高、基坑钎探、基础尺寸、基础垫层标高、预埋件位置、预留洞等
模板	标高、空间尺寸、预留洞口和位置、预埋件位置、数量、模板支撑稳定性等
钢筋混凝土	钢筋品种、规格尺寸、搭接长度、钢筋焊接、保护层厚度、混凝土配合比、外加剂比例、施工缝位置、不同强度等级混凝土的浇筑位置、混凝土的测温等
砌体	砌体轴线、砂浆配合比、构造柱的连接方式、拉结构造筋位置、垂直度等
室内外装修	…
设备安装调试	参与设备和系统的单机和联动调试等

三、施工阶段质量控制程序

施工阶段质量控制程序如图 4-2 所示。

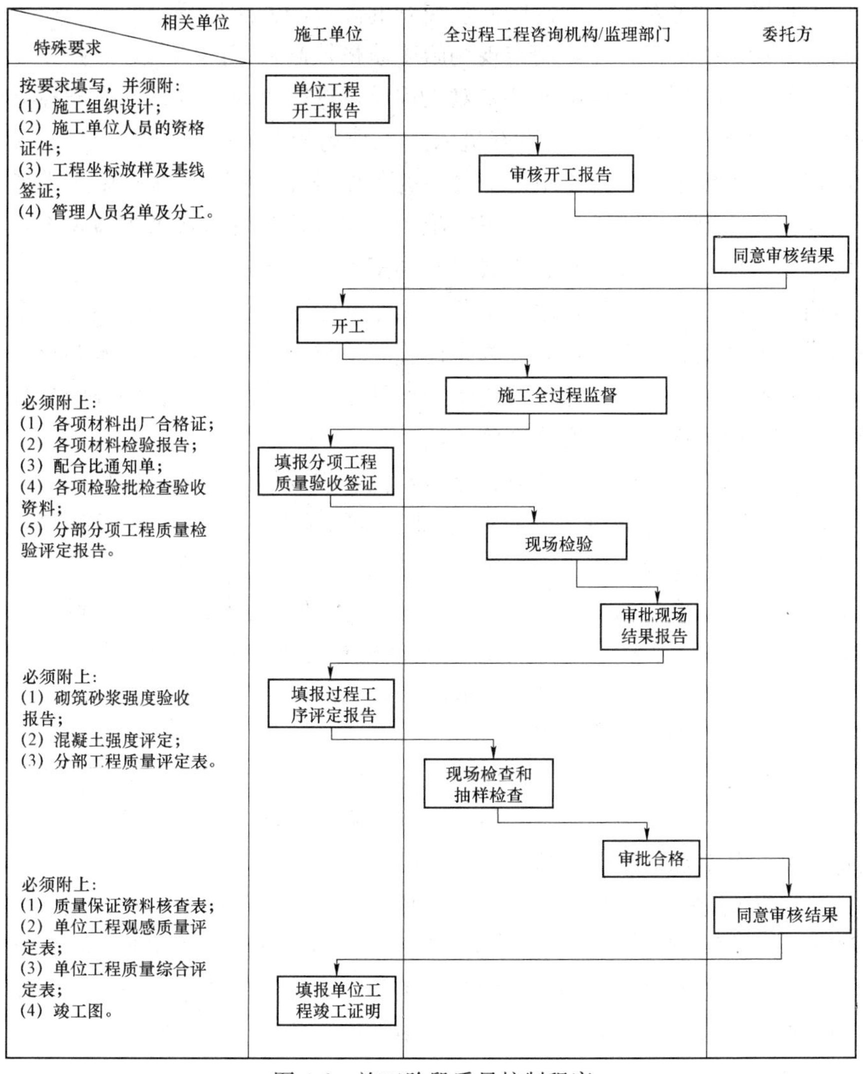

图 4-2　施工阶段质量控制程序

其中分包单位资质审查基本程序如图 4-3 所示。

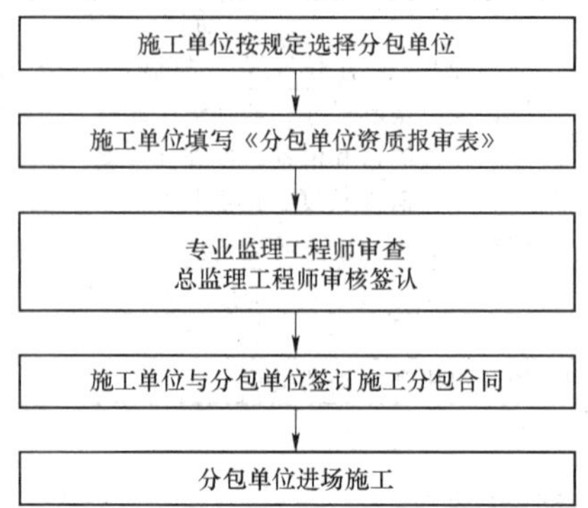

图 4-3　工程材料、构配件和设备质量控制基本程序

全过程工程咨询单位对施工阶段的质量控制的涉及的方法如下。

（1）制定质量监控工作程序，制定现场施工质量控制程序。

（2）开工前审核各项技术保障文件是对工程质量进行全面监督、检查与控制的重要程序（环节）。审核的具体内容如下：审查进入施工现场的各分包单位的资质、人员资格证明文件；审查施工承包单位的开工申请应具备的各项条件，检查、核实施工准备工作落实情况；核查承包单位提交的施工专项方案、施工组织设计等技术保障措施审批程序的合法性；审查施工单位提交的有关材料、半成品和构配件的质量证明文件。

（3）协调组织各种相关施工技术、工艺、质量问题的会议，如施工图会审会议、设计技术交底会议、地基基础处理会议等。为了使施工单位准确理解设计技术要求，全过程工程咨询单位或专业咨询工程师（监理）要组织设计、施工、监理等相关部门参加会议，以便有效准确地按照设计规范、标准开展施工活动。

（4）对进场的原材料、构配件和设备进行监控。进场的原材料、构配件和设备经施工单位自检后，全过程工程咨询单位或专业咨询工程师（监理）对检查合格产品进行审核。凡是不合格的不能进入现场，更不得在施工中使用。

（5）认真进行现场质量监督检查，施工中各工序、工艺是否按照方案实施，重要工序、关键部位是否旁站监督控制，坚持施工方自检和专项检查——抽检、平行检、巡检、预检的原则，强化施工过程中的隐蔽检查验收工作，通过施工方的自检和专项检查，发现质量问题，及时处理，消除质量隐患。

（6）制定工程质量控制方案措施，明确各分部、分项工程保证质量的措施及质量控制重点，按照管理程序——实施、检查、纠正、再检查、验收才能进入下道工序的循环，不断克服质量的薄弱环节和通病、缺陷、隐患，以促进工程质量的提高。

（7）按照国家各项施工验收规范，各项质量检验标准和设计的要求，对分部、分项、重点部位、关键部位、结构安全、使用功能原材料等项进行质量的检验评定和取样抽检评定。

（8）工程质量追踪回检，对完成后的各项工作及工程交付使用后要进行回访，检查工程质量的变化情况，及时收集质量信息，由于施工原因造成的质量问题，要认真处理，不断总结，提高工程质量水平。

四、施工质量管理注意事项

（1）施工承包商对施工质量负责。工程施工中的质量控制属于生产过程的质量控制，不仅要保证工程的各个要素符合规定要求，而且要保证各个部分的成果，即分部分项工程符合规定要求，还要保证最终整个工程符合质量要求，这个阶段质量控制的对象是承（分）包商、供应商或工程项目部，重点是对他们管理保证体系的完善和运行进行控制。

（2）在工程施工过程中，如果出现问题，质量目标最容易受到损害，投资人、承包商、供应商等忽略质量目标，项目管理对此要有充分的认识，并做好应对准备措施。

（3）确定质量控制程序，明确权利和责任，必须向实施者落实质量责任，灌输质量意识。质量控制的关键因素是实施者，所以投资人与全过程工程咨询单位应高度重视对承（分）包商、供应商的选择。

（4）各项施工任务完成后应督促施工单位、监理单位及时完善质量保证文件。

五、施工质量成果范例

关于施工质量计划实施涉及的成果性文件比较多，现给出项目管理单位考核内容、中间检查交接记录表、不合格项目提出及处理通知单的成果性文件，具体见表4-6～表4-8。

表4-6　　项目管理单位考核内容

工程名称：　　　　编号：

考核人：			日期：　年　月　日		
分类	项目	主要检查内容	评估标准	情况分析	得分
质量控制	预控措施	管理规划、实施细则的编制全面、实际，目标明确	根据目标控制的设置，措施到位的情况：得0～10分		
		是否对关键部位进行了质量预控，并要求各参建单位加强了管理	根据对关键部位质量预控的具体措施：得0～10分		
		审查各参建单位设计（方案）是否可行、认真，监督其落实	根据设计（方案）落实的情况、效果考核：得0～10分		
		审查各参建单位的质量管理体系健全、可靠	根据质量管理体系设置的情况：得0～10分		
	过程检查	对进场材料、设备进行检查，主要查程序合法、资料真实有效	检查进场材料、设备管理情况：得0～10分		
		对隐检、验收工序是否进行了检查	根据对隐检、验收工序检查的情况：得0～10分		
		对要求旁站的部位进行监督	根据是否坚持旁站监督，并对监督的情况检查：得0～10分		
		对特殊工种人员持证上岗是否进行了检查	根据特殊工种持证上岗的情况检查：得0～10分		
	事后控制	检验批验收制度的执行情况	根据对检验批验收执行情况：得0～5分		
		是否按备案制的要求进行管理归档文件的建档工作，文件的处理是否及时	根据文件的建档、处理、整理情况：得0～5分		
		是否及时检查各参建单位的质保资料整理情况，达到了真实、完整的要求	根据各参建单位的质保资料整理情况：得0～5分		
		对需整改的项目是否及时进行了跟踪落实	根据整改项目的情况：得0～5分		

表 4-7 **中间检查交接记录表**

表 D1-4 编号：

工程名称			
交接部位		交接日期	年　月　日
交接简要说明			
遗留问题	经移交，接收和见证三方单位共同检查： 符合设计要求和规定，验收合格，同意移交		
签字栏			

本表由交接单位和接受单位各保存一份。

表 4-8 **不合格项目提出及处理通知单**

工程名称： 编号：

施工单位：________________

监理单位：________________

<table>
<tr><td rowspan="4">提出</td><td colspan="2">发现日期</td><td></td><td rowspan="2" colspan="2">结构　系统　设备
☐　☐　☐</td><td rowspan="2" colspan="3">问题类别：
设计　设备　施工　调试　其他
☐　☐　☐　☐　☐</td></tr>
<tr><td colspan="2">发现地点</td><td></td></tr>
<tr><td colspan="2">情况概要及处理建议</td><td colspan="6"></td></tr>
<tr><td colspan="3">提出单位：</td><td colspan="2">提出人：</td><td colspan="3">签发：　年　月　日</td></tr>
<tr><td rowspan="6">受理</td><td colspan="3">责任单位：</td><td colspan="5">责任单位负责人签字：　年　月　日</td></tr>
<tr><td rowspan="3">监理部</td><td rowspan="3" colspan="2">不合格项目类别：
A　B　C　D</td><td rowspan="3" colspan="2">处理类别：
处理　停工处理　紧急处理
☐　☐　☐</td><td colspan="3">监理单位：</td></tr>
<tr><td colspan="3">监理组长：</td></tr>
<tr><td colspan="3">总监理师：</td></tr>
<tr><td rowspan="2">投资人</td><td rowspan="2" colspan="2"></td><td rowspan="2">会签</td><td>单位</td><td>负责人</td><td colspan="2">备注</td></tr>
<tr><td></td><td></td><td colspan="2"></td></tr>
<tr><td rowspan="4">处理</td><td colspan="8">处理方案：</td></tr>
<tr><td colspan="8">处理过程及结果：</td></tr>
<tr><td colspan="3">处理班组：</td><td colspan="2">技术负责人：</td><td colspan="3">单位质检：</td></tr>
<tr><td colspan="3">设计部门：</td><td colspan="2">监理部：</td><td colspan="3">建管单位：</td></tr>
<tr><td rowspan="3">验收</td><td colspan="5">验收结果：
优秀　良好　合格　不合格
☐　☐　☐　☐</td><td colspan="3">验收说明：</td></tr>
<tr><td>责任单位</td><td colspan="2"></td><td>设计部门</td><td></td><td>监理部</td><td colspan="2"></td></tr>
<tr><td>投资人单位</td><td colspan="2"></td><td>质监部门</td><td></td><td></td><td colspan="2"></td></tr>
</table>

注　本表由监理单位填写一式四份，审核后投资人、建管、监理、施工单位各留一份。

第二节　施工质量验收

一、施工质量验收依据

各参建单位必须按现行《中华人民共和国建筑法》《建设工程质量管理条例》以及有关规定，确保建设项目建筑工程质量达到《建筑工程施工质量验收统一标准》（GB 50300—2018）的要求，验收合格并交付使用，依据如下。

（1）施工合同和施工图设计文件。

（2）施工质量验收标准和验收规范。

（3）建设工程相关的法律、法规、管理标准和技术标准。

二、施工质量验收内容

根据《建筑工程施工质量验收统一标准》（GB 50300—2018）规定，验收是指建设工程质量在施工单位自行检查合格的基础上，由工程质量验收责任方组织，工程建设相关单位参加，对检验批、分项、分部、单位工程及其隐蔽工程的质量进行抽样检查，对技术文件进行审核，并根据设计文件和相关标准以书面的形式对工程质量是否达到合格标准做出确认。其内容见表 4-9。

表 4-9　施工质量验收的内容

验收划分	符合验收要求
检验批	（1）主控项目和一般项目的质量经抽样检验合格。 （2）具有完整的施工操作依据、质量检查记录
隐蔽工程	要求施工单位首先应完成自检并合格，然后填写专用的《隐蔽工程验收单》
分项工程	（1）所含的检验批均应符合合格质量的规定。 （2）所含的检验批的质量验收记录应完整
分部（子分部）工程	（1）所含的检验批均应符合合格质量的规定。 （2）质量保证资料应完整。 （3）地基基础、主体结构、各项子分部工程的评（估）定报告文件。 （4）设备安装等分部工程有关安全和功能的检验和抽样检测结果应符合有关规定
单位（子单位）工程	（1）所含分部（子分部）工程的质量均应验收合格。 （2）质量保证资料应完整。 （3）所含分部工程有关安全和功能的检测、检验资料应完整。 （4）主要功能项目的抽样结果应符合相关专业质量验收规范的规定。 （5）感官质量验收应符合要求。 （6）各参建责任主体单位对单位（子单位）工程的质量评价、评估文件

检验批和分项工程是质量验收的基本单元；分部工程是在所含全部分项工程验收的基础上进行验收的，在施工过程中随时完工随时验收，并留下完整的质量验收记录和资料；单位工程作为具有独立使用功能的完整的建筑产品，进行竣工质量验收。

施工过程的质量验收包括以下验收环节，验收后留下完整的质量验收记录和资料，为工程项目竣工质量验收提供依据。

1. 检验批质量验收

所谓检验批是指“按同一的生产条件或按规定的方式汇总起来供检验用的，由一定数量样本组成的检验体”。检验批是工程验收的最小单位，是分项工程乃至整个建筑工程质量验收的基础。

检验批应由监理工程师组织施工单位项目专业质量检查员、专业工长等进行验收。

检验批质量验收合格应符合以下规定。

（1）主控项目的质量经抽样检验均应合格。

（2）一般项目的质量经抽样检验合格。

（3）具有完整的施工操作依据、质量验收记录。

主控项目是指建筑工程中的对安全、节能、环境保护和主要使用功能起决定性作用的检验项目。主控项目的验收必须从严要求，不允许有不符合要求的检验结果，主控项目的检查具有否决权。除主控项目以外的检验项目称为一般项目。

2. 分项工程质量验收

分项工程的质量验收在检验批验收的基础上进行。一般情况下，两者具有相同或相近的性质，只是批量的大小不同，分项工程可由一个或若干检验批组成。

分项工程应由专业监理工程师组织施工单位项目专业技术负责人等进行验收。

分项工程质量验收合格应符合以下规定。

（1）含检验批的质量均应验收合格。

（2）所含检验批的质量验收记录应完整。

3. 分部工程质量验收

分部工程的验收在其所含各分项工程验收的基础上进行。

分部工程应由总监理工程师组织施工单位项目负责人和项目技术负责人等进行验收；全过程工程咨询单位或勘察、设计负责人和施工单位技术、质量部门负责人应参加地基和基础分部工程验收；全过程工程咨询单位或专业咨询工程师（设计）负责人和施工单位技术、质量部门负责人应参加主体结构、节能分部工程验收。

分部工程质量验收合格应符合以下规定。

（1）所含分项工程的质量均应验收合格。

（2）质量控制资料应完整。

（3）有关安全、节能、环境保护和主要使用功能的抽样检验结果应符合相应规定。

（4）观感质量应符合要求。

三、施工质量验收程序

施工质量验收是对已完成工程实体的内在质量和外观质量按规定程序检查后，确认其是否符合设计及各项验收标准的要求。它是可交付使用的重要环节，按照施工验收的检查、处置、验收、再检查、验收的循环方式进行，保证项目质量的目标。其验收程序如图 4-4 所示。

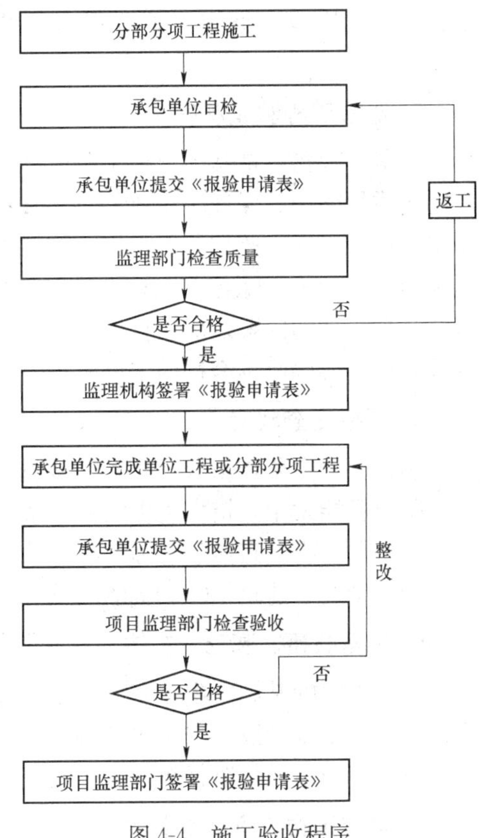

图 4-4　施工验收程序

（1）施工过程中，隐蔽工程在隐蔽前施工单位首先进行自检，合格后通知投资人或专业咨询工程师（监理）进行验收，并形成验收文件；分部分项工程完成后，施工单位首先进行自检，合格后通知投资人或专业咨询工程师（监理）进行验收，重要的分部分项工程应请设计部门参加验收；单位工程完成后，施工单位、监理单位应自行组织初验、评定，符合验收标准的规定后，向投资人提交验收申请。

（2）全过程工程咨询单位收到验收申请后，应组织施工、设计、监理、勘察相关部门等方面的人员进行单位工程验收，明确验收结果，并形成验收报告。

（3）按国家现行管理制度，房屋建筑工程及市政基础设施工程验收合格后，尚需在规定的时间内，将验收文件报政府管理部门备案。

按照国家施工及验收规范《建筑工程施工质量验收统一标准》（GB 50300—2018），对质量标准规定的检查项目，应用规定的方法和手段对原材料、成品、半成品、构配件、设备、隐蔽工程，分部、分项工程，单位工程进行质量检查、检测，并与质量标准的规定相比较，以确定质量是否符合要求。

1. 原材料、成品、半成品、各种加工预制品、设备的检查验收制度

原材料、设备、产品质量的优劣是保证工程质量的基础，订货时应依据质量标准签订合同，必要时应先鉴定样品，经鉴定合格的应予封存，作为原材料、构件、配件的验收依据，必须是符合质量标准和设计要求的方可使用。

2. 在施工过程中坚持施工方的自检、交接检和监理方的检查制度

按照“谁施工谁负责”的质量原则，所有的生产操作施工方必须对本单位的施工质量负责，完成和部分完成工作任务时，应及时进行自检，如有不合格项目及时返工处理，达到合格标准，才能申报监理方进行检查，隐蔽验收，经施工单位、监理单位以及其他相关部门共同检查、验收确认合格后，方可进入下道工序或进行隐蔽。

项目监理单位发现施工存在质量问题的，或施工单位采用不适当的施工工艺，或施工不当导致工程质量不合格的，应及时签发监理通知单，要求施工单位整改。整改完毕后，项目监理机构应根据施工单位报送的监理通知回复单对整改情况进行复查，提出复查意见。

3. 隐蔽工程验收制度

隐蔽工程指将被其他分项工程所隐蔽的分项工程或分部工程。坚持隐蔽工程验收制度是防止质量隐患、保证工程质量的重要措施。重要的隐蔽工程项目如：基底基槽、基础、防水工程等，应由监理单位主持，施工项目的技术负责人、设计、地勘、质量监督部门共同参与进行验收，隐蔽工程验收后，应办理验收手续，列入工程档案。对验收中提出的不符合质量标准的问题，应认真处理，经复核合格写明处理情况后，才能通过。未经隐蔽工程验收程序或验收不合格的工程不得进行下道工序施工。

4. 预检复查制度

预检复查主要指该分项工程在未施工前所进行的预先检查。预检复查是保证工程质量、防止可能发生差错发生重大质量事故的重要措施，一般由监理单位主持，施工责任工长、质量员、有关班组长参加。预检复查项目主要有建筑位置放线测量、建筑轴线、模板、墙体轴线、建筑±0.00标高及各层标高水平线等。

5. 地基验槽、基础、主体、特殊分部分项工程检查验收制度

单位工程的基础、主体完成后必须进行验收方可进行工程施工装修、安装施工。主体结构验收可以分阶段、分层次进行。验收由总监理工程师主持，施工、设计、地勘单位项目负责人参与；质量监督部门见证核查。

6. 单位工程检查验收制度

工程项目按照设计施工图纸、施工规范完成后，施工单位应组织有关人员进行自检。全过程工程咨询单位或专业咨询工程师（监理）的总监理工程师应组织各专业监理工程师对工程质量进行竣工预验收。存在施工质量问题时，应由施工单位及时整改。整改完毕后，由施工单位向投资人提交工程竣工报告，申请工程竣工验收，预验收合格后，上报咨询单位。咨询单位收到工程竣工报告后，应由咨询单位项目负责人组织监理、施工、设计、勘察等单位项目负责人进行单位工程验收。验收时要求所有的施工质保资料、检验、检测资料、各项原材料合格资料报告、施工竣工资料齐全完整。设计部门、地勘单位对该项目的质量评价意见；监理单位对该项目的施工、质量评估报告。验收必须资料齐全完整，且通过各方签字才能交付使用。以上资料进入工程档案一并归档。

四、施工质量验收注意事项

必须注意的是，由于分部工程所含的各分项工程性质不同，因此它并不是在所含分项验收基础上的简单相加，即所含分项验收合格且质量控制资料完整，只是分部工程质量验收的基本条件，还必须在此基础上对涉及安全、节能、环境保护和主要使用功能的地基基础、主体结构和设备安装分部工程进行见证取样试验或抽样检测；而且还需要对其观感质量进行验收，并综合给出质量评价，对于评价为“差”的检查点应通过返修处理等方法进行补救。

其中，施工过程质量验收不合格的处理措施有以下几种。

（1）实施过程的质量验收是以检验批的施工质量为基本验收单元。检验批质量不合格可能是由于使用的材料不合格或施工作业质量不合格，或质量控制资料不完整等原因所致，处理方法如下。

1）在检验批验收时，发现存在严重缺陷的应推倒重做，有一般的缺陷可通过返修或更换器具、设备消除缺陷经返工或返修后应重新进行验收。

2）个别检验批发现某些项目或指标（如试块强度等）不满足要求难以确定是否验收时，应请有资质的检测单位检测鉴定，当鉴定结果能够达到设计要求时，应予以验收。

3）当检测鉴定达不到设计要求，但经原设计单位核算认可能够满足结构安全和使用检验批的，可予以验收。

（2）严重质量缺陷或超过检验批范围内的缺陷，经法定检测单位检测鉴定以后，认为能满足最低限度安全储备和使用功能的，则必须进行加固处理，经返修或加固处理分项分部工程，满足安全及使用功能要求时，则可以按技术处理方案和协商文件的要求予以验收，责任方应承担经济责任。

（3）通过返修或加固处理后仍不能满足安全或重要使用要求的分部工程及单位工程，严禁验收。

五、施工质量验收成果范例

关于工程检验批划分及验收计划和隐蔽工程验收记录的成果性文件表格见表 4-10～表 4-12。

表 4-10　　工程检验批划分及验收计划

项目名称：　　编号：

<table>
<tr><td colspan="2">工程名称及编码</td><td colspan="5"></td></tr>
<tr><td colspan="2">项目基本情况</td><td colspan="5"></td></tr>
<tr><td>序号</td><td>检验批名称</td><td>检验批编号</td><td>验收部位</td><td>划分及验收依据</td><td>验收时间</td><td>验收人</td></tr>
<tr><td></td><td></td><td></td><td></td><td></td><td></td><td></td></tr>
<tr><td></td><td></td><td></td><td></td><td></td><td></td><td></td></tr>
</table>

编制		审核		批准	
时间		时间		时间	

表 4-11　　隐蔽工程质量验收记录表

验收执行规范编号 GB 50411—2019

<table>
<tr><td colspan="2">单位（子单位）工程名称</td><td></td><td>分项工程名称</td><td></td></tr>
<tr><td colspan="2">分部（子分部）工程名称</td><td>建筑节能</td><td>隐蔽工程项目</td><td></td></tr>
<tr><td colspan="2">施工单位</td><td></td><td>项目经理</td><td></td></tr>
<tr><td colspan="2">分包单位</td><td></td><td>分包负责人</td><td></td></tr>
<tr><td colspan="2">施工执行标准名称及编号</td><td colspan="3">建筑节能工程施工质量验收规范（GB 50411—2019）</td></tr>
<tr><td colspan="2">隐蔽工程部位</td><td>施工质量验收规范的规定
（质量要求）</td><td>施工单位检查记录</td><td>监理（建设）
单位验收记录</td></tr>
<tr><td colspan="2" rowspan="4"></td><td></td><td></td><td rowspan="4"></td></tr>
<tr><td></td><td></td></tr>
<tr><td></td><td></td></tr>
<tr><td></td><td></td></tr>
<tr><td rowspan="2">施工
单位
自查
结论</td><td>专业工长（施工员）</td><td></td><td>施工班组长</td><td></td></tr>
<tr><td colspan="4">项目专业质量检查员：　　　　年　月　日</td></tr>
<tr><td>监理
部门
或投
资人
复查
结论</td><td colspan="4">专业监理单位（投资人项目专业技术负责人）：　　　　年　月　日</td></tr>
</table>

表 4-12　**监 理 通 知 单**

工程名称：　　　　　　　　　　　　　　　　　　　　　　　　　编号：

致：________________（施工项目经理部） 事由：________________ ________________ ________________   内容：________________ ________________ ________________   项目监理机构（盖章） 总/专业监理工程师（签字） 年　月　日

注　本表一式三份，项目全过程工程咨询单位或专业咨询工程师（监理）、投资人、施工单位各一份。

第三节　施工质量控制的重点与难点分析

一、建筑智能化系统工程的实施要求

建筑智能化工程就其本身而言首先是一项建设工程，其次才是智能化系统。因此，必须要像普通的建设工程那样进行投资、决策、规划、设计、施工。但是作为智能化工程，又与传统的建筑机电系统有所区别，不仅要与机电系统、土建、装饰灯专业进行协调，就其自身内部各个子系统之间也需要相互协调。因此，在系统的实施过程中，对系统的规划设计、施工及管理等方面提出了更高的要求。就系统的施工而言，主要要注意如下若干问题：

1. 管道预埋

在建筑智能系统安装工作中，预埋管道施工的工作量所占份额最大，占整个安装工作量的一半以上。由于预埋管道的质量是否达标对日后的线缆敷设、设备安装的质量与工作量有着直接的影响。因此在施工中应注意以下几点。

（1）施工前期，若发现某些重要部位，如进户总管、竖井穿楼板过梁等处，应多预埋管道或预留洞口，但是在设计中由于种种原因未有体现的，施工单位应当建议增设预埋管和多预留洞口，便于将来线缆增加或功能扩展。

（2）与土建专业配合施工时，应牢牢把握精简可靠原则。在不影响土建结构的情况下，要尽量避免卫生间、厨房的防水部位等结构的薄弱处，以防止结构薄弱处的各种损毁对设备造成损伤，影响智能化系统运行的稳定和可靠性。

（3）与给排水、暖通、电气管道等专业平行或交叉施工时，应注意做好屏蔽、防水、防潮等工作，要按照规范要求保持一定的间距，并尽量布置在上方，同时保护层的厚度要不小于 15mm。

（4）为了防止一些杂质或者水汽进入管道给后续的布线带来障碍，管道预埋完后应当将管道口进行封堵保护，管道弯曲处以及比较长的管道中间，为了将来布线方便，要加设过线盒。

（5）由于管道大多数属于隐蔽工程，因此，在施工中不管出于何种原因导致实际预埋的管道与原设计图纸不一样时，都应当在施工后进行标注，便于将来的管道维护。

2. 线路敷设

在敷设线路的时候除了要注意线缆的型号、规格是否与设计相符外，同时布线要自然平直，不得有扭绞、打圈等现象，否则会导致信号严重衰减。同时为了保证信号良好，线缆中间不得有接头，如单根线缆的长度确实超过市场供应的统一长度，那么中间应当用转接配件加以连接。为了不造成混淆，便于以后的安装维护，线缆两端要用标签编号标明，并且要边施工边做好标记。另外，线缆终接的余量应当按照设计及规范要求给予充分预留，便于设备的安装维护，如果线缆没有充分预留，那么整根线缆都要重新敷设，耗时耗材费力。

3. 安装设备

安装设备的时候除了检查设计及合同规定的厂家、型号、规格以及性能等一般性的问题外，安装时特别需要注意设备的安装位置与标高应符合设计与规范要求，垂直偏差应在 3mm 以内，水平偏差在 2mm 以内，注意保护设备表面以及各种零件，要保证标志的完整清晰，并按要求就近做好接地连接，要保障各类线缆跳线和接插件接线无误，接触良好，标志齐全。同时，为了便于调试，各种设备标识以及端接线缆的来龙去脉应标注清晰。

4. 系统调试

为了保证建筑智能化系统能够安全可靠地运行，性能达到设计的技术要求，在系统投入运行前要对线路、各个子系统工程设备、系统接地进行调试以及整个系统的开通进行联动试验。由于调试开通的质量和速度取决于管线敷设及设备安装的质量，因此，调试开通前必须向各子系统功能所要求的线路进行测试，查看导线上的标志与施工图上的标志是否吻合，对子系统工程的设备现场进行模拟联动试验，联动试验无问题后，再从控制中心对各个设备进行手动或自动操作系统进行联调。

二、质量控制措施

1. 参与设计交底和图纸会审工作

在施工前，应熟悉施工图纸，力争在设计交底会上解决图纸存在的各项问题，如智能化系统中各种线路的敷设方式及走向，以及与其他专业在空间上的协同等问题。如发现设计中有漏项或不符合规范要求，如室内线路没有遵循暗敷原则，各专业线路没有遵循避让原则等问题，在图纸会审时要及时指出以便设计方修改完善。

2. 做好施工协调工作

做好施工协调工作非常重要，关键要做好下列几方面工作：首先要做好交接工作，为此，专业队伍要适时增加人力，集中扫管，办理交接手续；其次要分清专业施工界面，尤其现代化的智能建筑，往往是强电和弱电直接相互交错，因此，在设计的时候，应当标明哪些属于强电施工，哪些属于弱电施工，使得双方均有理有据，区分开来；再次跨专业之间的施工、调试，要耐心磨合，交错施工，要对其进行仔细的分析，统筹协调，从而使得各专业施工逐步适应计划，提高施工质量。

3. 做好设备环节的检查、安装工作

对于智能建筑的智能化系统来说，配电装置、各种线缆以及配电箱在整个系统中起着至关重要的作用。配电装置是整个系统的核心，为各个智能装置提高电能，各种线缆则犹如人的血管，电能以及各种信号只有经过电线或光纤才能输送至终端设备，而配电箱则是整个电力负荷现场的直接控制器。因此，对于配电装置，从设备进货到安装调试，都要严格按照规范进行验收并安装设计图纸进行施工，由于在实际工程中常出现配电装置的整定电流不符合实际要求的情况，对此应当加倍重视。对于各种线缆，如电缆、光纤等，应分门别类地严格审查，否则就会导致施工混乱，造成运行中的信号中断，甚至导致电线过热，发生危险。对于配电箱来说，由于工程中配电箱型号复杂、数量多，箱内原理复杂，施工单位在订货及施工时应当考虑到相关专业功能的需要，对配电进行严格的技术审核，确保电气设备上下级容量的配合。

4. 智能设备的安装

智能建筑内的各种智能设备，由于具有比较强的专业性，因此，每个子系统都应当有专门的技术人员进行安装调试。对此，监控管理人员在抓好管线、线槽施工质量的同时，应着重对系统设备的功能进行监控，以防止施工方随意减少测控点功能，保障智能建筑具有合同规定的各项功能。

总之建筑的开发应用涉及许多学科，它是一项复杂的系统工程，其质量的好坏，不仅取决于设备的质量，更取决于人员的施工水平及素质，施工人员在施工时必须要牢牢领会其施工的一般要求，并且采取多种措施严格质量监控和现场管理，只有这样，才能使得各系统达到预定目标，发挥其应有的作用。

第四节 建设工程全过程施工质量控制管理规定（T/ZSQX 002—2018）

一、基本规定

1. 一般规定

（1）建设工程应实行项目法人责任制，且宜实行工程总承包（EPC）。

（2）建设工程应依据国家有关规定施行招标投标制，项目法人应遵循公开、公平、公正的原则，择优确定项目EPC、监理单位，以及勘察、设计、施工、监测、调试、设备供应等单位或其他中介服务组织。

实行EPC的工程，EPC单位亦应遵循公开、公平、公正的原则，择优确定项目的勘察、设计、施工、监测、调试、设备供应等单位或其他中介服务组织。

（3）建设工程应严格按国家法律组织工程招标投标，招标投标确定的中标价格应满足合理造价要求。

（4）建设工程应确定具有科学依据的合理工期，重大建设工程应就建设工期开展专项研究，并对研究结果组织设计、监理、施工等各方专家进行论证；建设工程应严格执行合理工期，严肃工期调整，当涉及重大工期调整时须由建设单位重新组织专家进行论证。

（5）参与工程建设的EPC、监理、勘察、设计、施工、监测、调试等单位和其他中介服务组织应按国家或行业的规定取得相应的资格。

（6）建设工程应严格执行基本建设程序，坚持先勘察、后设计、再施工的建设顺序原则。

（7）建设工程应当接受工程所在地或工程所属行业的建设行政主管部门及其质量监督机构的质量监督，压力管道、压力容器等特种设备安装工程还应接受工程所在地或工程所属行业特种设备主管部门及其质量监督机构的监督检验，不得拒绝或者阻碍建设工程质量监督检查人员依法履行职责。

（8）建设工程应严格执行相关标准，不得违反工程建设标准强制性条文的规定。

（9）提倡通过技术创新提高工程质量，鼓励建设工程积极开展有利于保障工程质量的新技术、新材料、新设备、新工艺的研发和推广应用。

（10）建设单位应积极主导建设工程开展工程质量创优、创奖活动和QC小组活动。

（11）建设工程应贯彻国家节能减排的战略方针，积极推行绿色建造，提倡节能、节水、节地、节材及环境保护的设计优化和施工技术方案的优化管理。

（12）建设工程宜实行质量保险制度，防范和化解工程质量风险。

2. 质量目标管理

（1）建设工程应有明确的质量目标，其总体质量目标应由建设单位在工程立项批准后即予以确定。

（2）建设单位应通过工程招标文件，将建设工程的总体质量目标告知参与投标的EPC、监理、勘察、设计、施工、监测、调试等单位，并通过中标后签订的合同将建设工程的质量目标进行分解。参与工程建设的各单位应根据建设工程的总体质量目标及合同的约定，确定各自相应的质量目标。

（3）工程总体质量目标的设定应体现明确性、可衡量性、可行性和时限性要求。

（4）质量目标管理应以过程控制为核心，建设单位应在工程建设的各个阶段，对建设工程的EPC、监理、勘察、设计、施工、监测、调试等单位对质量目标的贯彻落实情况予以考核管理。

3. 质量管理体系

（1）建设工程项目法人应建立质量管理体系，并保证质量管理体系的有效运行和持续改进。

实行EPC模式的建设工程，EPC企业亦应建立EPC项目质量管理体系，并保证体系有效运行和持续改进。

（2）建设工程项目法人应通过与勘察、设计、施工、监理、监测、调试等单位签订的合同；EPC企业应通过与勘察、设计、施工、监理、监测、调试等单位签订的合同，使建设工程项目法人或EPC企业的项目质量管理体系覆盖勘察、设计、施工、监理、监测、调试等工程建设全过程的各个专业和各个环节。

（3）勘察、设计、施工总承包、施工专业分包、监理、监测、调试等单位的项目部或项目团队均应建立质量管理体系，并保证体系的有效运行和持续改进。

勘察、设计、施工总承包、施工专业分包、监理、监测、调试等单位的项目部或项目团队的质量管理体系应与建设工程项目法人或EPC企业项目部的质量管理体系相互衔接。

（4）建设工程各质量责任主体单位的项目质量管理体系均应以项目负责人为核心。

（5）建设工程各质量责任主体单位的项目质量管理体系应覆盖“人、机、料、法、环”等全部质量要素，并形成质量保证体系。

（6）施工企业的项目部应建立以项目质量总监为核心的质量监督管理体系，并保证质量监督管理的独立性和权威性。

（7）施工总承包单位应将全部分包单位纳入统一的项目质量管理体系，执行统一的质量管理制度。建设、监理单位应支持施工总承包单位的统一管理。

4. 质量管理职责

（1）建设工程应落实工程质量终身责任制。

（2）建设单位对建设工程的质量承担首要责任，建设工程项目法人应对建设工程的质量管理负总责，并应做好且不限于以下各项质量管理工作。

1）建立项目法人项目部的质量管理体系，并保证体系的有效运行和持续改进。

2）依法选择EPC、勘察、设计、施工、监理、监测、试验（检测）、调试单位和材料、物资、设备的供应商。

3）依法发包工程的施工，不得违法肢解发包工程。

4）与勘察、设计、施工、监理、监测、试验（检测）、调试等单位及物资供应商分别签订工程建设合同，实行合同管理。

5）建立杜绝低于成本价中标的机制，并且在合同实施过程中不得随意降低合同价格。

6）当两个及以上设计单位在同一工程项目服务时，应确定一家设计单位负责整个工程设计的总体协调。

7）建立项目档案管理制度，组织收集、整理、归档建设项目文件。

8）工程开工前应做好以下准备工作。

a. 对工程建设过程中可能存在的重大质量风险进行全面评估，并将评估结论作为设计调整和审定施工方案的重要依据。

b. 针对重大质量风险，编制专项方案和保证措施，同时根据专项方案和保证措施计提一定比例的风险费用。

c. 向相应的质量监督机构办理工程质量监督手续。

9）定期审核 EPC、监理、施工项目部质量保证体系的有效运行情况。

10）积极采用先进的技术、管理手段进行全过程质量控制。

（3）当工程建设实行 EPC 时，EPC 单位应对建设工程的质量管理全面负责，并应做好且不限于以下各项质量管理工作。

1）建立 EPC 项目部的质量管理体系，并保证体系的有效运行和持续改进。

2）依法选择勘察、设计、施工、监测、试验（检测）、调试单位和材料、物资、设备的供应商。

3）依法发包工程的施工，不得违法肢解发包工程。

4）与勘察、设计、施工、监测、试验（检测）、调试等单位及物资供应商分别签订工程建设合同，实行合同管理。

5）建立杜绝低于成本价中标的机制，并且在合同实施过程中不得随意降低合同价格。

6）当两个及以上设计单位在同一工程项目服务时，应确定一家设计单位负责整个工程设计的总体协调。

7）建立项目档案管理制度，组织收集、整理、归档建设项目文件。

8）工程开工前应做好以下准备工作。

a. 对工程建设过程中可能存在的重大质量风险进行全面评估，并将评估结论作为设计调整和审定施工方案的重要依据。

b. 针对重大质量风险，编制专项方案和保证措施，同时根据专项方案和保证措施计提一定比例的风险费用。

c. 向相应的质量监督机构办理工程质量监督手续。

9）定期审核施工项目部质量保证体系的有效运行情况。

10）积极采用先进的技术、管理手段进行全过程质量控制。

（4）勘察单位应对其提交的勘察报告负责，并应做好且不限于以下各项质量管理工作。

1）勘察工作范围应与合同一致并在其资质等级许可的范围之内。

2）提交的勘察成果应真实、准确。

3）勘察报告的编制深度应符合现行国家或行业标准的规定。

4）参加地基验槽、基础验收等过程验收，并提出明确意见。

5）工程地质条件复杂或有特殊施工要求的重要工程或地基验槽以及基础施工过程中发现地基条件与原勘察报告不符时，应积极配合建设单位进行施工勘察或专门勘察。

（5）设计单位应对其提交的工程设计文件负责，并应做好且不限于以下各项质量管理工作。

1）设计的内容应对合同响应与落实并应在其资质等级许可的范围之内。

2）设计文件的编制深度应符合现行国家或行业标准的规定。

3）设计成果应满足国家有关法律法规要求。符合相应规范标准的规定，符合批准的项目技术经济指标。

4）提供经审查批准的施工图。

5）不得采用国家明令禁止使用的技术、材料和产品。

6）对于国家规定实施注册工程师执业资格制度的专业领域，施工图设计应由专业注册工程师担任专业负责人并签署。

（6）监理单位应对监理合同中约定的监理工作负责，并应做好且不限于以下各项质量管理工作。

1）从事工程建设监理的人员应持证上岗。

2）监理工作的职责、义务和权限应与委托监理合同的范围一致。

3）按《建设工程委托监理合同》的约定及工程质量管理需要，并依据法律法规、工程建设标准、勘察设计文件等编制监理文件，明确管理范围，以“三控两管一协调一履行”为原则，实施全面全过程管理。

4）按《建设工程委托监理合同》的约定配备满足监理工作需要的专业配套的监理工程师。

5）配备满足监理工作需要的检测设备和工具，并保证其持续有效。

6）不得批准不合理的工期调整。

7）落实监理巡查责任，履行对质量隐患的督促整改、报告职责。

8）按《建设工程委托监理合同》的约定对勘察、设计、施工、检测、调试、设备供应等单位报送的资料进行审查。

9）组织检验批、分项、分部（子分部）工程质量验收及工程竣工预验收。

10）当发现施工存在质量隐患并可能发生质量事故，或已经发生质量事故时，应立即下达工程暂停令，责令施工单位停工整改。

（7）施工单位对其合同范围的工程施工质量负责；施工总承包单位对施工分包单位的施工质量承担连带责任。施工单位应做好且不限于以下各项质量管理工作。

1）贯彻国家各级法律、法规及相关制度，执行国家及行业有关技术、质量标准。

2）科学建立项目质量管理体系，建立健全各项质量管理制度，并保证质量管理系统有效运行。

3）将工程总体质量目标分解落实到施工过程。

4）按照审查通过的施工图设计文件和技术标准进行施工，落实施工方案中的专项质量控制措施。

5）进行质量风险识别、评价，对重大风险应编制包括抢险、返修等技术措施的应对预案。

6）实施质量前期策划，并通过过程管理，实现工程的施工质量目标。

7）应严格履行质量三检制度和施工质量验收制度。

8）结合工程特点，积极开展施工质量创优、创奖活动。

(8) 调试单位对调试工作质量负责，并应做好且不限于以下各项质量管理工作。

1）编制调试质量策划管理文件。

2）不得转包所承担的调试项目。

3）当调试项目需分包时应得到建设单位许可，调试单位对分包的调试项目的调试质量负连带责任。

4）应遵循“事前策划、事中控制、事后检查和持续改进”的工作程序，做好调试质量管理，不断提高调试质量管理水平。

5）调试单位应严格执行国家有关法律法规和工程建设强制性标准，满足行业调试技术标准和合同提出的质量要求。

6）按照调试合同要求完成调试项目，提供调试报告。

5. 质量管理制度

(1) 建设工程各方质量责任主体单位的项目部应将各项质量管理工作制度化、标准化。

(2) 建设工程各方质量责任主体单位的项目部应切实执行各自法人企业的各项质量管理制度，项目部不应自行制定质量管理制度。当根据建设工程的实际情况，确实需要项目部制定法人企业质量管理制度以外的其他质量管理制度时，应经法人企业审核批准。

(3) 建设工程各方质量责任主体的质量管理制度应覆盖各自质量管理的全过程及与质量有关的各项工作；施工总承包单位的质量管理制度应覆盖全部分包单位和分包工程。

(4) 建设工程各方责任主体的项目质量管理制度应与项目部的质量管理岗位职责相互衔接。

二、工程勘察

1. 质量管理策划

(1) 勘察单位应根据建设工程质量总体目标，在勘察工作开始阶段进行勘察质量管理策划。策划的主要内容包括勘察质量目标、勘察过程控制、勘察成果要求、勘察现场服务等。

(2) 勘察单位在策划后应形成《工程项目勘察计划》及《工程项目勘察质量计划》，并应针对各项策划内容提出具体措施。

2. 勘察过程质量控制

(1) 勘察工作的主要依据如下。

1）与委托单位签订的勘察任务书委托书、合同要求，以及设计单位提出的勘察技术要求。

2）项目审批文件。

3）国家及行业技术标准。

4）地形图、水准点、地质、水文、气象、地震等有关资料。

（2）勘察单位应按照勘察依据编写岩土工程勘察大纲。

（3）工程测绘范围、内容应符合勘察任务书规定，各类原始记录应内容完整，各项资料签署齐全。

（4）应在测绘的基础上，按不同勘察阶段，依据标准的要求，做好工程地质勘察工作；严格执行国家及行业试验技术标准，做好试验工作。

（5）应在测绘的基础上，按不同勘察阶段，依据标准的要求，做好岩土工程勘察工作。

3. 成果审查

（1）勘察文件的编制深度应符合国家或行业有关标准的规定。

（2）勘察成果提供的各项参数应能够满足设计的需要。

（3）勘察资料质量评定合格、补测（钻）工作全部完成并经验收达到应交资料标准、满足设计需求后成为勘察报告并按有关规定归档。勘察报告应按有关审批程序办理。

（4）因设计要求改变、现场条件变化或发现外业勘察成果资料有误，应进行补充勘察工作，提交补充勘察报告。勘察资料更改后，相应原勘察资料按作废资料处理，并做好作废标识。

4. 现场服务

（1）在施工阶段，勘察单位应任命工地代表。工地代表应按相关规范、标准的规定做好技术服务工作。

（2）勘察单位应按有关规定参加相关验收工作。

三、工程采购

1. 质量管理策划

（1）采购单位应根据工程项目合同、工程项目实施计划、建设工程质量总体目标、相关法律、相关采购制度和规定进行采购质量管理策划，编制工程项目采购实施计划。采购实施计划应明确采购工作需遵循的基本原则和规定。采购实施计划的主要内容包括编制依据、采购控制质量目标和措施、采购范围及分工、采购全过程主要工作程序和基本原则、采购组织机构和职责、风险控制和文件资料管理等。策划经过相关部门评审批准后实施。

（2）根据项目合同、采购实施计划、相关制度和规定进行检验、物流运输管理、仓储管理的详细策划，编制检验计划、物流运输计划、仓储计划。策划经过相关部门评审批准后实施。

（3）采购单位应按批准的计划进行工作。

2. 采买

（1）采买工作应按批准的采购实施计划进行。

（2）采购单位应做好对供应商的选择、评审工作，并遵循建设项目合同中有关采购供应商管理的规定和要求，建立项目合格供应商名录。

（3）采购单位应按批准的请购文件或招标文件组织采买。

（4）采买过程应按法律、法规和批准的程序，依据工程项目合同需求采用招标、询价和其他采购方式实施。

（5）属于依法强制招标的采购，必须遵守招标投标法以及招标投标法实施条例等相关法律和法规的要求。

（6）采购单位应与经过评审确定的供应商签订采购合同。采购合同应明确双方责任、权利、供货范围、工作范围、合同价格与支付、技术要求、技术指标、质量要求、验收标准、质量保证期等，并按相关规定经过审核批准后签订。

（7）设备采购应遵循国家倡导的产业政策，符合国家环保、节能的方针，不得采购国家已明令淘汰的产品。

3. 检验

（1）采购单位应按检验计划和采购合同中的规定，组织具备相应能力的检验人员，进行采购设备的检验。

（2）采购单位应依据合同技术文件要求，组织对设备进行检验。检验地点、检验形式等应在采购合同中予以明确。

（3）采购单位应加强对设备制造过程的监管或委托有资质和能力的设备监理单位实施设备制造过程的质量检验工作，但当采购方或监理代表参与对设备的监造与检验时，不能被视为免除供货商应承担的设备质量保证责任，也不能代替制造单位的产品质量检验，亦不能免除对设备的验收责任。

（4）对所采购的设备、产品有法定强制检测和试验要求的，采购单位或其供应商应按照相关要求执行，可委托具有相应资质和能力的检测机构进行检测。

（5）检验完成后，按照采购合同以及相关规定及时提交检验报告。

4. 物流运输

（1）采购单位应按物流运输计划和采购合同中的规定，组织具备相应能力的物流管理人员，进行采购设备的物流运输管理工作。

（2）采购单位应依据采购合同的规定，对包装和物流运输过程进行检验和管理。

（3）采购单位应为所有物流运输行为办理运输保险。

（4）在运输过程中执行交通运输主管部门关于交通运输、装卸管理等有关规定，负责对运输安全质量进行控制，保证产品出厂时的原始质量状态，并确保设备运输安全、可靠。

（5）对于超限和有特殊要求的设备运输，采购单位应要求运输单位编制专项运输方案和安全措施，并做好对每个作业环节的监督与控制。

（6）对于国际物流运输，应按照相关国家进口或出口法规的要求，办理报关和商检手续。

（7）设备送到建设工程现场后，接货人员应对照送货单清点、签收，并注明到货情况。

5. 现场验收

（1）设备办理正式入库手续前应做好设备的开箱检验工作，确保设备的完好以及随箱资料的完整。

（2）设备开箱检验应依据采购合同、装箱单，对设备的外观、数量、随箱文件资料进行检验。

（3）设备开箱检验应由采购单位或设备保管单位安排计划并组织实施，采购单位、监理单位、施工单位、供货商、保管单位等可以共同参加。

（4）设备采购单位或设备保管单位负责设备随机文件资料的清点、收集及向建设单位的移交，并及时向施工单位提供一份完整的随箱文件资料。

（5）开箱检验报告应由组织开箱单位负责填写，各参加方会签。报告应详细填报开箱检验情况，开箱检验不符合品或不符合项应由采购单位负责调换、返修、索赔等处理事宜，并负责对不符合品或不符合项进行闭环管理。

6. 现场保管

（1）设备现场保管工作应包括设备运抵现场后的交接、开箱检验、入库、库场保管、现场保管维护、领用出库、安装就位等，直至移交使用单位，相关单位应按合同承担相应的质量管理责任。

（2）保管单位应制定设备保管措施，并按技术要求做好设备保管保养，形成记录。

（3）保管单位应按有关设备和材料维护保管规定和厂家提供的储存保管特殊要求，做好现场储存和保管工作。

（4）设备领用出库后，施工单位应做好设备临时保管及安装后的成品保护，按规定做好设备的维护、保管保养工作，直至移交使用单位。

7. 不合格品处理

（1）按采购合同和相关标准规范对设备进行检验或验收时，若发现不合格品或不合格项，则应依据合同和标准规范的要求进行处理。

（2）发现设备不合格品或不合格项，建设单位或总承包单位应组织有关单位确认设备不合格性质，分析不合格原因，明确责任单位。

（3）采购单位联系供应商制订不合格品或不合格项处理方案，依据法规和相关合同的规定报总承包单位或建设、监理单位审批。

（4）不合格品或不合格项处理完成后，由不合格品或不合格项处理单位依据法规和相关合同的规定报总承包单位或建设、监理单位验收。

四、工程施工

1. 质量管理策划

（1）施工单位应依据施工承包合同中确定的质量目标开展施工质量策划。施工质量策划应包括工作质量策划和实体质量策划。

（2）施工阶段的质量管理策划应分层次、有组织地开展。施工单位的企业层面应进行施工质量总体策划，施工项目部应进行项目工作质量策划和工程实体质量策划。

（3）施工单位应在项目施工组织设计编制之前完成施工质量总体策划。

（4）施工单位应对建设工程的特点、重点进行全面、深入的分析，并依据分析的结果开展施工质量总体策划。

（5）施工单位项目部应在组建后立即开展项目工作质量策划，在各专业施工图会审后开始分部、分项工程的实体质量策划，分部、分项工程实体质量策划应在相关施工方案编制之前完成。

（6）工程的实体质量策划应由施工总承包单位自行完成，亦可由施工总承包单位牵头组织全部专业施工分包单位共同进行。

（7）施工单位企业层面开展的施工质量总体策划应包括以下主要内容。

1）施工质量目标。

2）项目质量管理资源配置。

3）主要质量风险分析。

4）企业层面对项目的过程质量管控计划，应包括阶段目标、过程检查、阶段考评等。

5）服务计划，包括技术创新、质量创优的各项支撑。

6）其他应由企业层面开展的质量管理工作。

（8）施工单位项目部应以“用工作质量保证施工质量”为原则，开展项目工作质量策划工作，应包括且不限于以下内容。

1）建立以项目经理为核心，质量保证管理、质量监督管理相互独立的质量管理体系。

2）确定各岗位质量管理职责，保证各项质量管理工作均能够落实到各个岗位。

3）确定各岗位质量管理的具体工作内容、工作流程等。

4）建立各岗位质量管理职责的考核机制。

5）建立总承包施工单位项目部与各分包施工项目部之间保证工作质量的协调机制。

（9）施工单位项目部应以“以工序质量保证检验批质量，以检验批质量保证分项工程质量，以分项工程质量保证分部工程质量，以分部工程质量保证单位工程质量”为工程实体质量的管理思路，按分部工程开展工程实体质量策划，重点的分项工程或重点部位亦应进行专项策划。工程实体质量策划应包括以下主要内容。

1）确定各工序的质量标准，并分析其可行性。

2）确定实现既定质量标准的施工工艺及其可行性论证。

3）对确定的各分部、分项工程的施工工艺可能出现的质量通病、质量风险等进行分析与辨识并采取改进工艺的预防措施。

4）基于风险控制的分部、分项工程的施工工艺的质量控制重点及工序质量标准。

5）基于风险控制的工种、专业之间协调配合措施。

6）基于风险控制的成品保护措施。

7）分部分项工程及检验批的检验、试验计划。

8）分部工程施工资料编制计划。

（10）专业施工分包单位应按施工总承包单位的协调，在所承担工程的施工方案编制之前完成相应的质量策划，策划结果应报施工总承包单位审批。

2. 质量技术管理

(1) 工程开工前，施工总承包单位应将施工质量总体策划结果作为主要依据之一，指导施工组织总设计的编制，以使施工质量总体策划的相关结果在施工组织总设计中得到落实。

(2) 分部工程施工之前，相关施工单位应将分部工程实体质量策划结果作为分部工程施工方案的主要编制依据之一，完成分部工程施工方案的编制，以使分部工程实体质量策划结果在施工方案中得到落实。

(3) 施工总承包项目部、施工专业分包项目部等均应进行相应的技术交底工作。技术交底应从施工组织总设计交底、专业施工组织设计交底、专项施工方案交底、施工作业交底等不同层次进行。

1) 施工总承包项目部向项目部管理人员、各专业施工分包项目部的全体管理人员进行施工组织总设计交底。

2) 专业施工分包项目部向各自项目部的全体管理人员进行专业施工组织设计交底。

3) 专业技术负责人向本专业管理人员进行专项施工方案交底。

4) 专业责任工程师向作业班组的全体人员进行施工作业交底。

(4) 新技术、新工艺、新材料、新设备应编制专项施工方案并进行专项施工技术交底。

3. 施工物资管理

(1) 施工总承包单位应制定施工物资管理制度，对物资的进场验收、检验、储存、搬运、使用、保管及不合格品的处理等做出规定，并保证制度的落实。

(2) 施工单位对进场物资应进行验收，监理单位应参加验收，验收合格的物资方可使用。

(3) 进场施工物资的产品合格证、出厂检验报告等质量证明文件必须齐全，国家规定强制认证、生产许可或需第三方抽检的产品，其认证证书、许可证及检验报告等亦必须齐全、有效。

(4) 进场的施工物资的规格、型号、性能等均必须满足设计及现行规范要求。

(5) 进场的施工物资应根据国家、行业的有关规定进行复试、复验。检验数量及代表批量均必须满足有关规范的规定。规定由第三方检测的，应送交具有国家认可的相应资格的第三方检测机构检测，且检测机构在提交报告时应出具其资格认证文件的复印件，送检的建设单位或施工单位应将其资格认证文件的复印件随检测报告一并归档。

(6) 当发现进场的施工物资不合格时，应对不合格品进行隔离、标识并及时清退出场。不合格施工物资的进场、退场均应有相应记录，且应有明确的退场去向。

(7) 进场施工物资的存储条件应满足物资的存储要求，在存储过程中不得使施工物资发生降低质量的变化，当存储条件发生变化时，应对物资材料进行重新检验验收。

(8) 重要物资应派专人驻厂监造，确保产品质量。

(9) 当某些施工物资由建设单位提供时，建设单位应按本规程第（7）项的规定保证物资的质量。

（10）当由建设单位提供的施工物资进场时，建设单位应参与物资的进场验收，对物资的名称、品种、规格、型号、数量、包装完好等进行确认并签字。

（11）当由建设单位提供的施工物资开箱检验时，建设单位应参与开箱检验，对物资的外观、随箱附件、随箱文件等进行确认并签字。

4. 分包管理

（1）施工总承包单位所选择的施工分包单位除具备相应的资质等级外，不得有不良信用记录，还应在其承担项目所在地的建设行政主管部门或行业主管部门登记注册，接受管理。建筑工程的分包合同应按要求送工程所在地县级以上住房城乡建设主管部门备案。

（2）施工总承包单位除应与施工分包单位签订分包合同并备案外，还应签订工程质量专项协议，进一步明确分包工程的质量标准、质量过程管理、竣工后的保修与服务以及质量事故调查处理等各方面总、分包双方的权利、责任与义务。

（3）施工总承包项目部应依据施工分包合同和质量专项协议开展总、分包管理策划及质量过程控制，将施工分包工程的质量管理纳入施工总承包项目部的质量管理体系。

5. 施工过程质量控制

（1）建设工程的施工过程质量控制应以工序质量控制为核心。施工单位应建立工序质量管控制度，并使制度得到有效落实。

（2）专业责任工程师是工序质量控制的第一责任人，对所组织施工的工序质量负直接管理责任。专业责任工程师应随时监控工序质量，避免造成返工。

（3）工序质量的保证可采取以下措施。

1）进行有针对性和指导性的施工技术交底。

2）施工作业人员应按操作规程、作业指导书和技术交底文件进行施工。

3）专业责任工程师依据操作规程、作业指导书和技术交底文件监控工序质量。

4）工序的检验和试验应符合过程检验和试验的规定。

5）在施工前实施工序样板引路，实行首件制，对首件工程的工艺标准、资源配置、施工组织等进行总结并进行改进实施。

6）施工班组应进行自检、互检，并应记录工序施工质量情况。

7）上道工序验收合格后再进入下道工序施工。

（4）关键工序、关键环节、关键部位及特殊过程的质量监督检查应形成记录。特殊过程控制可以采取以下方法。

1）在施工质量计划中界定特殊过程，并设置施工质量控制点。

2）特殊过程的控制，除应执行一般过程控制的规定外，还应由专业技术人员编制专项作业指导书并由责任工程师实施旁站监督。

（5）施工单位应将工序质量控制纳入对专业责任工程师、操作人员的考核范围；总承包施工单位应将工序质量控制纳入对分包单位的考核范围。

（6）施工单位应做好以下施工过程中的检验与试验管理工作。

1）依据相关规范及设计要求按分部工程制订检验、试验计划。

2）各项检验、试验均应编制专项方案。

3）严格按批准的检验、试验方案进行检验与试验。

4）规定需由第三方进行的检验、试验，必须送具有相应资格的检测机构。

（7）在施工过程中进行的检验、试验工作应遵循“依据充分、方法正确、仪器（设备）合格、内容完整、数据真实、结论明确”的基本原则。

（8）施工单位应做好成品保护工作，并将其纳入项目质量管理策划中。

（9）施工单位应制定质量事故报告处理流程和相应的管理制度，发生质量事故后依法、依规按流程报告和处理，不得瞒报。

6. 施工过程质量验收

（1）施工过程质量验收应依据以下文件进行。

1）现行的国家或行业标准、规范。

2）有效的设计文件，包括设计变更文件、设计认可的施工洽商文件等。

3）设备制造厂提供的设备图纸和技术说明书中的技术条件和标准。

4）施工合同及补充协议。

（2）应按规定对隐蔽工程、检验批、分项工程、分部（子分部）工程、单位（子单位）工程等分别进行过程质量验收。

（3）隐蔽工程验收应遵循以下基本原则。

1）检查验收依据充分。

2）检查验收的内容全面。

3）记录翔实、准确、具有可追溯性。

4）结论意见明确。

（4）施工单位应做好隐蔽工程验收前的自检工作。

（5）进行隐蔽工程验收的部位和内容应依据相应规范、标准的规定确定，并在工程开始施工之前由施工单位与监理单位依据保证质量的可靠性和可追溯性原则，协商确定隐蔽工程验收的具体节点。

对工程的安全、功能等具有关键影响的隐蔽工程必须进行全面检查、验收工作。

（6）隐蔽工程检查验收前，被隐蔽工程所涉及的试验、检测应全部完成并全部合格。

（7）隐蔽工程检查验收由专业监理工程师组织，总承包施工单位项目专业质量工程师、专业责任工程师及有关的施工作业分包单位的技术负责人、质量工程师、专业责任工程师等有资质的人员参加。

重要隐蔽工程的检查验收由总监理工程师组织，除上述人员外，建设单位、设计单位或勘察单位人员亦应参加检查验收。

（8）隐蔽工程验收应形成记录，明确验收结论，参加人员签字确认验收程序及验收结论。

（9）检验批验收前，施工单位应完成自检。检验批质量验收应由专业监理工程师组织，施工总承包项目专业质量工程师及相关施工专业分包项目质量工程师、责任工程师参加。

（10）检验批应严格按已批准的施工方案或已单独批准的检验批划分以及验收计划确定的批次、批量、检验方法及抽样数量等进行验收。

(11) 检验批内的全部功能性试验、检测的记录、报告应齐全，其结果均应满足设计要求及规范的规定。

(12) 检验批的主控项目必须全部合格；一般项目当采用计数抽样时，合格点率应符合有关专业验收规范的规定，且质量不得存在严重缺陷。

(13) 检验批验收后应对是否合格、是否同意验收等形成明确的验收意见和验收记录，参与验收的人员应签字确认。

(14) 分项工程验收应在该分项工程所包含的全部检验批验收合格后进行。

(15) 分项工程验收应由专业监理工程师组织，施工总承包单位、有关施工专业分包单位的项目专业技术负责人、专业质量工程师等参加。

(16) 分项工程内的全部功能性试验、检测的记录、报告应齐全，其结果均应满足设计要求及规范的规定。

(17) 分项工程验收后应对是否合格、是否同意验收等形成明确的验收意见和验收记录，参与验收的人员应签字确认。

(18) 分部（子分部）工程验收应在该分部（子分部）工程所包含的全部分项工程验收合格后进行。

(19) 分部（子分部）工程验收应由总监理工程师组织，施工总承包单位及有关施工专业分包单位的技术、质量部门负责人、施工总承包单位及有关专业分包单位的项目经理及项目技术、质量负责人参加。勘察单位、设计单位的项目负责人应按行业的有关规定参加分部（子分部）工程的质量验收。重要分部（子分部）工程的质量验收尚应接受质量监督机构的监督。

(20) 分部（子分部）工程内的全部功能性试验、检测应记录、报告齐全，其结果均应满足设计要求及规范的规定。

(21) 分部（子分部）工程的观感质量应符合要求。

(22) 单位（子单位）工程验收应在该单位（子单位）工程所包含的全部分部工程验收合格后进行。

(23) 单位（子单位）工程验收应由建设（EPC）单位的项目负责人组织，总监理工程师、勘察单位项目负责人、设计单位项目负责人、施工总承包单位及有关专业分包单位的技术、质量负责人、项目经理及项目技术、质量负责人以及质量监督单位人员参加。

(24) 单位（子单位）工程的质量控制资料应完整，全部功能性试验、检测应记录、报告齐全，其结果均应满足设计要求及规范的规定。

(25) 单位（子单位）工程的观感质量应符合要求。

五、工程监理

1. 质量管理策划

(1) 监理单位应根据建设单位制定的工程质量总体目标，制定工程建设监理质量目标。

(2) 监理单位应建立与工程项目管理模式、质量管理要求相适应的项目组织机构，完善管理制度。

（3）监理单位应编制以下主要质量管理文件。

1）监理规划。

2）监理实施细则。

3）大型设备（预制构件）制造、制作监理或驻厂监理实施大纲。

除专业监理实施细则外，监理规划和设备监理实施大纲应得到监理单位技术负责人批准后报建设单位备案。监理规划应对全体监理人员进行交底。

（4）监理单位应针对关键工序和重要部位的隐蔽工程编制旁站监理方案，依据《建设工程委托监理合同》的要求报建设单位批准后发送有关施工单位。

2. 勘察、设计监理

（1）监理单位应根据委托监理合同，对勘察、设计阶段的全过程实施监理，或对勘察、初步设计、施工图设计中的某一个阶段实施监理。

（2）监理单位应对勘察、设计单位编制的各阶段技术文件进行评审和确认。

（3）监理单位应在现场设置常驻机构，对勘察、设计全过程进行现场监督、管理和控制。建设单位应为监理单位提供现场监理的条件。

3. 施工监理

（1）监理单位应在工程项目施工前实施的主要质量管理行为如下。

1）参加建设单位组织的图纸会审。

2）审查施工单位报审的施工组织设计，符合要求时，由总监理工程师签认后报建设单位备案。

3）审查施工单位现场的质量管理组织机构、管理制度以及专职管理人员和特种作业人员的资格。

4）依据监理合同中约定和规范中明确规定的监理职责，审核确认施工单位编制的质量管理文件，并报建设单位批准。

5）审查并督促各有关单位落实单位工程开工条件，报建设单位同意后，下达单位工程开工令。

（2）监理单位应在工程项目施工过程中实施的主要质量管理行为如下。

1）审查施工单位报审的施工方案。

2）参加设备开箱检验，参与对进场材料、设备、构配件等的检查验收，并按相关规定进行见证取样。

3）通过审核文件、现场巡视、旁站、见证取样或平行检验、验收等方式，监督施工过程，发现质量问题，提出监理处置意见。

4）依据监理合同约定，组织质量专题或专家会议，研究解决工程项目发生的质量问题。

5）处理施工单位提出的工程变更，监督设计变更的实施。

6）对施工中存在的质量问题向施工单位发出监理通知。

7）当施工单位未按照监理的质量工作指令执行，且拒不整改时，书面报告建设单位。

8）编制监理月报、阶段监理工作总结、专题报告，定期向建设单位报告监理工作。

（3）监理单位在施工验收阶段应确保施工的关键部位、关键环节、关键工序监理到位，并实施下列主要质量管理行为。

1）确认隐蔽工程施工质量，批准进行下一道施工工序。

2）确认安全、功能性检验全部合格。

3）确认工程项目检验批、分项、分部（子分部）工程质量符合验收标准。

4）组织分部（子分部）、分项工程验收及相关检验批的质量验收。

5）组织单位工程竣工预验收，参加单位工程验收。

6）组织住宅工程分户验收。

7）编制工程质量评估报告。

8）审查施工单位编制的单位工程竣工验收资料。

（4）监理单位应审查施工单位提交新材料、新工艺、新技术、新设备的相应证明材料，必要时要求施工单位组织专家论证。

（5）监理单位应在调试、试车阶段实施的主要质量管理行为如下。

1）组织调试、试车大纲及各专业调试、试车、试运方案的审查，并报试运总指挥批准。

2）组织调试、试车条件的检查确认和调试、试车结果确认，组织分部调试、试车和整套启动试车后的质量验收签证。

3）见证调试、试车过程和成果。

4）组织缺陷统计，并督促相关责任单位及时消除缺陷。

5）组织审核调试、试车报告。

（6）在工程质量保修期间，监理单位应对建设单位提出的工程质量缺陷进行调查、分析原因、确定责任归属，并对施工单位修复后的工程质量缺陷进行检查、记录和验收，合格后予以确认。

4. 设备监理

（1）设备监理工作应遵守国家、行业的有关规定。

（2）监理单位应对供货厂商的主要设备的制造过程按合同的要求实施监督管理，检查、监督和控制设备的制造质量。

（3）对设备隐蔽部分的质量，监理单位应依据监理合同、监造协议等约定，在制造单位自检合格后，与制造单位或与建设单位共同验收签认。

（4）监理单位应依据合同、技术协议和监造协议的要求参加设备的试组装、总装配、调整试车、性能检测和出厂试验，符合要求后会同制造单位、建设单位予以签认。

六、工程调试

1. 质量管理策划

（1）建设单位或 EPC 总承包单位应根据工程建设质量管理总体目标、有关技术规程、设计技术指标要求等，制定工程调试质量目标。

（2）调试单位应建立调试质量管理组织机构，明确各级组织及人员的职责，并制定调试质量管理制度。

（3）在工程调试开始前应编制以下主要质量管理文件。

1）调试方案和措施。

2）调试质量计划。

3）调试相关专业试运行措施。

4）作业指导书。

5）法律法规和调试执行标准清单。

6）调试进度计划。

7）调试阶段重大事故预防及应急处理措施。

2. 调试过程质量控制

（1）调试是指在设备及管道系统安装完成以后，为试车所做的一系列系统性检验、清洗和机械性能、电气性能的试验、检测等准备活动。

（2）调试程序和质量要求应符合有关标准、规范。

（3）调试人员资格应符合行业的有关规定。

（4）调试单位使用的检测仪器、工具应经具有资质的检验部门校准或检定合格且在有效期内。

（5）调试使用的标准应满足行业技术标准和合同规定的要求。

（6）调试单位编制的调试大纲、措施或方案等技术文件应依据规范、标准及有关行业规定进行编制、审核、批准。

（7）在调试开始前，调试单位应向参建各方相关人员进行安全质量技术交底。

（8）设备或系统启动前必须进行试运条件的联合检查和确认，且投入经传动合格的连锁保护。

（9）设备或系统的连锁、保护定值及控制逻辑应经审核、批准后实施，调试过程中保护定值及逻辑修改应执行审批程序。

（10）调试过程中各专业应按照作业指导书的要求开展调试工作。

（11）调试单位应积极处理和配合有关责任单位进行消除缺陷工作。

（12）检测和试验数据要真实、有效，不得擅自修改。

（13）调试进度的调整应在保证调试质量的前提下进行。

（14）调试各阶段应及时进行调试质量签证及验收工作。

（15）调试质量不符合项的管理。

1）调试发生质量不符合项，由监理单位组织各有关单位共同分析问题、查找原因，采取有效措施，及时按规定进行处理和控制。

2）调试质量不符合项应由调试单位填写质量不符合项报告，报告中应制定相应的纠正措施，上报监理单位及建设单位，经批准后由责任单位组织实施，并由监理单位组织质量评定。

3）发现调试质量不符合项，发生设备损坏质量事故，相关责任方应采取应急、纠正措施。

3. 调试质量检验

（1）分部调试质量检验。

1）分部调试结束后，由调试单位填写质量检验评定表，监理单位组织相关单位进行质量验收确认。

2）整套设备（装置）启动前，应完成分部调试的质量验收确认。

3）调试中间交接或设备代保管应通过文件包和书面交接单方式完成。

（2）整套装置调试开始前，调试单位应组织各参建单位对整套装置调试条件进行检查、确认，并做好以下工作。

1）整套装置调试开始前，监理和调试单位应组织各参建单位对整套装置调试条件进行检查确认。

2）整套装置调试结束后，由调试单位填写质量检验评定表，监理单位组织相关单位进行质量验收确认。

3）工程的中间交接应形成书面文件，各方签字确认移交。

4）工程中间交接后，调试单位对不能达到设计质量要求的项目，应协同建设及相关单位共同研究解决。

（3）调试报告及性能试验报告应真实全面和完整，结论应客观。

七、工程试车

1. 质量管理策划

（1）建设单位或 EPC 总承包单位应该根据建设工程质量管理目标，对项目试车质量管理计划进行策划，及时成立试车领导机构，明确各级组织及人员的职责，制定试车质量管理制度；统一组织和指挥有关单位做好投料试车及生产考核工作；试车质量计划应体现从资源投入到完成实体工程质量最终检验和试验的全过程质量管理与控制要求。

（2）试车质量计划应根据工程质量总体目标、有关技术规程、设计技术指标等要求，在项目前期阶段开始着手编制。试车质量计划的编制依据应包括以下内容。

1）产品质量特性，产品应达到的各项指标及其验收标准。

2）项目质量控制计划。

3）项目应执行的法律、法规及技术标准、规范。

2. 试车过程质量控制

（1）试车应遵循“安全第一，预防为主”的原则，严格遵循以下要求。

1）试车操作人员必须经过培训并经考核合格后持证上岗操作。

2）安全连锁、监测仪器等必须及时投用。

3）消防措施应符合要求。

4）应设立试车禁区，无关人员不得入内。

5）试车期间，应设有试车安全人员。

6）试车过程中应严格执行有关规范标准。

（2）试车所需材料及备件的质量控制。

1）确认试车所需材料及备件的检验记录、合格证。

2）试车中出现的与设备材料质量有关问题的处理方案应进行安全质量技术评估，并按程序报批。

（3）施工与试车衔接过程的质量控制。

1）施工实体质量检查计划应与试车计划协调一致。

2）机械设备的试运转及缺陷修复的质量应符合质量验收规范。

（4）试车验收应符合国家相关的验收规范和设计技术指标。

（5）试车应符合相关的质量控制程序。

（6）试车文件应依据以下相关的技术文件编制，且不限于以下文件。

1）管道及仪表图。

2）设备索引、设备规格书。

3）供货商文件。

4）回路清单、仪表索引、回路图、回路数据表。

5）技术图纸（危险区域划分图、电气及仪表设备平面布置图、柜内布置图等）。

6）功能图或逻辑图。

7）操作手册。

8）相关法规及所执行的由政府主管部门要求的相关附加规定。

（7）试车方案应按相关的程序组织审查和批准。

3. 冷试车

（1）在完成系统调试后，使用诸如水或惰性物质等试验介质进行装置冷试车运行。

（2）冷试车前的准备工作必须充分。

4. 热试车

（1）在完成冷试车合格后，进入热试车阶段。按设计文件规定引入真实的工艺物料，进行各装置之间首尾衔接的工艺操作，打通生产流程，生产出合格产品。

（2）热试车前准备工作必须全部完成。

（3）热试车需按要求进行。

（4）热试车应达到以下标准。

1）打通生产流程，生产出合格产品。

2）产品必须符合国家及行业相关产品标准规范。

八、工程文件管理

1. 一般规定

（1）建设单位应执行《建设工程文件归档规范》（GB/T 50328—2014，2019 年版）的有关规定或工程所属行业、工程所在地方的有关管理规定，全面负责建设工程文件的收集、立卷、归档工作，在建设工程竣工验收后，及时向建设行政主管部门或者其他有关部门移交建设工程档案。

当建设工程实行 EPC 模式时，EPC 单位应负责除监理文件以外的其他建设工程文件的收集、立卷、归档工作，并按国家或行业有关档案管理的规定，在建设工程竣工验收后，及时向建设单位移交建设工程档案。

（2）工程文件可以根据形成单位的不同分为工程准备阶段文件、设计文件、施工文件、监理文件、竣工图、竣工验收文件等不同的类别。

（3）工程文件应真实、准确，具有可追溯性并与工程建设进度同步形成，不得事后补编。

（4）EPC、勘察、设计、施工、监理、监测、调试等单位均应建立项目的工程文件编制管理体系、制度，明确岗位职责，确保文件的编制进度和编制质量。

（5）勘察、设计、施工、监理、监测、调试等单位应将本单位形成的工程文件立卷后在规定时间内向建设单位移交，建设单位的专业技术人员审查合格后接收。当工程施行EPC模式时，勘察、设计、施工、监测、调试等单位应将本单位形成的工程文件立卷后在规定时间内向EPC单位移交，EPC单位的专业技术人员审查合格后接收并最终向建设单位移交。

（6）施工总承包单位应负责收集、汇总各施工分包施工单位形成的工程文件，并及时向建设单位或EPC单位移交；各施工分包单位应将本单位形成的工程文件整理、立卷后及时向施工总承包单位移交。建设工程项目由几个施工单位分别实行总承包时，各施工总承包单位收集、整理、立卷其总承包工程的工程文件，并及时向建设单位或EPC单位移交。

2. 文件管理

（1）建设单位应根据有关规范、标准的规定及工程的实际情况，在工程建设初期对工程的文件进行总体的规划和分类，并在与勘察、设计、监理、施工、监测、调试等单位签订的协议、合同中约定该单位应提交的文件清单（包含但不限于此清单）以及文件编制质量、文件编制完成时间等详细要求。

（2）建设单位或EPC单位应组织、监督和检查有关单位工程文件的形成、积累、立卷和归档工作。

（3）建设单位或EPC单位应在合同中明确竣工图文件的编制单位、编制套数及费用。

（4）建设单位或EPC单位应在与其发包的有关单位签订合同时明确工程文件的编制套数、编制费用、承担单位及工程文件的移交时间等。当合同没有约定时，应另行签订协议，但必须满足地方政府、建设单位及本单位归档的需要。EPC模式时，监理文件资料的数量等应由监理单位与建设单位商定。

（5）施工总承包单位应制定统一的项目施工文件管理制度，并使制度落实到各施工分包项目部。

（6）施工总承包单位应明确项目施工文件编制的岗位职责，严禁项目资料员代替有关责任人编制施工文件，严禁施工文件委托、发包给第三方进行编制。

（7）工程建设的各单位应制定工程文件编制深度标准，确保工程文件的编制深度符合国家、行业及地方有关规定。

九、竣工验收与评价

（1）建设工程应按国家及行业有关规定进行工程竣工质量验收与评价。

（2）建设单位收到建设工程竣工报告后，应及时组织有关单位进行竣工验收。验收合格后方可交付使用。

（3）建设工程的竣工验收应由建设单位负责组织，EPC单位、监理单位、勘察单位、设计单位、施工总承包单位及主要的施工分包单位、调试单位的技术负责人、质量负责人及项目技术负责人、项目质量负责人等参加。如需要其他单位或人员参加竣工验收时，应由建设单位确定。

（4）建设工程竣工验收应当具备以下条件。

1）完成建设工程设计和合同约定的各项内容。

2）工程质量控制资料完整。

3）主要材料、构配件和设备的进场试验报告完整。

4）主要安全、节能、环境保护和主要使用功能的检验资料完整。

5）有建设、勘察、设计、施工、工程监理等单位分别签署的质量合格文件。

6）有施工单位签署的工程保修书。

7）建设单位已按合同约定支付工程款。

8）对于住宅工程，进行分户验收并验收合格，建设单位按户出具《住宅工程质量分户验收表》。

9）建设主管部门及工程质量监督机构责令整改的问题全部整改完毕。

10）规划、环保、消防、人防等专项验收合格。

11）法律、法规规定的其他条件。

（5）竣工验收的主要依据。

1）施工总承包合同。

2）施工图设计文件。

3）相关的质量验收规范、技术标准及其他约定的质量、技术标准。

（6）竣工验收的主要内容。

1）是否完成了建设工程设计的全部内容并全面实现了设计意图。

2）工程实体质量是否全面达到相关质量验收规范的合格标准或约定的其他质量标准。

3）工程是否已具备了全部的设计使用功能，且各项功能均能够可靠运行。

4）工程是否已具备了全部的设计生产能力，且产品质量可靠。

5）其他需验收的内容。

（7）对工程质量存在严重质量缺陷的分部工程及单位工程严禁验收，并应有处理意见和措施。

（8）工程交付使用一年后，应由建设单位组织，各相关单位参加，按设计要求对其功能及性能指标进行评价。

（9）工程质量保修期内，施工单位应安排专门人员和资金进行保修工作，保证用户的正常使用。

第五章

施工费用咨询

第一节　工程计量及工程价款的支付

一、依据

全过程工程咨询单位在对工程计量与工程价款支付的管理中，主要体现对工程计量与工程进度款的审核，主要依据如下。

（1）《中华人民共和国招标投标法》以及其他国家、行业和地方政府的现行有关规定。

（2）现行《建设工程工程量清单计价规范》。

（3）现行《建设项目全过程造价咨询规程》。

（4）承发包双方签订的施工合同。

（5）工程施工图纸。

（6）施工过程中的签证、变更费用洽商单和索赔报告等。

（7）监理单位核准的工程形象进度确认单。

（8）已核准的工程变更令及修订的工程量清单等。

（9）监理单位核准的签认付款证书。

二、内容

工程计量是向施工单位支付工程款的前提和凭证，是约束施工单位履行施工合同义务，强化施工单位合同意识的手段。在项目管理过程中，全过程工程咨询单位应充分发挥监理单位及造价部门在工程计量及工程款（进度款）支付管理中的作用，应严格审查，从以下几方面对工程进度进行付款。

（1）必须完成合同约定的达到付款节点。

（2）已完工程项目达到合同约定的质量。

（3）造价部分对已完工程进行造价审核。

1. 全过程工程咨询单位或其专业咨询工程师（造价）职责

（1）根据工程施工或采购合同中有关工程计量周期及合同价款支付时点的约定，审核工程计量报告与合同价款支付申请，编制《工程计量与支付表》《工程预付款支付申请核准表》及《工程进度款支付申请核准表》。

（2）应对承包人提交的工程计量结果进行审核，根据合同约定确定本期应付合同价款金额；对于投资人提供的甲供材料（设备）金额，应按照合同约定列入本期应扣减的金额中，并向投资人提交合同价款支付审核意见。

（3）工程造价咨询单位应对所咨询的项目建立工程款支付台账，编制《合同价与费用支付情况表（建安工程）/（工程建设其他费用）》。工程款支付台账应按施工合同分类建立，其内容应包括：当前累计已付工程款金额、当前累计已付工程款比例、未付工程合同价余额、未付工程合同价比例、预计剩余工程用款金额、预计工程总用款与合同价的差值、产生较大或重大偏差的原因分析等。

工程造价咨询单位向投资人提交的工程款支付审核意见，应包括以下主要内容。

1）工程合同总价款。

2）期初累计已完成的合同价款及其占总价款比例。

3）期末累计已实际支付的合同价款及其占总价款比例。

4）本期合计完成的合同价款及其占总价款比例。

5）本期合计应扣减的金额及其占总价款比例。

6）本期实际应支付的合同价款及其占总价款比例。

7）其他说明及建议。

2. 全过程工程咨询单位或专业咨询工程师（监理）职责

（1）对工程款支付进行把关审核，应重点审核进度款支付申请中所涉及的增减工程变更金额和增减索赔金额，这是控制工程计量与进度款支付的关键环节。

（2）审核是否有超报、虚报及质量不合格的项目，将审定的完成工程投资进度款登入台账。

其中各项工作职责如下。

（1）工程量计量。

1）当建设工程施工合同无约定时，工程量计量宜每周期计量一次，根据专业监理工程师签认的已完工程，审核签署施工单位报送的《工程款支付报审表》。

2）对某些特定的分项、分部工程的计量方法，可由项目监理机构、投资人和施工单位根据合同约定协商确定。

3）对一些不可预见的工程量，如地基基础处理、地下不明障碍物处理等，项目监理机构应会同投资人、施工单位等相关单位按实际工程量进行计量，并留存影像资料。

（2）审核工程款支付。

1）工程预付款支付：施工单位填写《工程款支付报审表》，报全过程工程咨询单位或专业咨询工程师（监理）审查。专业监理工程师提出审查意见，总监理工程师审核是否符合建设工程施工合同的约定，并签署《工程款支付证书》。

2）工程进度款支付：施工单位填写《工程款支付报审表》，报项目监理单位。专业监理工程师应依据工程量清单对施工单位申报的工程量和支付金额进行复核，确定实际完成的工程量及应支付的金额。总监理工程师对专业监理工程师的审查意见进行审核，签认《工程款支付证书》后报投资人审批。

3）变更款和索赔款支付：施工单位按合同约定填报《工程变更费用报审表》和《费用索赔报审表》，报项目监理单位，项目监理单位应依据建设工程施工合同约定对施工单位申报的工程变更的工程量、变更费用以及索赔事实、索赔费用进行复核，总监理工程师签署审核意见，签认后报投资人审批。

4）竣工结算款支付：专业监理工程师应对施工单位提交的竣工结算资料进行审查，提出审查意见，总监理工程师对专业监理工程师的审查意见进行审核，根据各方协商一致的结论，签发竣工结算《工程款支付证书》。

三、程序

全过程工程咨询单位中的监理部门应按以下程序进行工程计量和付款签证。

（1）监理部门专业监理工程师对施工单位在《工程款支付报审表》中提交的工程量和支付金额进行复核，确定实际完成的工程量，提出到期应支付给施工单位的金额，并提出相应的支持性材料。

（2）监理部门总监理工程师对专业监理工程师的审查意见进行审核，签认后报投资人审批。

（3）总监理工程师根据投资人的审批意见，向施工单位签发《工程款支付证书》。

在施工过程中，工程计量与进度款支付是控制工程投资的重要环节。工程支付款的支付流程如图 5-1 所示。全过程工程咨询单位应按工程进度款审签流程进行审核，如图 5-2 所示。

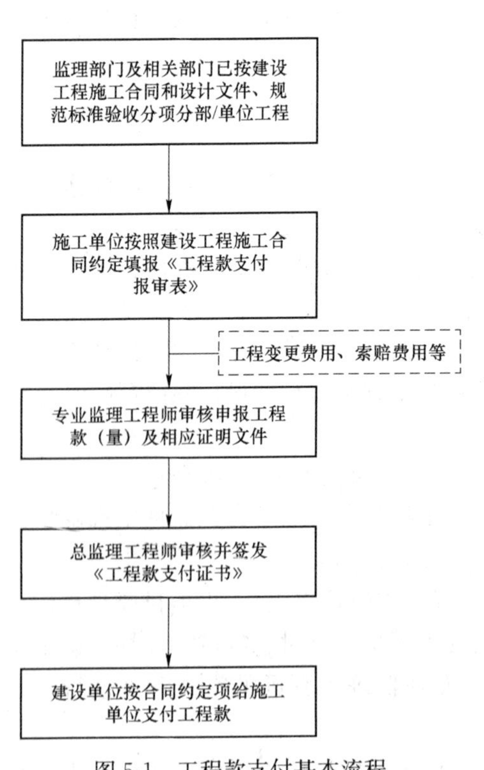

图 5-1 工程款支付基本流程

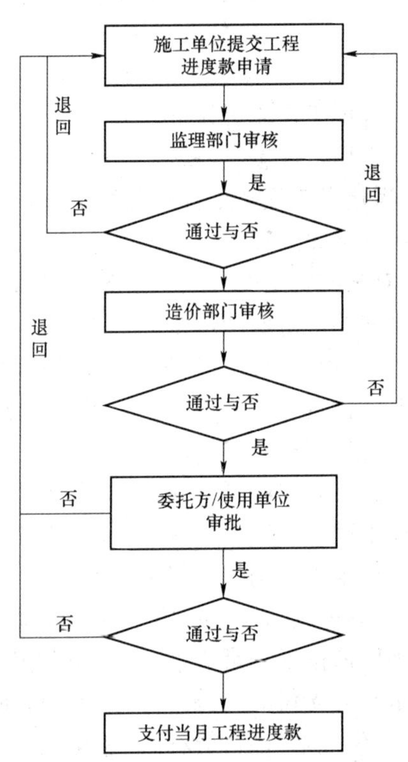

图 5-2 工程进度款审签流程

工程计量与进度款支付为控制工程投资的重要环节。为了更好地控制投资，全过程工程咨询单位应保证工程计量与进度款支付的工作质量。在进行工程计量与进度款支付审核时，应重点从工程计量和进度款支付申请中进行控制。

1. 全过程工程咨询单位在审核承包单位提交的工程计量报告时应重点审核

（1）审核计量项目。审核计量项目就是审核项目是否属于该计量项目的范围，以免重复计量。投标报价按招标工程量清单漏项的项目或其特征描述已包含在其他报价中的项目均不属于该计量项目的范围。

（2）审核计量计算规则。全过程工程咨询单位应熟练掌握计量的计算规则，审核是否按计量规则计算工程量。

（3）审核计量数据。全过程工程咨询单位审核的计量数据，就是对其几何尺寸及数量等原始数据，对照设计图纸或实地丈量进行审核，做到每一数据准确无误。

（4）全面审核。全过程工程咨询单位或专业咨询工程师（监理）应对计量资料进行全面的检查和审核。内容包括：质量检测、试验结果、中间交验证书和各类计量资料及其结果，重点审查计量项目是否符合计量条件，全过程工程咨询单位审核后签认工程计量。

2. 工程进度款支付申请的审核

全过程工程咨询单位审核承包单位提交的进度款支付申请是进度款支付程序中的重点，审核内容包括以下几项。

（1）审核分部分项工程综合单价。审核分部分项工程综合单价的正确性。对于施工过程中未发生变化的分部分项工程，其综合单价应按照投标文件中的综合单价计取；施工过程中因政策、物价波动、工程量清单内容错项、漏项、设计变更、工程量增减等原因引起综合单价发生变化的分部分项工程，其综合单价要严格按照合同约定的调整方法进行调整，并且需经过发、承包双方的确认，避免承包单位出现高报、重报的现象。

（2）审核形象进度或分阶段工程量。对于签订总价合同的工程或作为总价子目支付的单项工程，全过程工程咨询单位应审核每一支付周期内承包单位实际完成的工程量，对照在合同专用条款中约定的合同总价支付分解表所表示的阶段性或分项计量的支持性资料，以及所达到工程形象目标或分阶段需完成的工程量和有关资料进行审核，达到支付分解表要求的支付进度款，未达到要求的不应支付进度款。

（3）审核进度款支付比例。审核进度款支付的比例，应严格按照合同约定，既不能向承包单位多付进度款，又要保证承包单位的资金周转，避免因资金不到位而影响工程进度。

（4）审核计日工金额。审核计日工的数量，依据现场签证或变更报价单上双方确认的计日工的数量，按照投标文件中计日工的综合单价计算本支付周期内应支付的计日工金额。

（5）审核应抵扣的预付款。应严格按照合同约定的办法计算应抵扣预付款的具体金额。

（6）审核工程变更金额。对已确认的工程变更，凡涉及工程造价变化的，在监理单位或造价部门审核的基础上由全过程工程咨询单位审核工程变更的程序是否符合要求，变更的理由是否充分，变更的金额是否准确。

（7）审核工程签证金额。对已确认的工程签证，在监理单位或造价咨询单位审核的基础上由投资人审核签证主体是否合法、审核签证形式是否有效、审核签证内容是否真实合理、审核签证程序及时间是否符合合同约定、审核签证的金额是否准确。

（8）审核工程索赔金额。对工程索赔报告的真实性进行审核，重点审核索赔的程序和相关辅助资料的合理性，对费用索赔的计算过程、计算方法及计算结果的准确性进行审核，注重审核索赔费用组成的合理性。

3. 工程款支付审批管理

（1）根据项目施工用款总计划，结合造价管理中的动态控制对项目趋势进行分析，编制项目施工用款年度、季度、月度付款计划。经投资人批准的月度投资用款计划是审核工程款支付的依据。

（2）按照合同约定的工程预付款、工程进度款等付款规定条件，审核施工单位的相关款项支付申请报告。

（3）如因施工项目的特殊情况，如暂时性资金紧张、工程进度滞后等情况导致工程实际付款与计划付款严重不符时，经投资人同意，并与相关各方进行相应的协调工作后可以调整项目投资用款计划。

（4）造价管理人员负责资金支付的管理，建立工程款付款台账，填写合同付款登记表，留存付款申请表原件等，保证支付账目管理有据清晰。

（5）定期对工程现场实际施工情况与工程款支付的情况进行对比，工程进度款与完成的工程量挂钩，对实际款项发生值与计划控制值进行分析、比较，运用合同和支付等手段确保投资款的合理使用，并控制在预定目标内。

（6）工程竣工结算前，应注意付款的截止比例，以免超付。

四、注意事项

（1）为防止施工招标的工程量清单准确性不够，出现多算、漏算等现象，提高投资控制精度，待施工合同签订后，全过程工程咨询单位应及时组织施工单位对招标的工程量清单予以复核。

（2）施工过程中产生的索赔，索赔成立后根据合同约定可以在进度款中同期支付。

（3）暂估价格与实际价格的差额根据合同约定可以在进度款中同期支付。

五、成果范例

全过程工程咨询单位进行工程计量与进度款支付审核的成果性文件具体见表 5-1～表 5-6。

表 5-1　　**工程计量与支付表**

工程名称：　　　　　　　　　　　　　　　　　　　　　　　第　页，共　页

序号	项目编码	项目名称	计量单位	承包人申报数量	投资人核实数量	发承包核实数量	备注
承包人代表： 日期：		监理工程师： 日期：		造价工程师： 日期：		投资人代表： 日期：	

表 5-2　　**工程预付款支付申请（核准）表**

致：（发包人全称）

我方根据施工合同的约定，现申请支付工程付款为×××（大写）元，×××（小写）元，请予核准。

序号	名称	金额（元）	备注
1	已签约合同款金额		
1.1	其中：安全防护、文明施工费金额		
1.2			
2	应支付的工程预付款金额		
3	应支付的安全防护、文明施工费金额		
…			
…	合计应支付的工程预付款金额		

承包人（章）
造价专业人员：
承包人代表：
日期：

复核意见： □与合同约定不相符，修改意见见附件。 □与合同约定相符，具体金额由造价工程师复核。 监理工程师： 日期：	复核意见： 你方提出的支付申请经复核，应支付的工程预付款金额为×××（大写）元，×××（小写）元。 造价工程师： 日期：

审核意见：

□不同意。

□同意，支付时间为本表签发后的 15 天内。

发包人（章）：
发包人代表：
日期：

注　1. 在选择栏中的“□”内作标识“√”。

2. 本表一式四份，由承包人填报；投资人、监理单位、造价部门、承包人各存一份。

表 5-3 **工程进度款支付申请（核准）表**

<table>
<tr><td colspan="4">致：（发包人全称）
我方于×××至×××期间已完成了工作。
根据合同的约定，现申请支付本期的工程价示为×××（大写）元，×××（小写）元，请予核准。</td></tr>
<tr><td>序号</td><td>名称</td><td>金额（元）</td><td>备注</td></tr>
<tr><td>1</td><td>累计已完成的工程价款金额</td><td></td><td></td></tr>
<tr><td>2</td><td>累计已实际支付的工程价款金额</td><td></td><td></td></tr>
<tr><td>3</td><td>本期已完成的工程价款金额</td><td></td><td></td></tr>
<tr><td>4</td><td>本期完成的计日工金额</td><td></td><td></td></tr>
<tr><td>5</td><td>本期应增加和扣减的变更金额</td><td></td><td></td></tr>
<tr><td>6</td><td>本期应增加和扣减的索赔金额</td><td></td><td></td></tr>
<tr><td>7</td><td>本期应抵扣的预付款金额</td><td></td><td></td></tr>
<tr><td>8</td><td>本期应扣减的质保金额</td><td></td><td></td></tr>
<tr><td>9</td><td>本期应增加或扣减的其他金额</td><td></td><td></td></tr>
<tr><td>10</td><td>本期实际应支付的工程价款金额</td><td></td><td></td></tr>
<tr><td colspan="4">承包人（章）：
承包人代表：
日期：</td></tr>
<tr><td colspan="2">复核意见：
□与实际施工情况不相符，修改意见见附件。
□与实际施工情况相符，具体金额由造价工程师复核。

监理工程师：
日期：</td><td colspan="2">复核意见：
你方提出的支付申请经复核，本周期已完成工程价款为×××（大写）元，×××（小写）元，本周期应支付金额为×××（大写）元，×××（小写）元。

造价工程师：
日期：</td></tr>
<tr><td colspan="4">审核意见：
□不同意。
□同意，支付时间为本表签发后的 15 天内。

发包人（章）：
发包人代表：
日期：</td></tr>
</table>

注 1. 在选择栏中的“□”内作标识“√”。

2. 本表一式四份，由承包人填报；投资人、监理单位、造价部门、承包人各存一份。

表 5-4 工程款支付报审表

<table>
<tr><td>致：__________（项目监理单位）
根据施工合同约定，我方已完成__________工作，投资人应在______年______月______日前支付工程款共计__________（大写）（小写：__________），请予以审核。
□已完成工程量报表。
□工程竣工结算证明材料。
□相应支持性证明文件。

施工项目（盖章）：
项目负责人（签字）：
年 月 日</td></tr>
<tr><td>审查意见：
1. 施工单位应得款为：
2. 本期应扣款为：
3. 本期应付款为：
附件：相应支持性材料

专业监理单位（签字）：
年 月 日</td></tr>
<tr><td>审核意见：

项目监理单位（盖章）：
总监理工程师（签字、加盖执业印章）：
年 月 日</td></tr>
<tr><td>审批意见：

投资人（盖章）：
投资人代表（签字）：
年 月 日</td></tr>
</table>

注 本表由施工单位填写，一式三份，监理单位、投资人、施工单位各执一份；工程竣工结算报审时本表一式四份，监理单位、投资人各一份、施工单位二份。

表 5-5 **工程款支付证书**

致：________________（施工单位）
根据施工合同约定，经审核编号为________________工程款支付报审表，扣除有关款项后，同意支付工程款共计____________________（大写）（小写：____________________）。附件：
其中：
1. 施工单位申报款为：
2. 经审核施工单位应得款为：
3. 本期应扣款为：
4. 本期应付款为：
附件：工程款支付报审表及附件

项目监理单位（盖章）：
总监理工程师（签字、加盖执业印章）：
年 月 日

表 5-6 **建设项目建设其他费用审批表**

致：____________________________（施工单位）
根据施工合同约定，经审核编号为________________工程支付报审表，扣除有关款项后，同意支付工程款共计（大写）________________（小写：________________）。
其中：
1. 施工单位申报款为：
2. 经审核施工单位应得款为：
3. 本期应扣款为：
4. 本期应付款为：
附件：工程款支付报审表及附件

项目监理单位（盖章）
总监理工程师（签字、加盖执业印章）
年 月 日

第二节 工程变更及现场签证

建设工程施工阶段工程造价的控制关键是控制合同价。工程合同价的突破，主要来源于设计变更和现场签证，由于每个工程都是唯一的产品，因此，在施工中或多或少地会产生变更工程，控制合同价首先应控制工程变更。工程变更是指因设计文件或技术规范变化而引起的合同变更，它是由监理工程师签发的，具有一定的强制性。

全过程工程咨询单位或专业咨询工程师（造价）应在工程变更和工程签证确认前，对其可能引起的费用变化提出建议，并根据施工合同约定有效的工程变更和工程签证进行审核，计算工程变更和工程签证引起的造价变化，并计入当期工程造价。造价部门对工程变更、工程签证认为签署不明或有异议时，可要求施工单位、投资人或监理单位予以澄清。

一、工程变更管理

1. 变更依据

工程变更是施工阶段费用增减的主要途径，全过程工程咨询单位必须重视工程变更管理，主要依据如下。

（1）国家、行业、地方有关技术标准和质量验收规范及规定等。

（2）现行《建设工程工程量清单计价规范》。

（3）现行《建设项目全过程造价咨询规程》。

（4）承发包施工合同。

（5）施工图纸。

（6）人工、材料、机械台班的信息价以及市场价格。

（7）变更通知书及变更指示。

（8）计量签证。

2. 变更内容

在建设项目施工过程中，由于各种原因，经常出现工程变更和合同争执等许多问题。这些问题的产生，一方面是由于勘察设计疏漏，在施工过程中发现设计没有考虑或考虑不周的施工项目，不得不补充设计或变更设计，或投资人方案调整、施工单位方案优化；另一方面是由于发生不可预见的事故，如自然或社会原因引起的停工和工期拖延等。

由于工程变更所引起的工程量变化、施工单位索赔等都有可能使建设项目投资超出投资控制目标，因此全过程工程咨询单位必须重视工程变更及其价款的管理。

建设项目工程变更管理主要是对工程变更资料的审查，审查的重点包括审查变更理由的充分性、变更程序的正确性、变更估价的准确性。对于施工单位或监理单位提出的工程变更，若在建设项目合同授权范围内且不影响使用功能的情况下，需经投资人和全过程工程咨询单位同意，所有工程变更经设计部门同意后，由监理单位发出。

全过程工程咨询单位在进行工程变更管理过程中，应建立严格的审批制度和审批程序，防止任意提高设计标准，改变工程规模，增加工程投资，切实把投资控制在控制目标范围内。

3. 工程变更的分类

在 FIDIC 条款中，工程变更指设计文件或技术规范变化而引起的合同变更。其变更范围在表现形式有以下几种类型。

（1）设计变更或工程规模变化引起的工程量增减。

（2）设计变更使得某些工程内容被取消。

（3）设计变更或技术规范改变导致的工程性质、质量或类型的改变。

（4）设计变更导致的工程任何部分位置、标高、尺寸的改变。

（5）为使工程竣工而实施的任何种类的附加工作。

（6）规范变更使得工程任何部分规定的施工顺序或时间安排的改变。

我国《建设工程施工合同（示范文本）》指出了工程量的变更、工程项目的变更（如发包人提出增加或者删减原项目内容）、进度计划的变更、施工条件的变更等内容。考虑到设计变更在工程变更中的重要性，主要将工程变更分为设计变更和其他变更两大类。

1）设计变更。能够构成设计变更的事项包括下列变更：更改有关部分的标高、基线、位置和尺寸增减合同中约定的工程量；改变有关工程的施工时间和顺序；其他有关工程变更需要的附加工作在施工过程中如果发生设计变更，将对施工进度产生很大的影响。因此，应尽量减少设计变更，如果必须对设计进行变更，则必须严格按照国家的规定和合同约定的程序进行。由于发包人对原设计进行变更，以及经工程师同意的、承包人要求进行的设计变更导致合同价款的增减及造成的承包人损失，由发包人承担，工期相应顺延。

2）其他变更。合同履行中发包人要求变更工程质量标准及发生其他实质性变更的，由双方协商解决。

4. 工程变更的处理要求

（1）如果出现了必须变更的情况，应当尽快变更。变更既已不可避免，无论是停止施工等待变更指令还是继续施工，都会增加损失。

（2）工程变更后，应当尽快落实变更。工程变更指令发出后，应当迅速落实指令，全面修改相关的各种文件。承包人也应当抓紧落实，如果承包人不能全面落实变更指令，则扩大的损失应当由承包人承担。

（3）对工程变更的影响应当做进一步分析。工程变更的影响往往是多方面的，影响持续的时间也往往比较长，对此应当有充分的分析。

5. 程序

（1）全过程工程咨询单位或其专业咨询工程师（造价）对工程变更和工程签证的审核应遵循以下原则。

1）审核工程变更和工程签证的必要性和合理性。

2）审核工程变更和工程签证方案的合法性、合规性、有效性、可行性和经济性。

（2）工程变更价款确定的原则如下。

1）若合同中已有适用于变更工程的价格，则按合同已有的价格计算、变更合同价款。

2）若合同中有类似于变更工程的价格，可以参照类似价格变更合同价款。

3）若合同中没有适用或类似于变更工程的价格，则全过程工程咨询单位或专业咨询工程师（监理）应与投资人、施工单位就工程变更价款进行充分协商达成一致；如双方达不成一致，由总监理工程师按照成本加利润的原则确定工程变更的合理单价或价款，如有异议，按施工合同约定的争议程序处理。

工程变更对工程项目建设产生极大影响，全过程工程咨询单位应从工程变更的提出到工程变更的完成，再到支付施工承包商工程价款，对整个过程的工程变更进行管理。其中设计变更工作流程以及工程变更管理的程序如图 5-3 和图 5-4 所示。

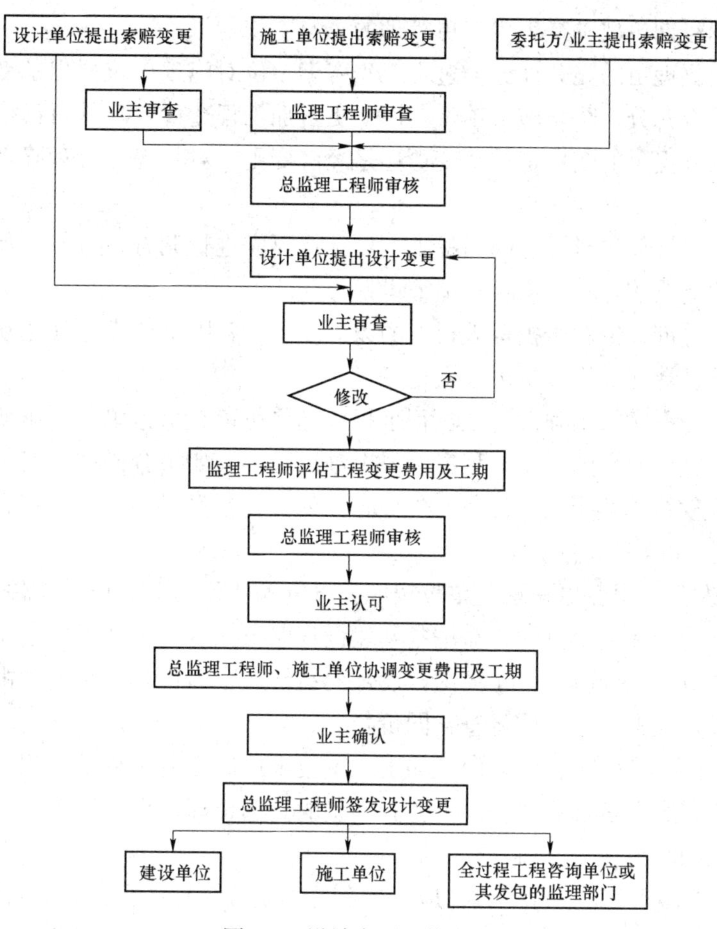

图 5-3　设计变更工作流程

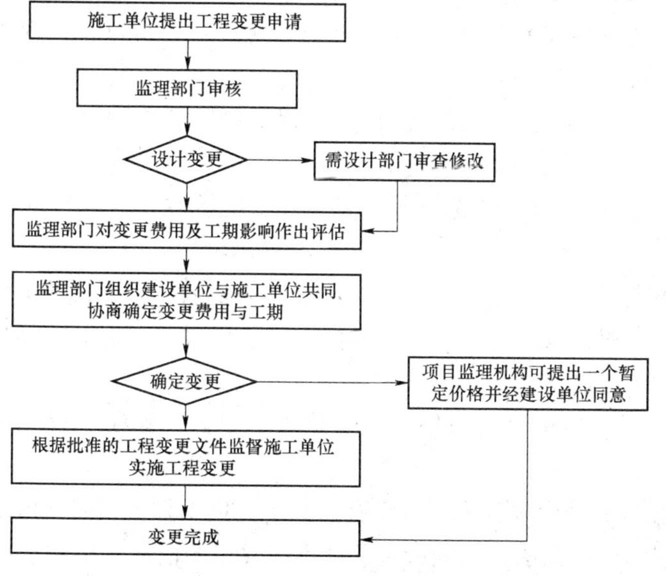

图 5-4　工程变更管理程序

全过程工程咨询单位进行工程变更管理的主要工作如下。

(1) 审查变更理由的充分性。全过程工程咨询单位对施工单位提出的变更，应严格审查变更的理由是否充分，防止施工单位利用变更增加工程造价，降低自己应承担的风险和责任。区分施工方提出的变更是技术变更还是经济变更，对其提出合理降低工程造价的变更应积极支持。

全过程工程咨询单位对设计部门提出的设计变更应进行调查、分析，如果属于设计粗糙、错误等原因造成的，则根据合同追究设计责任。

全过程工程咨询单位对于投资人提出的设计变更，若因不能满足使用功能或在投资可能的前提下提高设计标准经分析可以变更。

(2) 审查变更程序的正确性。全过程工程咨询单位审查承包单位提出变更程序的正确性，应按照双方签订的合同对变更程序的要求进行审查。如果合同中没有规定，则根据现行《建设工程价款结算暂行办法》中的规定，在审查过程中主要应注意以下四个关键环节。

1) 施工中发生工程变更，承包单位按照经投资人认可的变更设计文件进行变更施工，其中，政府投资项目重大变更的，需按基本建设程序报批后方可施工。

2) 在工程设计变更确定后 14 天内，设计变更涉及合同价款调整的，由承包单位向投资人提出，经投资人审核同意后调整合同价款。

3) 工程设计变更确定后 14 天内，如承包单位未提出变更工程价款报告，则投资人可根据所掌握的资料决定是否调整合同价款和调整的具体金额。重大工程变更涉及工程价款变更报告和确认的时限由双方协商确定。

4) 收到变更工程价款报告一方，应在收到之日起 14 天内予以确认或提出协商意见。自变更工程价款报告送达之日起 14 天内，对方未确认也未提出协商意见时，视为变更工程价款报告已被确认。

(3) 审查变更估价的准确性。在工程变更管理过程中，全过程工程咨询单位对工程变更的估价的处理应遵循以下原则。

1) 工程变更计量应按合同约定方法计算工程变更增减工程量，合同没约定的按国家和地方现行的工程量计算规则计算。

2) 工程变更计价应按合同约定条款计算工程变更价款，合同没约定的，可按以下原则计价。

a. 已标价工程量清单中有适用于变更工程项目的，采用该项目的单价；但当工程变更导致该清单项目的工程数量发生变化，且工程量偏差超过 15%时，该项目单价应按照工程量偏差的相关规定进行调整。

b. 已标价工程量清单中没有适用，但有类似于变更工程项目的，可以在合理范围内参照类似项目的单价。

c. 已标价工程量清单中没有适用也没有类似于变更工程项目的，由承包人根据变更工程资料、计量规则和计价办法、工程造价管理机构发布的信息价格和承包人报价浮动率提出变更工程项目的单价，报投资人确认后调整。承包人报价浮动率可按下述公式计算。

招标工程：承包人报价浮动率 $L=$（1－中标价/最高投标限价）×100%。

非招标工程：承包人报价浮动率 $L=$（1－报价/施工图预算）×100%。

d. 已标价工程量清单中没有适用也没有类似于变更工程项目，且工程造价管理机构发布的信息价格缺价的，由承包人根据变更工程资料、计量规则、计价办法和通过市场调查等取得有合法依据的市场价格提出变更工程项目的单价，报投资人确认后调整。

3）合同中另有约定的，按约定执行。

对于建设项目，按照一般规定在合同中没有适用或类似于变更的价格由施工单位提出适当的变更价格，经监理单位确认后执行。全过程工程咨询单位为了有效控制投资，在施工合同专用条款中对上述条款进行修改，在合同没有适用或类似于变更的工程价格由施工单位提出适当的变更价格，经监理单位审核后，报造价部门进行审核，必要时报投资人审批。若施工单位对全过程工程咨询单位最后确认的价格有异议，而又无法套用或无法参考相关定额，则由全过程工程咨询单位或专业咨询工程师（监理）和施工单位共同进行市场调研，力争达成共识。对涉及金额较大的项目，由全过程工程咨询单位（监理单位和造价部门）同施工单位等相关方共同编制补充定额，报造价部门审批，确定变更工程价款。

（4）提出审核意见、签认变更报价书。

1）全过程工程咨询单位审查同意承包商的要求，若投资人授权全过程工程咨询单位，则可以直接签认；若投资人未授权，则需报投资人签认。

2）全过程工程咨询单位审查未同意承包商的要求，则需要注明变更报价书上的错误、未同意的原因、提出的变更价款调整方案，并抄送监理单位审阅。

6. 注意事项

（1）因不能满足项目使用功能或施工技术要求的需要，必须进行变更。

（2）在满足项目使用功能及施工技术要求的前提下，尽管变更理由充分，若总投资不可控，则全过程工程咨询单位仍不能同意变更。

（3）若经相关单位审核同意变更，则应按变更程序确定变更项目综合单价。

（4）严格执行应当拒绝的现场工程变更、签证。现场工程变更、签证是施工阶段费用增加的主要途径，必须重视现场工程变更、签证的管理，严格设计现场工程变更、签证的审批程序，建立现场变更、签证台账制度，每月进行统计分析，并加强现场签证的预防工作，将现场工程变更签证控制在合理的范围内。以下情形的工作内容不予办理工程变更或现场签证。

1）招标文件规定应由施工单位自行承担的。

2）施工合同约定或已包括在合同价款内应由施工单位自行承担的。

3）施工单位在投标文件中承诺自行承担的或投标时应预见的风险。

4）由施工单位责任导致的工程量增加。

5）法律、法规、规章规定不能办理的。

（5）严格执行现场工程变更、签证事项。现场变更签证应明确根据《建设工程工程量清单计价规范》（GB 50500—2013）相关规定和要求执行，对不符合相关规定和要求的应当拒签。

1）严格界定工程变更的定义。工程变更是指“合同工程实施过程中由投资人提出或由承包人提出经投资人批准的合同工程的任何一项工作的增、减、取消或施工工艺、顺序、时间的改变；设计图纸的修改；施工条件的改变；招标工程量清单的错、漏从而引起的合同条件的改变或工程类的增减变化”，除此之外的情形不属于工程变更的范围。

2）严格签证内容要求的条件。需要签证的内容尽可能出具正式图纸，如不能出具相关图纸或对图纸不能体现的地方，则必须在施工前由各方人员现场确认工程量。避免在签证中签认单价或总价。如必须签认价格，应在签证中注明为是不是全费用价格，不得写入“……列入直接费。”

3）签证应注意时效性。办理签证必须在签证单中注明发生时间，以作为在结算时准确判定调整价差的依据。

7. 成果范例

全过程工程咨询单位进行工程变更管理的成果文件见表5-7～表5-9。

表5-7　工程变更台账表

工程名称：

序号	变更项目名称	变更编号	变更原因及主要内容	上报金额（元）	审价金额（元）	备注
1						
2						
3						
…						

表5-8　建设项目工程变更项目汇总表

工程项目名称		合同名称	
		合同编号	
变更号	变更项目名称	变更的费用	
变更1			
变更2			
变更3			
…			

注　本表适用于全过程工程咨询单位。

表 5-9　**建设项目工程变更审批表**

变更提出单位：　　　　　　　　（盖章）　　　　　　　　编号：

工程名称	
分部分项工程	
变更的金额	（万元） 详见附件预算书
变更的原因	
设计单位意见	（盖章） 年　月　日
监理单位意见	（盖章） 年　月　日
造价单位意见	（盖章） 年　月　日
投资人意见	（盖章） 年　月　日

注　1. 除相关单位的意见外，其余均由提出单位填写。

2. 本表一式四份，提出单位、设计部门、监理单位、造价部门各执一份。

二、现场工程签证管理

1. 依据

全过程工程咨询单位在进行现场签证管理，主要依据如下。

（1）国家、行业和地方政府的有关规定。

（2）承发包合同。

（3）现场地质相关资料。

（4）现场变化相关依据。

（5）计量签证。

（6）施工联系单、会议纪要等资料。

2. 内容

现场工程签证是指在施工现场由全过程工程咨询单位和施工单位共同签署的，必要时需投资人签认，用以证实在施工过程中已发生的某些特殊情况的一种书面证明材料。现场签证的管理必须坚持“先签证、后施工”的原则。

现场工程签证主要涉及工程技术、工程隐蔽、工程经济、工程进度等方面内容，均会直接或间接地产生现场签证价款从而影响工程造价。工程签证的主要内容见表5-10。

表5-10 工程签证的主要内容

签证类型	具体内容
工程技术	（1）施工条件的变化或非承包单位原因所引起工程量的变化。 （2）工程材料替换或代用等。 （3）更改施工措施和技术方案导致工作面过于狭小、作业超过一定高度，采取为保证工程的顺利进行必要措施。 （4）合同约定范围外的，承包单位对投资人供应的设备、材料进行运输、拆装、检验、修复、增加配件等。 （5）投资人借用承包单位的工人进行与工程无关的工作。 （6）施工前障碍物的拆除与迁移以及跨越障碍物施工
隐蔽工程	（1）监理人某种原因未能按时到位，随后要求的剥离检查。 （2）在某工序被下一道工序覆盖前的检验，如基础土石方工程、钢筋绑扎工程
工程经济	（1）非承包单位原因导致的停工、窝工、返工等任何经济损失。 （2）合同价格所包含工作内容以外的项目。 （3）没有正规的施工图纸的建设项目，如大检修工程、零星维修项目，由承包单位提出一套技术方案，经审批完毕后实施；实施完毕后办理工程签证，依据工程签证办理竣工结算。 （4）合同中约定的可调材差的材料价格
工程进度	（1）设计变更造成的工期拖延。 （2）非承包单位原因造成分部分项工程拆除或返工。 （3）非施工单位原因停工造成的工期拖延
其他方面	（1）不可预见因素，包括不可预见的地质变化、文物、古迹等。 （2）不可抗力因素

3. 程序

结合工程实践，全过程工程咨询单位进行规范化的工程签证流程如图5-5所示。现场工程签证需要以有理、有据、有节为原则，即签证的理由成立、签证的依据完整有效、签证的依据计算正确，且每一步都要得到各行为主体的认可和同意，才能继续下一个流程的运行。

现场工程签证的具体内容具有不确定、无规律的特征，也是施工单位获取额外利润的重要手段，因此做好现场签证管理，是全过程工程咨询单位项目投资控制的一项极其重要的工作，也是影响项目投资控制的关键因素之一。全过程工程咨询单位应要求监理单位和造价部门严格审查现场工程签证，并把好最后的审核关。对于涉及金额较大、签证理由不充足的，全过程工程咨询单位还要征得投资人的同意，实行投资人、全过程工程咨询单位、监理单位、施工单位和造价部门会签制度。全过程工程咨询单位进行现场签证管理主要体现如下。

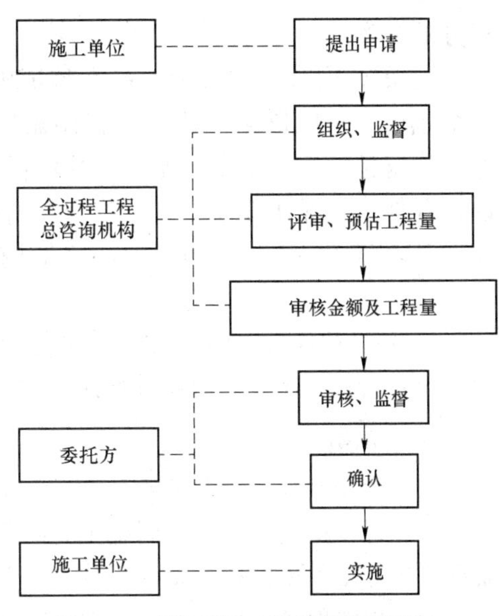

图 5-5　建设项目工程现场签证流程

（1）明确现场工程签证内容。施工过程中的签证工作必须符合法律、法规、规章、规范性文件约束下合同对签证的具体约定。全过程工程咨询单位与施工单位对签证中需要明确的内容，可以在施工合同专用条款中重点写明。

在合同中应约定签证的签发原则，哪些内容可以签证，哪些内容不能签证，如果签证则签证的内容有哪些。凡涉及经济费用支出的停工、窝工、用工、机械台班签证等，由现场代表认真核实后签证，并注明原因、背景、时间、部位等。应在施工组织设计中审批的内容，不能做签证处理。例如，临设的布局、挖土方式、钢筋搭接方式等，应在施工组织设计中严格审查，不能随意做工程签证处理。

全过程工程咨询单位应在合同中约定签证的效力。例如，在一个项目施工合同中，要求现场签证必须有总监签字才能生效，无总监签字的现场签证不能作为结算审核和索赔的依据。此外，全过程工程咨询单位与施工单位根据单张签证涉及费用大小的签证权限，建立不同层次的签证制度。涉及金额较小的内容可由全过程工程咨询单位现场代表和监理人共同签字认可；涉及金额较大的内容应由全过程工程咨询单位或监理单位、承包单位两方召开专题会议，形成会议纪要，通过签署补充合同的形式予以确定。

（2）合同约定时间内及时签办。现场签证要在合同约定的时间内及时办理，不应拖延或过后回忆补签。一方面保证签证的效力，由于工程建设自身的特点，很多工序会被下一道工序覆盖，如基础土方工程，还有的会在施工过程中被拆除，如临时设施；另一方面参加建设的各方人员都有可能变动。因此，全过程工程咨询单位在现场签证中应当做到一次一签、一事一签、及时处理、及时审核。对于一些重大的现场变化，还应该拍照或录像，作为签证的参考证据。

（3）加强签证审查。全过程工程咨询单位对签证的审查主要包括在下列几个方面：审查签证主体合法、审查签证形式有效、审查签证内容真实合理、审查签证程序及时间符合合同约定。下面进行具体说明。

1）签证主体合法。签证主体是施工合同双方在履行合同过程中在签证单上签字的行为人。签证单上的签字人是否有权代表承、发包双方签证，直接关系到该签证是否有效，关系到承包方在履行合同过程中所做的签证是否最终能进入工程结算价。因此，审查签证主体必须为合同中明确约定的主体。

2）签证形式有效。工程签证相当于施工合同的补充协议，一般来说应采用书面形式，审查内容应当包括签证的当事人，签证的事实和理由，签证主体的签字以及承发包双方的公章。

3）签证内容真实合理。审查签证内容真实合理，真实性表现在签证内容属实，有些承包单位采取欺骗手段，虚报隐蔽工程量，如虚增道路、场地混凝土的厚度等。另外，建筑材料品种繁多，尤其是装饰材料，从表面看上去相同的材料，其价格却相差很远。合理性表现在签证内容应符合合同约定，签证内容涉及价款调整、工期顺延及经济补偿等内容，应坚持合同原则，严格按照合同约定的计算方法、调整方法等进行相应签证。

4）签证程序及时间符合合同约定。审查应严格遵循合同中约定的签证程序进行签证，未按照时效和程序进行会导致签证无效。

4. 注意事项

（1）现场签证手续办理要及时。在施工过程中，签证发生时应及时办理签证手续，如零星工作、零星用工等。对因施工时间紧迫，不能及时办理签证手续的，事后应及时督促监理单位等相关单位补办签证手续，避免工程结算时发生纠纷。

（2）加强现场工程签证的审核。在现场签证中，施工单位有可能提供与实际情况不符的内容及费用，如多报工程量、提供虚假的签证等。因此，全过程工程咨询单位应首先要求监理单位严格审查，同时把好最后的审核关，避免施工单位的签证不实或虚假签证情况的发生。

（3）规范现场工程签证。建立现场工程签证会签制度，明确规定现场工程签证必须由全过程工程咨询单位或专业咨询工程师（监理）、造价部门和施工单位共同签认才能生效，必须经由投资人签认，缺少任何一方的签证均为无效，不能作为竣工结算和索赔的依据。在施工过程中，投资人有可能提出增加建设内容或提高建设标准，须经投资人进行签认，因此，在委托合同中应明确其增加的投资由投资人负责。

5. 成果范例

全过程工程咨询单位或专业咨询工程师（监理）进行现场工程签证的成果文件见表 5-11～表 5-14。

表 5-11　　工程签证台账表

工程名称：

序号	签证项目名称	签证编号	签证原因及主要内容	上报金额（元）	审价金额（元）	备注
1						
2						
3						
…						

表 5-12　**建设项目工程签证汇总表**

工程名称：　编号：

工程项目名称		合同名称	
		合同编号	
签证号	签证项目名称	签证的费用	
签证 1			
签证 2			
签证 3			
…			
…			
…			
…			

注　本表适用于全过程工程咨询单位。

表 5-13　**建设项目工程签证报审核定表**

工程名称：　编号：

根据合同（补充协议）第　　条的规定，由于＿＿＿＿＿原因，要求就下列签证并予核定。 事项： 增加/减少合同金额：＿＿＿＿＿＿＿元 附件： 申报单位（施工承包）： 项目负责人： 年　月　日
监理单位意见： 专业监理单位： 总监理工程师： 年　月　日
工程造价部门意见： 项目负责人： 年　月　日
全过程工程咨询单位意见： 项目负责人： 年　月　日

注　1. 除相关单位的意见栏外，其余均由申报单位填写。

2. 本表一式四份，申报单位、监理单位、造价部门、全过程工程咨询单位各执一份。

表 5-14

现场签证表

工程名称： 标段： 编号：

<table>
<tr><td>施工部位</td><td></td><td>日期</td><td></td></tr>
<tr><td colspan="4">致：____________________（投资人全称）
根据______（指令人姓名）____年____月____日的口头指令或你方____（或监理人）____年____月____日的书面通知，我方要求完成此项工作应支付价款金额为（大写）__________（小写__________），请予核准。

附：1. 签证事由及原因
2. 附图及计算式

承包人（章）
承包人代表：
日期：</td></tr>
<tr><td colspan="2">复核意见：
你方提出的此项签证申请经复核：
□不同意此项签证，具体意见见附件。
□同意此项签证，签证金额的计算，由造价工程师复核。

监理工程师：
日期：</td><td colspan="2">复核意见：
□此项签证按承包人中标的计日工单价计算，金额为（大写）________元，（小写________元）；
□此项签证因无计日工单价，金额为（大写）________元，（小写________）。

造价工程师：
日期：</td></tr>
<tr><td colspan="4">审核意见：
□不同意此项签证。
□同意此项签证，价款与本期进度款同期支付。

投资人（章）：
投资人代表：
日期：</td></tr>
</table>

注 1. 在选择栏中的“□”内作标识“√”。

2. 本表一式四份，由承包人在收到投资人（监理人）的口头或书面通知后填写，投资人、监理单位、造价部门、承包人各存一份。

第三节　索赔费用处理

索赔是指在履行合同过程中，由于对方的过错而要求对方承担责任并提出经济补偿或时间补偿要求。索赔是一种经济补偿行为，而不是惩罚，处理好合同履行中的索赔对于控制工程造价有至关重要的作用。在索赔处理过程中要处理好索赔时间和索赔原因。承包商应在规定的时间内处理好索赔事项，否则视为索赔事项自动被认可。

一、索赔费用

在我国引起施工索赔主要有以下几种原因。

（1）不利的自然条件与人为障碍引起的索赔，如地质条件变化引起的索赔、工程中设计变更引起的索赔。

（2）延误工期引起的索赔。

（3）加速施工引起的索赔。

（4）业主不正当地终止工程而引起的索赔。

（5）拖欠支付工程款引起的索赔。

（6）因合同条款模糊不清甚至错误引起的索赔。

由于以上原因引起的施工索赔，在处理上要分清责任和风险归业主还是承包商，在设计合同条款时就要考虑承包商可能会提出的索赔，一要在合同条款中规避此类风险，二要在合同规定关于索赔价款确定的原则。

在工程项目中，索赔是十分普遍的。监理工程师应正确对待索赔，按合同要求秉公办事，保持自己工作的独立性，以有力的证据，争取在友好协商中解决分歧。

二、索赔任务

监理工程师在索赔管理中的主要任务如下。

（1）对导致索赔的原因要有充分的预测和防范。

（2）通过有力的合同管理防止干扰事件的发生。

（3）对已发生的干扰事件及时采取措施，以降低其影响和造成的损失。

（4）参与索赔的处理过程，审查索赔报告，反驳一方不合理的索赔要求或索赔要求中不合理的部分，同意并敦促对方接受合理的索赔要求，使索赔得到圆满解决。

三、索赔种类

在实际工程建设工作中，不论业主向承包商，还是承包商向业主，都有可能提出索赔要求。业主向承包商提出的索赔一般称为“回收款项”。例如，由业主付出的保险费，将从承包商应得的款项中扣回；当工期延误时，业主扣回误期损害赔偿费；当价格降低时，业主可以回收降低的部分费用等。比较常见且有代表性的是承包商向业主提出的索赔。

（1）工期索赔即合同期索赔，目的是争取业主对已经延误了的工期进行补偿，以维护或推卸自己的合同责任，不支付或少支付工期罚款。

（2）费用索赔：承包商由于外界干扰的影响导致成本增加，其可以根据合同规定提出费用索赔要求，以补偿损失。由于市场竞争激烈，承包商为了赢得工程，往往会以低报价投标，而通过工程中的索赔来提高合同价格，减少或转移工程风险。承包商的索赔又可以按索赔责任分为三类：业主责任引起的索赔、监理工程师的责任引起的索赔以及不可预见的外部条件引起的索赔。

四、索赔依据

全过程工程咨询单位进行索赔费用处理时的主要依据如下。

（1）国家和省级或行业建设主管部门有关工程造价、工期的法律、法规、政策文件等。

（2）招标文件、工程合同、经认可的施工组织设计、工程图纸、技术规范等。

（3）工程各项来往的信件、指令、信函、通知、答复等。

（4）工程各项有关的设计交底、变更图纸、变更施工指令等。

（5）工程各项经监理工程师签认的签证及变更通知等。

（6）工程各种会议纪要。

（7）施工进度计划和实际施工进度表。

（8）施工现场工程文件。

（9）工程有关施工部位的照片及录像等。

（10）工程现场气候记录，如有关天气的温度、风力、雨雪等。

（11）建筑材料和设备采购、订货运输使用记录等。

（12）工地交接班记录及市场行情记录等。

五、索赔内容

1. 工程造价部门审核工程索赔应遵循的原则

（1）审核索赔事项的时效性、程序的有效性和相关手续的完整性。

（2）审核索赔理由的真实性和正当性。

（3）审核索赔资料的全面性和完整性。

（4）审核索赔依据的关联性。

（5）审核索赔工期和索赔费用计算的准确性。

2. 工程造价部门审核工程索赔费用签署意见或出具报告应包括的主要内容

（1）索赔事项和要求。

（2）审核范围和依据。

（3）审核引证的相关合同条款。

（4）索赔费用审核计算方法。

（5）索赔费用审核计算细目。

3. 全过程工程咨询单位对施工过程中索赔费用的管理内容

（1）索赔的预防，做好日常施工记录，为可能发生的索赔提供证据。

（2）索赔费用的处理，包括索赔费用的计算及索赔审批程序。

4. 索赔的预防

全过程工程咨询单位通过工程投资计划的分析，找出项目最易突破投资的子项和最易发生费用索赔的因素，考虑风险的转移，制定具体防范对策。例如，在编制招标文件和施工承包合同时，应有索赔的意识，如承包合同不完善而引起的索赔，从而导致工程费用的增加。此外，全过程工程咨询单位应严格审查施工单位编制的施工组织设计，对于主要施工技术方案进行全面的技术经济分析，防止在技术方案中出现投资增加的漏洞。

5. 索赔费用的处理

全过程工程咨询单位应严格审批索赔程序，组织监理单位进行有效的日常工程管理，切实认真做好工程施工记录，同时注意保存各种文件图纸，为可能发生的索赔处理提供依据。当索赔发生后，要迅速妥当处置。根据收集的工程索赔的相关资料，迅速对索赔事项开展调查，分析索赔原因，审核索赔金额，并在征得投资人意见后负责与施工单位据实妥善协商解决。

六、索赔程序

（1）全过程工程咨询单位或专业咨询工程师（监理）可按以下程序处理施工单位提出的费用索赔。

1）受理施工单位在施工合同约定的期限内提交的费用索赔意向通知书。

2）收集与索赔有关的资料。

3）受理施工单位在施工合同约定期限内提交的费用索赔报审表。

4）审查费用索赔报审表。需要施工单位进一步提交详细资料时，应在施工合同约定的期限内发出通知。

5）与投资人和施工单位协商一致后，在施工合同约定的期限内签发费用索赔报审表，并报投资人。

（2）全过程工程咨询单位或专业咨询工程师（监理）批准施工单位费用索赔应同时满足以下条件。

1）施工单位在施工合同约定的期限内提出费用索赔。

2）索赔事件是因非施工单位原因造成，且符合施工合同约定。

3）索赔事件造成施工单位直接经济损失。

（3）当施工单位的费用索赔要求与工程延期要求相关联时，全过程工程咨询单位或专业咨询工程师（监理）可以提出费用索赔和工程延期的综合处理意见，并应与投资人和施工单位协商。

（4）因施工单位原因造成投资人损失，投资人提出索赔时，全过程工程咨询单位应与投资人和施工单位协商处理。

当全过程工程咨询单位未能按合同约定履行自己的各项义务或工作失误，以及应由全过程工程咨询单位承担责任的其他情况，造成施工单位的工期延误和（或）经济损失，按照国家有关规定和施工合同的要求，施工单位可以按程序向全过程工程咨询单位进行索赔，其索赔流程如图 5-6 所示。

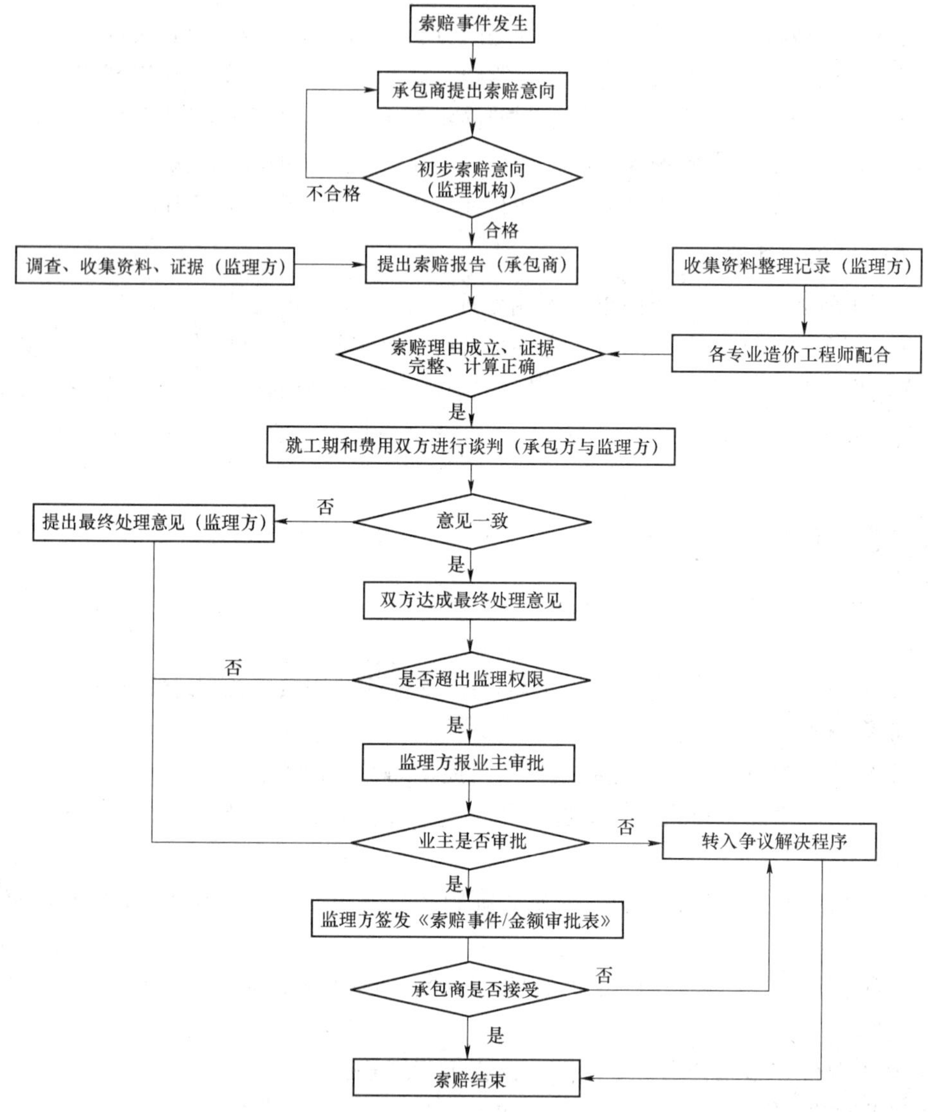

图 5-6　全过程工程咨询单位对施工单位索赔流程

(5) 全过程工程咨询单位对施工单位索赔方法如下。

1) 收集索赔原始资料。索赔原始资料证据的准备程度决定了索赔能否成功。因此，全过程工程咨询单位对于原始证据的收集整理尤为重要。索赔资料的收集见表 5-15。

涉及工程费用索赔的有关施工和监理文件资料包括：施工合同、采购合同、工程变更单、施工组织设计、专项施工方案、施工进度计划、投资人和施工单位的有关文件、会议纪要、监理记录、监理工作联系单、监理通知单、监理月报及相关监理文件资料等。

表 5-15　　索赔资料收集一览表

类型	收集资料内容	
签订合同阶段资料	招标文件	招标文件中约定的工程范围更改、施工技术更换、现场水文地质情况的变化以及招标文件中的数据错误等均可导致索赔
	投标文件	投标文件是索赔重要的依据之一，尤其是其中的工程量清单和进度计划将是费用索赔和工期索赔的重要参考依据
	工程量清单	工程量清单也是索赔的重要依据之一，在工程变更增加新的工作或处理索赔时，可以从工程量清单中选择或参照工程量清单中的单价来确定新项目或者索赔事项的单价或价格
	计日工表	包括有关的施工机械设备、常用材料、各类人员相应的单价、作为索赔施工期间投资人指令要求承包商实施额外工作所发生费用的依据
	合同条件	包括双方签订的合同与所使用的合同范本两部分，合同中又包括合同协议书、通用合同条件、专用合同条件、规范要求、图纸、其他附件等
施工阶段资料	往来信函	监理的工程变更指令、口头变更确认函、加速施工指令、工程单价变更通知、对承包商问题的书面回答等
	会议纪要	标前会议纪要、工程协调会议纪要、工程进度变更会议纪要、技术讨论会议纪要、索赔会议纪要等，并且会议纪要上必须有双方负责人的签字
	现场记录	施工日志、施工检查记录、工时记录、质量检查记录、施工机械设备使用记录、材料使用记录、施工进度记录等。重要的记录有：质量检查、验收记录、还应有投资人或其代表的签字认可
	现场气象记录	每月降水量、风力、气温、河水位、河水流量、洪水位、洪水流量、施工基坑地下水状况、地震、泥石流、海啸、台风等特殊自然灾害的记录
	工程进度计划	批准的进度计划、实际的进度计划
	工程财务记录	工程进度款每月的支付申请表、工人劳动计时卡（或工人工作时间记录）、工资单、设备材料和零配件采购单、付款收据、工程开支月报等
	索赔事件发生时现场的情况	描述性文件、工程照片及声像资料，以及各种检查检验报告和技术鉴定报告
其他资料	相关法律与法规	《招标投标法》《政府采购法》《合同法》《公司法》《劳动法》《仲裁法》及有关外汇管理的指令、货币兑换限制、税收变更指令及工程仲裁规则等
	市场信息资料	当地当时的市场价格信息、价格调整决定等价格变动信息、当地政府、行业建设主管部门发布的工程造价指数、物价指数、外汇兑换率（如果有）等市场信息
	先例与国际惯例	以前处理此类索赔问题的先例、处理此类索赔问题的国内、国际惯例，所谓惯例是指在事件中逐渐形成的不成文的准则，是一种不成文的法律规范，最初只被一些国家（地区）使用，后来被大多数国家（地区）接收，成为公认的准则

2）索赔费用的计算。

a. 总费用法。总费用法是指发生了多起索赔事件后，重新计算该工程的实际总费用，再减去原合同价，其差额即为承包商索赔的费用。计算公式为

索赔金额＝实际总费用－投标报价估算费用

但这种方法对全过程工程咨询单位不利，因为实际发生的总费用中可能有承包商施工组织的不合理因素；承包商在投标报价时为竞争中标而压低报价，中标后通过索赔可以得到补偿。

b. 修正总费用法。修正总费用法即在总费用计算的原则上，去掉不合理的费用，使其更合理。修正的内容包括：计算索赔款的时段仅局限于受到外界影响的时间；只计算受影响时段内的某项工作所受影响的损失；对投标报价费用重新进行核算，按受影响时段内该项工作的实际单价进行核算，乘以实际完成的该项工作的工程量，得出调整后的报价费用。计算公式为

索赔金额＝某项工作调整后的实际总费用－该项工作的报价费用

c. 分项计算法。分部分项法即按照各种索赔事件所引起的费用损失，分别计算索赔款。这种方法比较科学、合理，同时方便全过程工程咨询单位审核索赔款项，但计算比较复杂。分项计算方法见表 5-16。使用这种方法计算索赔款时，应先分析干扰事件引起的费用索赔项目，然后计算各费用项目的损失值，最后加以汇总。

表 5-16　分项计算索赔费用方法

费用类型	工程量增加	窝工
人工费	预算单价×增加量	窝工费×窝工时间
材料费	实际损失材料量×原单价×调值系数	
机械台班费	预算单价×增加量	（自有）折旧费×时间； （租赁）租金×时间
管理费	（合同价款/合同工期）×费率×延误天数	一般情况下不考虑
总部管理费	（1）按照投标书中总部管理费的一定比例计算： 总部管理费＝合同中总部管理费比率×（直接费索赔款额＋现场管理费索赔款额等） （2）按照公司总部统一规定的管理费比率计算： 总部管理费＝公司总部管理费比率×（直接费索赔款额＋现场管理费索赔款额等） （3）以工期延长的总天数为基础，计算总部管理费： 索赔的总部管理费＝该工程的每日管理费×工程延期的天数	
利润	（合同价款/合同工期）×利润率×变更天数	一般情况下不考虑
利息	利息＝计息基数×约定的利率	一般情况下不考虑

七、防止索赔

为防止索赔，监理工程师在工作中要努力完成合同规定的义务和责任，同时也要帮助业主和承包商按合同的规定办事，为此监理工程师应遵循以下原则。

（1）应尽早地开始监理的准备工作，最好在工程招标之前就开始进行。准备工作包括：

熟悉合同文件的有关规定；熟悉工地环境；认真分析研究承包商的施工进度，组织方案。

（2）要严格履行自己的义务，尽可能地减少由于自己的失误给承包商造成的索赔机会和理由。

（3）建立、健全工作制度和监理程序，并严格执行。

（4）整理和保存完整的记录，以备判断索赔的合理性。

（5）指定专人负责索赔事务，并与有关人员建立良好和畅通的联系。

（6）在工作中要积极主动，发现问题后要迅速采取防范和补救措施，减少或避免索赔事件的发生。

八、反索赔

监理工程师索赔管理的任务还包括代表业主反驳承包商的索赔要求。

（1）反索赔的任务。

1）预测和防止干扰事件的发生。

2）对干扰事件要有充分的准备和对策。

3）公平地对待和评价承包商的索赔报告。

（2）反索赔的主要步骤。

1）全面分析：依据有关的法律、法规和合同文件，合理地进行评价，正确划分双方的责任，审核索赔理由。

2）事件调查：对干扰事件的起因、经过和结果进行调查，对合同实施的情况和干扰事件的真实性进行评估。

3）干扰事件的影响分析：通过对合同的计划情况、受到干扰时可能产生的情况，以及计划执行的实际情况进行分析、评价，以确定干扰事件与实际结果之间的关系状态。

4）对索赔要求进行分析、评价：通过对干扰事件真实性的分析，剔除否定承包商的不合理要求，确定索赔的合理性和合法性。

5）结论：经过对上述各步骤进行总结，提出解决意见，附上有关证据，作为正式的法律文件，提交给业主、承包商、调解人、仲裁人。

九、索赔注意事项

（1）此项索赔是否具有合同依据、索赔理由是否充分及索赔论证是否符合逻辑。

（2）索赔事件的发生是否存在施工单位的责任，是否有施工单位应承担的风险。

（3）在索赔事件初发时，施工单位是否采取了控制措施。据国际惯例，凡遇偶然事故发生影响工程施工时，施工单位有责任采取力所能及的一切措施，防止事态扩大，尽力挽回损失。如确有事实证明施工单位在当时未采取任何措施，则全过程工程咨询单位可以拒绝其补偿损失的要求。

（4）施工单位是否在合同规定的时限内向全过程工程咨询单位和监理单位报送索赔意向通知书。

十、索赔成果范例

全过程工程咨询单位进行索赔费用处理的成果性文件见表 5-17～表 5-19。

表 5-17　　**建设项目工程费用索赔汇总表**

编号：

<table>
<tr><td rowspan="2">工程
项目名称</td><td rowspan="2"></td><td>合同名称</td><td></td></tr>
<tr><td>合同编号</td><td></td></tr>
<tr><td>序号</td><td>索赔项目名称</td><td colspan="2">索赔的费用</td></tr>
<tr><td>1</td><td></td><td colspan="2"></td></tr>
<tr><td>2</td><td></td><td colspan="2"></td></tr>
<tr><td>3</td><td></td><td colspan="2"></td></tr>
<tr><td>…</td><td></td><td colspan="2"></td></tr>
<tr><td>…</td><td></td><td colspan="2"></td></tr>
<tr><td>…</td><td></td><td colspan="2"></td></tr>
<tr><td>…</td><td></td><td colspan="2"></td></tr>
<tr><td>…</td><td></td><td colspan="2"></td></tr>
<tr><td>…</td><td></td><td colspan="2"></td></tr>
<tr><td></td><td></td><td colspan="2"></td></tr>
<tr><td></td><td></td><td colspan="2"></td></tr>
<tr><td></td><td></td><td colspan="2"></td></tr>
</table>

注　本表适用于全过程工程咨询单位。

表 5-18　　**建设项目工程费用索赔报审表**

工程项目名称：　　　　　　　　　　　　　　　　　　　　编号：

<table>
<tr><td colspan="4">根据合同（补充协议）______条的规定，由于______________________原因，我方提出索赔（资料附后），请有关单位予以审定。
事项及理由：
计算过程：</td></tr>
<tr><td>费用索赔</td><td>（元）</td><td>工期索赔</td><td>（天）</td></tr>
<tr><td>索赔单位名称</td><td colspan="3">（盖章）
年　月　日</td></tr>
<tr><td>监理单位意见</td><td colspan="3">（盖章）
年　月　日</td></tr>
<tr><td>造价部门意见</td><td colspan="3">（盖章）
年　月　日</td></tr>
<tr><td>全过程工程咨询
单位意见</td><td colspan="3">（盖章）
年　月　日</td></tr>
</table>

注　1. 除相关单位的意见栏外，其他均由提出单位填写。

2. 本表一式四份，提出单位、监理单位、造价部门、全过程工程咨询单位各执一份。

表 5-19　　索赔意向通知书

工程名称：　　编号：

<table>
<tr><td>致：____________________
根据施工合同__________（条款）约定，由于发生了____________________事件，且该事件的发生非我方原因所致。为此，我方向____________________（单位）提出索赔要求。
附件：索赔事件资料

提出单位（盖章）
负责人（签字）
年　月　日</td></tr>
</table>

第四节　BIM 施工材料及成本控制应用

一、BIM 施工材料控制应用

1. 施工企业材料管理意义

建筑工程施工成本构成中，建筑材料成本所占比重最大，约占工程总成本的 60%～70%。材料管理工作是施工项目管理工作中的重要内容。对材料管理工作的不断加深，可以使施工企业更进一步加强和完善对材料的管理，从而避免浪费，节约费用，降低成本，使施工企业获取更多利润。

2. 建筑材料管理现状

材料作为构成工程实体的生产要素，其管理的经济效益对整个建筑企业的经济效益关系极大。就建筑施工企业而言，材料管理工作的好坏体现在两个方面：一方面是材料损耗；另一方面则是材料采购、库存管理。

对企业资源的控制和利用，更好地协调供求，提高资源配置效率已经逐渐成为施工企业重要的管理方向。当前没有合适的管理机制适应所有施工企业的材料管理。传统方法需要大量人力、物力对材料库存进行管理，效率低下，经常事倍功半。随着计算机水平的发展也出现了很多施工管理方面的软件，但都是功能繁杂、操作复杂，不利于推广使用。

3. BIM 技术材料管理应用

BIM 价值贯穿建筑全生命周期，建筑工程所有的参与方都有各自关心的问题需要解决。但是不同参与方关注的重点不同，基于每一环节上的每一个单位需求，整个建筑工程行业就希望提前能有一个虚拟现实作为参考。BIM 恰恰就是实现虚拟现实的一个绝佳平台，它利用数字建模软件，把真实的建筑信息参数化、数字化后形成模型，以此为平台，从设计师、工程师到施工、再到运维管理单位，都可以在整个建筑项目的全生命周期进行信息的对接和共享。BIM 的两大突出特点也可以为所有项目参与方提供直观的需求效果呈现：一是三维可视化；二是建筑载体与其背后所蕴含的信息高度结合。

施工单位最为关心的就是进度管理与材料管理。利用 BIM 技术，建立三维模型、管理材料信息及时间信息，就可以获取施工阶段的 BIM 应用，从而对整个施工过程的建筑材料进行有效管理。

（1）建筑模型创建。利用数据库存储建筑中各类构件信息：墙、梁、板、柱等，包括材料信息、标高、尺寸等；输入工程进度信息——按时间进度设置工程施工进度（建筑楼层或建筑标高）；开发 CAD 显示软件工具，用以显示三维建筑——在软件界面对各类建筑构件信息进行交互修改。

（2）材料信息管理。材料库管理设计交互界面，对材料库中的材料进行分类、对各类材料信息进行管理，如材料名称、材料工程量、进货时间等。对当前建筑各个阶段的材料信息输出，如材料消耗表、资料需求表、进货表等。

4. 材料管理 BIM 模型创建

利用数据库管理软件和三维 CAD 显示软件对所需的材料管理建立三维建筑模型，用软件实现材料管理与施工进度协同，与时间信息结合实现 BIM 技术在施工材料管理中 4D 技术应用。

（1）软件模型。模型采用 SQLite 数据库，用于对所有数据进行管理，输入输出所有模型信息；图形显示以 Autodesk 公司的 AutoCAD 为平台；用 Autodesk 公司提供的开发包 ObjectARX 及编程语言 Visual C++进行 BIM 材料数据库、构件数据信息化及三维构件显示模型开发。在 AutoCAD 平台上编制相关功能函数及操作界面，以数据库信息为基础，交互获取数据显示构件到 CAD 平台上。通过使用开发的工具，进行人机交互操作，对材料库进行管理；绘制建筑中各个楼层的构件，并设定构件属性信息（尺寸、材料类别等）。

1）材料数据库。通过材料管理库界面对当前工程的所有建筑材料进行管理，包括材料编号、材料分类、材料名称、材料进出库数量和时间、下一施工阶段所需材料量，随时查看材料情况，及时了解材料消耗、建材采购资金需求。

2）楼层信息。设定楼层标高、标准层数、楼层名称等信息，便于绘制每层的墙、梁、板、柱等建筑构件。施工进度按楼层号进行时间设置时，将按施工楼层所需建材工程量进行材料供应准备。

3）构件信息。建筑的基本构件包括基础、墙、梁、板、柱、门窗、屋面等。对构件设置尺寸、标高、材料等属性，绘制到图中，并把其所有信息保存到数据库中，CAD 作为显示工具及人机交互的界面。

4）进度表。按时间进度设定施工进度情况，按时间点输入计划完成的建筑标高或建筑楼层数，设定各个施工阶段，便于查看、控制建筑材料的消耗情况。

5）报表输出。根据工程施工进展，获取相应的材料统计表，包括已完工程材料汇总表、未完工程所需材料汇总表、下阶段所需材料汇总表、计划与实际材料消耗量对比表等，便于施工企业随时了解工程进展，如工程进度提前或是滞后、超支还是节约，及时对工程进度进行调整，避免资金投入或施工工期偏离计划过多，造成公司损失。

（2）操作流程。通过开发的软件利用，实现材料管理；在工程施工、材料管理、工程变更等各个方面进行协同处理，流程如图 5-7 所示。主要通过以下步骤达到科学管理材料的目的。

1）管理材料库。输入材料信息，如材料编码、类别、数量、获取材料日期。

2）创建建筑模型。设定楼层信息；绘制墙梁板柱等建筑构件，设定各个构件材料类别、尺寸等信息。

3）设定工程进度计划。按时间设定工程施工进度，按时间设定施工完成楼层或完成建筑标高。

4）变更协调。输入变更信息，包括工程设计变更、施工进度变更等。

5）输出所需材料信息表。按需要获取已完工程消耗材料表、下个阶段工程施工所需材料表。

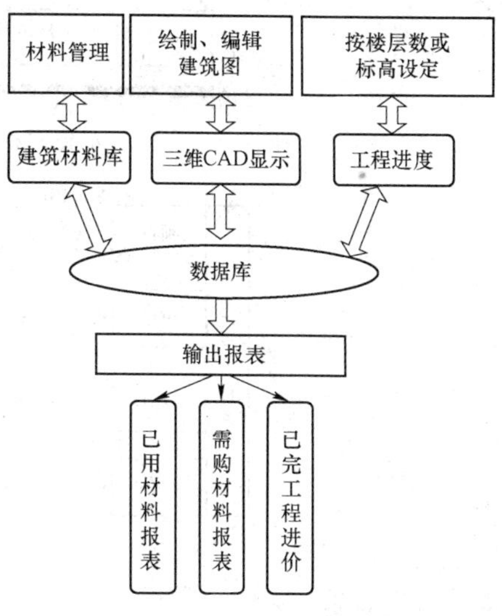

图 5-7　操作流程

6）实际与计划比较。获取工程施工管理中出现的问题，如进度问题、材料的库存管理问题，及时调整，避免巨大损失。

（3）应用输出。基于 BIM 技术并结合软件的开发利用，施工企业的材料管理可以实现智能化，从而节约人力、控制成本，具体可以实现以下所需结果。

1）即时获取材料消耗情况。随时根据需要获取某个时间点之前所有的材料消耗量，从而根据材料信息获取相对应的工程造价，及时了解资金消耗情况。

2）获取下个阶段施工材料需求量。预测后续各个阶段的材料需求量，确保资金按时到位，保证按施工进度提供相应建筑材料，避免库存超量、浪费仓储空间、减少流动资金，从而盘活库存，实现材料适量供应。

3）即时更新工程变更引起的材料变化。工程设计变更、施工组织设计变更等都会对材料管理产生巨大影响。采用 BIM 管理技术，随时把变更信息输入模型，所有材料信息会自动更新，避免材料管理信息因变更不及时或更新不完全而造成损失。

将 BIM 技术应用到施工领域，利用数据库和 CAD 三维显示技术，把施工进度与建筑工程量信息结合起来，用时间表示施工材料需求情况，仿真施工过程中材料的利用，随时获取建筑材料消耗量及下一阶段材料需求量，使得施工企业进度上更合理，成本上更节约，从而在施工领域实现信息化技术的应用，把施工管理的技术水平提高到新的高度。

5. 安装材料 BIM 模型数据库

（1）安装材料 BIM 模型及控制。项目部拿到机电安装各专业施工蓝图后，由 BIM 项目经理组织各专业机电 BIM 工程师进行三维建模，并将各专业模型组合到一起，形成安装材料 BIM 模型数据库。该数据库是以创建的 BIM 机电模型和全过程造价数据为基础，把原来分散在安装各专业手中的工程信息模型汇总到一起，形成一个汇总的项目级基础数据库。安装材料 BIM 模型数据库建立与应用流程如图 5-8 所示。数据库运用构成如图 5-9 所示。

图 5-8 安装材料 BIM 模型数据库建立与应用流程

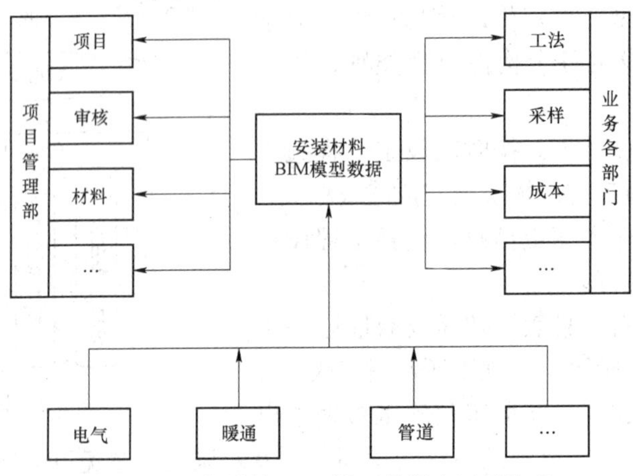

图 5-9 安装材料 BIM 模型数据库运用构成

（2）安装材料控制。材料的合理分类是材料管理的一项重要基础工作，安装材料 BIM 模型数据库的最大优势是包含材料的全部属性信息。在进行数据建模时，各专业建模人员对施工所使用的各种材料属性，按其需用量的大小、占用资金多少及重要程度进行“星级”分类，星级越高代表该材料需用量越大、占用资金越多。根据安装工程材料的特点，安装材料属性分类及管理原则见表 5-20。某工程根据该原则对 BIM 模型进行安装材料的分类见表 5-21。

表 5-20　安装材料属性分类及管理原则

等级	安装材料	管理原则
★★★	需用量大、占用资金多、专用或备料难度大的材料	严格按照设计施工图及 BIM 机电模型，逐项进行认真仔细的审核，做到规格、型号、数量完全准确
★★	管道、阀门等通用主材	根据 BIM 模型提供的数据，精确控制材料及使用数量
★	资金占用少、需用量小、比较次要的辅助材料	采用一般常规的计算公式及预算定额含量确定

某地某项目对 BF-5 及 PF-4 两个风系统的材料分类控制见表 5-21。

表 5-21　某工程 BIM 模型安装材料分类

构建信息	计算式	单位	工程量	等级
送风管 400×200	风管材质：普通钢管规格：400×200	m^2	31.14	★★
送风管 500×250	风管材质：普通钢管规格：500×250	m^2	12.68	★★
送风管 1000×400	风管材质：普通钢管规格：1000×400	m^2	8.95	★★
单层百叶风口 800×320	风口材质：铝合金	个	4	★★
单层百叶风口 630×400	风口材质：铝合金	个	1	★★

续表

构建信息	计算式	单位	工程量	等级
对开多叶调节阀	构件尺寸：800×400×210	个	3	★★
防火调节阀	构件尺寸：200×160×150	个	2	★★
风管法兰 25×3	角钢规格：30×3		78.26	★★★
排风机 PF-4	规格：DEF-I-100AI	台	1	★

(3) 用料交底。BIM 与传统 CAD 相比，具有可视化的显著特点。设备、电气、管道、通风空调等安装专业三维建模并碰撞后，BIM 项目经理组织各专业 BIM 项目工程师进行综合优化，提前消除施工过程中各专业可能遇到的碰撞。项目核算员、材料员、施工员等管理人员应熟读施工图纸，透彻理解 BIM 三维模型，吃透设计思想，并按施工规范要求向施工班组进行技术交底，将 BIM 模型中用料意图灌输给班组，用 BIM 三维图、CAD 图纸或者表格下料单等书面形式做好用料交底，防止班组“长料短用、整料零用”，做到物尽其用，减少浪费及边角料，把材料消耗降到最低限度。某项目 K-1 空调送风系统平面图、三维模型如图 5-10 和图 5-11 所示。下料清单见表 5-22。

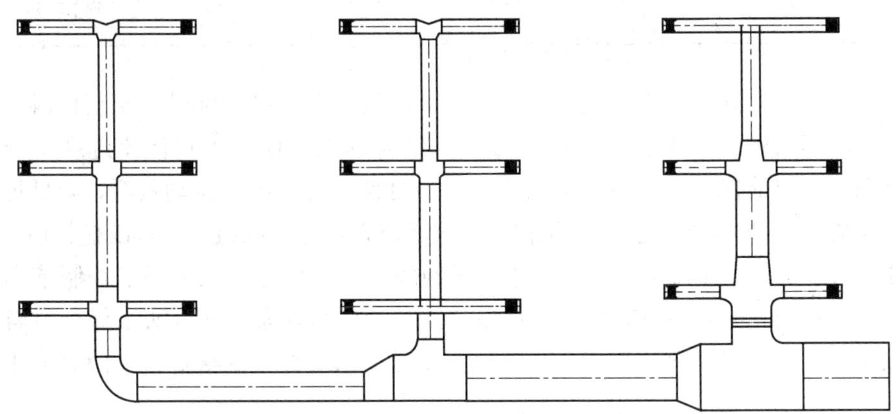

图 5-10　K-1 空调送风系统平面图

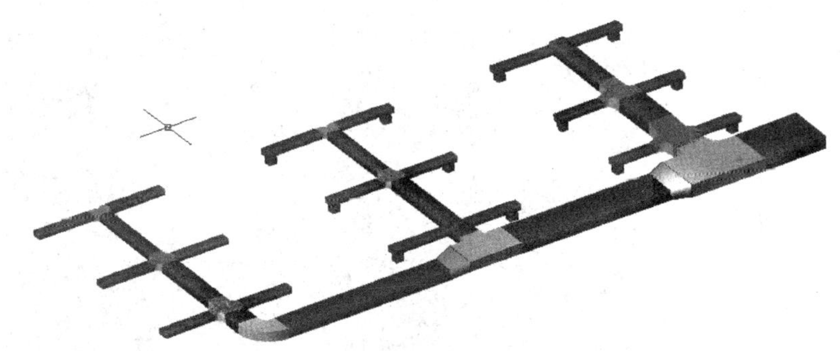

图 5-11　5K-1 空调送风系统 BIM 三维图

表 5-22　　**K-1 空调送风系统直管段下料清单**　　(mm)

风管规格	下料规格	数量（节）	风管规格	下料规格	数量（节）
2400×500	1160	19	1250×500	600	1
	750	1	1000×500	1160	2
2000×500	1000	1		600	1
1400×400	1160	8	900×500	1160	2
	300	1		800	1
900×400	1160	8	800×400	1160	10
	300	1		600	1
800×320	1000	1	400×200	1160	32
	500	1		1000	14
630×320	1160	4		800	18
	1000	3			
500×250	1160	21			
	1000	6			
	500	1			

（4）物资材料管理。施工现场材料的浪费、积压等现象司空见惯，安装材料的精细化管理一直是项目管理的难题。运用 BIM 模型，结合施工程序及工程形象进度周密安排材料采购计划，不仅能保证工期与施工的连续性，而且能用好用活流动资金，降低库存，减少材料二次搬运。同时，材料员根据工程实际进度，方便地提取施工各阶段材料用量，在下达施工任务书中，附上完成该项施工任务的限额领料单，作为发料部门的控制依据，实行对各班组限额发料，防止错发、多发、漏发等无计划用料现象，从源头上做到材料的有的放矢，减少施工班组对材料的浪费。某工程 K-1 送风系统部分规格材料申请清单如图 5-12 所示。

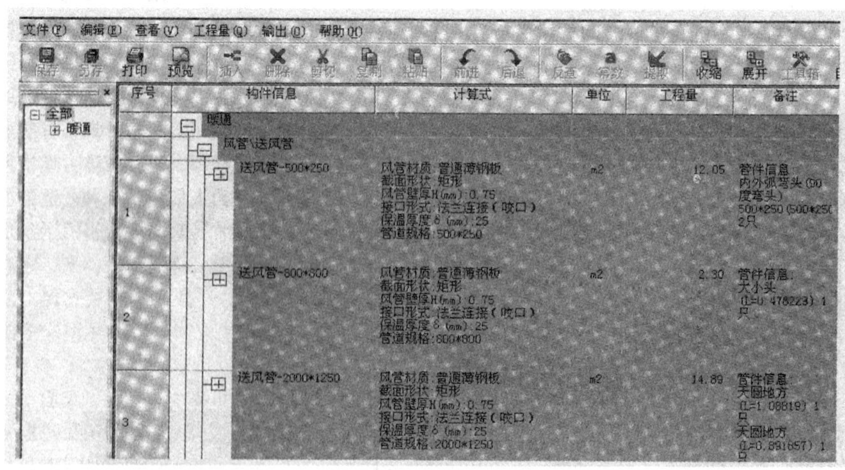

图 5-12　材料申请清单

（5）材料变更清单。工程设计变更和增加签证在项目施工中会经常发生。项目经理部在接收工程变更通知书执行前，应有因变更造成材料积压的处理意见，原则上要由业主收购，否则，如果处理不当就会造成材料积压，无端地增加材料成本。BIM模型在动态维护工程中，可以及时地将变更图纸进行三维建模，将变更发生的材料、人工等费用准确、及时地计算出来，便于办理变更签证手续，保证工程变更签证的有效性。某工程二维设计变更图及BIM模型如图5-13所示。相应的变更工程量材料清单见表5-23。

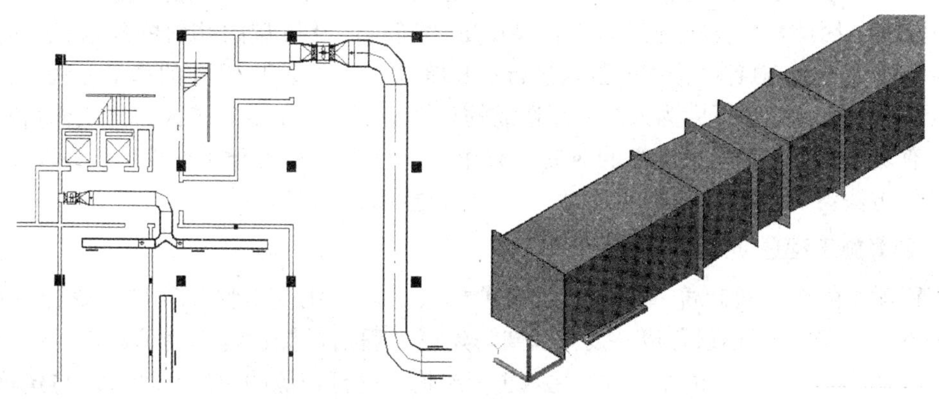

图5-13　4～18层排烟管道变更图及BIM模型

表5-23　　**变更工程量材料清单**

序号	构件信息	计算式	单位	工程量	控制等级
1	排风管－500×400	普通薄钢板风管：500×400	m^2	179.85	★★
2	板式排烟口－1250×500	防火排烟风口材质：铝合金	只	15.00	★★
3	风管防火阀	风管防火阀：500×400×220	台	15.00	★★
4	风法兰	风法兰规格：角钢30×3	m	84.00	★
5	风管支架	构件类型：吊架单体质量（kg）：1.2	只	45.00	★

二、BIM施工成本控制应用

基于BIM技术，建立成本的5D（3D实体、时间、成本）关系数据库，以各WBS单位工程量人机料单价为主要数据进入成本BIM中，能够快速实行多维度（时间、空间、WBS）成本分析，从而对项目成本进行动态控制，其解决方案操作方法如下。

（1）创建基于BIM的实际成本数据库。建立成本的5D（3D实体、时间、成本）关系数据库，让实际成本数据及时进入5D关系数据库，成本汇总、统计、拆分对应瞬间可以实现。以各WBS单位工程量“人材机”单价为主要数据进入实际成本BIM。未有合同确定单价的项目，按预算价先进入，待有实际成本数据后，及时按实际数据替换掉。

（2）实际成本数据及时进入数据库。初始实际成本BIM中成本数据以采取合同价和企业定额消耗量为依据。随着进度进展，实际消耗量与定额消耗量会有差异，要及时调整。每月对实际消耗进行盘点，调整实际成本数据。化整为零，动态维护实际成本BIM，大幅减少一次性工作量，并有利于保证数据的准确性。

（3）快速实行多维度（时间、空间、WBS）成本分析。建立实际成本BIM模型，周期性（月、季）按时调整维护好该模型，统计分析工作就很轻松，软件强大的统计分析能力可以轻松满足各种成本分析需求。

1. 快速精确的成本核算

BIM是一个强大的工程信息数据库。进行BIM建模所完成的模型包含的二维图纸中所有位置长度等信息，并包含了二维图纸中不包含的材料等信息，而这些的背后是强大的数据库支撑。因此，计算机通过识别模型中的不同构件及模型的几何物理信息（时间维度、空间维度等），对各种构件的数量进行汇总统计，这种基于BIM的算量方法，将算量工作大幅度简化，减少了因为人为原因造成的计算错误，大量节约了人力的工作量和花费时间。有研究表明，工程量计算的时间在整个造价计算过程占到了50%～80%，而运用BIM算量方法会节约将近90%的时间，而误差也控制在1%以下。

2. 预算施工程量动态查询与统计

工程预算存在定额计价和清单计价两种模式。自《建设工程工程量清单计价规范》（GB 50500—2003，目前已作废）发布以来，建设工程招投标过程中清单计价方法成为主流。在清单计价模式下，预算项目往往基于建筑构件进行资源的组织和计价，与建筑构件存在良好对应关系，满足BIM信息模型以三维数字技术为基础的特征，故而应用BIM技术进行预算工程量统计具有很大优势：使用BIM模型来取代图纸，直接生成所需材料的名称、数量和尺寸等信息，而且这些信息将始终与设计保持一致。在设计出现变更时，该变更将自动反映到所有相关的材料明细表中，造价工程师使用的所有构件信息也会随之变化。

在基本信息模型的基础上增加工程预算信息，即形成了具有资源和成本信息的预算信息模型。预算信息模型包括建筑构件的清单项目类型、工程量清单，以及人力、材料、机械定额和费率等信息。通过此模型，系统能识别模型中的不同构件，并自动提取建筑构件的清单类型和工程量（如体积、质量、面积、长度等）等信息，自动计算建筑构件的资源用量及成本，用以指导实际材料物资的采购。

系统根据计划进度和实际进度信息，可以动态计算任意WBS节点任意时间段内每日计划工程量、计划工程量累计、每日实际工程量、实际工程量累计，帮助施工管理者实时掌握工程量的计划完工和实际完工情况。在分期结算过程中，每期实际工程量累计数据是结算的重要参考，系统动态计算实际工程量可以为施工阶段工程款结算提供数据支持。

另外，从BIM预算模型中提取相应部位的理论工程量，从进度模型中提取现场实际的人工、材料、机械工程量。通过将模型工程量、实际消耗、合同工程量进行短周期三量对比分析，能够及时掌握项目进展，快速发现并解决问题，根据分析结果为施工企业制订精确的人、机、材计划，大大减少了资源、物流和仓储环节的浪费，掌握成本分布情况，进行动态成本管理。某工程通过三量对比分析进行动态成本控制如图5-14所示。

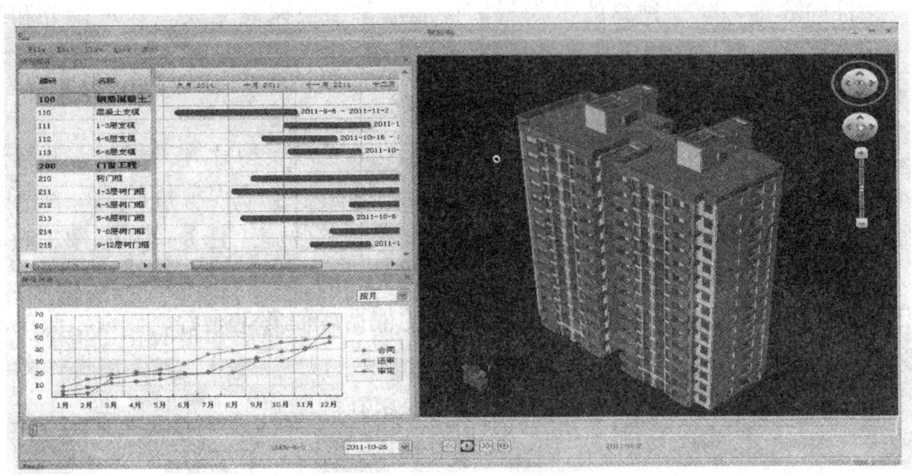

图 5-14　基于 BIM 的三量对比分析

3. 限额领料与进度款支付管理

限额领料制度一直很健全，但用于实际却难以实现，主要存在的问题有：材料采购计划数据无依据，采购计划由采购员决定，项目经理只能凭感觉签字；施工过程工期紧，领取材料数量无依据，用量上限无法控制；限额领料假流程，事后再补单据。那么如何将材料的计划用量与实际用量进行分析对比呢？

BIM 的出现，为限额领料提供了技术和数据支撑。基于 BIM 软件，在管理多专业和多系统数据时，能够采用系统分类和构件类型等方式对整个项目数据方便管理，为视图显示和材料统计提供规则。例如，给水排水、电气、暖通专业可以根据设备的型号、外观及各种参数分别显示设备，方便计算材料用量，如图 5-15 所示。

图 5-15　暖通与给水排水、消防局部综合模型

传统模式下工程进度款申请和支付结算工作较为烦琐，基于 BIM 能够快速准确地统

计出各类构件的数量，减少预算的工作量，且能形象、快速地完成工程量拆分和重新汇总，为工程进度款结算工作提供技术支持。

4. 以施工预算控制人力资源和物质资源的消耗

在进行施工开工以前，利用BIM软件建立模型，通过模型计算工程量，并按照企业定额或上级统一规定的施工预算，结合BIM模型，编制整个工程项目的施工预算，作为指导和管理施工的依据。对生产班组的任务安排，必须签收施工任务单和限额领料单，并向生产班组进行技术交底，要求生产班组根据实际完成的工程量和实耗人工、实耗材料做好原始记录，作为施工任务单和限额领料单结算的依据。任务完成后，根据回收的施工任务单和限额领料进行结算，并按照结算内容支付报酬（包括奖金）。为了便于任务完成后进行施工任务单和限额领料与施工预算的对比，要求在编制施工预算时对每一个分项工程工序名称进行编号，以便对号检索对比，分析节超。

5. 设计优化与变更成本管理、造价信息实施追踪

BIM模型依靠强大的工程信息数据库，实现了二维施工图与材料、造价等各模块的有效整合与关联变动，使得实际变更和材料价格变动可以在BIM模型中进行实时更新。变更各环节之间的时间被缩短，效率提高，更加及时准确地将数据提交给工程各参与方，以便各方做出有效的应对和调整。

目前BIM的建造模拟职能已经发展到了5D维度。5D模型集三维建筑模型、施工组织方案、成本及造价等三部分于一体，能实现对成本费用的实时模拟和核算，并为后续建设阶段的管理工作所利用，解决了阶段割裂和专业割裂的问题。BIM通过信息化的终端和BIM数据后台将整个工程的造价相关信息顺畅地流通起来，从企业机的管理人员到每个数据的提供者都可以监测，保证了各种信息数据及时准确地调用、查询、核对。

第五节 施工费用控制难点

一、工程预付款及其计算

1. 预付备料款的限额

预付备料款限额由下列主要因素决定：主要材料（包括外购构件）占工程造价的比重；材料储备期；施工工期。对于施工企业常年应备的备料款限额，计算公式为

备料款限额=年度承包工程总值×主要材料所占比重×材料储备天数/年度总日历天数

式中：一般建筑工程不应超过当年建筑工作量（包括水、电）的30%，安装工程按年安装工作量的10%计算；材料占比重较多的安装工程按年计划产值的15%左右支付。

2. 备料款的扣回

发包单位付给承包单位的备料款属于预支性质，到了工程实施后，随工程主要材料储备的逐步减少，应以抵充工程价款的方式陆续扣回。扣款的方法如下。

（1）可以从未施工工程尚需的主要材料及构件的价值相当于备料款数时起扣，从每次结算工程价款中，按材料比重扣抵工程价款，竣工前全部扣清。

（2）扣款的方法也可以在承包方完成金额累计达到合同总价的一定比例后，由承包方开始向发包方还款，发包方从每次应付给承包方的金额中扣回工程预付款，发包方至少在合同规定的完工期前将工程预付款的总计金额逐次扣回。

二、工程进度款的支付（中间结算）方面

施工企业在施工过程中，按逐月（或形象进度、控制界面等）完成的工程数量计算各项费用，向建设单位（业主）办理工程进度款的支付（中间结算）。工程进度款支付过程中，应遵循以下要求。

1. 工程量的确认

根据有关规定，工程量的确认应做到以下几点。

（1）承包方应按约定时间，向工程师提交已完工程量的报告。

（2）工程师收到承包方报告后 7 天内未进行计量，第 8 天起，承包方报告中开列的工程量即视为已被确认，作为工程价款支付的依据。

（3）工程师对承包方超出设计图纸范围和（或）因自身原因导致返工的工程量，不予计量。

2. 合同收入的组成

（1）合同中规定的初始收入，即建造承包商与客户在签订的合同中最初商定的合同总金额，它构成了合同收入的基本内容。

（2）因合同变更、索赔、奖励等构成的收入，这部分收入并不构成合同双方在签订合同时已在合同中商定的合同总金额，而是在执行合同过程中由于合同变更、索赔、奖励等原因而形成的追加收入。

3. 工程进度款支付

《建设工程施工合同（示范文本）》中对工程进度款支付作了以下详细规定。

（1）工程款（进度款）在双方确认计量结果后 14 天内，发包方应向承包方支付。按约定时间发包方应扣回的预付款，与工程款（进度款）同期结算。

（2）符合规定范围的合同价款的调整，工程变更调整的合同价款及其他条款中约定的追加合同价款，应与工程款（进度款）同期调整支付。

（3）发包方超过约定的支付时间不支付工程款（进度款），承包方可向发包方发出要求付款通知，发包方受到承包方通知后仍不能按要求付款，可与承包方协商签订延期付款协议，经承包方同意后可延期支付。协议须明确延期支付时间和从发包方计量结果确认后第 1 5 天起计算应付款的贷款利息。

（4）发包方不按合同约定支付工程款（进度款），双方又未达成延期付款协议，导致施工无法进行的，承包方可停止施工，由发包方承担违约责任。

三、质量保证金的预留和返还方面

建设工程质量保证金是指发包人与承包人在建设工程承包合同中约定，从应付的工程款中预留，用以保证承包人在缺陷责任期内对建设工程出现的缺陷进行维修的资金。质量

保证金的计算额度不包括预付款的支付以及扣回已经价格调整的金额。

1. 承发包双方的约定

发包人应当在招标文件中明确保证金预留、返还等内容，并与承包人在合同条款中对涉及保证金的以下事项进行约定。

（1）保证金预留、返还方式。

（2）保证金预留比例、期限。

（3）保证金是否计付利息，如计付利息，利息的计算方式应进行约定。

（4）缺陷责任期的期限及计算方式。

（5）保证金预留、返还及工程维修质量、费用等争议的处理程序。

（6）缺陷责任期内出现缺陷的索赔方式。

2. 保证金的预留

从第一个付款周期开始，在发包人的进度付款中，按约定比例扣留质量保证金，直至扣留的质量保证金总额达到专用条款约定的金额或比例为止。全部或者部分使用政府投资的建设项目，按工程价款结算总额5%左右的比例预留保证金。社会投资项目采用预留保证金方式的，预留保证金的比例可以参照执行。

3. 保证金的返还

缺陷责任期内，承包人认真履行合同约定的责任。约定的缺陷责任期满，承包人向发包人申请返还保证金。发包人在接到承包人返还保证金申请后，应于14日内会同承包人按照合同约定的内容进行核实。如无异议，发包人应当在核实后14日内将保证金返还给承包人，逾期支付的，从逾期之日起，按照同期银行贷款利率计付利息，并承担违约责任。发包人在接到承包人返还保证金申请后14日内不予答复，经催告后14日内仍不予答复的，视同认可承包人的返还保证金申请。缺陷责任期满时，承包人没有完成缺陷责任的，发包人有权扣留与未履行责任剩余工作所需金额相应的质量保证金余额，并有权根据约定要求延长缺陷责任期，直至完成剩余工作为止。

工程价款结算是指承包商在工程实施过程中，依据承包合同中关于付款条款的规定和已经完成的工程量，并按照规定的程序向建设单位（业主）收取工程价款的一项经济活动。

工程价款结算是工程项目承包中一项十分重要的工作，主要表现在以下方面。

（1）工程价款结算是反映工程进度的主要指标。

（2）工程价款结算是加速资金周转的重要环节。

（3）工程价款结算是考核经济效益的重要指标。

四、工程价款结算方面

（1）按月结算。实行旬末或月中预支，月终结算，竣工后清算的方法。跨年度竣工的工程，在年终进行工程盘点，办理年度结算。我国现行建筑安装工程价款结算中，相当一部分实行这种按月结算。

（2）竣工后一次结算。建设项目或单项工程全部建筑安装工程建设期在12个月以内，或者工程承包合同价值在100万元以下的，可以实行工程价款每月月中预支，竣工后一次结算。

（3）分段结算。即开工当年不能竣工的单项工程或单位工程按照工程形象进度，划分不同阶段进行结算。分段结算可以按月预支工程款。分段的划分标准，由各部门、自治区、直辖市、计划单列市规定。

对于以上三种主要结算方式的收支确认方法为：实行旬末或月中预支，月终结算，竣工后清算办法的工程合同，应分期确认合同价款收入的实现，即各月份终了，与发包单位进行已完工程价款结算时，确认为承包合同已完工部分的工程收入实现，本期收入额为月终结算的已完工程价款金额。实行合同完成后一次结算工程价款办法的工程合同，应于合同完成，施工企业与发包单位进行工程合同价款结算时，确认为收入实现，实现的收入额为承发包双方结算的合同价款总额。实行按工程形象进度划分不同阶段、分段结算工程价款办法的工程合同，应按合同规定的形象进度分次确认已完阶段工程收益的实现，即应于完成合同规定的工程形象进度或工程阶段，与发包单位进行工程价款结算时，确认为工程收入的实现。

（4）目标结款方式。即在工程合同中，将承包工程的内容分解成不同的控制界面，以业主验收控制界面作为支付工程价款的前提条件。也就是说，将合同中的工程内容分解成不同的验收单元，当承包商完成单元工程内容并经业主（或其委托人）验收后，业主支付构成单元工程内容的工程价款。目标结款方式实质上是运用合同手段、财务手段对工程的完成进行主动控制。

（5）结算双方约定的其他结算方式。

第六节　施工费用控制方法

一、一般的成本控制方法

成本控制的方法很多，而且有一定的随机性，也就是在不同情况下，就要采取与之相适应的控制手段和控制方法。这里就一般常用的成本控制方法论述如下。

（一）以施工图预算控制成本支出

在施工项目的成本控制中，可按施工图预算，实行“以收定支”，或者叫“量入为出”，是最有效的方法之一，具体的处理方法如下。

（1）人工费的控制。假定预算定额规定的人工费单价为13.80元，合同规定人工费补贴为20元/工日，两者相加，人工费的预算收入为33.80元/工日。在这种情况下，项目经理部与施工队签订劳务合同时，应该将人工费单价定在30元以下（辅工还可再低一些），其余部分考虑用于定额外人工费和关键工序的奖励费。如此安排，人工费就不会超支，而且还留有余地，以备关键工序的不时之需。

（2）材料费的控制。在实行按“量价分离”方法计算工程造价的条件下，水泥、钢材、木材等“三材”的价格随行就市，实行高进高出；地方材料的预算价格＝基准价×（1＋材差系数）。在对材料成本进行控制的过程中，首先要以上述预算价格来控制地方材料的采购成本；至于材料消耗数量的控制，则应通过“限额领料单”来落实。

由于材料市场价格变动频繁，往往会发生预算价格与市场价格严重背离而使采购成本失去控制的情况。因此，项目材料管理人员有必要经常关注材料市场价格的变动；并积累系统翔实的市场信息。如遇材料价格大幅度上涨，则可以向“定额管理”部门反映，同时争取甲方按实补贴。

（3）钢管脚手、钢模板等周转设备使用费的控制。施工图预算中的周转设备使用费＝耗用数×市场价格，而实际发生的周转设备使用费＝使用数×企业内部的租赁单价或摊销率。由于两者的计量基础和计价方法各不相同，因此只能以周转设备预算收费的总量来控制实际发生的周转设备使用费的总量。

（4）施工机械使用费的控制。施工图预算中的机械使用费＝工程量×定额台班单价。由于项目施工的特殊性，实际的机械利用率不可能达到预算定额的取定水平，再加上预算定额所设定的施工机械原值和折旧率又有较大的滞后性，因而使施工图预算的机械使用费往往小于实际发生的机械使用费，导致机械使用费超支。

由于上述原因，有些施工项目在取得甲方的谅解后，于工程合同中明确规定一定数额的机械费补贴。在这种情况下，就可以以施工图预算的机械使用费和增加的机械费补贴来控制机械费支出。

（5）构件加工费和分包工程费的控制。在市场经济体制下，钢门窗、木制成品、混凝土构件、金属构件和成型钢筋的加工，以及打桩、土方、吊装、安装、装饰和其他专项工程（如屋面防水等）的分包，都要通过经济合同来明确双方的权利和义务。在签订这些经济合同的时候，特别要坚持“以施工图预算控制合同金额”的原则，绝不允许合同金额超过施工图预算。根据部分工程的历史资料综合测算，上述各种合同金额的总和约占全部工程造价的55％～70％。由此可见，将构件加工和分包工程的合同金额控制在施工图预算以内是十分重要的。如果能做到这一点，实现预期的成本目标就有了相当大的把握。

（二）以施工预算控制人力资源和物质资源的消耗

资源消耗数量的货币表现就是成本费用。因此，资源消耗的减少就等于成本费用的节约；控制了资源消耗，也等于控制了成本费用。施工预算控制资源消耗的实施步骤和方法如下。

（1）项目开工以前，应根据设计图纸计算工程量，并按照企业定额或上级统一规定的施工预算定额编制整个工程项目的施工预算，作为指导和管理施工的依据。如果是边设计边施工的项目，则编制分阶段的施工预算。

在施工过程中，如遇工程变更或改变施工方法，则应由预算员对施工预算作统一调整和补充，其他人不得任意修改施工预算或故意不执行施工预算。

施工预算对分部分项工程的划分，原则上应与施工工序相吻合，或直接使用施工作业计划的“分项工程工序名称”，以便与生产班组的任务安排和施工任务单的签发一致。

（2）生产班组的任务安排，必须签发施工任务单和限额领料单，并向生产班组进行技术交底。施工任务单和限额领料单的内容，应与施工预算完全相符，不允许篡改施工预算，也不允许有定额不用而另行估工。

（3）在施工任务单和限额领料单的执行过程中，要求生产班组根据实际完成的工程量和实耗人工、实耗材料做好原始记录，作为施工任务单和限额领料单结算的依据。

（4）任务完成后，根据回收的施工任务单和限额领料单进行结算，并按照结算内容支付报酬（包括奖金）。一般情况下，绝大多数生产班组都能按质按量提前完成生产任务。因此，施工任务单和限额领料单不仅能控制资源消耗，还能促进班组全面完成施工任务。

为了保证施工任务单和限额领料单结算的正确性，要求对施工任务单和限额领料单的执行情况进行认真的验收和核查。

为了便于任务完成后进行施工任务单和限额领料单与施工预算的逐项对比，要求在编制施工预算时对每一个分项工程工序名称统一编号，在签发施工任务单和限额领料单时也要按照施工预算的统一编号对每一个分项工程工序名称进行编号，以便对号检索对比，分析节超。由于施工任务单和限额领料单的数量比较多，对比分析的工作量也很大，因此可以应用电子计算机来代替人工操作（对分项工程工序名称统一编号，可为应用计算机创造条件）。

（三）建立资源消耗台账，实行资源消耗的中间控制

资源消耗台账，属于成本核算的辅助记录。这里仅以“材料消耗台账”为例，说明资源消耗台账在成本控制中的应用。

1. 材料消耗台账的格式和举例

从材料消耗台账的账面数字看：第一、第二两项分别为施工图预算数和施工预算数，也是整个项目用料的控制依据；第三项为第一个月的材料消耗数；第四、第五两项为第二个月的材料消耗数和到第二个月为止的累计耗用数；第五项以下，以此类推，直至项目竣工为止。

2. 材料消耗情况的信息反馈

项目财务成本员应于每月初根据材料消耗台账的记录，填制《材料消耗情况信息表》，向项目经理和材料部门反馈。

3. 材料消耗的中间控制

由于材料成本是整个项目成本的重要环节，不仅比重大，而且有潜力可挖。如果材料成本出现亏损，必将使整个成本陷入被动。因此，项目经理应对材料成本有足够的重视；至于材料部门，更是责无旁贷。

按照以上要求，项目经理和材料部门收到《材料消耗情况信息表》以后，应该做好以下两件事。

（1）根据本月材料消耗数，联系本月实际完成的工程量，分析材料消耗水平和节超原因，制定材料节约使用的措施，分别落实给有关人员和生产班组。

（2）根据尚可使用数，联系项目施工的形象进度，从总量上控制今后的材料消耗，而且要保证有所节约。这是降低材料成本的重要环节，也是实现施工项目成本目标的关键。

（四）应用成本与进度同步跟踪的方法控制分部分项工程成本

长期以来，计划工作是为安排施工进度和组织流水作业服务的，与成本控制的要求和管理方法截然不同。其实，成本控制与计划管理、成本与进度之间有着必然的同步关系，即施工到什么阶段，就应该发生相应的成本费用。如果成本与进度不对应，就要作为“不

正常”现象进行分析，找出原因，并加以纠正。

为了便于在分部分项工程的施工中同时进行进度与费用的控制，掌握进度与费用的变化过程，可以按照横道图和网络图的特点分别进行处理。

1. 横道图计划的进度与成本的同步控制

在横道图计划中，表示作业进度的横线有两条，一条为计划线，一条为实际线，可用颜色来区别，也可以用单线和双线（或细线和粗线）来区别，计划线上的“C”，表示与计划进度相对应的计划成本；实际线下的“C”，表示与实际进度相对应的实际成本。

从上述横道图可以掌握以下信息。

（1）每道工序（即分项工程，下同）的进度与成本的同步关系，即施工到什么阶段，就将发生多少成本。

（2）每道工序的计划施工时间与实际施工时间（从开始到结束）之比（提前或拖期），以及对后道工序的影响。

（3）每道工序的计划成本与实际成本之比（节约或超支），以及对完成某一时期责任成本的影响。

（4）每道工序施工进度的提前或拖期对成本的影响程度（如蟹斗挖土提前一天完成，共节约机械台班费和人工费等 752 元）。

（5）整个施工阶段的进度和成本情况（如基础阶段共提前进度 2 天，节约成本费用 7245 元，成本降低率达到 6.96%）。

通过进度与成本同步跟踪的横道图，要求实现以下要求。

（1）以计划进度控制实际进度。

（2）以计划成本控制实际成本。

（3）随着每道工序进度的提前或拖期，对每个分项工程的成本实行动态控制，以保证项目成本目标的实现。

2. 网络图计划的进度与成本的同步控制

网络图计划的进度与成本的同步控制，与横道图计划有异曲同工之处。所不同的是，网络计划在施工进度的安排上更具逻辑性，而且可在破网后随时进行优化和调整，因而对每道工序的成本控制也更为有效。

网络图的表示方法为：代号为工序施工起止的节点（系指双代号网络），箭杆表示工序施工的过程，箭杆的下方为工序的计划施工时间，箭杆上方“C”后面的数字为工序的计划成本（以千元为单位）；实际施工的时间和成本，则在箭杆附近的方格中按实填写，这样，就能从网络图中看到每道工序的计划进度与实际进度、计划成本与实际成本的对比情况，同时也可清楚地看出今后控制进度、控制成本的方向。

（五）建立项目月度财务收支计划制度，以用款计划控制成本费用支出

（1）以月度施工作业计划为龙头，并以月度计划产值为当月财务收入计划，同时由项目各部门根据月度施工作业计划的具体内容编制本部门的用款计划。

（2）项目财务成本员应根据各部门的月度用款计划进行汇总，并按照用途的轻重缓急平衡调度，同时提出具体的实施意见，经项目经理审批后执行。

(3) 在月度财务收支计划的执行过程中，项目财务成本员应根据各部门的实际用款做好记录，并于下月初反馈给相关部门，由各部门自行检查，分析节超原因，吸取经验教训。对于节超幅度较大的部门，应以书面分析报告分送项目经理和财务部门，以便项目经理和财务部门采取针对性的措施。

建立项目月度财务收支计划制度的优点如下。

(1) 根据月度施工作业计划编制财务收支计划，可以做到收支同步，避免支大于收，导致资金紧张。

(2) 在实行月度财务收支计划的过程中，各部门既要按照施工生产的需要编制用款计划，又要在项目经理批准后认真贯彻执行，这就将使资金使用（成本费用开支）更趋合理。

(3) 用款计划经过财务部门的综合平衡，又经过项目经理的审批，可以使一些不必要的费用开支得到严格的控制。

(六) 建立项目成本审核签证制度，控制成本费用支出

过去，项目施工需要的各种资源一般由企业集中采购，然后直接划转或按比例分配给项目，形成项目的成本费用。因此，项目经理和项目管理人员对成本费用的内涵不甚了解，也无须审核，一律照单全收，更谈不上进行控制。

引进市场经济机制以后，需要建立以项目为成本中心的核算体系。这就是：所有的经济业务，不论是对内或对外，都要与项目直接对口。在发生经济业务的时候，首先要由有关项目管理人员审核，最后经项目经理签证后支付。这是项目成本控制的最后一关，必须十分重视。其中，以有关项目管理人员的审核尤为重要，因为他们熟悉自己分管的业务，有一定的权威性。

审核成本费用的支出，必须以有关规定和合同为依据。主要有以下几项。

(1) 国家规定的成本开支范围。

(2) 国家和地方规定的费用开支标准和财务制度。

(3) 内部经济合同。

(4) 对外经济合同。

由于项目的经济业务比较繁忙，如果事无巨细都要由项目经理“一支笔”审批，难免分散项目经理的精力，不利于项目管理的整体工作，因此，可以从实际出发，在需要与可能的条件下，将不太重要金额又小的经济业务授权财务部门或业务主管部门代为处理。

(七) 加强质量管理，控制质量成本

质量成本是指项目为保证和提高产品质量而支出的一切费用，以及未达到质量标准而产生的一切损失费用之和。质量成本包括两个主要方面：控制成本和故障成本。控制成本包括预防成本和鉴定成本，属于质量保证费用，与质量水平呈正比关系，即工程质量越高，鉴定成本和预防成本就越大。故障成本包括内部故障成本和外部故障成本，属于损失性费用，与质量水平呈反比关系，即工程质量越高，故障成本就越低。

控制质量成本，首先要从质量成本核算开始，而后是质量成本分析和质量成本控制。

1. 质量成本核算

即将施工过程中发生的质量成本费用，按照预防成本、鉴定成本、内部故障成本和外

部故障成本的明细科目归集，然后计算各个时期各项质量成本的发生情况。

质量成本的明细科目，可以根据实际支付的具体内容来确定。

预防成本下设置：质量管理工作费、质量情报费、质量培训费、质量技术宣传费、质量管理活动费等子目。

鉴定成本下设置：材料检验试验费、工序监测和计量服务费、质量评审活动费等子目。

内部故障成本下设置：返工损失、返修损失、停工损失、质量过剩损失、技术超前支出和事故分析处理等子目。

外部故障成本下设置：保修费、赔偿费、诉讼费和因违反环境保护法而发生的罚款等。

进行质量成本核算的原始资料，主要来自会计账簿和财务报表，或利用会计账簿和财务报表的资料整理加工而得。但也有一部分资料需要依靠技术、技监等有关部门提供，如质量过剩损失和技术超前支出等。

2. 质量成本分析

质量成本分析，即根据质量成本核算的资料进行归纳、比较和分析，共包括以下四项分析内容。

（1）质量成本总额的构成内容分析。

（2）质量成本总额的构成比例分析。

（3）质量成本各要素之间的比例关系分析。

（4）质量成本占预算成本的比例分析。

上述分析内容可以在一张质量成本分析表中反映。举例说明如下。

某工程项目1994年上半年完成预算成本4147500元，发生实际成本3896765元，其中质量成本146842元。

从上述分析资料看，质量成本总额占预算成本3.53%，比一般工程的降低成本水平还要高，特别是内部故障成本的比例（而预算成本2.61%，占质量成本总额的73.78%）更为突出。但是，预防成本只占预算成本的0.32%，占质量成本总额也只有9.09%，说明在质量管理上没有采取有效的预防措施，以致返工损失、返修损失以及由此而发生的停工损失明显增加。

3. 质量成本控制

根据以上分析资料，对影响质量成本较大的关键因素采取有效措施，进行质量成本控制。

（八）坚持现场管理标准化，堵塞浪费漏洞

现场管理标准化的范围很广，比较突出而又需要特别关注的是：现场平面布置管理和现场安全生产管理，稍有不慎，就会造成浪费和损失。

1. 现场平面布置管理

施工现场的平面布置，是根据工程特点和场地条件，以配合施工为前提合理安排的，有一定的科学根据。但是，在施工过程中，往往会出现不执行现场平面布置，造成人力、物力浪费的情况，例如以下情况。

（1）材料、构件不按规定地点堆放，造成二次搬运，不仅浪费人力，材料、构件在搬运中还会受到损失。

（2）钢模和钢管脚手等周转设备，用后不予整修并堆放整齐，而是任意乱堆乱放，既影响场容整洁，又容易造成损失，特别是将周转设备放在路边，一旦车辆开过，轻则变形，重则报废。

（3）任意开挖道路，又不采取措施，导致交通中断，影响物资运输。

（4）排水系统不畅，一遇下雨，现场积水严重，导致电器设备受潮容易触电，水泥受潮就会变质报废等。

由此可见，施工项目一定要强化现场平面布置的管理，堵塞一切可能发生的漏洞，争创“文明工地”。

2. 现场安全生产管理

现场安全生产管理的目的，在于保护施工现场的人身安全和设备安全，减少和避免不必要的损失。要达到这个目的，就必须强调按规定的标准去管理，不允许有任何细小的疏忽。否则将会造成难以估量的损失，例如以下情形。

（1）不遵守现场安全操作规程，容易发生工伤事故，甚至死亡事故，不仅本人痛苦，家属痛苦，项目还要支付一笔可观的医药、抚恤费用，有时还会造成停工损失。

（2）不遵守机电设备的操作规程，容易发生一般设备事故，甚至重大设备事故，不仅会损坏机电设备，还会影响正常施工。

（3）忽视消防工作和消防设施的检查，容易发生火警和对火警的有效抢救，其后果更是不可想象。

（4）不注意食堂卫生管理，有可能发生食物中毒，危害职工的身体健康，也将影响施工生产。

诸如此类的事情，都是不利于项目成本的因素，必须从现场标准化管理着手，切实做好预防工作，把可能发生的经济损失减少到最低限度。

（九）定期开展“三同步”检查，防止项目成本盈亏异常

项目经济核算的“三同步”，就是统计核算、业务核算、会计核算的“三同步”。统计核算即产值统计，业务核算即人力资源和物质资源的消耗统计，会计核算即成本会计核算。根据项目经济活动的规律，这三者之间有着必然的同步关系。这种规律性的同步关系，具体表现为：完成多少产值，消耗多少资源，发生多少成本，三者应该同步。否则，项目成本就会出现盈亏异常情况。

开展“三同步”检查的目的，就在于查明不同步的原因，纠正项目成本盈亏异常的偏差。“三同步”的检查方法，可从以下三方面入手。

（1）时间上的同步。即产值统计、资源消耗统计和成本核算的时间应该统一（一般为上月 26 日到本月 25 日）。如果在时间上不统一，就不可能实现核算口径的同步。

（2）分部分项工程直接费的同步。即产值统计是否与施工任务单的实际工程量和形象进度相符；资源消耗统计是否与施工任务单的实耗人工和限额领料单的实耗材料相符；机

械和周转材料的租费是否与施工任务单的施工时间相符。如果不符，则应查明原因，予以纠正，直到同步为止。

(3) 其他费用是否同步。这要通过统计报表与财务付款逐项核对才能查明原因。例如：某项基础工程已经全部完成，统计员按实际进度统计产值，其中包括井点抽水一次打拔费 3104 元和 120 天台班费 127272 元，再加上相应的费率，共计 338419 元。然而机动部并未向项目收费，项目成本也未作预提，以致当月项目成本出现了大盈，经查明原因并予以纠正，又恢复了应有的同步关系。

(十) 应用成本控制的财务方法——成本分析表法来控制项目成本

作为成本分析控制手段之一的成本分析表，包括月度成本分析表和最终成本控制报告表。月度成本分析表又分为直接成本分析表和间接成本分析表两种。

1. 月度直接成本分析表

主要是反映分部分项工程实际完成的实物量和与成本相对应的情况，以及与预算成本和计划成本相对比的实际偏差和目标偏差，为分析偏差产生的原因和针对偏差采取相应的措施提供依据。

2. 月度间接成本分析表

主要反映间接成本的发生情况，以及与预算成本和计划成本相对比的实际偏差和目标偏差，为分析偏差产生的原因和针对偏差采取相应的措施提供依据。此外，还要通过间接成本占产值的比例来分析其使用水平。

3. 最终成本控制报告表

主要是通过已完实物进度、已完产值和已完累计成本，联系尚需完成的实物进度、尚可上报的产值和还将发生的成本，进行最终成本预测，以检验实现成本目标的可能性，并为项目成本控制提出新的要求。这种预测，工期短的项目应该每季度进行一次，工期长的项目可以每半年进行一次。以上项目成本的控制方法，不可能也没有必要在一个工程项目全部同时使用，可由各工程项目根据自己的具体情况和客观需要，选用其中有针对性的、简单实用的方法；这将会收到事半功倍的效果。

在选用控制方法时，应该充分考虑与各项施工管理工作相结合。例如：在计划管理、施工任务单管理、限额领料单管理、合同预算管理等工作中，跟踪原有的业务管理程序，利用业务管理所取得的资料进行成本控制，不仅省时省力，还能帮助各业务管理部门落实责任成本，从而得到他们有力的配合和支持。

二、降低施工项目成本的途径和措施

降低施工项目成本的途径，应该是既开源又节流，或者说既增收又节支。只开源不节流，或者只节流不开源，都不可能达到降低成本的目的，至少是不会有理想的降低成本效果。

前面已从节支角度论述了成本控制的方法，这里再从增收的角度论述降低成本的途径。

(一)认真会审图纸，积极提出修改意见

在项目建设过程中，施工单位必须按图施工。但是，图纸是由设计单位按照用户要求和项目所在地的自然地理条件（如水文地质情况等）设计的，其中起决定作用的是设计人员的主观意图，很少考虑为施工单位提供方便，有时还可能给施工单位出一些难题。因此，施工单位应该在满足用户要求和保证工程质量的前提下，联系项目施工的主客观条件，对设计图纸进行认真的会审，并提出积极的修改意见，在取得用户和设计单位的同意后，修改设计图纸，同时办理增减账。

在会审图纸的时候，对于结构复杂、施工难度高的项目，更要加倍认真，并且要从方便施工、有利于加快工程进度和保证工程质量，又能降低资源消耗、增加工程收入等方面综合考虑，提出有科学根据的合理化建议，争取业主和设计单位的认同。

(二)加强合同预算管理，增创工程预算收入

1. 深入研究招标文件、合同内容，正确编制施工图预算

在编制施工图预算的时候，要充分考虑可能发生的成本费用，包括合同规定的属于包干（闭口）性质的各项定额外补贴，并将其全部列入施工图预算，然后通过工程款结算向甲方取得补偿。也就是：凡是政策允许的，要做到该收的点滴不漏，以保证项目的预算收入。我们称这种方法为“以文定收”，但有一个政策界限，不能将项目管理不善造成的损失也列入施工图预算，更不允许违反政策向甲方高估冒算或乱收费。

2. 把合同规定的“开口”项目，作为增加预算收入的重要方面

一般来说，按照设计图纸和预算定额编制的施工图预算，必须受预算定额的制约，很少有灵活伸缩的余地；而“开口”项目的取费则有比较大的潜力，是项目创收的关键。

例一：合同规定，待图纸出齐后，由甲乙双方共同制定加快工程进度、保证工程质量的技术措施，费用按实结算。按照这一规定，项目经理和工程技术人员应该联系工程特点，充分利用自己的技术优势，采用先进的新技术、新工艺和新材料，经甲方签证后实施，这些措施，应既能为施工提供方便，有利于加快施工进度，又能提高工程质量，还能增加预算收入。

例二：合同规定，预算定额缺项的项目，可由乙方参照相近定额，经监理师复核后报甲方认可。这种情况，在编制施工图预算时是常见的，需要项目预算员参照相近定额进行换算。在定额换算的过程中，预算员就可根据设计要求，充分发挥自己的业务技能，提出合理的换算依据，以此来摆脱原有的定额偏低的约束。

3. 根据工程变更资料，及时办理增减账

由于设计、施工和甲方使用要求等种种原因，工程变更是项目施工过程中经常发生的事情，是不以人们的意志为转移的。随着工程的变更，必然会带来工程内容的增减和施工工序的改变，从而也必然会影响成本费用的支出。因此，项目承包方应就工程变更对既定施工方法、机械设备使用、材料供应、劳动力调配和工期目标等的影响程度，以及为实施变更内容所需要的各种资源进行合理估价。及时办理增减账手续，并通过工程款结算从甲方取得补偿。

（三）制订先进的、经济合理的施工方案

施工方案主要包括四项内容：施工方法的确定、施工机具的选择、施工顺序的安排和流水施工的组织。施工方案不同，工期就会不同，所需机具也不同，因而发生的费用也会不同。因此，正确选择施工方案是降低成本的关键所在。

制订施工方案要以合同工期和上级要求为依据，联系项目的规模、性质、复杂程度、现场条件、装备情况、人员素质等因素综合考虑。可以同时制订几个施工方案，倾听现场施工人员的意见，以便从中优选最合理、最经济的一个。

必须强调，施工项目的施工方案，应该同时具有先进性和可行性。如果只先进不可行，则不能在施工中发挥有效的指导作用，便不是最佳施工方案。

（四）落实技术组织措施

落实技术组织措施，走技术与经济相结合的道路，以技术优势来取得经济效益，是降低项目成本的又一个关键。一般情况下，项目应在开工以前根据工程情况制订技术组织措施计划，作为降低成本计划的内容之一列入施工组织设计。在编制月度施工作业计划的同时，也可按照作业计划的内容编制月度技术组织措施计划。

为了保证技术组织措施计划的落实，并取得预期的效果，应在项目经理的领导下明确分工：由工程技术人员制定措施，材料人员供材料，现场管理人员和生产班组负责执行，财务成本员结算节约效果，最后由项目经理根据措施执行情况和节约效果对有关人员连行奖励，形成落实技术组织措施的一条龙。

必须强调，在结算技术组织措施执行效果时，除要按照定额数据等进行理论计算外，还要做好节约实物的验收，防止“理论上节约、实际上超用”的情况发生。

（五）组织均衡施工，加快施工进度

凡是按时间计算的成本费用，如项目管理人员的工资和办公费、现场临时设施费和水电费，以及施工机械和周转设备的租赁费等，在加快施工进度、缩短施工周期的情况下，都会有明显的节约。除此之外，还可以从用户那里得到一笔相当可观的提前竣工奖。因此，加快施工进度也是降低项目成本的有效途径之一。

为了加快施工进度，将会增加一定的成本支出。例如：在组织两班制施工的时候，需要增加夜间施工的照明费、夜点费和工效损失费；同时，还将增加模板的使用量和租赁费。

因此，在签订合同时，应根据用户和赶工要求，将赶工费列入施工图预算。如果事先并未明确，而由用户在施工中临时提出的赶工要求，则应请用户签证，费用按实结算。

三、全过程成本控制管理办法

1. 清单编制阶段

（1）分部分项清单：列项全（避免二次报价签证）、量准（控制项目投资的基础）、特征明确（报价的依据与项目特征密切相关，必须要求设计明确工艺做法），清单量必须严格按照清单规则，项目特征必须明确。

（2）措施项目清单（整体项目、组价项目）。整体项目可以根据范本列项，包括不可

竞争项目等；组价项目主要由模板、脚手架、垂直运输、降水、支撑项目，以及部分现场实际发生的项目和其他补充项目确定。

（3）其他项目清单。根据估算费用确定其他项目清单费用，包括暂列金额、暂估价、计日工、总承包费等。

其中，暂估价（招标人为总包方）为必然发生但不确定的金额，专业工程估价（计总承包费），包括二次招标费和材料估价（钢材、设备、混凝土）。其中，二次招标费用或另约定费用应根据实际调整。

计日工为合同外的工作内容费用，包括合同列项部分和实际发生部分费用。这部分费用包括管理费（管理工作包括对质量进度负责和协调配合等）、水电费用、垂直运输费用及材料管理费。具体费用应根据暂估价和费率确定。

2. 招投标阶段

招投标阶段的成本控制主要通过资格预审控制，包括对招投标文件涉及的费用的对比和审核。目的是通过资格预审确定企业资质及施工管理水平。其中招标文件（注意不得遗漏专业分包工程）涉及内容有：工程承包范围及分包情况；各专业工作面的确定；甲乙双方的工作内容及义务；工程预付款及工程进度款的支付约定；工期、质量要求的约定；合同价款的支付方式；竣工结算的约定；工程变更及现场签证的约定（材料的回收率）；人材机风险幅度的约定及计价方式的处理（税费、管理费、利润）等；暂估材料（根据分包方式的不同）结算的处理方式；总承包服务费（根据分包的方式）确定费率及结算方式；工程变更及现场签证计价方式（签证虚报惩罚机制）；审价咨询费用的分摊；材料设备供应管理；工程项目违约处罚；工程项目索赔机制（约定条款必须明确到细目）。

3. 施工阶段

工程变更：进行经济指标的比较，根据成本确定是否有必要变更，并确保施工前下达变更通知，防止返工现象的出现，造成不必要的浪费，计价方式按类似项进行计价。

现场签证：必须明确所发生工程量是否在合同约定的变更范围之内，明确变更产生的责任主体并确定费用分摊比例，到现场核实已发生工程量及二次返工工程量，计价方式按合同约定进行。

二次报价：指暂估材料价格及清单中未列单价的材料二次询价。

4. 竣工结算阶段

结算价组成如下。

（1）分部分项：（实际发生的工程量＋设计变更的工程量）×根据合同约定的人材机上涨或下浮后价格或二次确定主材价格组成的合同单价，其中甲供材料金额要看是否含有。

（2）措施项目：按合同约定结算。

（3）其他项目：暂列金额及计日工根据现场是否发生确定，以现场签证金额的方式体现（是否计税费看合同约定）。

（4）暂定金额：根据市场信息价或双方确认价格对暂定金额进行补差（补差金额是否计税费看合同约定）。

(5) 总承包服务费：根据发包方最终确定发包方式明确费率，根据各分包工程造价确定计费基数。

(6) 税费项目：根据国家政策文件调整费率、税率，根据合同约定确定计价基数。

(7) 奖惩项目：工期要求及质量要求的索赔＋白玉兰及安全文明工地、提前封顶的奖励。

(8) 资金的时间价值：预付款，即工程支付款的支付方式及比例（支付时限、变更签证是否计取）；阶段结算制度，是指竣工结算的审核期限及付款比例，以及保修期的年限及比例。

我们必须有一个项目全过程印象，才能清楚需要多少个专业工程，才能分清楚各专业的工作界面，才能清楚各专业该如何配合。

第六章

施 工 进 度 咨 询

第一节　项目进度计划的跟踪与检查

一、依据

(1) 施工合同中工期的约定。

(2) 总进度控制性计划和各项作业进度计划。

(3) 施工现场进度统计表情况。

(4) 相关资源供应、消耗资料、资金支付报表。

(5) 全过程工程咨询单位关于项目进度计划经验体系。

二、内容

项目全过程工程咨询单位中的监理单位应审查施工单位报审的施工总进度计划和阶段性施工进度计划，提出审查意见，并应由总咨询师审核后报投资人。

施工进度计划审查应包括以下基本内容。

(1) 施工进度计划应符合施工合同中工期的约定。

(2) 施工进度计划中主要工程项目无遗漏，应满足分批投入试运、分批动用的需要，阶段性施工。

(3) 进度计划应满足总进度控制目标的要求。

(4) 施工顺序的安排应符合施工工艺要求。

(5) 施工人员、工程材料、施工机械等资源供应计划应满足施工进度计划的需要。

(6) 施工进度计划应符合投资人提供的资金、施工图纸、施工场地、物资等施工条件。

全过程工程咨询单位监理单位应检查施工进度计划的实施情况，发现实际进度严重滞后于计划进度且影响合同工期时，应签发监理通知单，要求施工单位采取调整措施加快施工进度。全过程工程咨询单位监理单位总监理工程师应向投资人报告工期延误风险。

全过程工程咨询单位监理单位应比较分析工程施工实际进度与计划进度，预测实际进度对工程总工期的影响，并应在监理月报中向投资人报告工程实际进展情况。

为了能够有效掌握项目进度的真实情况，全过程工程咨询单位进度计划控制中须采取有效的措施检查、监督是否按照计划进度执行。在项目实施过程中，全过程工程咨询单位应组织、督促进度控制人员经常性地、定期跟踪检查施工实际进度情况，其主要内容包括以下几项。

（1）应按统计周期规定进行定期或根据需要进行不定期检查。

（2）工程项目进度计划的检查具体包括以下内容。

1）工程量的完成情况。

2）工作时间的执行情况（工程形象进度完成情况）。

3）资源使用与进度的匹配情况。

4）上次检查的问题整改情况。

5）根据检查内容编制进度检查报告。进度检查报告应包含以下内容。

a. 执行情况的描述。

b. 实际进度与计划进度对比。

c. 进度实施中存在的问题及原因分析。

d. 执行对质量安全成本的影响情况。

e. 采取的措施和对下一步计划进度的预测。

三、程序

全过程工程咨询单位进行项目进度计划检查的程序如图 6-1 所示。

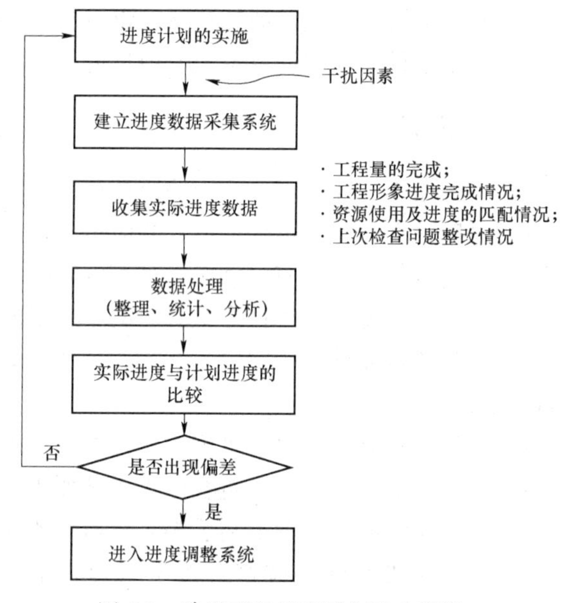

图 6-1 建设项目进度计划检查程序

全过程工程咨询单位在工程项目实施过程中检查施工实际进度的主要方法包括以下几个方面。

1. 跟踪检查施工实际进度

全过程工程咨询单位跟踪检查的主要工作是定期收集统计实际工程进度的有关数据。收集的方式可以采用报表或现场实地检查两种。收集的数据应当全面、真实、可靠，不完成或不正确的进度数据将导致判断不准确或决策失误。

全过程工程咨询单位可视工程进度的实际情况，每月、每半月或每周进行一次跟踪检查，在某些情况下，甚至可以每日进行进度检查，定期或不定期召开各参建单位的进度协调会。

2. 实际进度数据的加工处理

全过程工程咨询单位收集到的施工项目实际进度数据，要进行必要的整理并形成与进度计划具有可比性的数据、相同的量纲和形象进度。一般可以按实物工程量、工作量和劳动消耗量以及累计百分比整理和统计实际检查的数据，以便与相应的计划完成量相对比。

3. 实际进度与计划进度的比较分析

全过程工程咨询单位将实际进度与计划进度进行比较是建设项目进度分析的主要环节，主要将实际的数据与计划的数据比较，通常可以利用表格形成各种进度比较报表或直接绘制比较图形来直观地反映实际与计划的差距，通过比较了解实际进度与计划进度滞后、超前还是计划一致。

4. 施工项目进度检查结果的处理

全过程工程咨询单位督促各参建单位根据施工项目进度检查的结果，按照检查制度的规定，汇总形成进度检查报告，向主管人员或部门进行汇报。

5. 加强对重点施工部位进度管理

全过程工程咨询单位需按照合同要求定期收集各承包商有关工程进展状况，通过召开生产协调例会等进度协调会，对进度计划进行实地检查，了解掌握项目的总体进度，督促承包商调配资源，严格按照进度计划组织实施；此外，全过程工程咨询单位要根据掌握的情况，全面分析工程进度计划，预测工程进度计划的进展情况和存在的问题，对承包商不能解决的内外关系预先进行协调处理。

四、注意事项

全过程工程咨询单位在进行项目进度计划检查过程中，需注意以下事项。

（1）全过程工程咨询单位在进行进度检查过程中，需定期与承包商、材料供应商以及其他相关人员召开会议，讨论工程工作进度，并应提交工程进度跟踪报告。

（2）全过程工程咨询单位在进度检查时，若出现进度问题，应及时找出原因，分析对策并提出解决方案。

（3）全过程工程咨询单位应定期提交进度检查报告，包括工程进度现状、进度分析、计划修改、进度更新、出现的问题及相关问题下阶段的预测处理等。

五、成果范例

全过程工程咨询单位对项目进度计划执行情况进行跟踪检查，其成果性文件包括进度计划跟踪表、进度情况对比表及项目进度检查表。

（1）进度计划跟踪表见表 6-1。

表 6-1　　进度计划跟踪表

项目名称					
文档编号		项目经理		检查日期	
工程部位	负责人	计划完成日期	实际完成日期	是否完成	备注

（2）进度情况对比见表 6-2 和图 6-2。

表 6-2 **进度情况月对比表**

工程名称： 编号： 施工单位： 监理单位：

标段	幢号	计划完成工作	实际完成工作
一	4 幢	基础筏板浇筑完成	筏板完成，绑扎柱筋
二	8 幢	……	
三	3 幢	……	
四	6 幢	……	
五	7 幢	……	
六	1 幢	……	

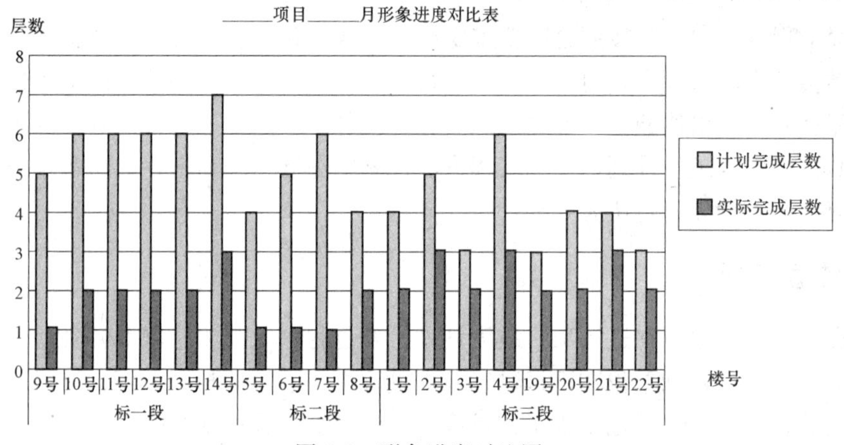

图 6-2 形象进度对比图

（3）项目进度检查表见表 6-3。

表 6-3 **项目进度检查表**

工程名称： 编号：

考核人：			日期： 年 月 日		
分类	项目	主要检查内容	评估标准	情况分析	得分
质量控制	预控措施	审查项目总进度计划的编制是否全面、实际、合理，目标明确	根据项目总进度计划的编制情况可行性得 0～10 分		
		是否对项目总进度计划进行了分解、控制，并要求各参建单位严格执行、具体落实	根据分解、控制情况，特别是分解落实的情况，关键部位的管理措施得 0～10 分		
		审查施工组织设计、施工方案在技术措施上，是否满足总进度计划的要求	根据施工组织设计、施工方案在技术措施上落实的情况得 0～10 分		
		根据施工总进度计划要求，对材料、设备进场的时间安排	根据材料、设备组织进场的实施方案情况得 0～10 分		

续表

分类	项目	主要检查内容	评估标准	情况分析	得分
质量控制	过程间检查	对进度情况是否了进行动态管理、跟踪检查、分析	根据项目进行的动态管理、跟踪检查、分析、调控情况得 0～10 分		
		对各交叉专业的管理，是否科学合理、有条不紊	检查各交叉作业的管理情况得 0～10 分		
		是否按进度计划、组织设计、施工方案的要求实施	根据进度计划、组织设计、施工进度的实施情况得 0～10 分		
		对重点、难点等关键部位是否在进度、技术上充分考虑	根据对重点、难点等关键部位在时间安排上、技术措施上恰当予否得 0～10 分		
	事后控制	每道工序完成后，是否及时组织检查验收	根据对每道工序的检查验收及时性得 0～10 分		
		实际进度与计划进度发生偏差时，是否采取了可行的调控、纠偏措施	根据采取的调控、纠偏措施实施情况得 0～10 分		
进度检查得分：					

第二节　项目进度计划的调整

一、依据

全过程工程咨询单位在进行进度计划的调整时，通常依据以下内容。

（1）施工进度计划检查报告。

（2）施工组织设计方案。

（3）项目进度总控制计划。

（4）项目变更的请求。

二、内容

全过程工程咨询单位对施工进度计划的调整主要依据施工进度计划检查的结果，在进度计划执行发生偏离的时候，通过对施工内容、工程量、起止时间、资源供应的调整，或通过局部改变施工顺序，重新确认作业过程项目协作方式等工作关系进行的调整，更充分利用施工的时间和空间进行合理交叉衔接，并编制调整后的施工进度计划，以保证施工总目标的实现。

项目进度计划调整的主要内容包括以下几项。

（1）施工内容：如工序的合并或拆分、施工段的重新划分等。

（2）工程量：工程量的增减在施工过程中最常见的、也是最多的。

（3）起止时间：可根据工期、资源等的要求，改变起止时间。

（4）持续时间：可根据资源的情况、施工环境的情况对工序或施工过程的持续时间进行调整。

（5）工作关系：包括工艺关系、组织关系等，但一般是指组织关系。

（6）资源供应：包括对人力、物力、财力等资源供应情况进行调整。

在进行调整时既可以逐项调整也可以同时调整，还可以将几项结合起来调整，以求综合效益最佳。全过程工程咨询单位只要能达到预期目标，调整得越少越好，但往往需要几项结合起来调整。

此外，全过程工程咨询单位在对施工进度计划的调整过程中，还需要对进度偏差的影响进行分析，通过实际进度与计划进度的比较，分析偏差对后续工作及总工期的影响。进度偏差的大小及其所处的位置不同，对后续工作和总工期的影响程度不同，分析时需要利用网络计划中工作总时差和自由时差进行判断。经过分析，全过程工程咨询单位可以确认应调整产生进度偏差的工作和调整偏差值的大小，以便确定采取调整的新措施，获得新的符合实际进度情况和计划目标的新进度计划。

三、程序

全过程工程咨询单位进行项目进度计划调整的程序如图 6-3 所示。

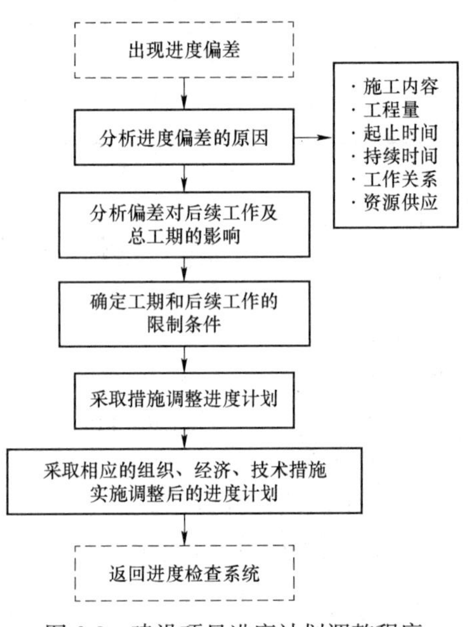

图 6-3 建设项目进度计划调整程序

全过程工程咨询单位对于项目进度计划调整的方法主要有以下内容。

1. 缩短某些工作的持续时间

这种方法是不改变工作之间的逻辑关系，而是缩短某些工作的持续时间，而使施工进度加快，并保证实现计划工期的方法。这些被压缩持续时间的工作是位于由于实际施工进度的拖延而引起总工期增长的关键线路和某些非关键线路上的工作。同时，这些工作又是可压缩持续时间的工作。此方法实际上是网络计划优化中的工期优化方法和工期与费用优化方法。其具体做法如下。

（1）研究后续各工作持续时间压缩的可能性，及其极限工作持续时间。

（2）确定由于计划调整，采取必要措施而引起的各工作的费用变化率。

（3）选择直接引起拖期的工作及紧后工作优先压缩，以免拖期影响扩大。

（4）选择费用变化率最小的工作优先压缩，以求花费最小代价，满足既定工期要求。

（5）综合考虑（3）（4），确定新的调整计划。

2. 改变某些工作之间的逻辑关系

当工程项目实施中产生的进度偏差影响到总工期，且有关工作的逻辑关系允许改变时，可以改变关键线路和超过计划工期的非关键线路上有关工作之间的逻辑关系，达到缩短工期的目的。例如，将顺序进行的工作改为平行作业、搭接作业以及分段组织流水作业等，都可以有效地缩短工期。对于大型群体工程项目，单位工程间的相互制约相对较小，可调幅度较大；对于单位工程内部，由于施工顺序和逻辑关系约束较大，因此可调幅度较小。

3. 资源供应的调整

对于因资源供应发生异常而引起进度计划执行问题，应采用资源优化方法对计划进行调整，或采取应急措施，使其对工期影响最小。

4. 增减施工内容

增减施工内容应做到不打乱原计划的逻辑关系，只对局部逻辑关系进行调整，在增减施工内容以后，应重新计算时间参数，分析对原网络计划的影响。当对工期有影响时，应采取调整措施，保证计划工期不变。

5. 增减工程量

增减工程量主要是指改变施工方案、施工方法，从而导致工程量的增加或减少。

6. 起止时间的改变

起止时间的改变应在相应的工作时差范围内进行：如延长或缩短工作的持续时间，或将工作在最早开始时间和最迟完成时间范围内移动。每次调整必须重新计算时间参数，观察此项调整对整个施工计划的影响。

此外，在项目实施过程中经常会出现因为进度拖延而引起的赶工期，全过程工程咨询单位可以通过调整后续计划、修改网络图等方法积极地赶工，解决进度拖延问题。在实际工程中经常采用的赶工方法如下。

（1）增加资源投入。

（2）重新分配资源。

（3）减小工作范围。

（4）改善设备材料。

（5）提高劳动生产率。

（6）部分任务转移。

（7）改变网络计划中工程活动的逻辑关系。

（8）修改实施方案。

四、注意事项

全过程工程咨询单位复核监理单位报送的施工单位工程进度调整时，应注意以下方面。

（1）新修正施工进度是否满足合同约定的工期要求，是否满足项目总体进度要求。

（2）尽量保证调整后的施工进度时间不能超过其相应的总时差，如果某分项工程延期事件发生在关键线路上，但它延长的施工时间并未超过总时差时，就可以对其进行调整。全过程工程咨询单位应注意的是，工程施工进度计划中的关键线路并非固定不变，它会随着工程进展和情况的变化而转移，所以全过程工程咨询单位应以审核后的施工进度计划（不断调整后）为依据对施工进度计划进行调整。

（3）调整后的施工进度计划必须符合现场的实际情况，因此要对重点调整的计划各类有关细节进行详细的说明，并及时向投资人提供调整后的详细报告。同时，要组织全过程工程咨询单位项目工程师对施工现场进行详细考察和分析，做好相关记录，以便为合理确定施工进度计划提供可靠依据。

（4）注意工期延期和延误。

1）施工单位提出工程延期要求符合施工合同约定时，项目全过程工程咨询单位或专业咨询工程师（监理）应予以受理。

2）当影响工期事件具有持续性时，项目监理单位应对施工单位提交的阶段性《工程临时延期报审表》进行审查，并应签署工程临时延期审核意见后报投资人。

3）当影响工期事件结束后，项目监理单位应对施工单位提交的《工程最终延期报审表》进行审查，并应签署工程最终延期审核意见后报投资人。

4）项目监理单位在批准工程临时延期、工程最终延期前，均应与投资人和施工单位协商。项目监理单位批准工程延期应同时满足以下条件。

a. 施工单位在施工合同约定的期限内提出工程延期。

b. 因非施工单位原因造成施工进度滞后。

c. 施工进度滞后影响到施工合同约定的工期。

5）施工单位因工程延期提出费用索赔时，项目监理单位可按施工合同约定进行处理。

6）发生工期延误时，项目监理单位应按施工合同约定进行处理。

（5）注意工程暂停及复工处理。

1）签发工程暂停令的情形。全过程工程咨询单位监理单位发现以下情况之一时，总监理工程师应及时签发工程暂停令。

a. 投资人要求暂停施工且工程需要暂停施工的。

b. 施工单位未经批准擅自施工或拒绝项目监理单位管理的。

c. 施工单位未按审查通过的工程设计文件施工的。

d. 施工单位违反工程建设强制性标准的。

e. 施工存在重大质量、安全事故隐患或发生质量、安全事故的。

总监理工程师在签发工程暂停令时，可根据停工原因的影响范围和影响程度，确定停工范围。总监理工程师签发工程暂停令，应事先征得投资人同意，在紧急情况下未能事先报告时，应在事后及时向投资人做出书面报告，如图 6-4 所示。

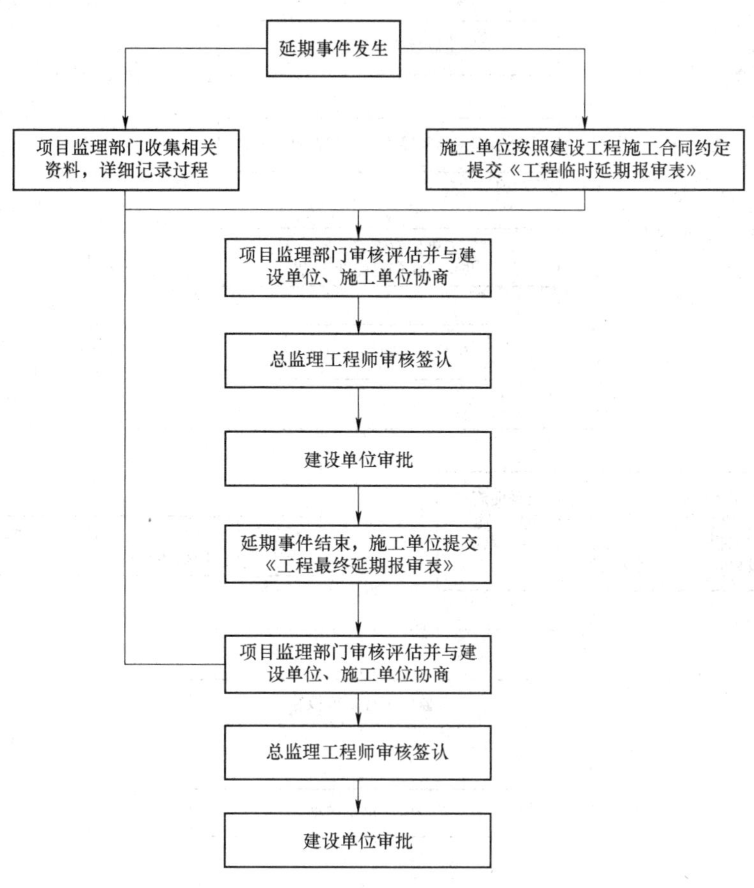

图 6-4　工程延期管理流程

2）工程暂停相关事宜。暂停施工事件发生时，全过程工程咨询单位监理单位应如实记录所发生的情况。总监理工程师应会同有关各方按施工合同约定，处理因工程暂停引起的与工期、费用有关的问题。因施工单位原因暂停施工时，项目监理单位应检查、验收施工单位的停工整改过程。

3）复工审批或指令。当暂停施工原因消失、具备复工条件时，施工单位提出复工申请的，项目监理单位应审查施工单位报送的《工程复工报审表》及有关材料，符合要求后，总监理工程师应及时签署审查意见，并应报投资人批准后签发《工程复工令》；施工单位未提出复工申请的，总监理师应根据工程实际情况指令施工单位恢复施工，如图 6-5 所示。

五、成果范例

全过程工程咨询单位对项目进度计划调整的成果性文件主要体现在施工进度的偏差对比，如图 6-6、表 6-4 和表 6-5 所示。

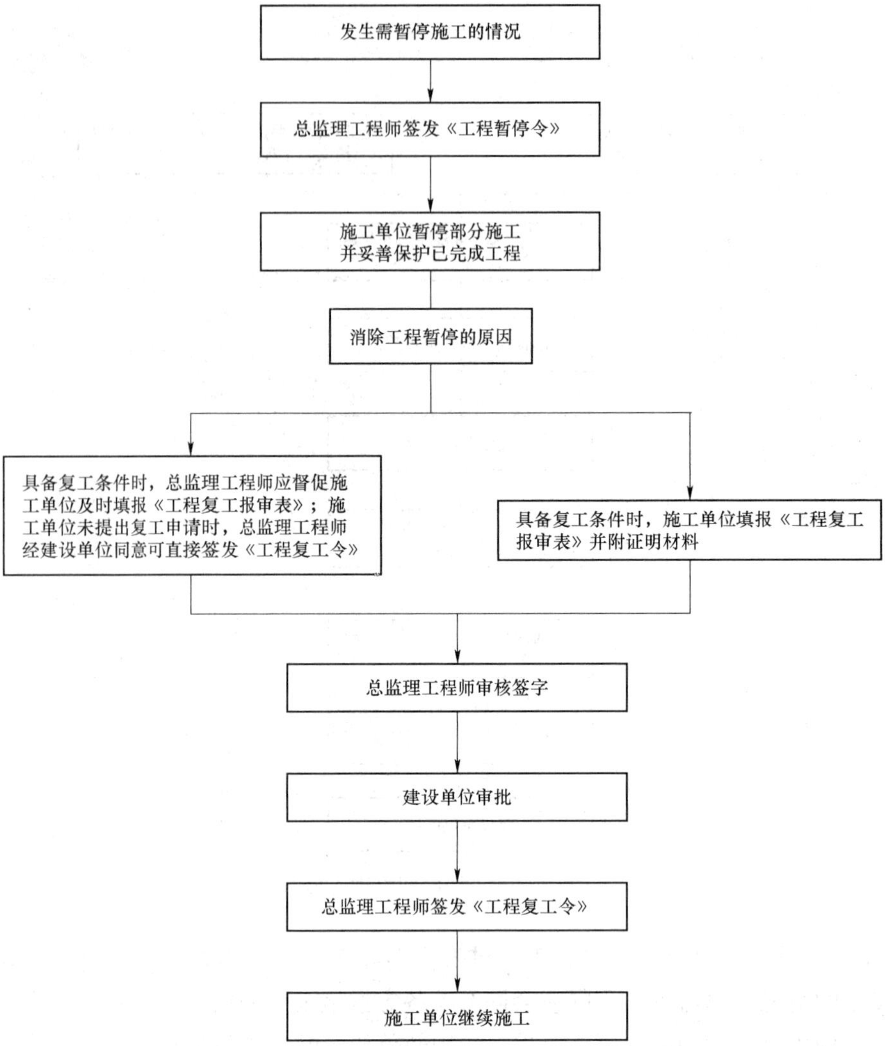

发生需暂停施工的情况
总监理工程师签发《工程暂停令》
施工单位暂停部分施工
并妥善保护已完成工程
消除工程暂停的原因
具备复工条件时，总监理工程师应督促施工单位及时填报《工程复工报审表》；施工单位未提出复工申请时，总监理工程师经建设单位同意可直接签发《工程复工令》
具备复工条件时，施工单位填报《工程复工报审表》并附证明材料
总监理工程师审核签字
建设单位审批
总监理工程师签发《工程复工令》
施工单位继续施工

图 6-5 工程暂停及复工管理流程

产值
/万元
300
250
200
150
100
50
0
1月
2月
3月
4月
5月
6月
时间
ACWP——已完工程实际进度
BCWS——拟完工程计划进度
BCWP——已完工程计划进度

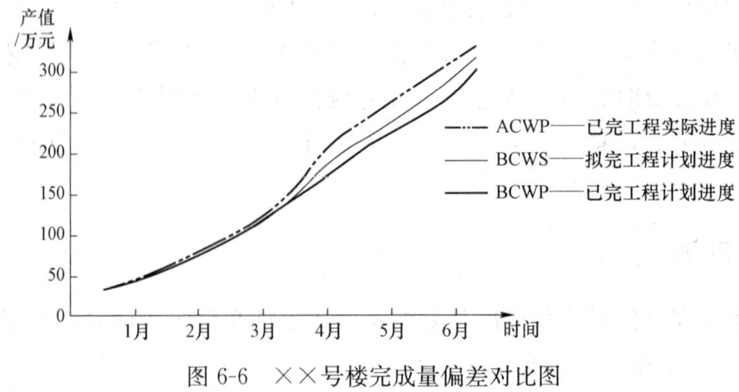

图 6-6 ××号楼完成量偏差对比图

表 6-4 **工程临时/最终延期报审表**

工程名称： 编号：

<table>
<tr><td>致：________________（全过程工程咨询单位监理单位）
根据施工合同____________________（条款），由于________________原因，我方申请工程临时/最终延期________________（日历天），请予批准。
附件：1. 工程延期依据及工期计算
2. 证明材料

施工项目经理部（盖章）
项目经理（签字）
年 月 日</td></tr>
<tr><td>审核意见：
□同意工程临时/最终延期________________（日历天）。工程竣工日期从施工合同约定的____年____月____日延迟到______年______月______日。
□不同意延期，请按约定竣工日期组织施工。

监理单位（盖章）
总监理工程师（签字、加盖执业印章）
年 月 日</td></tr>
<tr><td>审批意见：

投资人（盖章）
投资人代表（签字）
年 月 日</td></tr>
</table>

注 本表一式三份，项目监理单位、投资人、施工单位各一份。

表 6-5　　　　　　　　　　××项目施工进度计划表

序号	分项工程名称	工程量	投入工人数量	星期日（ 月 日）			星期一（ 月 日）			星期二（ 月 日）			星期三（ 月 日）			星期四（ 月 日）			星期五（ 月 日）			星期六（ 月 日）		
				上午	下午	晚上	上午	下午	晚上	上午	下午	晚上	上午	下午	晚上	上午	下午	晚上	上午	下午	晚上	上午	下午	晚上
1																								
2																								
3																								
4																								
5																								
6																								
7																								
8																								
9																								
10																								
11																								
12																								
13																								
14																								
15																								
16																								
17																								
18																								
19																								
上周完成计划进度情况：								本周需要甲方解决事情：																

第三节　BIM 施工进度控制应用

一、BIM 进度控制的优势

BIM 技术可以突破二维的限制，给项目进度控制带来不同的体验，主要优势见表 6-6。

表 6-6　　　　**BIM 技术在进度管理中的优势**

<table>
<tr><th>管理效果</th><th>具体内容</th><th>主要应用措施</th></tr>
<tr><td>加快招投标组织工作</td><td>利用基于 BIM 技术的算量软件系统，大大加快了计算速度和计算准确性，加快招标阶段的准备工作，同时提升了招标工程量清单的质量</td><td rowspan="9">(1) BIM 施工进度模拟。
(2) BIM 施工安全与冲突分析系统。
(3) BIM 建筑施工优化系统。
(4) 三维技术交底及安装指导。
(5) 移动终端现场管理</td></tr>
<tr><td>碰撞检测，减少变更和返工进度损失</td><td>BIM 技术强大的碰撞检查功能，十分有利于减少进度浪费</td></tr>
<tr><td>加快生产计划、采购计划编制</td><td>工程中经常因生产计划、采购计划编制缓慢损失了进度。急需的材料、设备不能按时进场，影响了工期，造成窝工损失很常见。BIM 改变了这一切，随时随地获取准确数据变得非常容易，生产计划、采购计划大大缩短了用时，加快了进度，同时提高了计划的准确性</td></tr>
<tr><td>提升项目决策效率</td><td>传统管理中决策依据不足、数据不充分，导致领导难以决策，有时甚至导致多方谈判长时间僵持，延误工程进展。BIM 形成工程项目的多维度结构化数据库，整理分析数据几乎可以实时实现，有效地解决了以上问题</td></tr>
<tr><td rowspan="3">提升全过程协同效率</td><td>基于 3D 的 BIM 沟通语言，简单易懂、可视化好、理解一致，大大加快了沟通效率，减少了理解不一致的情况</td></tr>
<tr><td>基于互联网的 BIM 技术能够建立高效的协同平台，从而保障所有参建单位在授权的情况下，可以随时、随地获得项目最新、最准确、最完整的工程数据，从过去点对点传递信息转变为一对多传递信息，效率提升，图纸信息版本完全一致，从而减少传递时间的损失和版本不一致导致的施工失误</td></tr>
<tr><td>现场结合 BIM、移动智能终端拍照，大大提升了现场问题沟通效率</td></tr>
<tr><td>加快竣工交付资料准备</td><td>基于 BIM 的工程实施方法，过程中所有资料可以方便地随时挂接到工程 BIM 数字模型中，竣工资料在竣工时即已形成。竣工 BIM 模型在运维阶段还将为业主方发挥巨大的作用</td></tr>
<tr><td>加快支付审核</td><td>业主方缓慢的支付审核往往引起承包商合作关系的恶化，甚至影响到承包商的积极性。业主方利用 BIM 技术的数据能力，快速校核反馈承包商的付款申请单，则可以大大加快期中付款反馈机制，提升双方战略合作成果</td></tr>
</table>

二、BIM 施工进度控制流程

利用 BIM 技术对项目进行进度控制流程如图 6-7 所示。

三、BIM 施工进度控制功能

BIM 理论和技术的应用，有助于提高工程施工进度计划和控制的效率。一方面，支持总进度计划和项目实施中分阶段进度计划的编制，同时进行总、分进度计划之间的协调平衡，直观高效地管理有关工程施工进度的信息。

另一方面，支持管理者持续跟踪工程项目实际进度信息，将实际进度与计划进度在

BIM 条件下进行动态跟踪及可视化的模拟对比，进行工程进度趋势预测，为项目管理人员采取纠偏措施提供依据，实现项目进度的动态控制。

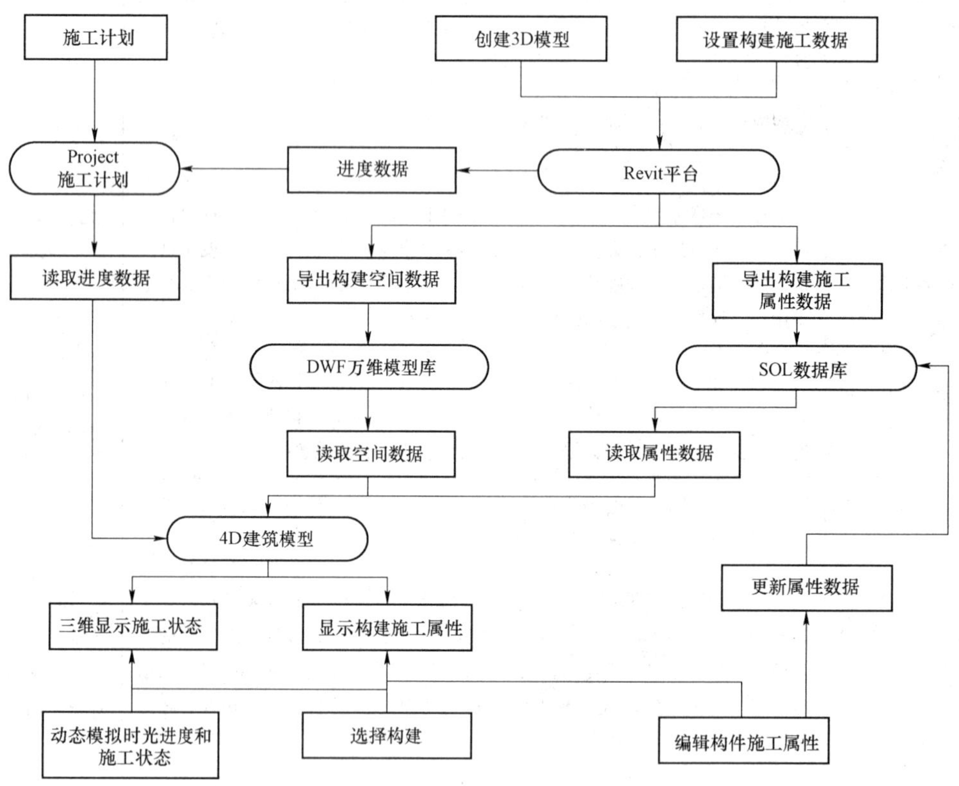

图 6-7 基于 BIM 的项目进行进度控制流程

基于 BIM 的工程项目进度管理功能如图 6-8 所示。

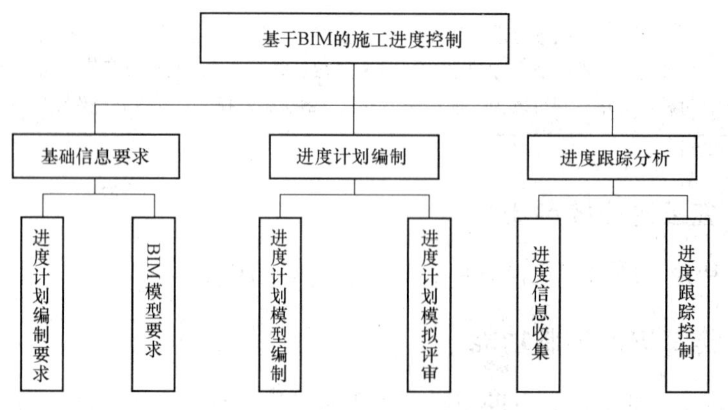

图 6-8 基于 BIM 的施工进度管理功能

四、BIM 施工进度控制计划要求

1. 进度计划编制要求

BIM 施工进度计划更加有利于现场施工人员准确了解和掌握工程进展。进度计划通常包含工程项目施工总进度计划纲要、总体进度计划、二级进度计划和每日进度计划四个层次。

工程项目施工总进度计划纲要作为重要的纲领性文件，其具体内容应该包括编制说明、工程项目施工概况及目标、现场现状和计划系统、施工界面、里程碑节点等。项目设计资料、工期要求、参建单位、人员物料配置、项目投资、项目所处地理环境等信息可以有效地支持总进度计划纲要的编制。

这里以某项目进度控制为例，其总进度计划纲要如图 6-9 所示。

任务名称	工期	开始时间	完成时间
施工准备	45 days	2009年06月18日	**2009年08月19日**
1区施工	**532 day**	**2009年08月19日**	**2011年09月01日**
2区施工	**535 day**	**2009年08月19日**	**2011年09月06日**
室外道排	180 days	2010年10月01日	2011年06月09日
安装调试	50 days	2011年09月07日	2011年11月15日
竣工验收	10 days	2011年11月16日	2011年11月29日

图 6-9　总进度计划纲要示例

总体进度计划由施工总承包单位按照施工合同要求进行编制，合理地将工程项目施工工作任务进行分解，根据各个参建单位的工作能力，制定合理可行的进度控制目标，在总进度计划纲要的要求范围内确定本层里程碑节点的开始和完成时间。以上述项目 1 区和 2 区施工为例，里程碑事件的进度信息如图 6-10 所示。

任务名称	工期	开始时间	完成时间
施工准备	45 days	2009年06月18日	**2009年08月19日**
1区施工	**532 day**	**2009年08月19日**	**2011年09月01日**
主体结构施工	186 days	2009年08月19日	2010年05月05日
钢桁架及网架吊装施工(含胎架安装)	**80 days**	**2010年05月06日**	**2010年08月25日**
装饰金属屋面板施工	60 days	2010年08月26日	2010年11月17日
玻璃幕墙	120 days	2010年09月23日	2011年03月09日
安装施工	220 days	2010年06月03日	2011年04月06日
精装修施工	126 days	2011年03月10日	2011年09月01日
2区施工	**535 day**	**2009年08月19日**	**2011年09月06日**
主体结构施工	190 days	2009年08月19日	2010年05月11日
钢桁架及网架吊装施工(含胎架安装)	115 days	2010年05月12日	2010年10月19日
装饰金属屋面板施工	80 days	2010年10月20日	2011年02月08日
玻璃幕墙	100 days	2010年11月17日	2011年04月05日
安装施工	220 days	2010年06月09日	2011年04月12日
精装修施工	120 days	2011年03月23日	2011年09月06日
室外道排	180 days	2010年10月01日	2011年06月09日
安装调试	50 days	2011年09月07日	2011年11月15日
竣工验收	10 days	2011年11月16日	2011年11月29日

图 6-10　工程项目施工总体进度计划示例

二级进度计划由施工总承包单位及分包单位根据总体进度计划要求各自负责编制。以上述项目 1 区施工为例，施工总承包单位负责主体结构施工具体进度计划编制，分包单位负责钢桁架、屋面板、玻璃幕墙等专项进度计划编制。以钢桁架及网架吊装施工（含胎架安装）为例，该任务项下二级进度计划的开始时间和结束时间约束在总体进度计划的要求范围内，如图 6-11 所示。

任务名称	工期	开始时间	完成时间
施工准备	45 days	2009年06月18日	**2009年08月19日**
1区施工	**532 day**	**2009年08月19日**	**2011年09月01日**
主体结构施工	186 days	2009年08月19日	2010年05月05日
钢桁架及网架吊装施工(含胎架安装)	**80 days**	**2010年05月06日**	**2010年08月25日**
主桁架安装施工(含胎架安装)	30 days	2010年05月06日	2010年06月16日
次桁架安装施工	10 days	2010年06月17日	2010年06月30日
外网架(含胎架安装)	10 days	2010年07月01日	2010年07月14日
内网架(含胎架安装)	15 days	2010年07月15日	2010年08月04日
连接体网架(含胎架安装)	15 days	2010年08月05日	2010年08月25日
夹层梁安装施工	50 days	2010年06月07日	2010年08月13日
墙架安装施工	10 days	2010年07月12日	2010年07月24日
屋面檩条及钢支撑安装施工	30 days	2010年07月15日	2010年08月25日
装饰金属屋面板施工	60 days	2010年08月26日	2010年11月17日
玻璃幕墙	120 days	2010年09月23日	2011年03月09日
安装施工	220 days	2010年06月03日	2011年04月06日
精装修施工	126 days	2011年03月10日	2011年09月01日

图 6-11　工程项目施工二级进度计划示例

每日进度计划是在二级进度计划基础上进行编制的，它体现了施工单位各专业每日的具体工作任务，目的是支持工程项目现场施工作业的每日进度控制，并且为 BIM 施工进度模拟提供详细的数据支持，以便实现更为精确的施工模拟和预演，真正实现现场施工过程的每日可控。

2. BIM 施工进度控制模型要求

BIM 模型是 BIM 施工进度控制实现的基础。BIM 模型的建立工作主要应在设计阶段，由设计单位直接完成；也可以委托第三方根据设计单位提供的二维施工图纸进行建模，形成工程的 BIM 模型。

BIM 模型是工程项目的基本元素（如门、窗、楼梯等）物理和功能特性的数据集合，是一个系统、完整的数据库。图 6-12 所示为采用 Autodesk 公司的建模工具 Revit 建立的工程项目 BIM 实体模型。

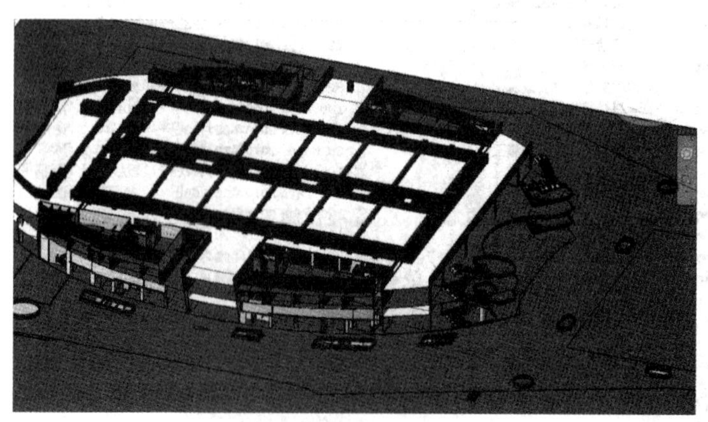

图 6-12　工程项目 BIM 实体模型示例

BIM 建模软件一般将模型元素分为模型图元、视图图元和标注图元，模型结构如图 6-13 所示。

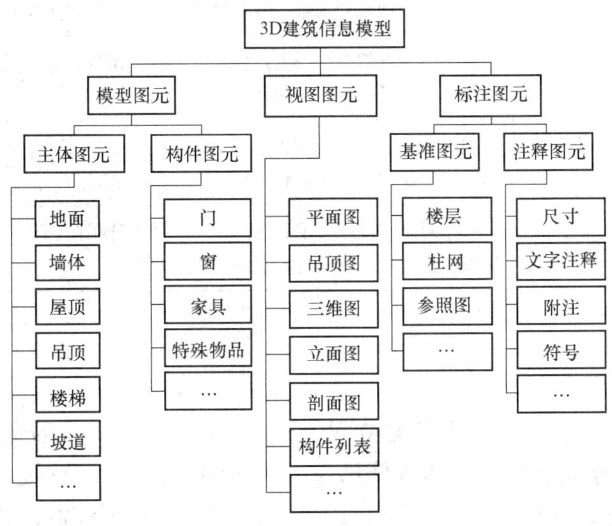

图 6-13 BIM 模型构成

上述信息模型的数据整合到一起就成为一个互动的“数据仓库”。模型图元是模型中的核心元素，是对建筑实体最直接的反映。基于 BIM 的施工进度管理涉及的主要模型图元信息见表 6-7。

表 6-7 基于 BIM 的施工进度管理 4D 模型

建筑信息	场地信息	地理、景观、人物、植物、道路贴近真实信息
	墙门窗等建筑构件信息	(1) 构件尺寸（长度、宽度、高度、半径等）。 (2) 砂浆等级、填充图案、建筑节点详图等。 (3) 楼梯、电梯、天花板、屋顶、家具等信息
	定位信息	各构件位置信息、轴网位置、标高信息等
结构信息	梁、板、柱	材料信息、分层做法、梁柱标识、楼板详图、附带节点详图（钢筋布置图）等
	梁柱节点	钢筋型号、连接方式、节点详图
	结构墙	材料信息、分层做法、墙身大样详图、空口加固等节点详图（钢筋布置图）
水暖电管网信息	管道、机房、附件等	按着系统绘制支管线，管线有准确的标高、管径尺寸，添加保温、坡度等信息
	设备、仪表等	基本族、名称、符合标准的二维符号，相应的标高、具体几何尺寸、定位信息等
进度信息	施工进度计划	任务名称、计划开始时间、计划结束时间、资源需求等
	实际施工进度	任务名称、实际开始时间、实际结束时间、实际资源消耗等
	材料供应进度信息	材料生产信息、厂商信息、运输进场信息、施工安装日期、安装操作单位等
	进度控制信息	施工现场实时照片、图表等多媒体资料等

续表

附属信息	技术信息	地理及市政资料，影响施工进度管理的相关政策、法规、规定，专题咨询报告，各类前期规划图纸、专业技术图纸、工程技术照片等
	规划设计信息	业主方签发的有关规划，设计的文件、函件、会议备忘录，设计单位提供的二维规划设计图、表、照片等
	单位及项目管理组织信息	项目整体组织结构信息，各参建方组织变动信息，各参建方资质信息，有关施工的会议纪要（进度相关），业主对项目启用目标的变更文件等
	进度控制信息	业主对施工进度要求及进度计划文件，施工阶段里程碑及工程大事记，施工组织设计文件，施工过程进度变更资料等

五、BIM 的施工进度计划

BIM 的施工进度计划的第一步是建立 WBS 工作分解结构，一般通过相关软件或系统辅助完成。将 WBS 作业进度、资源等信息与 BIM 模型图元信息链接，即可实现 4D 进度计划，其中的关键是数据接口集成。基于 BIM 的施工进度计划编制流程如图 6-14 所示。

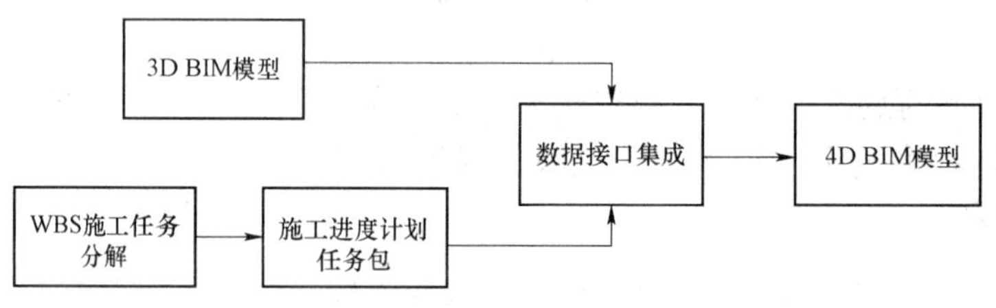

图 6-14 BIM 的施工进度计划编制流程

1. BIM 施工项目 4D 模型构建

BIM 的施工项目 4D 模型构建可以采用多种软件工具来实现，以下采用 Navisworks Management 和 Microsoft Project 软件工具组合进行施工项目 4D 模型构建方法的介绍。

首先在 Navisworks Management 中导入工程三维实体模型，然后进行 WBS 分解，并确定工作单元进度排程信息，这一过程可以在 Microsoft Project 软件中完成，也可以在 Navisworks Management 软件中完成（后文将以这两种方式分别为例进行阐述）。工作单元进度排程信息包括任务的名称、编码、计划开始时间、计划完成时间、工期以及相应的资源安排等。

为了实现三维模型与进度计划任务项的关联，同时简化工作量，需先将 Navisworks Management 中零散的构件进行归集，形成一个统一的构件集合，构件集合中的各构件拥有各自的三维信息。在基于 BIM 的进度计划中，构件集合作为最小的工作包，其名称与进度计划中的任务项名称应为一一对应关系。

（1）在 Microsoft Project 中实现进度计划与三维模型的关联。在 Navisworks Management 软件中预留有与各类 WBS 文件的接口，如图 6-15 所示。通过 TimeLiner 模块将 WBS 进度计划导入 Navisworks Management 中，并通过规则进行关联，即在三维模型中附加上时间信息，从而实现项目的 4D 模型构建。

在导入 Microsoft Project 文件时，通过字段的选择来实现两个软件的结合。如图 6-16 所示，左侧为 Navisworks Management 中各构件的字段，而右侧为 Microsoft Project 外部字段，通过选择相应同步 ID（可以为工作名称或工作包 WBS 编码）将构件对应起来，并将三维信息和进度信息进行结合。

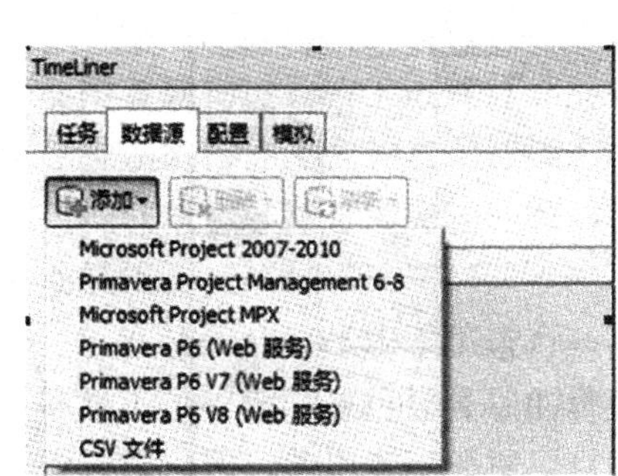

图 6-15　Navisworks Management 与 WBS 文件的接口

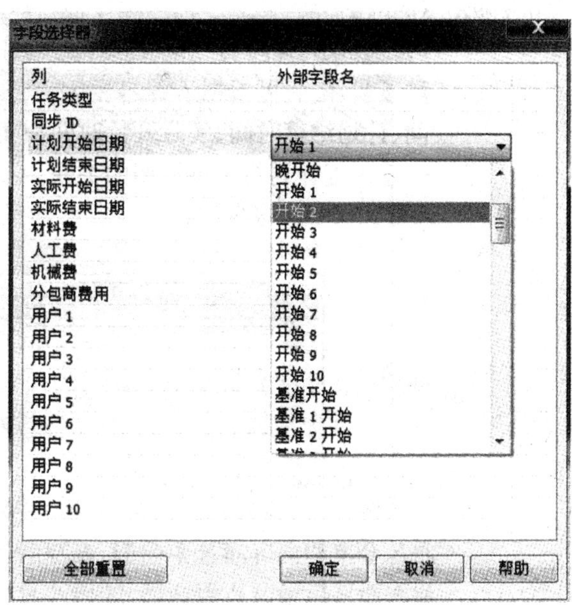

图 6-16　Navisworks Management 与 Microsoft Project 关联选择器

两者进行关联的基本操作为：将 Microsolt Project 项目通过 TimeLiner 模块中的数据源导入至 Navisworks Management 中，在导入过程中需要选择同步的 ID，然后根据关联规则自动将三维模型中的构件集合与进度计划中的信息进行关联。

（2）直接在 Navisworks Matmgement 中实现进度计划与三维模型的关联。Navisworks Management 自带多种实现进度计划与三维模型关联的方式，根据建模的习惯和项目特点可选择不同的方式实现，下面介绍两种较常规的方式。

1）使用规则自动附着。为实现工程进度与三维模型的关联，从而形成完整的 4D 模型，关键在于进度任务项与三维模型构件的链接。在导入三维模型、构建构件集合库的基础上，利用 Navisworks Management 的 TimeLiner 模块可实现构件集与进度任务项的自动附着，如图 6-17 所示。

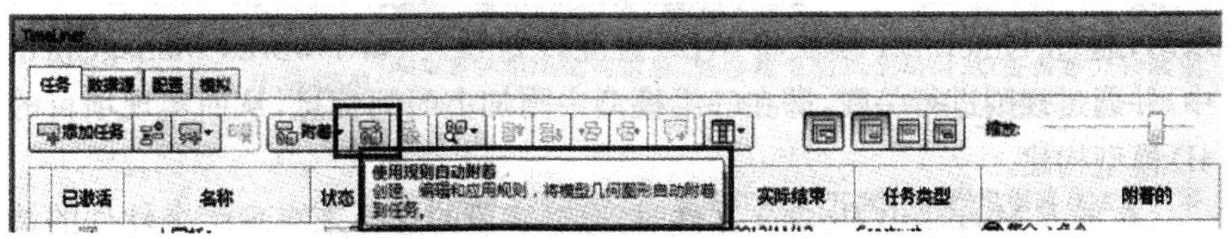

图 6-17　TimeLiner 中使用规则自动附着

基本操作为：使用 TimeLiner 中“使用规则自动附着”功能，选择规则“使用相同名称、匹配大小写将 TimeLiner 任务从列名称对应到选择集”，如图 6-18 所示。即可将三维模型中的构件集合与进度计划中的任务项信息进行自动关联，随后可以根据工程进度输入任务项的四项基本时间信息（计划开始时间、计划结束时间、实际开始时间和实际结束时间）以及费用等相关附属信息，实现进度计划与三维模型的关联。

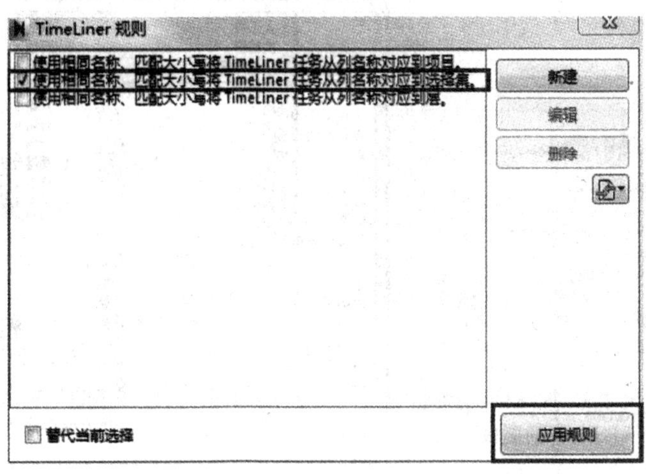

图 6-18　TimeLiner 中任务项名称与集合名称自动关联规则

2）逐一添加任务项。根据工程进展和变更，可以随时进行进度任务项的调整，对任务项进行逐一添加，添加进度任务项的操作如图 6-19 所示。

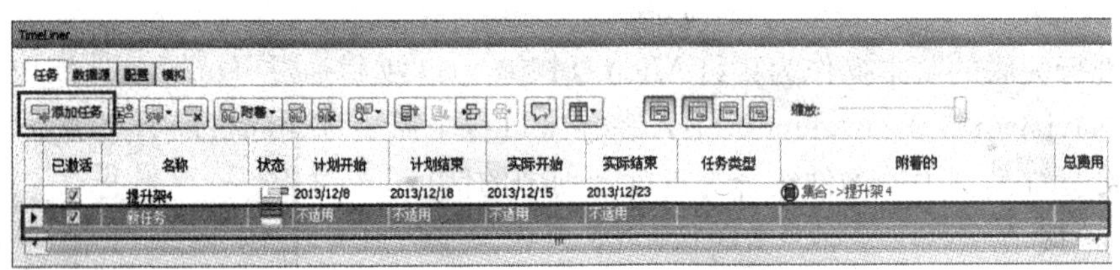

图 6-19　TimeLiner 模块中添加进度任务项

基本操作为：选择单一进度任务项，单击鼠标右键，选择“附着集合”，在已构建的构件集合库中选择该进度任务项下应完成构件集合名称，或可以直接在集合窗口中选择相应集合，鼠标拖至对应任务项下，即可实现该任务项与构件集合的链接，如图 6-20 所示。

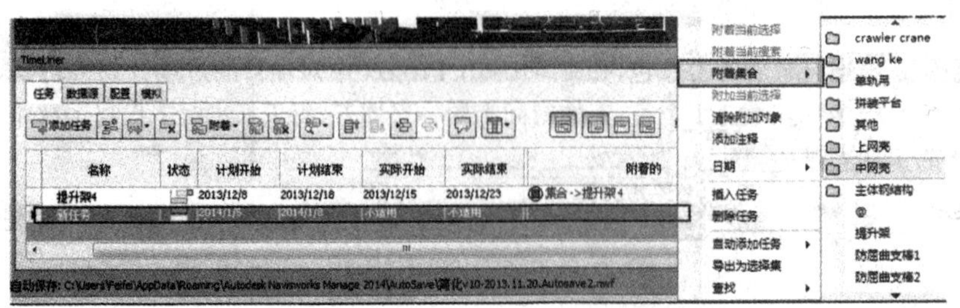

图 6-20　进度任务项与构件集合的链接

上述两种方法均可以成功实现 4D 模型的构建，主要区别在于施工任务项与构件集合库进行关联的过程：使用 Microsoft Project 和 Navisworks Management 中 TimeLiner 的自动附着规则进行施工进度计划的构建时，通过信息导入，可实现施工任务项与三维模型构件集合的自动链接，大大节省了工作时间，需要注意是任务项名称与构件集合名称必须完全一致，否则将无法进行 4D 识别，进而完成两者的自动链接；在 TimeLiner 中手工进行一项一项的进度链接时，过程复杂，但可根据实际施工过程随时进行任务项的调整，灵活性更高，任务项名称和构件集合名称也无须一致。使用者可以根据项目的规模、复杂程度、模型特点和使用习惯选择适合的 4D 模型构建方法。

例如，某门房项目进度计划模型构建如图 6-21～图 6-28 所示。

	WBS编码	任务模式	任务名称	工期	开始时间	完成时间	前置任务	资
1	1.1.1.1		柱基础	4 个工作日	2013年4月24日	2013年4月29日		
2	1.1.1.2		基础梁	1 个工作日	2013年4月30日	2013年4月30日	1	
3	1.1.1.3		底板	1 个工作日	2013年5月1日	2013年5月1日	2	
4	1.2.1.1		柱	3 个工作日	2013年5月2日	2013年5月6日	3	
5	1.2.1.2		梁	3 个工作日	2013年5月7日	2013年5月9日	4	
6	1.2.1.3		板	2 个工作日	2013年5月10日	2013年5月11日	5	
7	1.2.1.4		钢筋	4 个工作日	2013年5月11日	2013年5月15日	6FS-1 个工作日	
8	1.2.1.5		外墙	2 个工作日	2013年5月15日	2013年5月16日	7FS-1 个工作日	
9	1.2.1.6		内墙	1 个工作日	2013年5月17日	2013年5月17日	8	
10	1.2.1.7		地面	1 个工作日	2013年5月17日	2013年5月17日	8	
11	1.2.1.8		天棚	2 个工作日	2013年5月20日	2013年5月21日	10	
12	1.2.3.1		给排水	2 个工作日	2013年5月22日	2013年5月23日	11	
13	1.2.2.1		天棚抹灰	1 个工作日	2013年5月22日	2013年5月22日	11	
14	1.2.2.2		地面抹灰	1 个工作日	2013年5月23日	2013年5月23日	13	
15	1.2.2.3		踢脚	1 个工作日	2013年5月24日	2013年5月24日	14	
16	1.2.2.4		窗框	1 个工作日	2013年5月24日	2013年5月24日	14	
17	1.2.2.5		窗户	1 个工作日	2013年5月27日	2013年5月27日	16	
18	1.2.2.6		门	1 个工作日	2013年5月27日	2013年5月27日	16	
19	1.2.2.7		地板	3 个工作日	2013年5月28日	2013年5月30日	18	
20	1.2.2.8		墙裙	2 个工作日	2013年5月28日	2013年5月29日	18	
21	1.2.2.9		外墙喷漆	3 个工作日	2013年5月30日	2013年6月3日	20	

图 6-21　进度计划安排

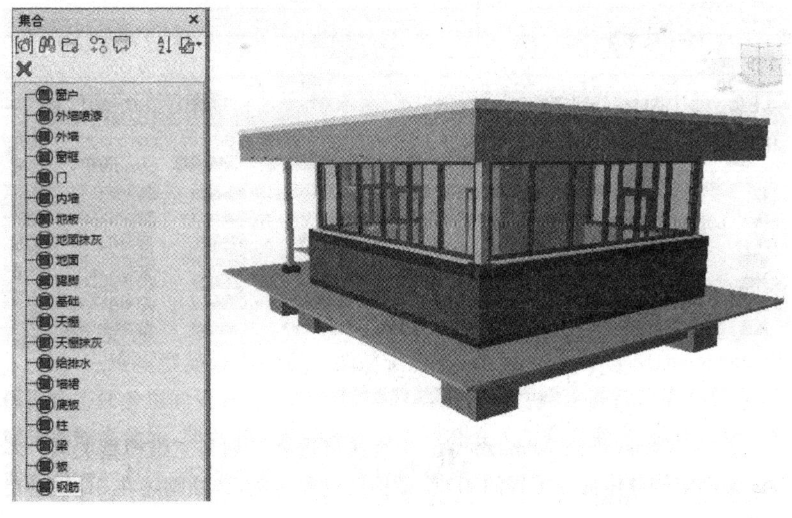

图 6-22　Navisworks Management 中构件集合

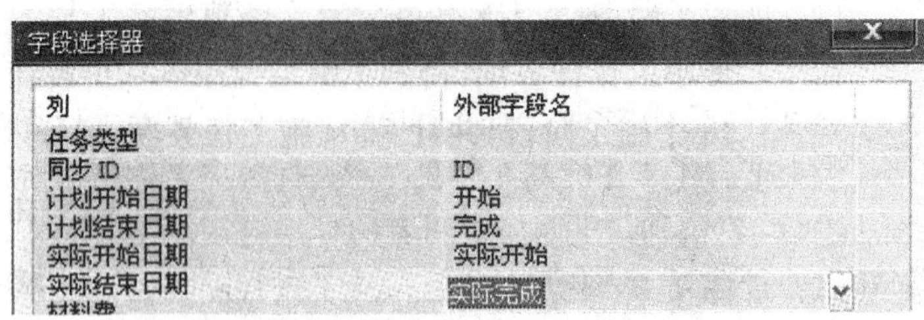

图 6-23　字段选择器窗口

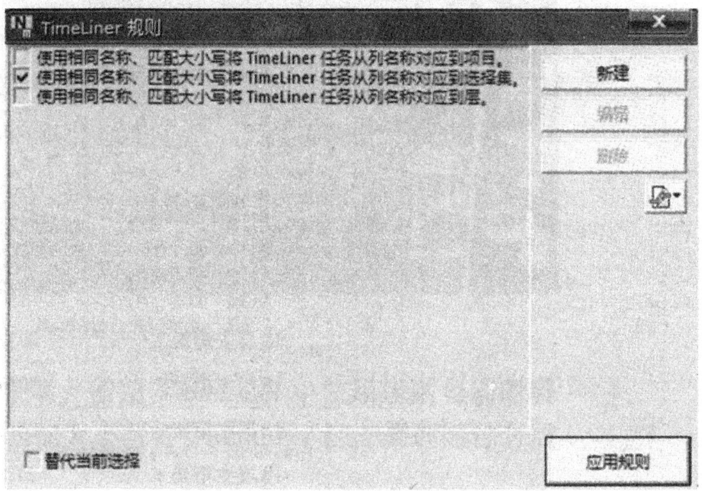

图 6-24　TimeLiner 规则对话框

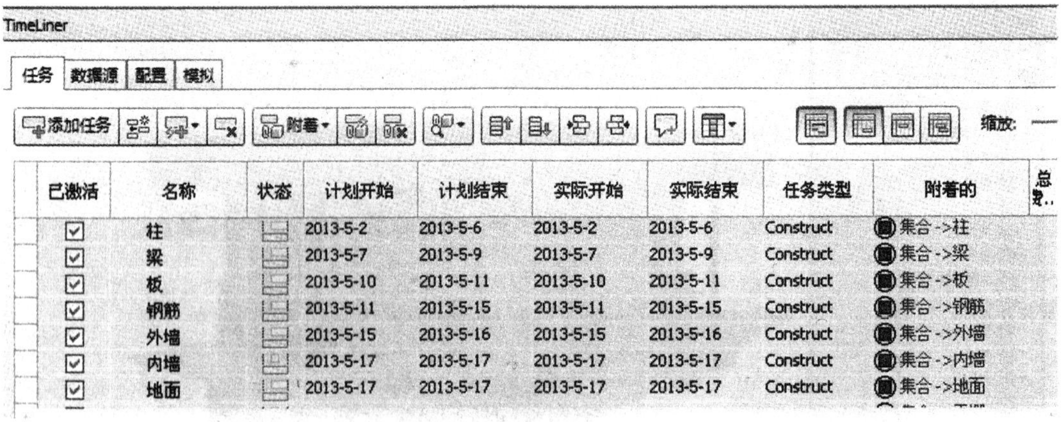

TimeLiner

任务 数据源 配置 模拟

添加任务　附着　缩放:

已激活	名称	状态	计划开始	计划结束	实际开始	实际结束	任务类型	附着的	总...
☑	柱		2013-5-2	2013-5-6	2013-5-2	2013-5-6	Construct	集合 ->柱	
☑	梁		2013-5-7	2013-5-9	2013-5-7	2013-5-9	Construct	集合 ->梁	
☑	板		2013-5-10	2013-5-11	2013-5-10	2013-5-11	Construct	集合 ->板	
☑	钢筋		2013-5-11	2013-5-15	2013-5-11	2013-5-15	Construct	集合 ->钢筋	
☑	外墙		2013-5-15	2013-5-16	2013-5-15	2013-5-16	Construct	集合 ->外墙	
☑	内墙		2013-5-17	2013-5-17	2013-5-17	2013-5-17	Construct	集合 ->内墙	
☑	地面		2013-5-17	2013-5-17	2013-5-17	2013-5-17	Construct	集合 ->地面	

图 6-25　四维构件选择集

图 6-26　构件集合库的建立

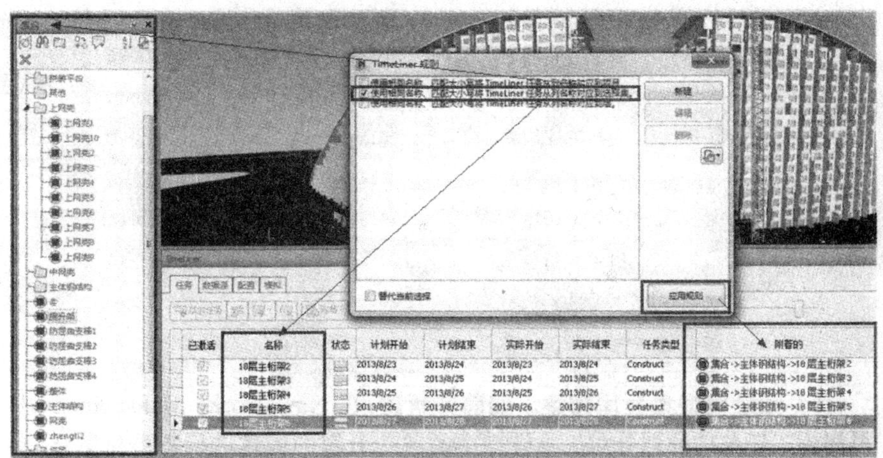

图 6-27　任务项与构件集合的关联

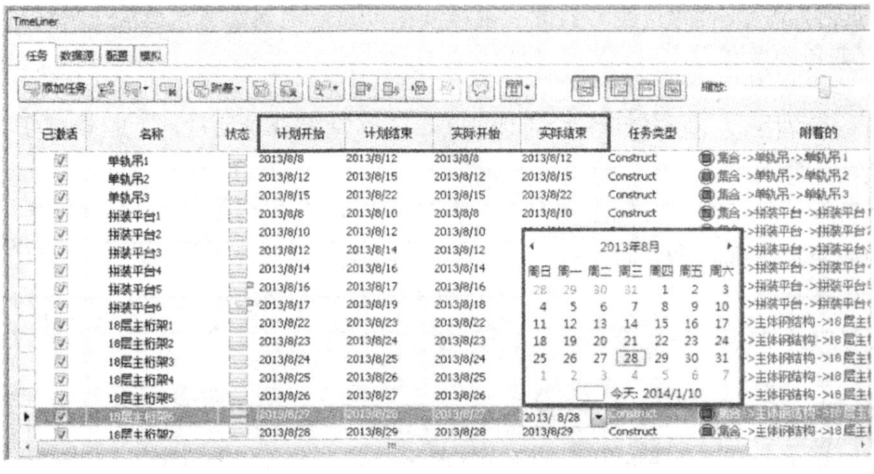

TimeLiner

任务　数据源　配置　模拟

添加任务　附着　缩放:

已激活	名称	状态	计划开始	计划结束	实际开始	实际结束	任务类型	附着的
☑	单轨吊1		2013/8/8	2013/8/12	2013/8/8	2013/8/12	Construct	集合->单轨吊->单轨吊1
☑	单轨吊2		2013/8/12	2013/8/15	2013/8/12	2013/8/15	Construct	集合->单轨吊->单轨吊2
☑	单轨吊3		2013/8/15	2013/8/22	2013/8/15	2013/8/22	Construct	集合->单轨吊->单轨吊3
☑	拼装平台1		2013/8/8	2013/8/10	2013/8/8	2013/8/10	Construct	集合->拼装平台->拼装平台1
☑	拼装平台2		2013/8/10	2013/8/12	2013/8/10			->拼装平台->拼装平台
☑	拼装平台3		2013/8/12	2013/8/14	2013/8/12			->拼装平台->拼装平台
☑	拼装平台4		2013/8/14	2013/8/16	2013/8/14			->拼装平台->拼装平台
☑	拼装平台5		2013/8/16	2013/8/17	2013/8/16			->拼装平台->拼装平台
☑	拼装平台6		2013/8/17	2013/8/19	2013/8/18			->拼装平台->拼装平台
☑	18层主桁架1		2013/8/22	2013/8/23	2013/8/22			->主体钢结构->18层主
☑	18层主桁架2		2013/8/23	2013/8/24	2013/8/23			->主体钢结构->18层主
☑	18层主桁架3		2013/8/24	2013/8/25	2013/8/24			->主体钢结构->18层主
☑	18层主桁架4		2013/8/25	2013/8/26	2013/8/25			->主体钢结构->18层主
☑	18层主桁架5		2013/8/26	2013/8/27	2013/8/26			->主体钢结构->18层主
☑	[illegible]		[illegible]	[illegible]	[illegible]	2013/ 8/28	[illegible]	[illegible]
☑	18层主桁架7		2013/8/28	2013/8/29	2013/8/28	2013/8/29	Construct	集合->主体钢结构->18层主

2013年8月

周日	周一	周二	周三	周四	周五	周六
28	29	30	31	1	2	3
4	5	6	7	8	9	10
11	12	13	14	15	16	17
18	19	20	21	22	23	24
25	26	27	28	29	30	31
1	2	3	4	5	6	7

今天: 2014/1/10

图 6-28　TimeLiner 中时间信息的输入

2. BIM 的施工进度计划模拟

基于 BIM 的施工进度计划模拟可以分成两类：一类是基于任务层面，一类是基于操作层面。基于任务层面的 4D 施工进度计划模拟技术是将三维实体模型和施工进度计划关联而来。这种模拟方式能够快速地实现对施工过程的模拟，但是其缺陷在于缺乏对起重机、脚手架等施工机械和临时工序及场地资源的关注；而基于操作层面的 4D 施工进度计划模拟则是通过对施工工序的详细模拟，使得项目管理人员能够观察到各种资源的交互使用情况，从而提高工程项目施工进度管理的精确度以及各个任务的协调性。

（1）基于任务层面的 4D 施工进度计划模拟方法。在支持基于 BIM 的施工进度管理的软件工具环境下，可通过其中的模拟功能，对整个工程项目施工进度计划进行动态模拟。以上述门房工程为例，在 4D 施工进度计划模拟过程中，建筑构件随着时间的推进从无到有动态显示。当任务未开始时，建筑构件不显示；当任务已经开始但未完成时，显示为 90％透明度的绿色（可在软件中自定义透明度和颜色）；当任务完成后就呈现出建筑构件本身的颜色，如图 6-29 所示。在模拟过程中发现任何问题，都可以在模型中直接进行修改。

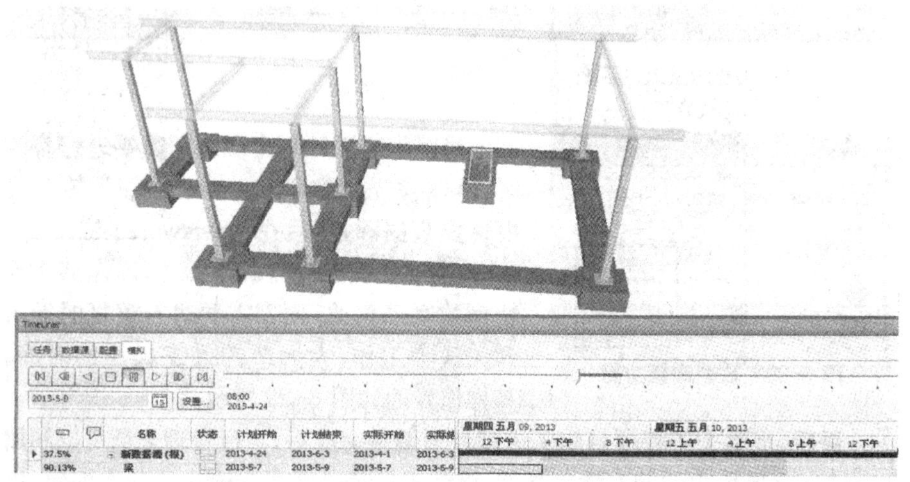

图 6-29 梁柱界面图

如图 6-29 所示，梁任务已开始但未完成，显示为 90％透明度的绿色；柱子和基础部分已经完成，显示为实体本身的颜色。

如图 6-30 所示，软件界面上半部分为施工进度计划 4D 模拟，左上方为当前工作任务时间；下半部分为施工进度计划 3D 模拟操作界面，可以对施工进度计划 4D 模拟进行顺序执行、暂停执行和逆时执行等操作。顺时执行是将进度计划进展过程按时间轴动态顺序演示；逆时执行是将进度计划进展过程反向演示，由整个项目的完成逐渐演示到最初的基础施工。

配合暂停执行功能，可以辅助项目管理人员更加熟悉施工进度计划各个工序间的关系，并在工程项目施工进度出现偏差时，采用倒推的方式对施工进度计划进行分析，及时发现影响施工进度计划的关键因素，并及时进行修改。

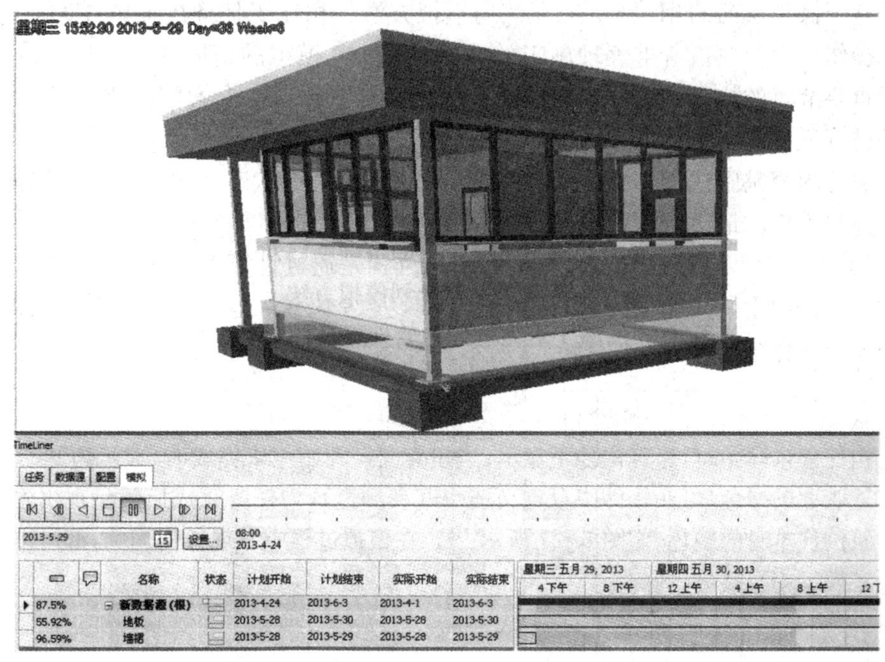

图 6-30　施工模拟界面

当施工进度计划出现偏差需要进行修改时，可以首先调整 Microsoft Project 施工进度计划数据源，然后在 Navisworks Management 中对数据源进行刷新操作，即能够实现快速的联动修改，而不需要进行重复的导入和关联等工作，大大节约了人工操作的时间。其操作界面如图 6-31 所示。

最后，当整个工程项目施工进度计划调整完成后，项目管理人员可以利用 TimeLiner 模块中的动态输出功能，将整个项目进展过程输出为动态视频，以更直观和通用的方式展示建设项目的施工全过程，如图 6-32 所示。

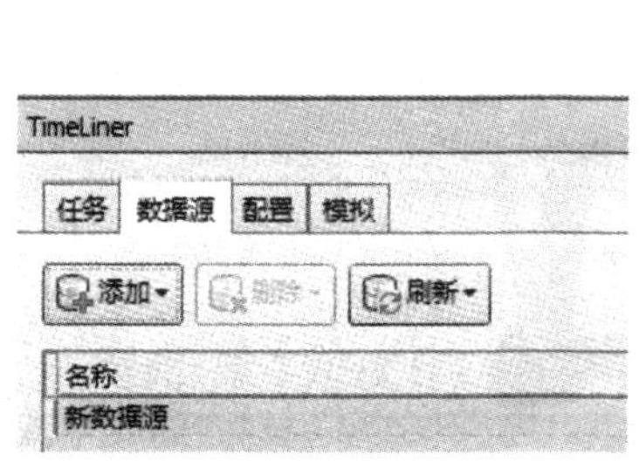

图 6-31　数据刷新功能

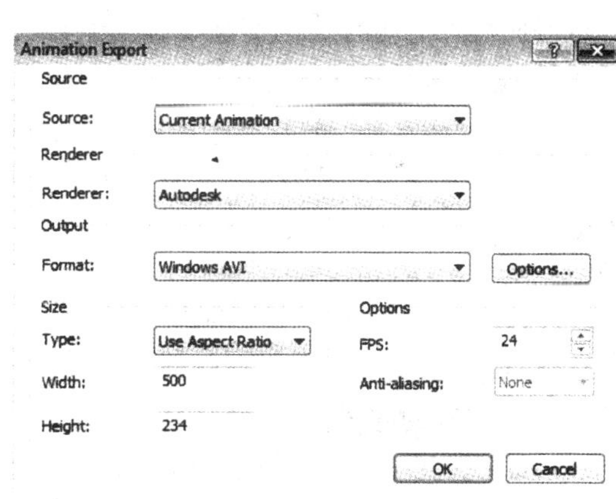

图 6-32　进度动态输出界面

（2）基于操作层面的4D施工进度计划模拟方法。相比于任务层面的4D施工进度计划模拟，操作层面的模拟着重表现施工的具体过程。其模拟的精度更细，过程也更复杂，常用于对重要节点的施工具体方案的选择及优化。本节结合一个大型液化天然气（LNG）项目案例进行说明。

本案例的内容是阐述4D环境下，如何模拟起重机工作状态，包括起吊位置的选择以及最终选择起重机的最优行驶路线。

1）起重机的起吊位置定位。起重机的起吊位置是通过计算工作区域决定的。出于安全角度的考虑，起重机只能在特定的区域内工作，通常来说，这个区域在起重机的最大工作半径和最小工作半径之内，如图6-33所示。

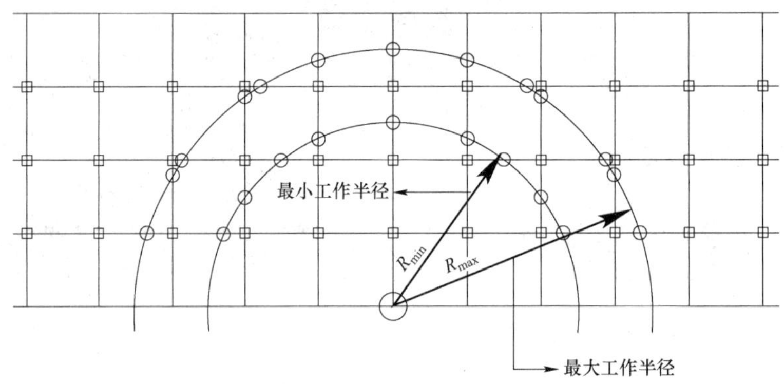

图6-33　起重机工作半径示意图

以履带式起重机为例，有

$$K_1=\frac{M_S}{M_O}\geqslant 1.15$$

$$K_2=\frac{M_S}{M_O}\geqslant 1.14$$

式中：M_S为固定力矩；M_O为倾覆力矩；K_1为在考虑所有荷载下的参数，包括起重机的起重荷载和施加在其上面的其他荷载；K_2为在考虑起重机的起重荷载下的参数，在大多数的施工中，K_2通常是被用作分析的对象，有

$$K_2=\frac{M_S}{M_O}=\frac{G_1l_1+G_2+l_2+G_0l_0-G_3d}{Q\ (R-l_2)}\geqslant 1.4$$

式中　G_0——平衡重力；

G_1——起重机旋转部分的重力；

G_2——起重机不能旋转部分的重力；

G_3——起重机臂的重力；

Q——起重机的起吊荷载；

l_1——G_1重心与支点A之间的距离，A为吊杆一侧的起重机悬臂梁的支点；

l_2——G_2重心与支点A之间的距离；

d——G_3重心与支点A之间的距离；

l_0——G_0重心与支点A之间的距离；

R——工作半径。

因此，最大的工作半径为

$$R \leqslant \frac{G_1 l_1 + G_2 l_2 + G_0 l_0 - G_3 d}{k_2 Q} + l_2$$

而最小的工作半径则是由机械工作的安全指南决定。图 6-33 所示为一台起重机的起吊点的确定示意图。

2）测算起重机的工作路径。图 6-34 所示是施工现场的布置图。在图 6-34 中，阴影部分表示在施工现场的建筑模型，圆圈表示起重机行进的工作点，虚线表示可通过的行驶路线。

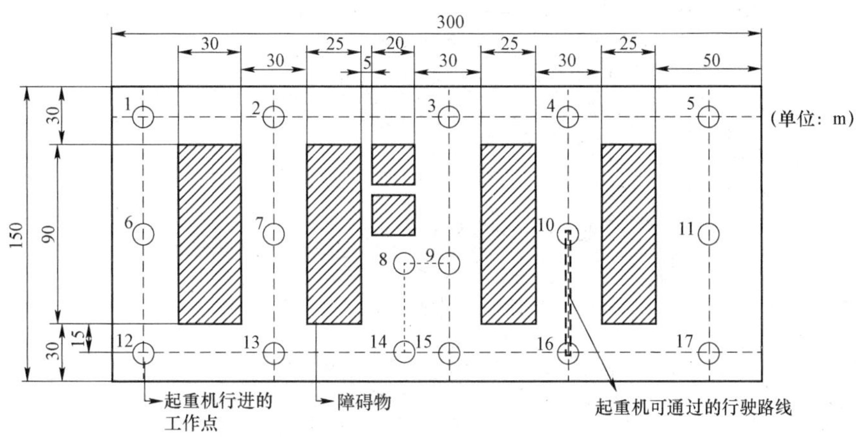

图 6-34　现场施工布置及机械路径示意图

由于图中的每个点坐标都可以在 CAD 图纸上找到，因此可以计算出两个工作点之间的距离，用传统的最短路径流程算法我们可以得到一台起重机的工作路线，如图 6-35 所示。

这个程序可通过 Matlab 软件来运行。程序运行之前，需要输入一些起始的数据，包括起始节点的数据，也就是起重机原始位置、终点的位置、所有可通过节点的坐标以及起重机初始位置以及哪些点之间可以作为起重机的工作行驶路径。假设起始节点为 1，结束节点为 10，则起重机工作路线的最终计算结果为（1，2），（2，3），（3，4）和（4，10），如图 6-36 所示。

假设现场有两种不同的起重机：汽车吊和履带吊。对于某些路线，汽车吊可以通过但是履带吊却不能通过。两种起重机在计算路线时用到的基本数据见表 6-8。

表 6-8　　**起重机参数表**　　单位：m

起重机类型	履带吊	汽车吊
长度	22	4.3
宽度	10	5.5
吊杆最大伸长长度	138	35.2

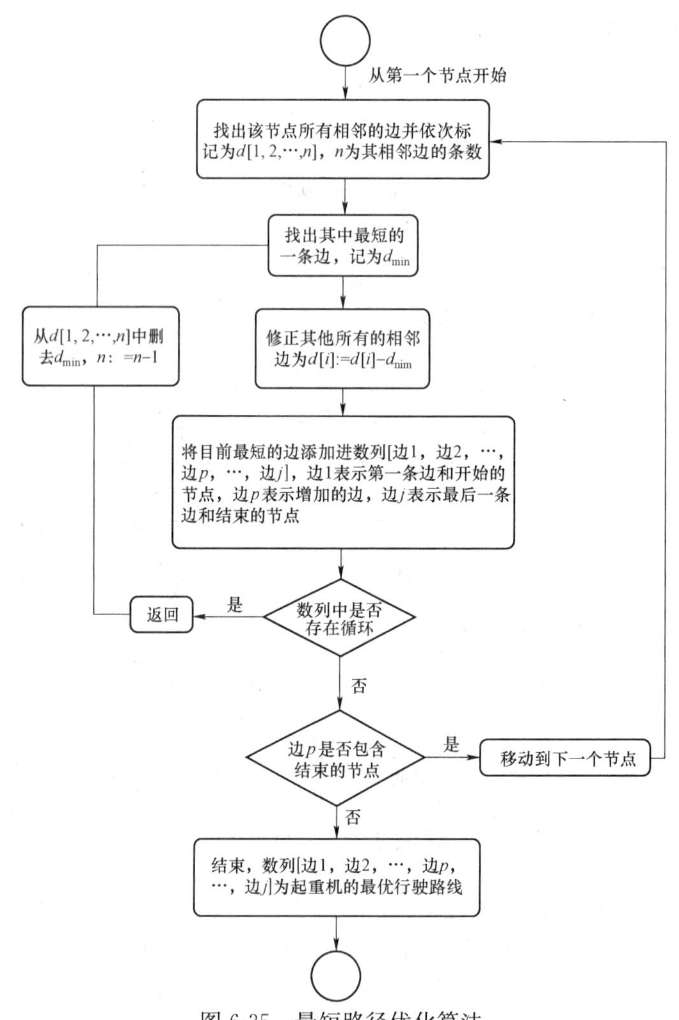

图 6-35　最短路径优化算法

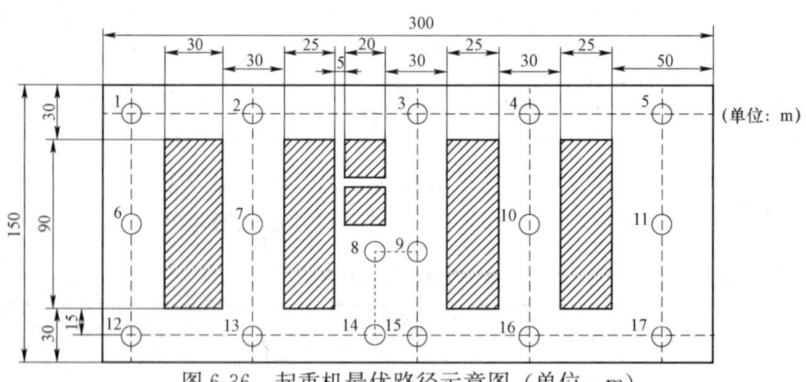

图 6-36　起重机最优路径示意图（单位：m）

在实际的施工现场中，起重机工作时应根据准确的空间要求调整吊杆的角度，通常在40°～60°。因为吊杆是在一个特定的计算角度，所以必须要考虑起重机吊杆所在的三维空间的限制，而且因为安全因素，还必须考虑移动的起重机和相邻建筑、工作人员和传送设备之间的距离。例如，在图 6-37 和图 6-38 中，汽车吊可以通过这条道路，但是履带吊却因为格网状吊杆过长而无法通过。

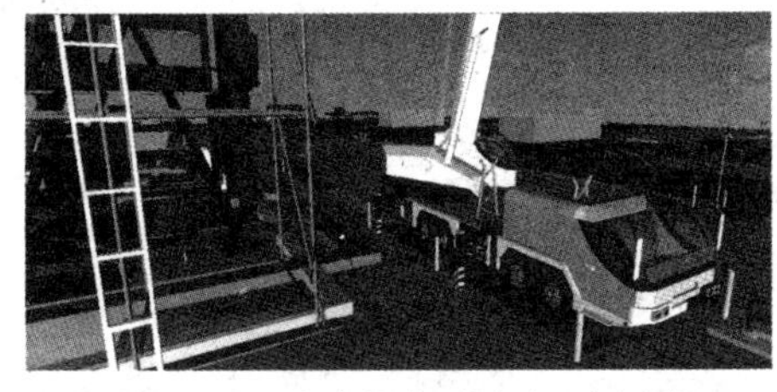

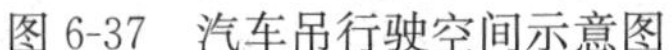

图 6-37　汽车吊行驶空间示意图

图 6-38　履带吊行驶空间示意图

如果需要用履带吊车进行工作，则要重新考虑起重机的路线选择问题，为此，需要修改之前的路径选择优化算法，即添加检测路线是否可以通过起重机的判定。用数字 2 代表起重机臂长可以通过邻近模型，数字 0 则代表不能通过。对相应的流程图也作出一定的修改，如图 6-39 所示。

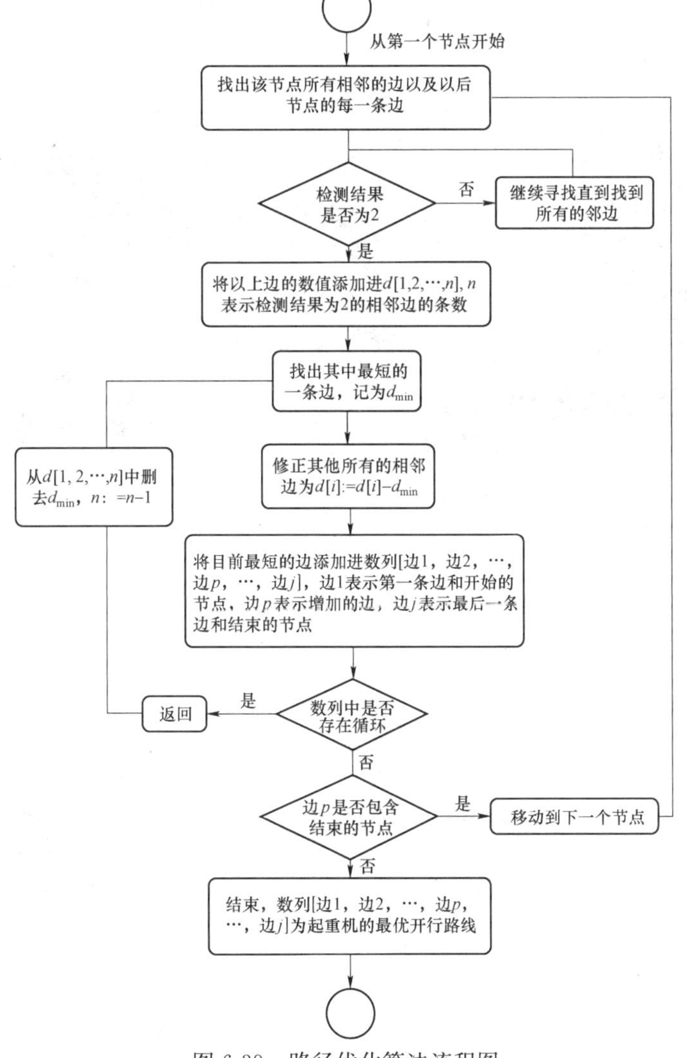

图 6-39　路径优化算法流程图

得到的最终优化的起重机工作路线如图 6-40 所示。其计算结果的模拟路线示意如图 6-41 所示。此时，在 4D 环境下，根据计算结果，定义起重机的具体路径，即能够实现操作层面的 4D 进度演示，如图 6-42 所示。

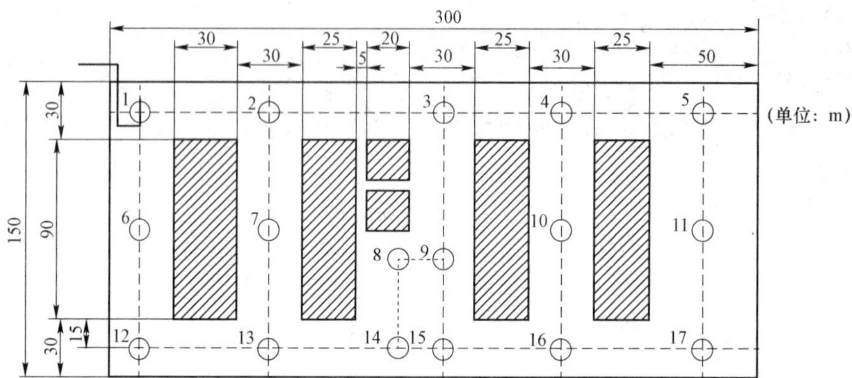

图 6-40　优化后的起重机平面工作路线

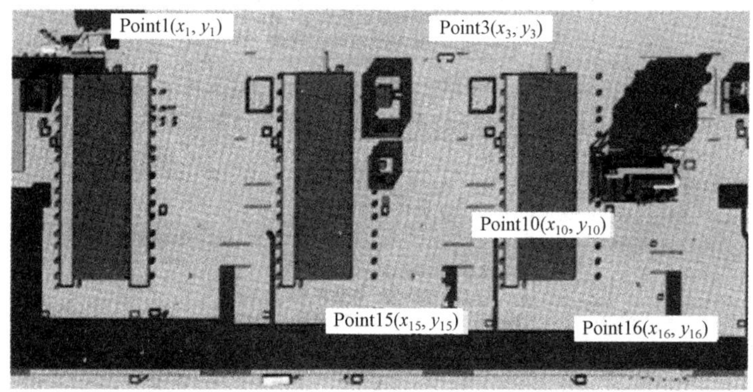

图 6-41　计算模拟路线示意图

图 6-42　三维路径示意图

六、BIM的施工进度跟踪分析

BIM施工进度跟踪分析的特点包括实时分析、参数化表达和协同控制。通过应用基于BIM的4D施工进度跟踪与控制系统，可以在整个建筑项目的实施过程中实现施工现场与办公所在地之间进度管理信息的高度共享，最大化地利用进度管理信息平台收集信息，将决策信息的传递次数降到最低，保证所做决定的立即执行，提高现场施工效率。

基于BIM的施工进度跟踪分析主要包括两个核心工作：首先是在建设项目现场和进度管理组织所在工作场所建立一个可以即时互动交流沟通的一体化进度信息采集平台，该平台主要支持现场监控、实时记录、动态更新实际进度等进度信息的采集工作；然后基于该信息平台提供的数据和基于BIM的施工进度计划模型，通过基于BIM的4D施工进度跟踪与控制系统提供的丰富分析工具对施工进度进行跟踪分析与控制，具体见表6-9。

表6-9　BIM进度跟踪分析内容

类别	内容
进度信息收集	构建一体化进度信息采集平台是实现基于BIM的施工进度跟踪分析的前提。在项目实施阶段，施工方、监理方等各参建方的进度管理人员利用多种采集手段对工程部位的进度信息进行更新，该平台支持的进度信息采集手段主要包括现场自动监控和人工更新
现场自动监控	现场监控包括利用视频监控、三维激光扫描等设备对关键工程或者关键工序进行实时进度采集，使进度管理主体不用到现场就能掌握第一手的进度管理资料。 （1）通过GPS定位或者现场测量定位的方式确定建设项目所在准确坐标。 （2）确定现场部署的各种监控设备的控制节点坐标，在现场控制点不能完全覆盖建筑物时还需要增加临时监控点，在控制点上对工程实体采用视频监控、三维激光扫描等设备进行全时段录像、扫描工程实际完成情况，形成监控数据，如图6-43所示。 （3）将监控数据通过网络设备传回到基于BIM的4D施工进度跟踪与控制系统进行分析处理，为每一个控制点的关键时间节点生成阶段性的全景图形，并与BIM进度模型进行对比，计算工程实际完成情况，准确地衡量工程进度
人工更新	对于进度管理小组日常巡视的工程部位也可以采用人工更新的手段对BIM进度模型进行更新。具体过程如下。 （1）进度管理小组携带智能手机、平板电脑等便携式设备进入日常巡视的工程部位。 （2）小组人员利用摄像设备对工程部位进行拍照或摄像，如图6-44所示，并与BIM进度管理模块中的WBS工序进行关联。 （3）小组人员利用便携式设备上的BIM进度管理模块接口对工程部位的形象进度完成百分比、实际完成时间、计算实际工期、实际消耗资源数量等进度信息进行更新，有时还需要调整工作分解结构、删除或添加作业、调整作业间逻辑关系等。 通过整合各种进度信息采集方式实时上传的视频图片数据、三维激光扫描数据及人工表单数据等，施工进度管理人员可以对目前进度情况作出判断并进行进度更新。项目进展过程中，更新进度很重要，实际工期可能与原定估算工期不同，工作一开始作业顺序也可能更改。此外，还可能需要添加新作业和删除不必要的作业。因此，定期更新进度是进度跟踪与控制的前提

续表

类别	内容
进度跟踪与控制	在项目实施阶段，在更新进度信息的同时，还需要持续跟踪项目进展、对比计划与实际进度、分析进度信息、发现偏差和问题，通过采取相应的控制措施解决已出现的问题，并预防潜在问题以维护目标计划。基于BIM的进度管理体系从不同层次提供多种分析方法以实现项目进度的全方位分析。 BIM施工进度管理系统提供项目表格、甘特图、网络图、进度曲线、四维模型、资源曲线与直方图等多种跟踪视图。项目表格以表格形式显示项目数据；项目横道图以水平“横道图”格式显示项目数据；项目横道图、直方图以栏位和“横道图”格式显示项目信息，以剖析表或直方图格式显示时间分摊项目数据；四维视图以三维模型的形式动态显示建筑物建造过程；资源分析视图以栏位和“横道图”格式显示资源、项目使用信息，以剖析表或直方图格式显示时间分摊资源分配数据。 关于计划进度与实际进度的对比，一般综合利用横道图对比、进度曲线对比、模型对比完成。基于BIM的4D施工进度跟踪与控制系统可同时显示三种视图，实现计划进度与实际进度间对比，如图6-45所示。 可以通过设置视图的颜色实现计划进度与实际进度的对比。另外，通过项目计划进度模型、实际进度模型、现场状况间的对比，可以清晰地看到建筑物的“成长”过程，发现建造过程中的进度偏差和其他问题，如图6-45所示。 所有跟踪视图都可用于检查项目，首先进行综合的检查，然后根据工作分解结构、阶段、特定WBS数据元素来进行更详细的检查。还可以使用过滤与分组等功能，以自定义要包含在跟踪视图中的信息的格式与层次口引。根据计划进度和实际进度信息，可以动态计算和比较任意WBS节点任意时间段内计划工程量和实际工程量，如图6-46所示。4D进度同视化跟踪视图如图6-47所示。 进度情况分析主要包括里程碑控制点影响分析、关键路径分析以及计划与实际进度的对比分析。通过查看里程碑计划以及关键路径，并结合作业实际完成时间，可以查看并预测项目进度是否按照计划时间完成。关键路径分析，可以利用系统中横道视图或者网络视图进行。 可以作为施工人员调配、工程材料采购、大型机械的进出场等工作的依据。 为了避免进度偏差对项目整体进度目标带来的不利影响，需要不断地调整项目的局部目标，并再次启动进度计划的编制、模拟和跟踪，如需改动进度计划则可以通过进度管理平台发出，由现场投影或者大屏幕显示器的方式将计算机处理之后的可视化的模拟施工视频、各种辅助理解图片和视频播放给现场施工班组，现场的施工班组按照确定的纠偏措施动态地调整施工方案，对下一步的进度计划进行现场编排，实现管理效率的最大化。 综上所述，通过利用BIM技术对施工进度进行闭环反馈控制，可以最大限度地使项目总体进度与总体计划趋于一致

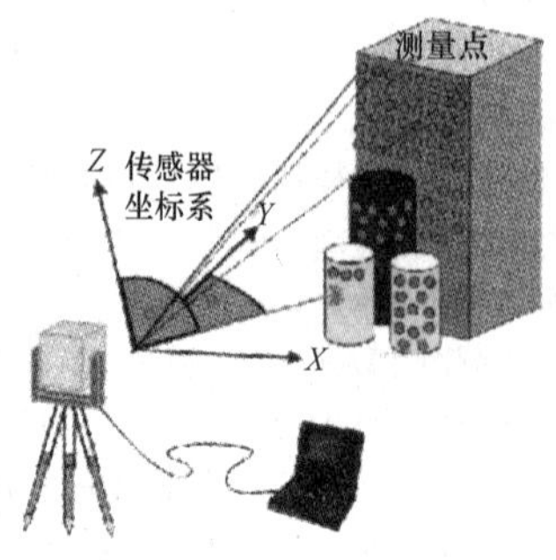

图 6-43　三维激光扫描原理及效果

图 6-44　进度管理人员人工采集更新

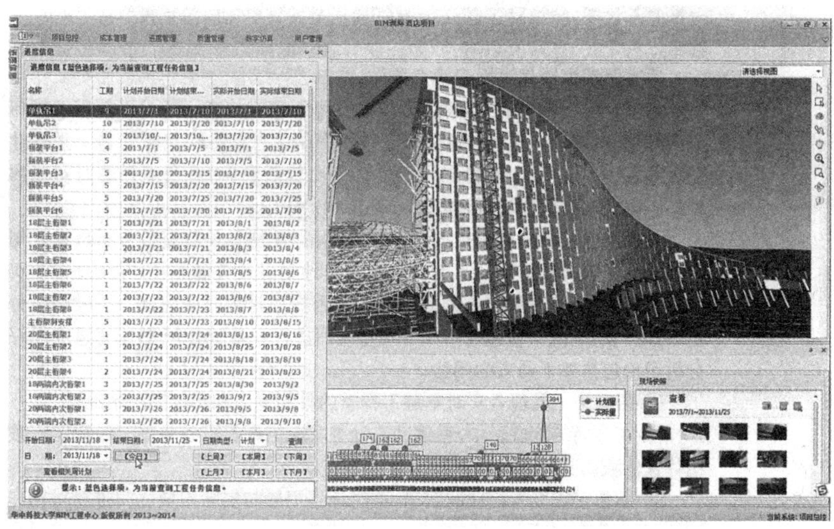

图 6-45　工程项目施工进度跟踪对比分析示例（一）

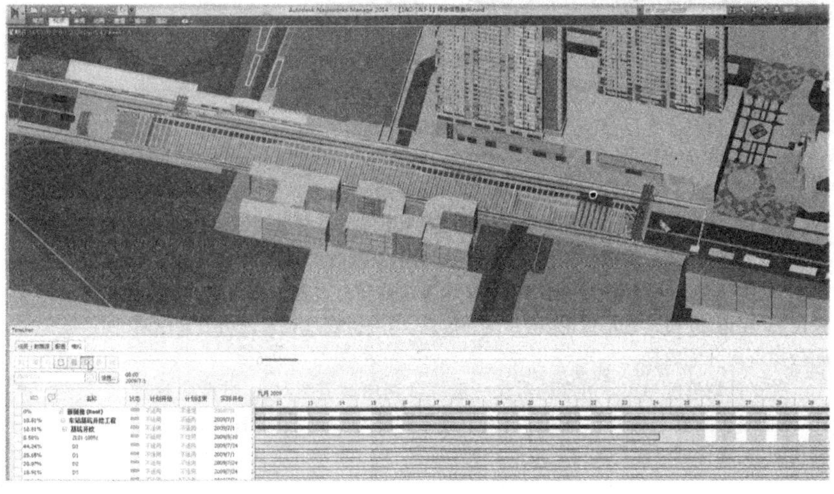

图 6-46　工程项目施工进度跟踪对比分析示例（二）

图 6-47　4D 进度同视化跟踪视图

第七章

施工职业健康安全及环境管理咨询

第一节　职业健康与安全管理

一、影响因素

结合各类型施工可以得出，导致安全事故发生的因素主要有三个：第一是人为因素，第二是技术因素，第三是环境因素。

1. 人的安全性控制

所谓人，包括操作工人、管理人员、事故现场的在场人员和其他有关人员等。他们的不安全行为是事故的重要致因。据国内外大量的统计表明，有近80%的事故是由于人为失误而引发的。因此，研究产生事故的各种人的因素，提出相应的预防措施是非常必要的。

（1）防止过劳，提高生产安全性。众所周知，疲劳广泛地发生在各种作业岗位上，机械化、自动化的进步可以消灭许多笨重的体力劳动，从而消除了笨重体力劳动造成的重度疲劳。但是看管监测仪表、计算机作业等又带来精神疲劳。如何减轻疲劳、防止过劳，从而保证施工人员健康，更重要的是保证安全生产呢？主要的方法有下列几种：①提高作业机械化和自动化程度，是减少施工人员、提高劳动生产率、减轻人员疲劳、提高生产安全水平的有力措施；②合理地确定作业休息制度，根据施工时的劳动强度，在施工过程中插入必要的休息时间；③根据工作强度、工作方式合理设计休息方式；④尽可能减少轮班工作制度；⑤轮班工作后，给予施工人员充分的休息时间；⑥开展健康有益、丰富多彩的文化娱乐和体育活动，以利于施工人员消除疲劳，增进身心健康，培养高尚的情操；⑦开展技术教育和培训，提高施工人员技术的熟练程度，减少工作中的疲劳程度。

（2）加强操作人员培训，持证上岗。生命无价，所以人的生命安排是首要的，安全生产中人的因素是第一位，由于违反操作规程而发生的机械事故和人身伤亡事故占80%以上，操作人员在关键危急时刻的临时处置正确与否，往往关系到群体的生死以及巨额财产的存毁。因此做好操作人员的安全培训工作就能最大限度防止事故的发生。

施工过程中针对所操作机械设备的特点、大小难度、技术含量、作业环境选择合适的操作人员。技术含量高、结构复杂的机械设备应选择文化水平高的专业人才，以便尽快掌握设备结构性能，实施安全操作。

项目工程施工过程中要加强培训。人员的培训教育工作要做到有计划、有部署、有检查、有考核、有针对性：一要抓好施工项目机械操作人员的准入关，将上岗前的三级安全教育工作做到位；二是编制相应的安全生产知识与安全操作规程手册，发给现场的每一位作业人员；三是做好机械设备管理人员的安全培训工作。同时，对相关人员的安全教育培训工作应树立“全员安全教育培训”的理念。无论什么人，只要直接或间接地参与机械设备相关生产活动，就必须受到安全教育培训，上至领导，下到一般工作人员，甚至包括生产者的家属，要让他们了解所从事的生产劳动其安全的重要性和防护意识、自我保护意识和自我保护方法，使其从思想上认识到安全的重要性，从而达到从源头上控制机械设备安全事故的发生。

操作人员培训后应经劳动部门或有关部门考核颁发证书后，方可上岗操作。坚决杜绝无证作业和持超过复审期的作业证件操作机械，同时，对于那些虽然持有机械设备操作证件，但已经连续六个月以上没有从事过本机械操作的操作的人员，单位应对其进行上岗前的再培训。

2. 施工环境因素

不安全的环境是引发安全事故的物质基础，是事故的直接原因。通常指的是：自然环境的异常，即岩石、地质、水文、气象等的恶劣变异；生产环境不良，即照明、温度、湿度、通风、采光、噪声、振动、空气质量、颜色等方面的缺陷。

(1) 环境因素控制管理的过程。对有害环境因素的管理通常由环境因素识别、环境影响评价、环境影响对策决策、实施决策、检查改进等五个基本环节构成。同时，在建设工程项目施工过程中应根据法律法规与标准规范、施工方案、施工工艺、相关要求及投诉的变化等内部、外部情况的变化，确定是否需要提出不同的控制措施，同时，需要检查是否有被遗漏的施工现场有害环境因素或者发现新的有害环境因素，当发现新的有害环境因素时，就要进行新的有害环境因素识别，即开始新一轮的环境因素管理过程。此外，对环境影响控制措施应定期进行评审，必要时进行更新，不断地改进、补充和完善。因此，施工现场的环境因素控制管理是一个不断动态循环、持续改进的过程。

(2) 环境因素控制管理的要点实践证明，采光照明、色彩标志、环境温度和现场环境对施工安全的影响都不能低估。

1) 采光照明。施工现场的采光照明，既要保证生产正常进行，又要减少人的疲劳和不舒适感，还应注意视觉暗、明条件下的生理反应。这是因为当光照条件改变时，眼睛需要通过一定的生理过程对光的强度进行适应，方能获得清晰的视觉。所以，当由强光下进入暗环境，或由暗环境进入强光现场时，均需经过一定时间，使眼睛逐渐适应光照强度的改变，然后才能正常工作。因此，应让劳动者懂得这一生理现象，当光照强度产生极大变化时作短暂停留，在黑暗场所加强人工照明，在耀眼强光下操作时戴上墨镜，则可以减少事故的发生。

2) 色彩的标志。色彩标志可提高人的辨别能力，控制人的心理，减少工作差错和人的疲劳。红色，在人的心理定式中标志危险、警告或停止；绿色，使人感到凉爽、舒适、轻松、宁静，能调节人的视力，消除炎热以及高温时烦躁不安的心理；白色，给人整洁清新的感觉，有利于观察检查缺陷，消除隐患；红白相间，则对比强烈，分外醒目。所以，根据不同的环境采用不同的色彩标志，如用红色警告牌、绿色安全网、白色安全带、红白相间的栏杆等，都能有效地预防事故。

3）环境温度。环境温度接近体温时，人体热量难以散发就会感到不适、头昏、气喘，活动稳定性差，手脑配合失调，对突发情况缺乏应变能力，在高温环境作业时，就可能导致安全事故；反之，低温环境，人体散热量大，手脚冻僵，动作灵活性、稳定性差，也易导致事故发生。

4）现场环境。现场布置杂乱无序、视线不畅、沟渠纵横、交通阻塞、机械无防护装置、电器无漏电保护、粉尘飞扬、噪声刺耳等，会使劳动者生理、心理难以承受，当其生理、心理不能满足操作要求时，则必然诱发事故。

二、依据

(1)《中华人民共和国安全生产法》。

(2)《中华人民共和国建筑法》。

(3)《建设工程质量管理条例》。

(4)《中华人民共和国职业病防治法》。

(5)《建设施工安全检查标准》。

(6)《建设工程安全生产管理条例》。

(7)《安全生产许可证条例》。

(8)《危险性较大的分部分项工程安全管理规定》。

(9)《建筑企业资质管理规定》。

(10)《建筑工程施工许可证管理办法》。

(11) 各省市建筑管理条例。

职业健康和安全管理的目的是保护产品生产者、使用者和其他相关人员（如工地及周边的员工、临时工作人员、访问者和其他部门人员）的职业健康、生命及财产安全，将他们面临的风险减小到最低程度，消除和避免对健康和安全方面的危害。

项目安全管理，就是在项目实施过程中，组织安全生产的全部管理活动。对项目实施安全状态的控制，使不安全的行为和状态能及时得到预防、减少或消除，以使项目工期、质量和费用等目标的实现得到充分的保证。

三、内容

1. 项目健康与安全管理的准备工作

(1) 在项目管理机构中统筹配置安全管理人员。

(2) 熟悉项目特征资料、项目建设条件、各承包单位资料。

(3) 熟悉有关国家工程职业健康安全文明管理的法规、规范标准。

(4) 检查、督促承包单位开展职业健康安全管理的准备工作。

2. 项目开工前的健康与安全管理工作

(1) 协助施工单位完成开工前的安全报批备案，督促施工单位完善安全生产预控工作。

（2）督促承包单位建立健全施工现场安全保证体系。

（3）检查施工组织设计中安全技术措施和专项施工方案的报审、审批工作情况的审查。

（4）审查承包单位安全生产资质和特种作业人员资格。

（5）督促承包单位做好进场工人的安全、职业健康教育及交底工作。

（6）结合项目实际情况及时发现项目危险源，督促承包单位做好危险源的辨识及管控工作。

3. 施工过程的健康安全管理工作

（1）检查承包单位落实各分部分项工程开工前的安全技术方案。

（2）监督核查施工现场危险源的检查、巡查工作情况，对重大危险源施工的旁站监理工作的落实。

（3）监督核查施工安全隐患的及时处理。

（4）监督核查施工安全设施、施工机械验收的工作。

（5）组织参加现场安全检查或安全会议。

（6）配合安全事故调查、分析安全事故原因，督促施工安全事故的及时处理。

（7）督促核查参建单位安全资料的收集、整理、归档等管理工作。

4. 项目的安全施工管理

（1）全过程工程咨询单位或专业咨询工程师（监理）应根据法律法规、工程建设强制性标准，履行建设工程安全生产管理的监理职责，并应将安全生产管理的监理工作内容、方法和措施纳入监理规划及监理实施细则。

（2）应审查施工单位现场安全生产规章制度的建立和实施情况，并应审查施工单位安全生产许可证及施工单位项目经理、专职安全生产管理人员和特种作业人员的资格，同时应核查施工机械和设施的安全许可验收手续。

（3）应审查施工单位报审的专项施工方案，符合要求的，应由总监理工程师签认后报投资人。超过一定规模的危险性较大的分部分项工程的专项施工方案，应检查施工单位组织专家进行论证、审查的情况，以及是否附具安全验算结果。全过程工程咨询单位或专业咨询工程师（监理）应要求施工单位按已批准的专项施工方案组织施工。专项施工方案需要调整时，施工单位应按程序重新提交项目监理单位审查。

专项施工方案审查应包括编审程序应符合相关规定和安全技术措施，应符合工程建设强制性标准。

（4）监理单位应巡视检查危险性较大的分部分项工程专项施工方案实施情况。发现未按专项施工方案实施时，应签发监理通知单，要求施工单位按专项施工方案实施。

（5）项目监理单位在实施监理过程中，发现工程存在安全事故隐患时，应签发监理通知单，要求施工单位整改；情况严重时应签发工程暂停令，并应及时报告投资人。施工单位拒不整改或不停止施工时，项目监理单位应及时向有关主管部门报送监理报告。

四、程序

（1）确定本项目职业健康与安全目标。

（2）检查职业健康与安全技术措施计划的编制完整性、合法性。

（3）检查职业健康安全技术措施计划的实施情况。

（4）随着施工进度情况，督促施工单位有针对性地改进相关职业健康安全技术措施计划，保证职业健康安全目标的实现。

职业健康与安全管理的程序如图 7-1 所示。

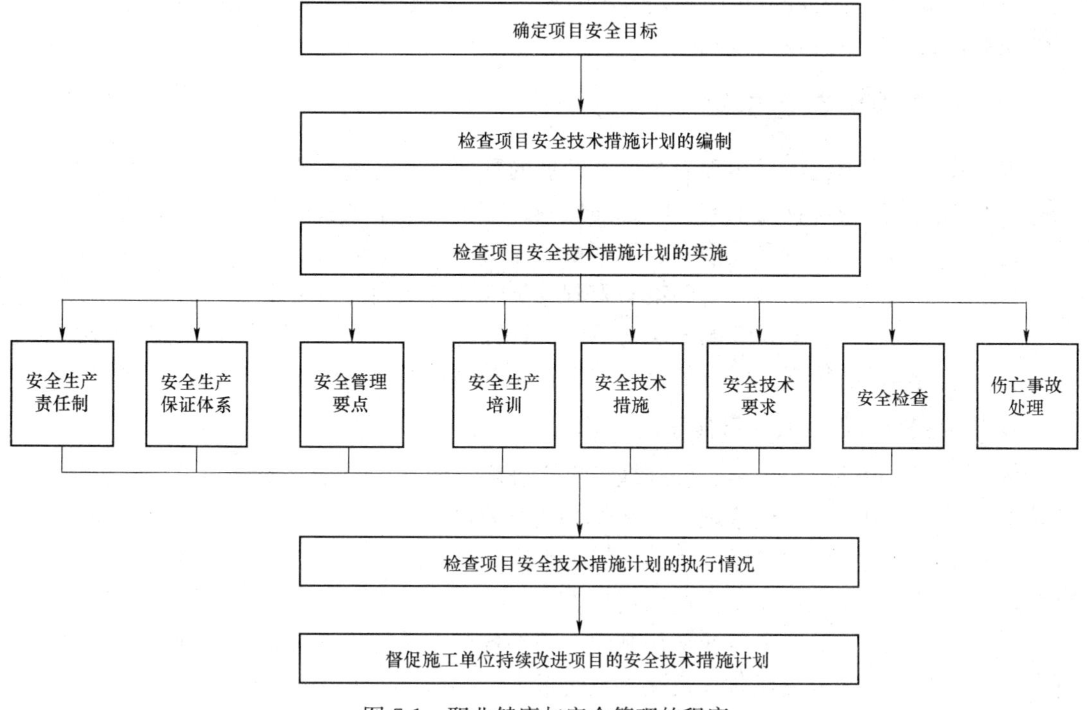

图 7-1　职业健康与安全管理的程序

1）完善职责分工，制定项目管理部有关安全管理的制度，落实安全责任制。

2）检查承包单位建立的各项安全文明施工保证体系，机构健全、人员到位，职责明确、运转有效，实现职业健康安全文明施工控制目标。

3）督促承包单位建立健全职业健康安全文明施工的各项制度，包括职业健康安全文明施工责任制度、安全文明施工技术措施管理制度、职业健康安全文明施工教育制度、设备机械操作运行安全管理制度、职业健康安全文明施工交底制度、职业健康安全文明施工检查制度、职业健康安全文明施工奖罚制度、工伤事故处理制度等。

4）要求承包单位调离不称职的职业健康安全文明施工管理人员，选用称职的职业健康安全文明施工管理人员。

（5）召开会议，检查布置现场安全事项，定期或不定期检查工地危险源。

五、注意事项

（1）全过程工程咨询单位应协助建立职业健康安全生产责任制，并把责任目标分解落实到人。

（2）检查施工现场的职业健康安全生产教育制度，检查三级教育的实施，确保上岗作业人员具备执业健康安全生产知识。

（3）全过程工程咨询单位应督促施工单位做好施工安全和职业健康技术措施计划的实施工作，保证安全技术措施计划的实现。对职业健康安全事故处理，应坚持事故原因不清楚不放过，事故责任者和人员没有受到教育不放过，事故责任者没有处理不放过，没有制定纠正和预防措施不放过等原则。

六、施工现场安全措施

安全管理是为施工项目实现安全生产开展的管理活动。施工现场的安全管理，重点是进行人的不安全行为与物的不安全状态的控制，落实安全管理决策与目标，以消除一切事故，避免事故伤害，减少事故损失为管理目的。

控制是对某种具体的因素的约束与限制，是管理范围内的重要部分。

安全管理措施是安全管理的方法与手段，管理的重点是对生产各因素状态的约束与控制。根据施工生产的特点，安全管理措施带有鲜明的行业特色。

1. 落实安全责任、实施责任管理

施工项目经理部承担控制、管理施工生产进度、成本、质量、安全等目标的责任。因此，必须同时承担进行安全管理、实现安全生产的责任。

（1）建立、完善以项目经理为首的安全生产领导组织，有组织、有领导地开展安全管理活动。承担组织、领导安全生产的责任。

（2）建立各级人员安全生产责任制度，明确各级人员的安全责任。抓制度落实、抓责任落实，定期检查安全责任落实情况，及时报告。

1）项目经理是施工项目安全管理第一责任人。

2）各级职能部门、人员，在各自业务范围内，对实现安全生产的要求负责。

3）全员承担安全生产责任，建立安全生产责任制，从经理到工人的生产系统做到纵向到底，一环不漏。各职能部门、人员的安全生产责任做到横向到边，人人负责。

（3）施工项目应通过监察部门的安全生产资质审查，并得到认可。一切从事生产管理与操作的人员、依照其从事的生产内容，分别通过企业、施工项目的安全审查，取得安全操作认可证，持证上岗。

特种作业人员，除经企业的安全审查，还需按规定参加安全操作考核，取得监察部核发的《安全操作合格证》，坚持“持证上岗”。施工现场出现特种作业无证操作现象时，施工项目必须承担管理责任。

（4）施工项目经理部负责施工生产中物的状态审验与认可，承担物的状态漏验、失控的管理责任，接受由此而出现的经济损失。

（5）一切管理、操作人员均需与施工项目经理部签订安全协议，向施工项目经理部做

出安全保证。

（6）安全生产责任落实情况的检查，应认真、详细地记录，作为分配、补偿的原始资料之一。

2. 安全教育与训练

进行安全教育与训练，能增强人的安全生产意识，提高安全生产知识，有效地防止人的不安全行为，减少失误。安全教育、训练是进行人的行为控制的重要方法和手段。因此，进行安全教育，训练要适时、宜人，内容要合理、方式要多样，形成制度。组织安全教育、训练应做到严肃、严格、严密、严谨，讲求实效。

（1）一切管理、操作人员应具有基本条件与较高的素质。

1）具有合法的劳动手续。临时性人员须正式签订劳动合同，接受入场教育后，才可进入施工现场和劳动岗位。

2）没有痴呆、健忘、精神失常、癫痫、脑外伤后遗症、心血管疾病、晕眩，以及不适于从事操作的疾病。

3）没有感官缺陷，感性良好。有良好的接受、处理、反馈信息的能力。

4）具有适于不同层次操作所必需的文化。

5）输入的劳务，必须具有基本的安全操作素质。经过正规训练、考核，输入手续完善。

（2）安全教育、训练的目的与方式。安全教育、训练包括知识、技能、意识三个阶段的教育。进行安全教育、训练，不仅要使操作者掌握安全生产知识，而且能正确、认真地在作业过程中，表现出安全的行为。

安全知识教育。使操作者了解、掌握生产操作过程中，潜在的危险因素及防范措施。

安全技能训练。使操作者逐渐掌握安全生产技能，获得完善化、自动化的行为方式，减少操作中的失误现象。

安全意识教育。在于激励操作者自觉坚持实行安全技能。

（3）安全教育的内容随实际需要而确定。

1）新工人入场前应完成三级安全教育。对学徒工、实习生的入场三级安全教育，重点偏重一般安全知识、生产组织原则、生产环境、生产纪律等。强调操作的非独立性。对季节工、农民工三级安全教育，以生产组织原则、环境、纪律、操作标准为主。两个月内安全技能不能达到熟练的，应及时解除劳动合同，终止劳动资格。

2）结合施工生产的变化，适时进行安全知识教育。一般每10天组织一次较为合适。

3）结合生产组织安全技能训练，干什么训练什么，反复训练、分步验收。以达到出现完善化、自动化的行为方式，划为一个训练阶段。

4）安全意识教育的内容不易确定，应随安全生产的形势变化，确定阶段教育内容。可结合发生的事故，进行增强安全意识，坚定掌握安全知识与技能的信心，接受事故教训教育。

5）受季节、自然变化影响时，针对由于这种变化而出现生产环境、作业条件的变化进行的教育，其目的在于增强安全意识，控制人的行为，尽快地适应变化，减少人的失误。

6）采用新技术，使用新设备、新材料，推行新工艺之前，应对有关人员进行安全知识、技能、意识的全面安全教育，激励操作者实行安全技能的自觉性。

（4）加强教育管理，增强安全教育效果。

1）教育内容全面，重点突出，系统性强，抓住关键反复教育。

2）反复实践。养成自觉采用安全的操作方法的习惯。

3）使每个受教育的人了解自己的学习成果。鼓励受教育者树立坚持安全操作方法的信心，养成安全操作的良好习惯。

4）告诉受教育者怎样做才能保证安全，而不是不应该做什么。

5）奖励促进，巩固学习成果。

（5）进行各种形式、不同内容的安全教育，都应把教育的时间、内容等，清楚地记录在安全教育记录本或记录卡上。

3. 安全检查

安全检查是发现不安全行为和不安全状态的重要途径，是消除事故隐患、落实整改措施、防止事故伤害、改善劳动条件的重要方法。安全检查的形式有普遍检查、专业检查和季节性检查。

（1）安全检查的内容主要是查思想、查管理、查制度、查现场、查隐患、查事故处理。

1）施工项目的安全检查以自检形式为主，是对项目经理至操作人员，生产全部过程、各个方位的全面安全状况的检查。检查的重点以劳动条件、生产设备、现场管理、安全卫生设施以及生产人员的行为为主。发现危及人的安全因素时，必须果断地消除。

2）各级生产组织者，应在全面安全检查中，透过作业环境状态和隐患，对照安全生产方针、政策，检查对安全生产认识的差距。

3）对安全管理的检查，主要有以下几项。

a. 安全生产是否提到议事日程上，各级安全责任人是否坚持“五同时”。

b. 业务职能部门、人员，是否在各自业务范围内，落实了安全生产责任。专职安全人员是否在位、在岗。

c. 安全教育是否落实，教育是否到位。

d. 工程技术、安全技术是否结合为统一体。

e. 作业标准化实施情况。

f. 安全控制措施是否有力，控制是否到位，有哪些消除管理差距的措施。

g. 事故处理是否符合规则，是否坚持“四不放过”的原则。

（2）安全检查的组织。

1）建立安全检查制度，按制度要求的规模、时间、原则、处理、报偿全面落实。

2）成立由第一责任人为首，业务部门、人员参加的安全检查组织。

3）安全检查必须做到有计划、有目的、有准备、有整改、有总结、有处理。

（3）安全检查的准备。

1）思想准备。发动全员开展自检，自检与制度检查结合，形成自检自改，边检边改的局面。使全员在发现危险因素方面得到提高，在消除危险因素中受到教育，从安全检查中受到锻炼。

2）业务准备。确定安全检查目的、步骤、方法。成立检查组，安排检查日程。分析事故资料，确定检查重点，把精力侧重于事故多发部位和工种的检查。规范检查记录用表，使安全检查逐步纳入科学化、规范化轨道。

（4）安全检查方法。常用的有一般检查方法和安全检查表法。

1）一般方法。常采用看、听、嗅、问、测、验、析等方法。

看：看现场环境和作业条件，看实物和实际操作，看记录和资料等。

听：听汇报、听介绍、听反映、听意见或批评，听机械设备的运转响声或承重物发出的微弱声等。

嗅：对挥发物、腐蚀物、有毒气体进行辨别。

问：对影响安全问题，详细询问，寻根究底。

查：查明问题、查对数据、查清原因，追查责任。

测：测量、测试、监测。

验：进行必要的试验或化验。

析：分析安全事故的隐患、原因。

2）安全检查表法。是一种原始的、初步的定性分析方法，它通过事先拟定的安全检查明细表或清单，对安全生产进行初步的诊断和控制。

安全检查表通常包括检查项目、内容、回答问题、存在问题、改进措施、检查措施、检查人等内容。

（5）安全检查的形式。

1）定期安全检查。指列入安全管理活动计划，有较一致时间间隔的安全检查。定期安全检查的周期，施工项目自检宜控制在10～15天。班组必须坚持日检。季节性、专业性安全检查，按规定要求确定日程。

2）突击性安全检查。指无固定检查周期，对特别部门、特殊设备、小区域的安全检查，属于突击性安全检查。

3）特殊检查。对预料中可能会带来新的危险因素的新安装的设备、新采用的工艺、新建或改建的工程项目，投入使用前，以“发现”危险因素为专题的安全检查，叫特殊安全检查。

特殊安全检查还包括对有特殊安全要求的手持电动工具，电气、照明设备，通风设备，有毒有害物的储运设备进行的安全检查。

（6）消除危险因素的关键。安全检查的目的是发现、处理、消除危险因素，避免事故伤害，实现安全生产。消除危险因素的关键环节，在于认真地整改，真正的、确确实实地把危险因素消除。对于一些由于种种原因而一时不能消除的危险因素，应逐项分析，寻求解决办法，安排整改计划，尽快予以消除。

安全检查后的整改，必须坚持“三定”和“不推不拖”，不使危险因素长期存在而危及人的安全。

“三定”指的是对检查后发现的危险因素的消除态度，即定具体整改责任人、定解决与改正的具体措施、限定消除危险因素的整改时间。在解决具体的危险因素时，凡借用自己的力量能够解决的，不推不拖、不等不靠，坚决地组织整改。自己解决有困难时，应积极主动寻找解决的办法，争取外界支援以尽快整改。不把整改的责任推给上级，也不拖延整改时间，以尽量快的速度，把危险因素消除。

4. 作业标准化

在操作者产生的不安全行为中，由于不知正确的操作方法，为了干得快些而省略了必要的操作步骤，坚持自己的操作习惯等原因所占比例很大。按科学的作业标准规范人的行为，有利于控制人的不安全行为，减少人的失误。

（1）制定作业标准，是实施作业标准化的首要条件。

1）采取技术人员、管理人员、操作者三结合的方式，根据操作的具体条件制定作业标准。坚持反复实践、反复修订后加以确定的原则。

2）作业标准要明确规定操作程序、步骤。怎样操作、操作质量标准、操作的阶段目的、完成操作后物的状态等，都要做出具体规定。

3）尽量使操作简单化、专业化，尽量减少使用工具、夹具次数，以降低操作者熟练技能或注意力的要求。使作业标准尽量减轻操作者的精神负担。

4）作业标准必须符合生产和作业环境的实际情况，不能把作业标准通用化。不同作业条件的作业标准应有所区别。

（2）作业标准必须考虑到人的身体运动特点和规律，作业场地布置、使用工具设备、操作幅度等，应符合人机学的要求。

1）人的身体运动时，尽量避开不自然的姿势和重心的经常移动，动作要有连贯性、自然节奏强。如，不出现运动方向的急剧变化；动作不受限制；尽量减少用手和眼的操作次数；肢体动作尽量小。

2）作业场地布置必须考虑行进道路、照明、通风的合理分配，机、料具位置固定，作业方便。要求如下。

a. 人力移动物体，尽量限于水平移动。

b. 把机械的操作部分，安排在正常操作范围之内，防止增加操作者的精神和体力的负担。

c. 尽量利用重力作用移动物体。

d. 操作台、座椅的高度与操作人的身体条件匹配。

3）使用工具与设备。

a. 尽可能使用专用工具代替徒手操作。

b. 操纵操作杆或手把时，尽量使人身体不必过大移动，与手的接触面积，以适合手握时的自然状态为宜。

（3）反复训练，达标报偿。

1）训练要讲求方法和程序，宜以讲解示范为先，符合重点突出、交代透彻的要求。

2）边训练边作业，巡检纠正偏向。

3）先达标、先评价、先报偿，不强求一致。多次纠正偏向，仍不能克服习惯操作或操作不标准的，应得到负报偿。

5. 生产技术与安全技术的统一

生产技术工作是通过完善生产工艺过程、完备生产设备、规范工艺操作，发挥技术的作用，保证生产顺利进行的。包含了安全技术在保证生产顺利进行的全部职能和作用。两者的实施目标虽各有侧重，但工作目的完全统一在保证生产顺利进行、实现效益这一共同的基点上。生产技术、安全技术统一，体现了安全生产责任制的落实、具体的落实“管生产同时管安全”的管理原则。具体表现在以下几方面。

（1）施工生产进行之前，考虑产品的特点、规模、质量，生产环境，自然条件等。摸清生产人员流动规律、能源供给状况、机械设备的配置条件、需要的临时设施规模，以及物料供应、储放、运输等条件，完成生产因素的合理匹配计算，完成施工设计和现场布置。

施工设计和现场布置，经过审查、批准，即成为施工现场中生产因素流动与动态控制的唯一依据。

（2）施工项目中的分部、分项工程，在施工进行之前，针对工程具体情况与生产因素的流动特点，完成作业或操作方案。这将为分部、分项工程的实施，提供具体的作业或操作规范。方案完成后，为使操作人员充分理解方案的全部内容，减少实际操作中的失误，避免操作时的事故伤害，要把方案的设计思想、内容与要求，向作业人员进行充分的交底。交底既是安全知识教育的过程，同时，也确定了安全技能训练的时机和目标。

（3）从控制人的不安全行为、物的不安全状态，预防伤害事故，保证生产工艺过程顺利实施去认识，生产技术工作中应纳入以下的安全管理职责。

1）进行安全知识、安全技能的教育，规范人的行为，使操作者获得完善的、自动化的操作行为，减少操作中的人失误。

2）参加安全检查和事故调查，从中充分了解生产过程中；物的不安全状态存在的环节和部位、发生与发展、危害性质与程度。摸索控制物的不安全状态的规律和方法。提高对物的不安全状态的控制能力。

3）严把设备、设施用前验收关，不便有危险状态的设备、设施盲目投入运行，预防人、机运动轨迹交叉而发生的伤害事故。

6. 正确对待事故的调查与处理

事故是违背人们意愿，且人们又不希望发生的事件。一旦发生事故，不能以违背人们意愿为理由，予以否定。关键在于对事故的发生要有正确认识，并用严肃、认真、科学、积极的态度，处理好已发生的事故，尽量减少损失。采取有效措施，避免同类事故重复发生。

（1）发生事故后，以严肃、科学的态度去认识事故、实事求是的按照规定、要求报告。不隐瞒、不虚报、不避重就轻是对待事故科学、严肃态度的表现。

（2）积极抢救负伤人员的同时，保护好事故现场，以利于调查清楚事故原因，从事故中找到生产因素控制的差距。

（3）分析事故，弄清发生过程，找出造成事故的，人、物、环境状态方面的原因。分清造成事故的安全责任，总结生产因素管理方面的教训。

（4）以事故为例，召开事故分析会进行安全教育。以便所有生产部位、过程中的操作人员，从事故中看到危害，激励他们的安全生产动机，从而使他们在操作中自觉地实行安全行为，主动地消除物的不安全状态。

（5）采取预防类似事故重复发生的措施，并组织彻底的整改；使采取的预防措施，完全落实。经过验收，证明危险因素已完全消除时，再恢复施工作业。

（6）未造成伤害的事故，习惯的称为未遂事故。未遂事故就是已发生的，违背人们意愿的事件，只是未造成人员伤害或经济损失。然而其危险后果是隐藏在人们心理上的严重创伤，其影响作用时间更长久。未遂事故同样暴露安全管理的缺陷、生产因素状态控制的薄弱。因此，未遂事故要如同已经发生的事故一样对待，调查、分析、处理妥当。

7. 造成安全生产事故的主要原因

（1）安全生产意识淡漠是最大隐患。不论是大学毕业生、职业学校的毕业生，还是协作施工单位负责人及作业人员，当跨入企业的大门，走进施工现场，成为项目的施工参建人员时，就应懂得要搞好工程施工必须有铁的纪律，不管是管理人员还是作业人员都必须遵纪守法，必须不断提高安全生产意识和自我保护意识。特别是在施工人员中，管理人员比较年轻，缺乏工作实践，对安全生产的认识较差，认为最重要的是学技术，掌握生产技术才是硬本领，而对学习安全生产技术则很不重视。而在施工作业人员中，文化素质不高，缺乏系统的安全教育与培训，安全生产意识和自我保护意识都比较差，有些人总是抱着侥幸心理，认为伤亡事故离自己十分遥远，不会落到自己头上，但是血的教训告诉我们，安全生产意识淡薄是最大的隐患。

（2）未经培训上岗，无知酿成悲剧。有的生产经营单位招聘了职工后，不进行必要的三级安全教育。职工未经安全生产、劳动保护培训上岗，缺乏最基本的安全生产常识，冒险蛮干，违章作业，一旦发生事故，则惊慌失措，手忙脚乱，不知采取什么措施，头脑中一片空白，往往因此酿成悲剧。

（3）违反安全生产规章制度导致事故。

1）企业的安全生产规章制度是企业规章制度的一部分，是建立现代企业制度的重要内容，企业全体员工上至经理，下至每名工人以及协作施工单位都必须遵守，尤其是新工人更应该注意。企业的安全生产规章制度应该是比较齐全的，但往往宣传、贯彻、落实不够，人员执行不力，往往因此而酿成了工伤事故，使自己受到伤害，或者伤害他人，或者被他人伤害。

2）企业的安全生产规章制度必须落实到部门、工区、班组，必须落实到作业现场及每一个作业岗位。如果安全生产规章制度不落实，劳动环境就会存在以下不安全状态。

a. 防护、保险、信号等装置缺乏或有缺陷。

b. 设备、设施、工具、附件有缺陷，结构不合安全要求。

c. 强度不够。机械强度和绝缘强度不够，起吊重物的绳索不符合安全要求。

d. 设备在非正常状态下运行，带“病”或超负荷运转。

e. 维修、调整不当设备失修，地面不平，保养不当，设备失灵。

f. 个人防护用品用具缺少或有缺陷。

g. 生产（施工）场地环境不良，包括：①照明光线环境不良，照度不足，作业场地烟尘弥漫，视物不清，或光线过强；②通风不良；③作业场所狭窄、作业场地杂乱，工具、制品、材料堆放不安全。

（4）违反劳动纪律酿成血的教训。一支不受铁的纪律约束的队伍，是一支没有战斗力的队伍。一个不以严格的纪律要求员工队伍的企业，是一个缺乏市场竞争力的企业。血的教训一再告诉我们，一名不遵守劳动纪律的职工，往往就是一起重大伤亡事故的责任者。违反劳动纪律的主要表现如下。

1）上班前饮酒，甚至上班时饮酒。

2）上班无故迟到，下班无故早退。

3）工作时间开玩笑，嬉戏打闹。

4）不按规定穿戴工作服和个人防护用品。

5）在禁烟区随意吸烟，乱扔烟头。

6）不坚守岗位，随意串岗聊天。

7）业余生活无规律，上班无精打采。

8）工作时不全神贯注，思想走神开小差。

9）上夜班时偷偷睡觉。

10）不服从上级正确调度指挥，自作主张随意更改规章。

11）无视纪律，自由散漫，上班时间无拘无束。

（5）违反安全操作规程十分危险。安全操作规程是人们在长期的生产劳动实践中，以血的代价换来的科学经验总结，是工人在生产操作中不得违反的安全生产技术规程。员工在生产劳动中如果不遵守安全操作规程，后果将十分危险，轻则受伤，重则丧命。对此，每个员工都万万不可掉以轻心。

七、成果范例

关于工程项目职业健康安全管理的成果性文件表格见表 7-1。

表 7-1　　工程项目职业健康安全管理表

项目名称：　　　　　　　　　　　　　　　　　　　　　　编号：

工程名称及编码						
项目基本情况						
序号	项目	计划投入时间				合计
		1	2	……	12	
1	个人安全防护用品、用具					
2	临边、洞口安全防护设施					
3	临时用电安全防护					
4	脚手架安全防护					
5	机械设备安全防护设施					
6	消防设施、器材					
7	施工现场文明施工措施费					
8	安全教育培训费用					

续表

序号	项目	计划投入时间				合计
		1	2	……	12	
9	安全标志、标语等标牌费用					
10	安全评优费用					
11	专家论证费用					
12	与现场安全隐患整改等有关的费用支出					
13	季节性安全费用					
14	施工现场急救器材及药品					
15	其他安全专项活动费用					
	合计					

编制		审核		批准	
时间		时间		时间	

第二节　项目环境管理

一、依据

现行的法律法规规定制度等，如：

(1)《中华人民共和国环境保护法》。

(2)《中华人民共和国环境影响评价法》。

(3)《中华人民共和国固体废物污染环境防治法》。

(4)《规划环境影响评价条例》。

(5)《建设项目环境保护管理条例》。

(6)《建设工程施工现场环境与卫生标准》。

(7)《环境管理体系要求通用实施指南》。

(8)《城市生活垃圾管理办法》(建设部令第 157 号)。

(9) 所建项目安全生产环境保护奖惩考核制度。

二、内容

施工现场环境管理工作主要由全过程工程咨询单位配合投资人负责编制总体策划和部署，建立项目环境管理组织机构，制定相应制度和措施，组织培训，使各级人员明确环境保护的意义和责任。内容包括以下几个方面。

（1）检查施工单位是否按照施工总平面图、施工方案和施工进度计划的要求，认真实施施工现场施工平面图的规划、设计、布置、使用和管理。

（2）全过程工程咨询单位应检查施工现场文明施工管理实施情况，监督施工单位进行现场文化建设，保持作业环境整洁卫生，监督施工单位减少对周边居民和环境的不利影响。

（3）全过程工程咨询单位应监督检查施工单位是否对施工现场的环境因素进行分析，对可能产生的污水、废气、噪声、固定废弃物等污染源采取措施，进行控制。

（4）全过程工程咨询单位应检查施工现场节能、排污管理，督促施工单位施工现场用水、用电能耗、排污、垃圾、扬尘、废旧材料二次利用等环境管理控制办法的实施情况。

三、程序

（1）确定项目环境管理目标。根据企业的环境方针和工程的具体情况，制订项目环境保护计划。

（2）检查施工单位的项目环境管理体系运行情况，确保施工项目的环境管理目标按照分级管理思想能够落实。

（3）检查施工现场施工单位的环境管理执行情况，建立环境管理责任制。明确责任，建立相应的责任制。

（4）督促施工单位做好施工现场的环境保护工作，在审核和评价的基础上，找出薄弱环节，不断改进环境管理工作，保证施工现场的环境条件符合正常施工要求，实现施工现场的环境持续改进。

施工现场环境管理的程序如图 7-2 所示。

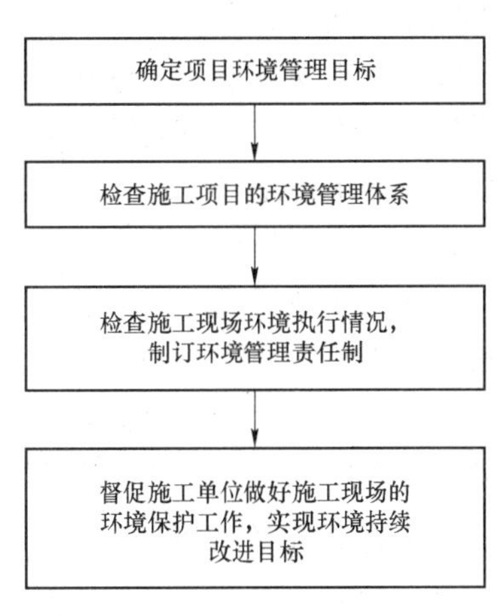

图 7-2　施工现场环境管理程序

施工现场环境管理方法如下。

（1）实行施工现场环境保护目标责任制。全过程工程咨询单位实施施工现场环境保护目标责任制是指全过程工程咨询单位将施工现场环境保护指标以责任书的形式，层层分解到全过程工程咨询单位的有关部门和个人，将其列入岗位责任制，从而形成施工现场环境保护监控体系。全过程工程咨询单位通过实行施工现场环境保护目标责任制，实现对施工现场的环境管理目标。

（2）加强检查和监控工作。全过程工程咨询单位对施工现场的环境管理工作需要通过不断的检查和监控才能完成，这就需要全过程工程咨询单位加强施工现场的环境检查和监控工作，以保证施工单位按照规定的环境实施要求施工。

（3）进行综合治理。全过程工程咨询单位一方面要求施工方采取措施控制施工现场的环境污染；另一方面也应与外部的有关单位和环保部门保持联系、加强沟通。要统筹考虑项目目标的实现与现场环境保护问题，使两者达到统一。

（4）采取有效的技术措施。

1）防治大气污染的措施。

2）防治噪声污染的措施。

3）防治污水污染的措施。

4）防治固体废弃物污染的措施。

四、注意事项

（1）应按照分区化原则，搞好项目的环境管理，进行定期检查，加强协调，及时解决发现的问题，实施纠正和预防措施，保持良好的作业环境、卫生条件和工作秩序，做到预防污染的目的。

（2）全过程工程咨询单位应要求施工方制定应急准备和相应措施，并保证信息通畅，预防可能出现的非预期的损害。在出现环境事故时，应及时消除污染，并应制定响应措施，防治环境二次污染。

五、施工现场扬尘控制措施、建筑工地生活区污水排放、垃圾处理的方案

施工现场建立环境保护管理体系，责任落实到人，并保证有效运行。对施工现场防治扬尘、噪声、水污染及环境保护管理工作进行定期检查。对建设工程施工中的办公区和生活区应进行绿化和美化。

1. 施工现场环境保护具体措施

（1）施工区域应用围墙与非施工区域隔开，防止施工污染施工区域以外的环境，施工围墙完整、连续、牢固。

（2）施工现场整洁、运输车辆不带泥砂出场。细颗粒的散体材料装卸运输时，采取遮盖措施，并做到沿途不遗撒扬尘。施工垃圾应及时清运到指定消纳场所，严禁乱倒乱卸，现场设有洒水措施。

（3）施工现场外不允许堆放材料，必须存放时报有关部门批准，办理临时占地手续。

（4）搅拌站（或露天保温材料堆放点）的四周，不允许有废弃的砂浆、混凝土（保温材料）等固体废弃物。

（5）工地办公室、职工宿舍和更衣室要整齐有序，保持卫生，无污染物、污水。生活垃圾集中堆放并及时清理，严禁随地大小便。

2. 环境卫生管理措施

（1）施工现场暂设用房整齐美观。

（2）现场内各种材料按照施工平面图统一布置上，分类码放整齐，材料标识要清晰准确。材料的存放场地应平整夯实，有排水措施。水泥库内外散落灰要及时清理，搅拌机四周、搅拌处及现场内无废砂浆和混凝土。

（3）施工现场要天天打扫，保持整洁卫生，场地平整，各类物品堆放整齐，道路平坦畅通，无堆放物、无散落物、做到无积水、无黑臭、无垃圾有排水措施。施工垃圾要分别定点存放，严禁混放，并及时清运。

（4）施工现场严禁大小便。

（5）施工零散材料和垃圾，要及时清理，垃圾临时堆放最长时间不得超过3天。

（6）办公室做到天天打扫，保持清洁卫生，做到窗明地净，文具摆放整齐。

（7）楼内清出的垃圾，要用容器或小推车，用塔吊或提升机设备运下，严禁高空抛撒。

（8）施工现场应设水冲式厕所，做到有顶、门窗齐全并有纱窗，坚持天天打扫。

（9）为了广大职工身体健康，施工现场必须设置保温桶（冬季）和开水，公用杯子要经常消毒，茶水桶必须加盖加锁。

3. 生活区卫生管理

（1）宿舍内应有必备的生活设施及保证必要的生活空间，室内通风应符合标准。

（2）职工宿舍要有卫生管理制度，实行室长负责制，规定一周内每天卫生值日名单并张贴到墙上，做到天天有人打扫，保持窗明地净，通风良好。

（3）宿舍内放置各类生活用品的桌柜或吊架等设施，摆放有序。各类生活用品整齐摆放，整齐美观。

（4）宿舍内保持清洁卫生，清扫出的垃圾定点堆放，并与宿舍有一定的距离。并且要及时清理，夏天每天清运两次。

（5）生活废水要有污水池，二楼以上也要有水源和水池，做到卫生区内无污水、无污物、废水不得乱倒乱流。

（6）冬季有取暖设施，设施须齐全、有效，建立验收合格证制度，经验收合格后使用。

（7）未经许可，一律禁止使用电炉及其他电加热器具。

（8）职工要搞好个人卫生，做到勤洗澡、勤理发、勤换衣、勤晒被褥衣物，不随地吐痰，不随地大小便。

（9）每个职工都要爱护生活区的绿化植物，要有专人负责浇灌和修剪，使绿化花草经常保持旺盛，四季常青。

4. 食堂卫生管理

（1）根据《食品卫生法》的规定，施工现场设置的临时食堂必须具备临时食堂卫生许可证、炊事人员身体健康证、卫生知识培训证。建立食堂卫生管理制度，严格执行食品卫生法和有关管理规定。

（2）施工现场的食堂和操作间相对固定封闭，并且具备清洗消毒的条件和杜绝传染疾病的措施。依食堂规模的大小，入伙人数的多少，配备相应的食品原料处理、加工、储存等场所，必要的上下水等卫生设施；做到防蝇、防尘；与污染源（污水沟、厕所、垃圾箱）保持30m以上的距离。食堂内处做到每天清洗打扫，保持室内外的整洁。

（3）炊事人员必须到卫生防疫部门体检合格并取得健康证后才能上岗。工作时要穿工作服，戴工作帽，保持个人卫生。

（4）食堂和存放粮食的仓库要保持清洁卫生，做到无积水、无蝇、无鼠、无蛛网，加工和保管的生熟食要分开。

（5）食堂周围不随意泼污水、扔污物，生活垃圾分类定点存放，并及时清理，保持清洁。

5. 厕所卫生管理

（1）施工现场和生活区按规定设置厕所，厕所离食堂30m以远，屋顶墙壁要严密，门窗齐全有效，厕所有专人管理，应有化粪池，严禁将粪便直接排入下水道或河流沟渠中，露天粪池必须加盖。

（2）厕所定期清扫制度：厕所设专人天天冲洗打扫，做到无积垢、垃圾及明显臭味，并有洗手水源，市区工地厕所要有水冲设施，保持厕所清洁卫生。

（3）厕所灭蝇蛆措施：厕所按规定冲水或加盖措施，定期打药或撒白灰粉，消灭蝇蛆。

6. 施工现场生活垃圾处置方案

为了保证施工工地环境卫生，为全体员工创造一个清洁，优美的工作生活环境，现将施工现场生活垃圾处理方案公布如下。

（1）为方便生活垃圾的集中存放，可回收和不可回收垃圾应该分开设置，工地办公区和生活区应设密闭式垃圾箱桶。

（2）各施工队应严格要求分类倾倒生活垃圾，不得随意丢弃或乱扔乱放，除生活垃圾外，其他施工垃圾严禁倒入生活垃圾桶内。

（3）现场管理人员食堂门口适当位置应摆放用于倾倒剩菜剩饭的专用生活垃圾桶，其他生活垃圾直接倒入生活垃圾池内。

（4）严禁乱丢垃圾，负责人要教育员工不在场区道路上乱丢纸屑，生活垃圾和烟头。

（5）生活垃圾根据季节可每周集中清运一次，如高温季节为防止出现苍蝇或者其他蚊虫，可采用喷洒药物或每隔两天便进行外运到指定的生活垃圾场，也可委托环卫部门及时清运生活垃圾。

（6）生活垃圾严禁焚烧，禁止随地大小便。

（7）对施工队伍做好宣传教育工作，让大家认识到：保护环境，人人有责。

（8）项目部明确各施工队生活环境责任区，要求各责任人搞好各自的责任区卫生，每天按时清理打扫。

六、成果范例

关于施工现场环境管理的成果性文件表格见表7-2。

表7-2 施工现场环境管理体系运行表格

工程名称：　　　　　　　　　　　　　　　　　　　　编号：

<table>
<tr><td>施工单位</td><td></td><td></td><td></td><td></td><td></td></tr>
<tr><td>检查日期</td><td></td><td>检查人</td><td></td><td>陪同人</td><td></td></tr>
<tr><td colspan="2">检查项目</td><td colspan="3">检查情况</td><td>备注</td></tr>
<tr><td colspan="2"></td><td></td><td></td><td></td><td></td></tr>
<tr><td colspan="2"></td><td></td><td></td><td></td><td></td></tr>
</table>

第八章

施 工 其 他 咨 询

第一节 工程项目施工合同管理

在项目实施阶段，管理的核心是合同管理，即按业主与承包商签订的合同对工程进度、工程质量和工程投资成本的控制和管理。合同管理是指对工程合同的履行，变更和解除进行监督检查，保证合同依法订立和执行。项目实施阶段合同管理主要包括设备材料采购合同和工程施工承包合同。

工程合同管理是对工程项目中相关合同的策划、签订、履行、变更、索赔和争议的管理。合同管理直接为项目总目标和企业总目标服务，保证项目总目标和企业总目标的实现。合同确定工程项目的价格（成本）、工期和质量（功能）等目标，规定着合同双方责权利关系。所以合同管理必然是工程项目管理的核心。广义地说，建筑工程项目的实施和管理全部工作都可以纳入合同管理的范围。合同管理贯穿于工程实施的全过程和工程实施的各个方面。它作为其他工作的指南，对整个项目的实施起总控制和总保证作用。

工程项目全过程工程咨询中的合同架构如图 8-1 所示。合同签订流程如图 8-2 所示。

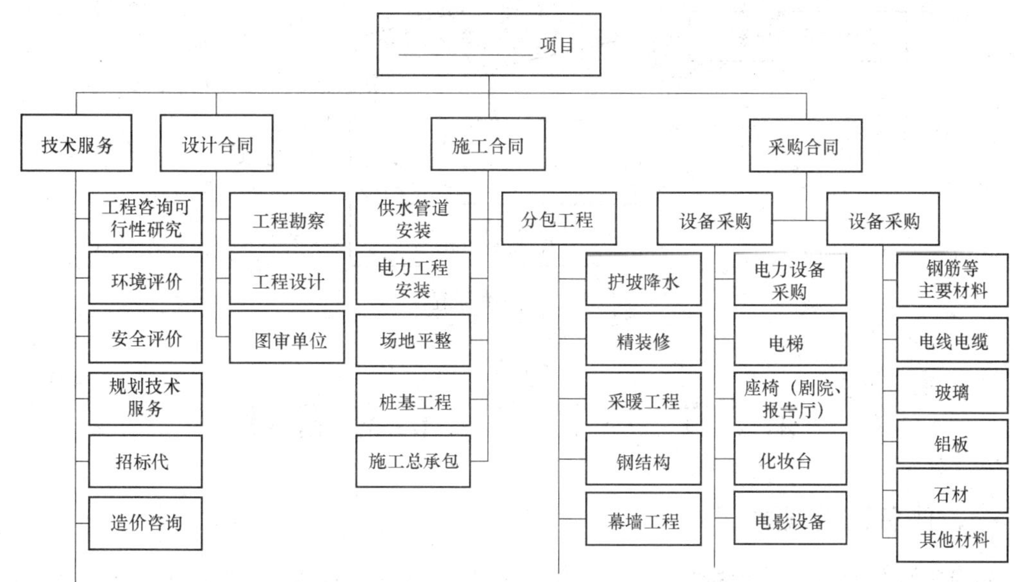

图 8-1 合同架构（一）

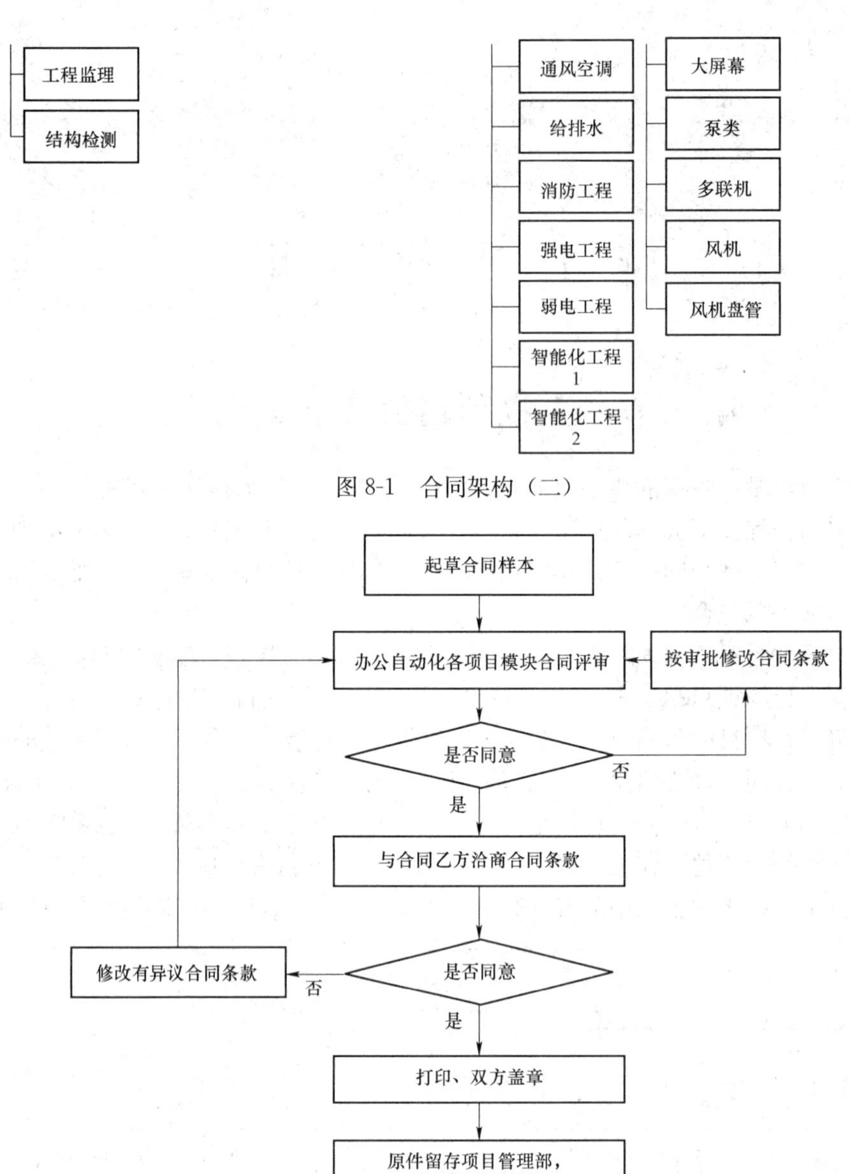

图 8-1 合同架构（二）

图 8-2 合同签订流程

第二节 项目施工信息管理

一、信息管理概述

建设工程信息管理是指对建设工程信息的收集、加工、整理、存储、传递、应用等一系列工作的总称。信息管理是全过程工程咨询单位的重要手段之一，及时掌握准确、完整的信息管理可以使全过程工程咨询单位“耳聪目明”，更加卓有成效地完成建设工程与相关服务工作。信息管理工作的好坏，将直接影响建设工程与相关服务工作的成败，如图 8-3 所示。

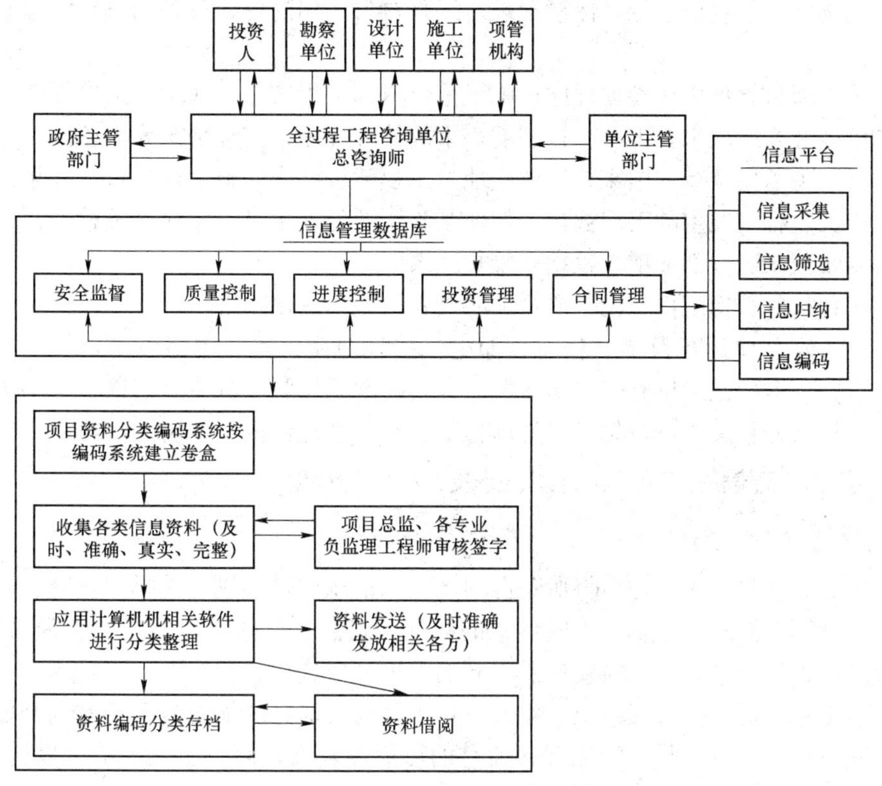

图 8-3　信息管理工作流程（总咨询师）

信息管理的基本环节：建设工程信息管理贯穿于工程建设全过程，其基本环节包括信息的收集、传递、加工、整理、分发、检索和存储。

（一）建设工程信息的收集

在建设工程的不同进展阶段会产生大量的信息。在决策阶段提供咨询服务，则需要收集与建设工程相关的市场、资源、自然环境、社会环境等方面的信息。

在设计阶段提供项目管理服务，则需要收集的信息有：工程项目可行性研究报告及前期相关文件资料；同类工程相关资料；拟建工程所在地信息，勘察、测量、设计部门相关信息；拟建工程所在地政府部门相关规定；拟建工程设计质量保证体系及进度计划等。

在招标阶段提供相关服务，则需要收集的信息有工程立项审批文件；工程地质、水文地质勘查报告；工程设计及概算文件；施工图设计审批文件；工程所在地工程材料、构配件、设备、劳动力市场价格及变化规律；工程所在地工程建设标准及招投标相关规定等。

在建设工程施工阶段，全过程工程咨询单位应从以下方面收集信息。

（1）建设工程施工现场的地质、水文、测量、气象等数据；地上、地下管线，地下洞室，地上既有建筑物、构筑物及树木、道路，建筑红线，水、电、气管道的引入标志；地质勘查报告、地形测量图及标桩等环境信息。

（2）施工机构组成及进场人员资格；施工现场质量及安全生产保证体系；施工组织设计及（专项）施工方案、施工进度计划；分包单位资格等信息。

（3）进场设备的规格型号、保修记录；工程材料、构配件、设备的进场、保管、使用等信息。

（4）施工项目管理机构管理程序；施工单位内部工程质量、成本、进度控制及安全生产管理的措施及实施效果；工序交接制度；事故处理程序；应急预案等信息。

（5）施工中需要执行的国家、行业或地方工程建设标准；施工合同履行情况。

（6）施工过程中发生的工程数据，如地基验槽及处理记录、工序交接检查记录、隐蔽工程检查验收记录、分部分项工程检查验收记录等。

（7）工程材料、构配件、设备质量证明资料及现场测试报告。

（8）设备安装试运行及测试信息，如电气接地电阻、绝缘电阻测试，管道通水、通气，通风试验，电梯施工试验，消防报警、自动喷淋系统联动试验等信息。

（9）工程索赔相关信息，如索赔处理程序、索赔处理依据、索赔证据等。

（二）建设工程信息的加工、整理、分发、检索和存储

1. 信息的加工和整理

信息的加工和整理主要是指将所获得的数据和信息通过鉴别、选择、核对、合并、排序、更新、计算、汇总等，生成不同形式的数据和信息，目的是提供各类管理人员使用。加工和整理数据和信息，往往需要按照不同的需求分层进行。

全过程工程咨询单位监理单位工作人员对于数据和信息的加工需要从鉴别开始。一般而言，工程监理人员自己收集的数据和信息的可靠度较高；而对于施工单位报送的数据，就需要鉴别、选择、核对，对于动态数据需要及时更新。为了便于应用，还需要对收集来的数据和信息按照工程项目组成（单位工程、分部工程、分项工程等）、工程项目目标（质量、进度）等进行汇总和组织。

2. 信息的分发和检索

加工整理后的信息要及时提供给需要使用信息人员，信息的分发要根据需要来进行，信息的检索需要建立在一定的分级管理制度上。信息分发和检索的基本原则是：需要信息的部门和人员，有权在需要的第一时间，方便地得到所需要的信息。

（1）设计信息分发制度时需要考虑以下事项。

1）了解信息使用部门和人员的使用目的、使用周期、使用频率、获得时间及信息的安全要求。

2）决定信息分发的内容、数量、范围、数据来源。

3）决定分发信息的数据结构、类型、精度和格式。

4）决定提供信息的介质。

（2）设计信息检索时需要考虑以下事项。

1）允许检索的范围，检索的密级划分，密码管理等。

2）检索的信息能否及时、快速地提供，以及实现的手段。

3）所检索信息的输出形式，能否根据关键词实现智能检索等。

3. 信息的存储

存储信息需要建立统一数据库。需要根据建设工程实际，规范地组织数据文件。

（1）按照工程进行组织，同一工程按照质量、造价、进度、合同等类别组织，各类信息再进一步根据具体情况进行细化。

（2）工程参建各方要协调统一数据存储方式，数据文件名要规范化，要建立统一的编码体系。

（3）尽可能以网络数据库形式存储数据，减少数据冗余，保证数据的唯一性，并实现数据共享。

二、造价信息管理

（一）工程造价信息概述

1. 工程造价信息的概念和特点

工程造价信息是指已建成和在建的有使用价值和有代表性的工程设计概算、施工图预算、工程结算、竣工决算、单位工程施工成本以及新材料、新结构、新设备、新工艺等建筑安装工程分部分项的单价分析等资料。从广义上讲，工程造价信息是一切有关工程造价的特征、状态及其变动的消息的组合。

工程造价信息是工程造价宏观管理、决策的基础，是制定、修订投资估算指标、预算定额和其他技术经济指标以及研究工程造价变化规律的基础，是编制、审查、评估项目建议书、可行性研究报告、投资估算，进行设计方案比选、编制设计概算、进行投标报价的重要参考。

2. 工程造价信息的分类

从广义的角度来看，任何对建筑产品价格产生影响的因素以及一切反映工程造价的特征、状态及其变化的信息组合都可以被称为工程造价信息，如国家发表的各项法律、法规，各种原材料及人工价格的信息，已完工程的资料等。按照不同的分类标准，可以对工程造价信息进行多种划分。

（1）从管理组织的角度划分。工程造价信息可以分为系统化工程造价信息和非系统化工程造价信息。系统化工程造价信息是指符合各项规定的指针、制度、方向、传递的间隔和期限、制度形式所详细规定的工程造价信息。这种工程造价信息不仅数量大、及时，而且相对系统。人们通过对这类系统化工程造价信息的长期观察和分析，可以揭示工程造价管理过程的内在联系和活动规律。这类工程造价信息是管理的基础，是衡量工程造价的基本尺度。非系统工程造价信息是指完全或部分不符合上述规定同定形式的工程造价信息。这类工程造价信息随机性很大，在工程造价管理中有重要作用，需要按特殊情况进行处理，而不能按常规办事。

（2）按照信息传递的方向划分。工程造价信息可以分为横向传递的工程造价信息和纵向传递的工程造价信息。在市场经济条件下，横向工程造价信息主要是由市场进行传递，通过市场把不同行业的工程造价管理联系起来形成一个整体。纵向传递的工程造价信息是指在一个工程中工程造价信息自上而下或自下而上传递的工程造价信息。它将不同层次的工程造价管理活动沟通起来，以提升工程造价的调控功能。

(3) 根据信息的反映面划分。工程造价信息可以分为宏观工程造价信息和微观工程造价信息。宏观工程造价信息是从全局角度来描述工程造价管理活动变化和特征的一类信息。这类工程造价信息综合性、概括性强，反映的工程造价管理面大，它主要是为宏观工程造价管理决策服务。微观工程造价信息是从微观的角度反映工程造价管理活动各个具体情况和编号特征的信息。这类信息数量大，时效性强，时刻都在生存和发展，主要服务于投资者、投资人、施工单位等部门的管理。

除以上几种分类以外，还可以根据信息的时态、表现形式、是否加工处理过等其他标准对工程造价信息进行划分。

3. 工程造价信息的内容

从广义上说，所有对工程造价的确定和控制过程起作用的资料都可以称为是工程造价信息。最能体现信息动态性变化特征，并且在工程价格的市场机制中起重要作用的工程造价信息，主要包括价格信息、投资估算指标、工程造价指数、概预算数据和已建工程信息等。

(1) 价格信息：价格信息包括材料价格、人工价格、机械价格以及管理费、利润、税金、规费等的平均水平，这些信息属于动态的信息。一般说来，价格信息具有以下特点。

1) 价格信息是比较初级的工程造价信息，大都没有经过系统的加工处理，也可以称之为数据。建设工程价格信息没有固定的格式和分类，一般按照比较常见、通用的形式来发布，内容包括材料名称、规格单位、出厂价、所在城市等。

2) 覆盖范围广泛。建设工程是一个复杂的系统工程，那么建设工程中的价格信息覆盖的范围也十分广泛。以材料价格为例，一方面建设工程涉及的各类建筑材料品目繁多，包括钢材、水泥、木材、玻璃、石材、管材、门窗制品等，每种品目下又包括很多以不同原料、不同生产工艺、不同性能指标来具体细分的材料型号，再加上不断开发出来的新型建材，材料价格数据必定是一个庞大的数据信息；另一方面，各种材料价格（包括出厂价格和到现场价格）也会受到运输条件、交易时间、成交数量以及双方的价格谈判策略等多方面因素的影响。

3) 来源多。价格信息的来源可以是各类建材商、供应销售厂商，也可以是投资人、施工单位，还可以是政府管理部门、咨询机构等。多方面的信息渠道使得价格信息的准确性在发布的时候或多或少会受到一些影响，如统计口径、发布方自身的利益关系等。

4) 具有地区性。各地的价格水平、计价时应考虑的因素等都存在着很大的可变性和竞争性，因此在价格信息管理中必须充分注意其地区性。

5) 时效性强。由于市场行情处于不断变化之中，各种资源的价格会受到多方面因素的影响，因此价格信息具有很强的时效性，在进行各类价格信息的收集和发布时，必须包含准确的价格时点信息。

(2) 投资估算指标：投资估算指标是确定建设项目在建设全过程中的全部投资支出的技术经济指标。它具有较强的综合性和概括性。其范围涉及建设前期、建设实施期和竣工验收交付使用期等各阶段的费用支出，内容因行业不同各异，一般可分为建设项目综合指标、单项工程指标和单位工程指标三个层次。

1）建设项目综合指标。建设项目综合指标指按规定应列入建设项目总投资的从立项筹建开始至竣工验收交付使用的全部投资额，包括建设投资（单项工程投资和工程建设其他费用等）。建设项目综合指标一般以项目的综合生产能力单位投资表示或以建设项目使用功能投资表示。

2）单项工程指标。单项工程指标指按规定应列入能独立发挥生产能力或使用效益的单项工程内的全部投资额，包括建筑工程费、安装工程费、设备、工器具及生产家具购置费和其他费用。单项工程一般划分原则如下。

①主要生产设施。指直接参加生产产品的工程项目，包括生产车间或生产装置。

②辅助生产设施。指为主要生产车间服务的工程项目，包括集中控制室、中央实验室、机修、电修、仪器仪表修理及木工（模）等车间原材料、半成品、成品及危险品等仓库。

③公用工程。包括给水排水系统（给水排水泵房、水塔、水池及全厂给水排水管网）、供热系统（锅炉房及水处理设施、全厂热力管网）、供电及通信系统（变配电所、开关所及全厂输电、电信线路）以及热电站、热力站、煤气站、空压站、冷冻站、冷却塔和全厂管网等。

④环境保护工程。包括废气、废渣、废水等处理和综合利用设施及全厂性绿化等。

⑤总图运输工程。包括厂区防洪、围墙大门、传达及收发室、汽车库、消防车库、厂区道路、桥涵、厂区码头及厂区大型土石方工程。

3）单位工程指标。单位工程指标是反映建造能独立组织施工的单位工程的造价指标，即建筑安装工程费用指标，类似于概算指标。

在建设项目评价和决策阶段，投资估算指标是编制项目建议书、可行性研究报告和分析投资经济效益等前期工作的依据，在施工阶段，投资估算指标也可以作为限额设计和工程造价控制的参考。投资估算指标为完成项目建设的投资估算提供依据和手段，它在固定资产的形成过程中起着投资预测、投资控制、投资效益分析的作用，是合理确定项目投资的基础。估算指标的正确制定对提高投资估算的准确度，对建设项目的合理评估、正确决策具有重要意义。由于我国多年来一直实施概预算定额制度，因此概预算定额的历史资料比较丰富，但是投资估算指标，尤其是民用建筑的估价指标却相对不够全面且无法形成体系，这也是我国建设项目估价过程中一个亟待解决的问题。

（3）工程造价指数：工程造价指数是反映一定时期由于价格变化对工程造价影响程度的一种指标，它是调整工程造价价差的依据。工程造价指数反映了报告期与基期相比的价格变动趋势，利用它来研究实际工作的以下问题很有意义。

1）可以利用工程造价指数分析价格变动趋势及原因。

2）可以利用工程造价指数估计工程造价变化对宏观经济的影响。

3）工程造价指数是工程承发包双方进行工程估价和结算的重要依据。

根据工程造价的构成，工程造价指数的内容应该包括以下几种。

a. 各种单项价格指数。这其中包括了反映各类工程的人工费、材料费、施工机械使用费、报告期价格对基期价格的变化程度的指标。可以利用它研究主要单项价格变化的情况及其发展变化的趋势。其计算过程可以简单表示为报告期价格与基期价格之比。依此类推，可以把各种费率指数也归于其中。例如，其他直接费指数、间接费指数、现场经费指数，甚至工程建设其他费用指数。这些费率指数的编制可以直接用报告期费率与基期费率之比求得。很明显，这些单项价格指数都属于个体指数。其编制过程相对比较简单。

b. 设备、工器具价格指数。设备、工器具的种类、品种和规格很多。设备、工器具费用的变动通常是由两个因素引起的，即设备、工器具单件采购价格的变化和采购数量的变化，并且工程所采购的设备、工器具是由不同规格、不同品种组成的，因此，设备、工器具价格指数属于总指数。由于采购价格与采购数量的数据无论是基期还是报告期都比较容易获得，因此，设备、工具价格指数可以用综合指数形式来表示。

c. 建筑安装工程造价指数。建筑安装工程造价指数也是一种综合指数，其中包括了人工费指数、材料费指数、施工机械使用费指数以及其他直接费、现场经费、间接费等各项个体指数的综合影响。由于建筑安装工程造价指数相对比较复杂，涉及的方面较广，利用综合指数来进行计算分析难度较大，因此可以通过对各项个体指数的加权平均，用平均数指数的形式来表示。

d. 建设项目或单项工程造价指数。该指数是由设备及工具价格指数、建筑安装工程造价指数、工程建设其他费用指数综合得到的。它属于总指数，并且与建筑安装工程造价指数类似，一般也用平均数指数的形式来表示。

（4）概算数据和预算数据：工程造价的确定是一个多次计价的过程，工程造价的确定是一个多次计价的过程。随着设计过程的深入，一般要求设计部门做出初步设计概算。在施工图完成之后即进入招标阶段，在这一阶段中投资人编制标底以及承包商编制投标报价均要编制施工图预算。由于多年的计划经济，全国各地都产生了与本地区相适应的概预算定额资源。尽管这些概预算数据大多是量价合一，不能直接用于清单报价，但其中消耗量的部分却可以利用，因此概预算定额数据在相当长的时期内均是重要的工程造价信息。采用概预算定额计价时还有一种很重要的造价信息就是竣工工程调价系数，它的作用有些类似于工程造价指数，在工程竣工决算时对定额中的价格进行时间因素的修正和调整。

（5）已建工程信息：已建或在建工程的各种造价信息，可以为拟建工程或其他在建工程造价提供依据。一般说来，已建工程信息是很有价值的工程造价资料，同时也是需要造价管理人员整理出来以便存储和查询的工程造价资料。在工程竣工以后，各个建筑公司的信息员（通常属于公司经营部）都会把决算资料送到各省（市）建设工程造价管理处，以便汇总形成造价信息数据库，进而编制相应的指数、指标。

（二）工程造价信息在施工阶段的应用

在施工阶段中，工程造价信息的应用是动态的，不仅需要应用已收集整理、加工处理后的信息，还要及时收集和处理每天产生的大量信息，并随时应用到需要的地方去；不但要考虑到包括招标文件的信息、合同条款信息、投资人提供的信息、市场信息等信息，还要注意其他方面的信息包括设计部门、物资供应单位、金融单位、国家及地方有关部门等方面的信息。

（三）工程造价资料的积累

建设工程造价资料积累是工程造价信息管理的一项重要的基础工作。经过认真挑选、整理、分析的工程造价资料是各类建设项目技术经济特点的反映，也是对不同时期基本建设工作各个阶段技术、经济、管理水平和建设经验教训的综合反映。通过对工程造价资料的分析，可以研究每项工程在建设期间的造价变化、各单位工程在工程造价中所占的比例、各种主要材料的用量及使用情况、各种影响工程造价的因素如何发挥作用等。另外工程造价资料的分析可以研究同类工程在造价方面出现差异，以及引起这些差异的原因，找出同类工程所共同反映出的造价规律。

工程造价资料是指已建成竣工和在建的有使用价值和有代表性的工程设计概算、施工图预算、工程竣工结算、竣工决算、单位工程施工成本以及新材料、新结构、新设备、新施工工艺等建筑安装工程分部分项的单价分析等资料。工程造价资料可以分为以下几种类别。

（1）工程造价资料按其不同工程类型（如厂房、铁路、住宅、公建、市政工程等）进行划分，并分别列出其包含的单项工程和单位工程。

（2）工程造价资料按其不同阶段，一般分为项目可行性研究、投资估算、设计概算、施工图预算、竣工结算、竣工决算等。

（3）工程造价资料按其组成特点，一般分为建设项目、单项工程和单位工程造价资料，同时也包括有关新材料、新工艺、新设备、新技术的分部分项工程造价资料。

（四）工程造价资料积累的目的和作用

工程造价资料积累的目的是为了使不同的用户都能够利用这些资料来完成各自的工程造价控制的任务，为拟建工程和各种技术分析服务的，具体介绍如下。

（1）满足工程造价宏观管理、决策的需要。建筑业的发展在国民经济中占有重要的地位，一些关系到国计民生的重点工程（如水利基本建设工程等）往往投资巨大。各级政府在安排不同阶段的发展计划和基本建设规模时，必然要根据财政能力和工程造价水平的发展趋势来确定。而工程造价水平的确定是长期以来对工程造价资料收集、整理并进行科学合理分析与测算的结果。因此，工程造价资料收集的方法是否科学、数据是否准确决定了工程造价水平测算的结果是否准确，直接影响到宏观决策。

（2）建设行政主管部门对工程造价管理的需要。只有在长期、系统、科学、准确地收集和整理工程造价资料的基础上，对有关造价资料进行分析、统计，建设行政主管部门才能据此制定出符合当前建筑市场发展的各项政策，并能在一定时段内正确地指导、规范建筑市场的发展。

（3）制定和修订投资估算指标、概预算定额，进行定额管理的需要。定额是管理科学的基础，也是现代管理学的重要内容和基本环节。它能节约社会劳动、提高劳动生产率；组织协调社会化大生产，是宏观调控的依据；在实现分配，兼顾效率与社会公平方面起着巨大作用。而定额的编制正是在对大量技术经济基础资料进行收集整理的基础上进行的。其中一类资料来自各类标准、规范以及具体的工程设计、施工组织设计等，属于定额编制的技术资料；另一类资料来源于工程的实际结算资料和建设市场的劳务、建筑材料、施工机械台班的价格等，属于定额编制的经济资料。

（4）投资人投资决策和控制投资的需要。一方面，投资人为达到投资效应，需要不断总结自身的投资经验，也即收集整理自己的工程造价资料和投资形成的经济效果；另一方面，投资人应当尽可能地收集整理与自身建设相关的工程造价资料，同时还要掌握建筑市场的行情，在投资活动中做出准确的决策。

（5）施工企业经营的需要。工程造价资料是施工企业进行正确经营决策的基础。及时收集整理工程造价资料能使企业了解建筑市场的经营环境，找出经营中存在的问题，确定自身的发展方向。对于准备参与投标的工程项目，可以根据企业经营的经验确定合理的投标报价；对于在建工程，可以及时掌握经营情况，降低成本，取得最大的利润；对于准备结算的工程，可以准确计算结算价格，使企业获取应得的收益。

（6）造价全过程工程咨询单位服务的需要。工程造价资料的积累是工程造价全过程工程咨询单位经验和业绩的积累，只有通过不断的积累才能提供高质量的咨询服务，在社会上树立良好的形象。造价全过程工程咨询单位不仅通过服务来积累资料，还应通过社会上发布的工程造价信息和市场调查来充实资料，以便及时了解建筑市场的行情和有关工程造价的政策法规，为客户提供准确的咨询服务。

（7）编制、审查、评估工程各阶段工程造价，进行设计比选的重要参考。工程设计是具体实现技术与经济对立统一的过程。拟建项目一经决策确定后，设计就成为工程建设和控制工程造价的关键。设计部门在设计的各个阶段，应不断依据所掌握的工程造价信息，对其设计进行比选和优化，以使工程项目的功能和成本达到和谐统一。

信息管理就是对信息进行收集、分类、处理、运用的过程。它始终贯穿于工程造价管理的全过程。全过程造价管理必须建立在信息管理基础上，造价信息管理是合理确定有效控制工程造价的先决条件和重要内容。掌握造价信息，充分利用造价信息可以提高工程造价管理水平，有利于尽早发挥投资效益和社会效益，减少工程造价管理中的盲目性，加强原则性、系统性、预见性和创造性。工程造价信息贯穿建设工程全过程，衔接建设工程各个阶段、各个参建单位和各个方面，其基本环节有信息的收集、传递、加工、整理、检索、分发、存储等。

第三节　项目风险及防范管理

一、目的

项目风险是指工程项目在决策、设计、施工和竣工验收等阶段中可能产生的，与工程各参与单位目标相背离的，会造成人身伤亡、财产损失或其他经济损失后果的不确定性。面对项目风险的不确定性，需要一个标准且有序的流程，通过对项目风险进行系统的识别、评估和应对，使风险保持在可接受的控制范围以内。

实施项目风险管理并且提高项目风险管理效率和效果，对于保证项目目标的顺利实现具有重要意义。

二、内容

项目风险管理就是通过风险识别，采用合理的经济和技术手段对风险因素进行估计、评价，并以此为基础进行决策，合理地使用回避、转移、缓和或自留等方法有效应对各类风险，并对其实施监控，妥善处理风险事件发生后引起的不利后果，以保证预期目标顺利实现的管理过程。

项目风险管理作为减少或降低风险的有效手段，应从规划、可行性研究、勘察设计、施工直至竣工及交付使用的全过程实施风险管理，对各类建设风险尽早、及时地进行辨识、分析与应对，对各阶段建设风险实施跟踪记录和管理。

每个阶段完成后应形成风险评估报告或风险管理记录文件，记录了风险管理对象、内容、方法及控制措施，并作为下阶段风险管理的实施和管理的基本依据。

三、程序

工程项目风险管理过程如图 8-4 所示。

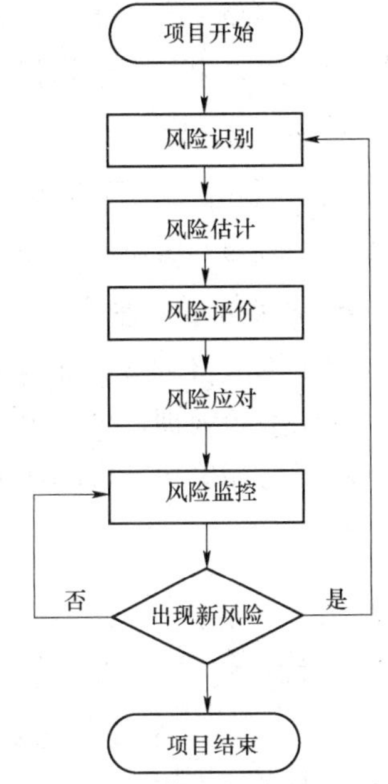

图 8-4　工程项目风险管理过程

1. 风险识别

进行风险调查，收集企业风险管理的历史资料、同类项目、同地区项目、邻近建筑物、本项目的用地范围、建设方案、地质水文资料、地下工程等相关资料。识别项目风险的来源、确定风险的发生条件、描述风险特征及风险影响的过程，填写项目风险辨识表。

风险识别的方法主要有：①检查表法；②专家调查法。

2. 风险估计

风险估计是建立在有效识别工程风险的基础上，根据工程风险的特点，对已确认的风险，通过定性和定量分析方法估计其发生的可能性和破坏程度的大小。

风险估计的方法主要有：①统计法；②分析法；③推断法。

3. 风险评价

风险评价是指在风险识别、风险分析的基础上，对工程风险进行综合分析，并依据风险对工程目标的影响程度对风险等级进行排序。风险评估的目的就是为了分清风险的轻重缓急，以便为将来如何分配资源提供依据。工程风险评价的主要内容是确定风险的等级，提出预付、减少、转移或消除风险损失的初步方法。对于不同等级的风险应给予不同程度的重视。

4. 风险应对

在全面分析评估风险因素的基础上，制定翔实、全面、有效的项目风险控制方案。针对重大风险开展专项风险论证并编制风险监控方案与应急预案。主要风险应对措施如下。

（1）风险回避。当项目风险发生的可能性太大，或一旦风险事件发生造成的损失太大时，主动放弃该项目或改变项目目标。

（2）风险转移。通过项目担保、工程保险，在风险事件发生时将损失的一部分或全部转移到项目以外的第三方身上。

（3）风险减轻。通过主动、系统地对项目风险进行全过程识别、评估及监控，按照风险合理分担的原则，充分发挥工程建设各方的优势，调动其积极性，以降低风险发生的概率、减少风险发生的损失。

（4）风险接受。当处理风险的成本大于承担风险所付出的代价时可以选择风险接受。准备应对风险事件，包括积极地制订应急计划，或者消极地接受风险的后果。

5. 风险监控

识别、分析和预测新风险，保持对已识别的风险的跟踪记录，监测不可预见事件的引发条件，监测残留风险，评审风险应对策略的实施效果，对项目风险实施动态循环管理。

6. 风险管理后评价

对工程项目风险管理决策实施后进行总结评价，判断项目风险管理预期目标的实现程度，总结经验教训，提高未来项目风险管理水平，如图 8-5 所示。

项目后评价包括影响评价法、效益评价法、过程评价法和系统评价法。

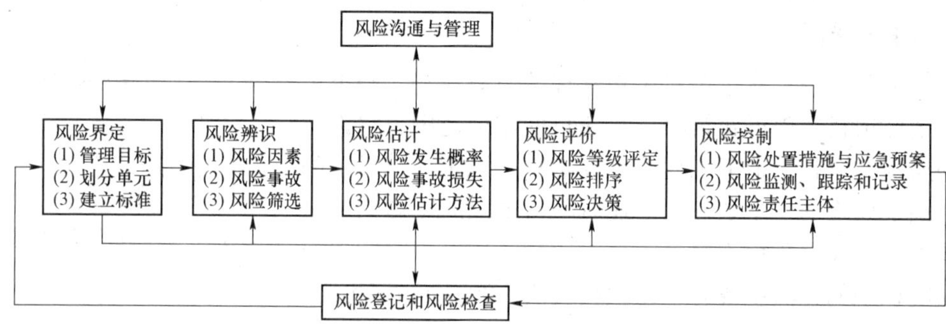

图 8-5　工程项目风险沟通与管理过程

四、全过程工程咨询项目主要风险及控制措施

（一）全过程工程咨询项目各阶段的主要风险

1. 项目决策阶段的主要风险

（1）市场风险。由于对宏观经济形势（包括国民经济发展状况、经济政策及经济状况）的分析和对市场供需情况（包括主要产品的市场供需状况、价格走势及对竞争力的判断）和预测与实际情况不符；市场调研报告（包括市场调查、预测、市场竞争策略、营销策略等内容）及其论证或者评估不正确或不可靠所引起的风险。

（2）技术风险。

1）工艺技术选用，在先进适用性、安全可靠性、经济合理性、耐久性等方面存在问题所引起的风险。

2）由于对产品品种、建设规模、建设方案和建设地址的选择报告（包括建设条件、资源状况、材料来源与供应、总平面布置、环保、安全、技术经济分析等内容）、可行性研究及其论证或评估不正确或不可靠引起的风险。

（3）筹、融资风险。由于投资估算和资金筹措渠道与筹措方式不合理或不可靠引起的风险。

（4）环境风险。由于建设地区的社会、法律、经济、文化、自然地理、基础设施、社会服务等环境因素对项目目标产生不利影响所引起的风险。

2. 项目招、投标阶段的主要风险

项目成立后到承包合同签订之前，招、投标阶段的主要风险如下。

（1）招标风险：风险承担人是项目主办人（单位）。

（2）投标（报价）风险：风险承担人是承包商。

（3）合同风险：风险承担人为双方，但主要是承包商。

3. 项目实施阶段的主要风险

承包合同签订后，项目实施阶段的主要风险如下。

（1）勘察设计风险。

（2）设计风险。

（3）采购风险。

（4）项目管理风险（质量、安全、费用、进度等风险）。

4. 项目收尾阶段的主要风险

（1）合同收尾风险。

（2）管理收尾风险。

此阶段的风险承担人主要是项目业主。

（二）风险管理的目的、制度、岗位职责及管理程序

1. 全过程工程咨询项目风险管理的目的

全过程工程咨询企业在项目合同签订后，立即组建项目部，对项目的策划、勘察、设计、采购、施工、试运行进行全过程的管理。

项目实施阶段的风险管理，即是在项目实施过程中，通过风险识别与风险分析（定性与定量分析），采取合理的管理方法与技术手段，对项目活动涉及的风险进行有效的控制，以合理的成本、保证安全、可靠地实施合同项目的目标与任务。

2. 全过程工程咨询项目风险管理制度

（1）全过程工程咨询项目风险管理风险管理计划。对项目风险管理目标、范围、内容、方法、步骤等作出安排和说明。它是整个项目计划的组成部分。根据项目需要，它可以是正式的、详细的，也可以非正式的、框架式的。

（2）全过程工程咨询项目风险管理应对计划。在风险管理计划中预先计划好的，一旦已识别的风险事件发生，应当采取的应对措施计划。

（3）全过程工程咨询项目风险管理替代方案。在风险应对计划中预先拟定好的，在必要时通过改变原计划以阻止或避免风险事件发生的方案。

（4）权变措施。对于不利风险事件的未经计划的应对措施。它与应对计划的区别是在不利风险事件发生前未对其编制出应对措施计划。需根据风险管理人员的应变能力和经验，采取权变措施。

（5）后备措施。有些风险需要事先制订后备措施，一旦项目进展情况与计划不同，就动用后备措施以降低风险，其中“费用后备”即在估算中设置一笔为可预见费或“储备

金”。“时间后备”即在进度计划中设置一段“应急时间”。

3. 全过程工程咨询项目风险管理岗位职责

（1）项目实施阶段风险管理工作的主要责任人是项目经理。

（2）风险管理工程师协助项目经理对项目风险管理工作进行组织与协调。项目部各方管理人员是其职责范围内的风险管理责任人。

（3）策划经理负责项目前期策划风险管理。

（4）造价经理负责项目造价风险管理。

（5）设计经理负责项目设计（包括工艺设计和工程设计）的风险管理。

（6）采购经理负责项目采购风险管理。

（7）控制经理负责项目控制（QHSE、进度、费用等）风险管理。

（8）财务经理负责项目财务风险管理。

4. 全过程工程咨询项目风险管理程序

（1）在项目初始阶段，项目经理负责组织编制项目管理计划时，应将项目风险管理目标、范围、组织、内容、要求等纳入项目管理计划中。

（2）在项目开工会议上，项目经理宣布项目风险管理的目标、范围、组织、内容、要求、组织分工，并明确其职责。

（3）风险管理工程师负责组织项目风险管理计划的编制。对于风险管理工程师提出的项目风险管理计划编制大纲，风险管理工程师组织项目内各方的风险管理管理负责人，在风险管理计划编制会议上对项目风险管理计划编制大纲进行讨论、研究。会议由项目经理主持。风险管理工程师汇总上述各方意见，编制项目风险管理计划。

（4）项目风险管理计划，经风险管理主管部门审核，项目经理批准后，由风险管理工程师具体组织实施。

（5）在项目进展情况会议上，组织审查项目风险管理计划实施情况。由风险管理工程师提出项目风险管理计划的阶段执行情况报告，必要时提出修改或调整意见。项目经理组织讨论、作出决定（修改或者调整项目风险计划，制定目标、措施等）。

（6）风险管理工程师随时监控项目风险，根据项目实际情况，向各方风险管理工程师提出风险控制建议（必要时启动应急预案），经项目经理批准后实施。

（7）当实际发生的风险事件是风险应对计划中预定的时，风险管理工程师负责组织对项目风险重新进行分析，制订新的风险应对计划，按上述的程序审查，批准后实施。

风险管理基本工作程序框图如图 8-6 所示。

（三）风险应对措施

1. 强制性措施

在工程项目中，不可避免会有多种风险，对于其中一些，无论是业主还是承包商都认为必须首先给予应对的风险应投保强制性保险。

强制性保险一般是指法定必须投保的险种，由当时的相关法规确定。但对于合同约定或者某些行业，因其行业特点与需要，对某些险种也作为强制性规定应予以投保。

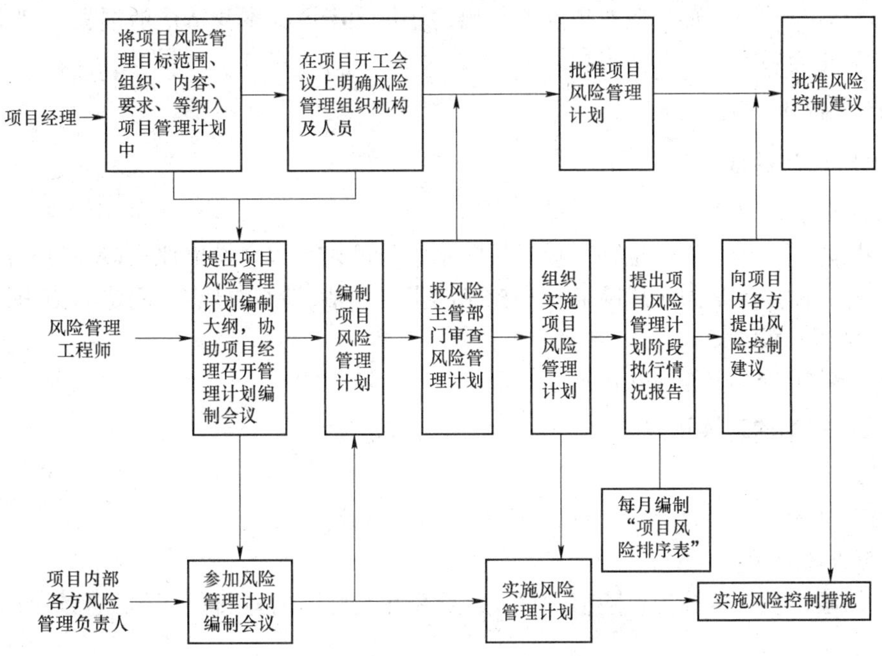

图 8-6　风险管理基本工作程序框图

2. 非强制性措施

对于其他风险，在考虑采用非强制性措施时，可按以下程序选择。

（1）首先是分析风险事件可否回避，并且又不损害根本利益（即不会把机会也回避掉），则可选择风险回避。

（2）风险减轻、风险隔离。

（3）采取风险减轻、风险隔离均会产生费用，要考虑效果与费用。若效果好，费用又不高，则也可选择之。

（4）如果选择风险减轻、风险隔离所产生的费用与采用风险分散后者风险转移所花的费用差不多，则也可以选择后者。

（5）风险分散。如果认定采用分散风险的办法，较之集中由自己一家承担更为有利的话（因为分散了风险，也就分散了机会）则应选择风险分散。

（6）风险转移。多数风险不可能靠分散的办法解决。因为分散只能解除一部分风险，承包商还要承担相当一部分的风险。这时，可以考虑风险转移。风险转移包括非保险转移和保险转移两种。非保险转移，是通过各种契约，将本应由自己承担的风险转移给别人。如技术转移、设备租赁等。保险转移则是通过买保险，从而通过保险公司获得可能的损失补偿。风险转移同样要付出代价。风险转移的结果可能有下列两种：①风险事件并未发生，但却付出了风险转移的费用，如因买保险，付出了保险费；技术转让使自己失去了某些盈利机会；②风险事件发生了，由于已经转移风险，虽然付出了转移风险的费用，但却避免了巨大损失。

（7）风险自留。采用风险自留，首先是这些风险造成的后果可以承受，不能承受的风险不能自留；其次是，如果应对风险所付出的代价大于风险本身造成的损失，则不如选择自留；当然也有对自己有利的自留。

（四）风险的控制方法

1. 风险控制的依据

（1）风险管理计划。

（2）风险登记册，为了定期对项目风险水平的可接受程度作出评估，项目干系人之间的沟通是必要的。通常用于风险监督和控制的报告包括：问题日志，问题一措施清单，危险警示，事态升级通知。

（3）绩效报告。工作绩效信息。

2. 风险控制的工具和方法

（1）风险再评估。

1）审查回避、转移、缓解等风险应对措施的有效性。

2）审查风险承担人的有效性。

（2）风险审核。审核当风险值和优先次序发生变化时所进行的新的、额外的定性和定量分析。

审核一般在项目进行到一定阶段时，以会议形式进行。此会议应属于所有项目会议的会议议程的一项。

挣值即赢得值。衡量项目绩效的一种方法。通过对比计划工作量和实际完成工作量，确定费用和进度是否按计划执行。

挣值管理技术即赢得值管理技术：一种综合了范围、进度、资源和项目绩效测量的方法。它对计划完成的工作，实际挣得的收益实际花费的费用进行比较，以确定费用与进度完成是否按计划进行。

将项目实际执行中技术工作方面取得的进展与项目计划中相应的进度计划进行比较。比较中反映的偏差。例如，在某一里程碑未按计划证明其绩效，可能暗示对实现项目范围存在某种风险。

如果出现了一种风险，而风险应对计划中又没有预计到这种风险，或者该风险对目标的影响比预期的大，为了控制风险，有必要召开状态审查会进行审查。内容包括：风险监督与控制输出（结果）、风险登记册（更新）、推荐的纠偏措施、变更申请、推荐的预防措施（更新）、项目管理计划、工程项目风险管理挣值分析的应用、工程项目风险的监视、风险监视排序。

根据风险分析的结果，从项目的所有风险中挑选出前几个，比如前 10 个最严重的风险，列入监视范围，将之列成一张重要的风险排序表。表中列出当月前 10 名优先考虑的风险，将每一个风险都标出当月的优先顺序、上个月此风险的优先顺序号以及风险类别、应对措施。通过风险优先顺序的变动，可以了解风险变化情况，以便相应采取措施。

（五）风险的利用

（1）首先要分析风险利用的可能性和其价值。比如，在考虑利用汇率风险时，首先要了解市场的汇率机制；当地政府对外汇管理的法规，自由市场汇率与官方汇率之差，有否通过条件的可能等；有些国家允许换汇，有些国家虽然允许换汇，但市场价和官价差别不大，有些国家则不允许换汇。因此首先必须调查清楚才能考虑利用。

（2）其次要计算利用风险的代价，并评估自己的承受能力。利用风险就要冒险，而冒任何风险都是要付出代价，计算代价时不仅要计算直接损失，还要计算间接损失和隐蔽损失，然后客观地检查和评估自己的承受能力。比如，在投标竞标时的降价，就要慎重考虑自己是否能承受并想好降价后的补偿措施。

（3）然后制定策略和实施步骤。比如，某承包商因竞争激烈，为了占领该地市场，以低价中标，于是寄盈利希望于索赔。自合同签订之日起就制定了加强项目管理和利用、扩大索赔途径效益的策略和步骤，组织专门班子，随时收集材料，为了日后的谈判和清理账目和证据做了充分准备。

（4）在项目实施过程中，密切关注各种风险因素的变化，及时因势利导，并不断扩大战果以获得更多的利益。

五、交付成果

1. 项目风险管理体系策划书

（1）概述。

（2）编制依据。

（3）组织管理架构。

（4）岗位职责。

（5）各阶段风险控制要点。

2. 规划阶段风险评估报告

（1）概述。

（2）编制依据。

（3）风险评估流程与评估方法。

（4）各规划方案的风险评估。

（5）规划方案综合对比风险评估。

（6）推荐方案重大风险因素分析。

（7）结论与建议。

3. 可行性研究阶段风险评估报告

（1）概述。

（2）编制依据。

（3）工程总体风险评估。

（4）土建结构施工风险评估。

（5）机电安装施工风险评估。

（6）人员安全及职业健康安全评估。

（7）工程施工环境影响风险评估。

（8）工程运营期风险评估。

（9）风险控制措施建议。

（10）结论与建议。

4. 勘察设计阶段风险评估报告

（1）概述。

（2）编制依据。

（3）风险评估流程与评估方法。

（4）各单项风险评估。

（5）关键节点风险评估。

（6）专项风险控制措施。

（7）结论与建议。

5. 招标、采购阶段风险评估报告

（1）概述。

（2）编制依据。

（3）风险识别。

（4）风险估计。

（5）风险分担原则。

（6）风险控制措施建议。

6. 施工阶段风险评估报告

（1）概述。

（2）编制依据。

（3）风险识别。

（4）风险估计。

（5）风险等级及排序。

（6）风险处置措施。

（7）风险监测方案。

（8）风险事故应急预案。

（9）结论与建议。

7. 项目风险管理后评价报告

（1）概述。

（2）评价的程序和方法。

（3）项目风险管理目标完成情况及分析。

（4）经验教训总结。

（5）结论与建议。

六、成果质量标准

以现行《风险管理原则与实施指南》《城市轨道交通地下工程建设风险管理规范》以及其他现行规范要求作为规范文件，具体见表 8-1～表 8-14。

表 8-1　　风险发生可能性等级标准

等级	1	2	3	4	5
可能性	频繁的	可能的	偶尔的	罕见的	不可能的
概率或频率值	＞0.1	0.01～0.1	0.001～0.01	0.0001～0.001	＜0.0001

表 8-2　　风险损失等级标准

等级	A	B	C	D	E
严重程度	灾难性的	非常严重的	严重的	需考虑的	可忽略的

表 8-3　　工程建设人员及第三方人员伤亡等级标准

等级	A	B	C	D	E
建设人员	死亡（含失踪）10人以上	死亡（含失踪）3～9人或重伤10人以上	死亡（含失踪）1～2人或重伤2～9人	重伤1人或轻伤2～10人	轻伤1人
第三方人员	死亡（含失踪）1人以上	重伤2～9人	重伤1人	轻伤2～10人	轻伤1人

表 8-4　　环境影响等级标准

等级	A	B	C	D	E
影响范围及程度	涉及范围非常大，周边生态环境发生严重污染或破坏	涉及范围很大，周边生态环境发生较重污染或破坏	涉及范围大，区域内生态环境发生污染或破坏	涉及范围较小，邻近区生态环境发生轻度污染或破坏	涉及范围很小，施工区生态环境发生少量污染或破坏

表 8-5　　工程本身和第三方直接经济损失等级标准

等级	A	B	C	D	E
工程本身	1000万元以上	500万～1000万元	100万～500万元	50万～100万元	50万元以下
第三方	200万元以上	100万～200万元	50万～100万元	10万～50万元	10万元以下

表 8-6　　工期延误等级标准

等级	A	B	C	D	E
长期工程	延误大于9个月	延误6～9个月	延误3～6个月	延误1～3个月	延误少于1个月
短期工程	延误大于90天	延误60～90天	延误30～60大	延误10～30天	延误少于10天

表 8-7　　社会影响等级标准

等级	A	B	C	D	E
影响程度	恶劣的或需紧急转移安置1000人以上	严重的或需紧急转移安置500～1000人	较严重的或需紧急转移安置100～500人	需考虑的或需紧急转移安置50～100人	可忽略的或需紧急转移安置小于50人

表 8-8　　　　风险等级标准

等级	A/灾难性的	B/非常严重的	C/严重的	D/需考虑的	E/可忽略的
1/频繁的	Ⅰ级	Ⅰ级	Ⅰ级	Ⅱ级	Ⅲ级
2/可能的	Ⅰ级	Ⅰ级	Ⅱ级	Ⅲ级	Ⅲ级
3/偶尔的	Ⅰ级	Ⅱ级	Ⅲ级	Ⅲ级	Ⅳ级
4/罕见的	Ⅱ级	Ⅲ级	Ⅲ级	Ⅳ级	Ⅳ级
5/不可能的	Ⅲ级	Ⅲ级	Ⅳ级	Ⅳ级	Ⅳ级

表 8-9　　　　风险接受准则

等级	接受准则	处置原则	控制方案
Ⅰ	不可接受	必须采取风险控制措施降低风险，至少应将风险降低至可接受或不愿接受的水平	应编制风险预警与应急处置方案，或进行方案修正或调整等
Ⅱ	不愿接受	应实施风险管理降低风险，且风险降低的所需成本不应高于风险发生的损失	应实施风险防范与监测，制定风险处置措施
Ⅲ	可接受	宜实施风险管理，可采取风险处理措施	宜加强日常管理与监测
Ⅳ	可忽略	可实施风险管理	可开展日常审视检查

表 8-10　　　　项目进展阶段风险记录表

<table>
<tr><td colspan="3">工程项目</td><td colspan="6"></td><td colspan="4">工程标段</td><td></td></tr>
<tr><td colspan="3">进展阶段</td><td colspan="11">□规划阶段　□可行性研究阶段　□勘察设计阶段
□招投、采购阶段　□施工阶段</td></tr>
<tr><td>参与单位</td><td colspan="13">1. 投资人：　2. 施工单位：
3. 设计单位：　4. 监理单位：
5. 勘察单位：　6. 第三方检测单位：
7. 其他单位：</td></tr>
<tr><td colspan="3">填写人</td><td colspan="3"></td><td colspan="3">填写日期</td><td colspan="5"></td></tr>
<tr><td rowspan="2">编号</td><td rowspan="2">风险名称</td><td rowspan="2">发生位置</td><td rowspan="2">风险因素（可能成因）</td><td rowspan="2">风险损失（不利影响/危害后果）</td><td colspan="2">等级</td><td rowspan="2">风险等级</td><td colspan="6">处置负责单位</td><td rowspan="2">备注</td></tr>
<tr><td>概率</td><td>损失人</td><td>建设单位</td><td>设计单位</td><td>勘察单位</td><td>施工单位</td><td>监理单位</td><td>监测单位</td></tr>
<tr><td>1</td><td></td><td></td><td></td><td></td><td colspan="2"></td><td></td><td colspan="6"></td><td></td></tr>
<tr><td>2</td><td></td><td></td><td></td><td></td><td colspan="2"></td><td></td><td colspan="6"></td><td></td></tr>
<tr><td>3</td><td></td><td></td><td></td><td></td><td colspan="2"></td><td></td><td colspan="6"></td><td></td></tr>
<tr><td></td><td></td><td></td><td></td><td></td><td colspan="2"></td><td></td><td colspan="6"></td><td></td></tr>
<tr><td>填表说明</td><td colspan="13"></td></tr>
</table>

表 8-11　　　　**项 目 风 险 清 单**

工程项目					工程标段	
进展阶段	□规划阶段　□可行性研究阶段　□勘察设计阶段 □招投、采购阶段　□施工阶段					
参见单位	1. 投资人：　2. 施工单位： 3. 设计部门：　4. 监理单位： 5. 勘察部门：　6. 第三方检测单位： 7. 其他单位：					
风险类别	分部工程	风险名称	编码	风险等级	风险因素	备注
编制人					编制说明	
审核人					审核说明	
批准人					批准说明	
填表说明						

表 8-12　　　　**风 险 分 析 方 法 表**

分类	名称	适用范围
定性分析方法	检查表法	基于经验的方法，由分析人员列出一些项目，识别与一般工艺设备和操作有关的已知类型的有害或危险因素、设计缺陷以及事故隐患。安全检查表，可用于对物质、设备或操作规程的分析
	专家调查法（包括德尔菲法）	难以借助精确的分析技术，但可依靠集体的经验判断，进行风险分析，问题庞大复杂，专家代表不同的专业并没有交流的历史，受时间和经费限制，或因专家之间存在分歧、隔阂，不易当面交换意见
	“如果……怎么办”法	该方法既适用于一个系统，又适用于系统中某一环节，适用范围较广，但不适用于庞大系统的分析
	失效模式和后果分析法	可用在整个系统的任何一级，常用于分析某些复杂的关键设备

续表

分类	名称	适用范围
定量分析方法	层次分析法	应用领域比较广阔，可以分析社会、经济以及科学管理领域中的问题，适用于任何领域的任何环节，但不适应于层次复杂的系统
	蒙特卡罗法	比较适合在大中型项目中应用。优点是可以解决许多复杂的概率运算问题，以及适用于不允许进行真实试验的场合。对于那些费用高的项目或费时长的试验，具有很好的优越性。一般只在进行较精细的系统分析时才使用，适用于问题比较复杂、要求精度较高的场合，特别是对少数可行方案进行精选比较时更有效
	可靠度分析法	分析结构在规定的时间内、规定的条件下具备预定功能的安全概率，计算结构的可靠度指标，并且可以对已建成结构进行可靠度校核。该方法适用于对地下结构设计进行安全风险分析
	数值模拟法	采用数值计算软件对结构进行建模模拟，分析结构设计的受力与变形，并对结构进行风险评估，该方法适用于复杂结构计算，判定结构设计与施工风险信息
	模糊数学综合评判法	模糊数学综合评判法适用于任何系统的任何环节，其适应性比较广
	等风险图法	该方法适用于对结果精度要求不高，只需要进行粗略分析的项目，同时，如果只进行一个项目一个方案分析，该方法相对烦琐，所以该方法适用于多个类似项目同时分析或一个项目的多个方案比较分析时使用
	控制区间记忆模型	该模型适用于结果精度要求不高的项目，且只适用于变量间相互独立或相关性可以忽略的项目
	神经网络方法	适用于预测问题，原因和结果的关系模糊的场合或模式识别及包含模糊信息的场合。不一定非要得到最优解，主要是快速求得与之相近的次优解的场合；组合数量非常多，实际求解几乎不可能的场合，对非线性很高的系统进行控制的场合
	主成分分析法	该方法可适用于各个领域，但其结果只有在比较相对大小时才有意义
综合分析方法	专家信心指数法	同专家调查法
	模糊层次综合评估法	同模糊数学综合评判法
	工程类比分析法	利用周边区域的类似工程建设经验或风险事故资料对待评估工程进行分析，该方法适用于对地下工程进行综合分析
	事故树法	该方法应用比较广，非常适用于重复性较大的系统。在工程设计阶段对事故查询时，都可以使用该方法对它们的安全性作出评价。该方法经常运用于直接经验较少的风险辨识
	事件树法	该方法可用来分析是系统故障、设备失效、工艺异常、人的失误等，应用比较广泛。该方法不能分析平行产生的后果，不适用于详细分析
	影响图方法	影响图方法与事故树法适用性类似，由于影响图方法比事故树法有更多的优点，因此，也可以用于较大的系统分析
	风险评价矩阵法	该方法可根据使用需求对风险等级划分进行修改，使其适用不同的分析系统，但要有一定的工程经验和数据资料作为依据。它既适用于整个系统，又适用于系统中某一环节
	模糊事故树分析法	适用范围与事故树法相同，与事故树法相比，更适用于那些缺乏基本统计数据的项目

表 8-13　　风 险 记 录 表

<table>
<tr><td colspan="3">工程项目</td><td colspan="4"></td><td colspan="2">工程标段</td><td></td></tr>
<tr><td colspan="3">进展阶段</td><td colspan="7">□规划阶段　□可行性研究阶段　□勘察设计阶段
□招投、采购阶段　□施工阶段</td></tr>
<tr><td colspan="3">参见单位</td><td colspan="7">1. 投资人：　2. 设计部门：
3. 勘察部门：　4. 施工单位：
5. 监理单位：　6. 第三方检测单位：
7. 其他单位：</td></tr>
<tr><td colspan="3">填写人</td><td colspan="2"></td><td colspan="2">填写日期</td><td colspan="3"></td></tr>
<tr><td>序号</td><td>风险名称</td><td>位置或范围</td><td>风险描述</td><td>风险等级</td><td>风险处置措施</td><td>负责单位</td><td>实施时间</td><td>处置后风险等级</td><td>备注</td></tr>
<tr><td></td><td></td><td></td><td></td><td></td><td></td><td></td><td></td><td></td><td></td></tr>
<tr><td></td><td></td><td></td><td></td><td></td><td></td><td></td><td></td><td></td><td></td></tr>
<tr><td colspan="3">填表说明</td><td colspan="7"></td></tr>
</table>

表 8-14　　重大风险（Ⅰ级和Ⅱ级风险）处置记录表

<table>
<tr><td>工程项目</td><td></td><td>工程标段</td><td></td></tr>
<tr><td>风险名称及编号</td><td></td><td>发生位置</td><td></td></tr>
<tr><td>风险等级</td><td></td><td>风险描述</td><td></td></tr>
<tr><td>填写人</td><td></td><td>填写日期</td><td></td></tr>
<tr><td>处置单位</td><td colspan="3">1. 投资人：　2. 设计部门：
3. 勘察部门：　4. 施工单位：
5. 监理单位：　6. 第三方检测单位：
7. 其他单位：</td></tr>
<tr><td colspan="4">1. 风险处置措施
2. 现场监测与预警

签字（盖章）
年　月　日</td></tr>
<tr><td colspan="4">施工单位审核意见：

签字（盖章）
年　月　日</td></tr>
</table>

续表

投资人审核意见： 签字（盖章） 年 月 日	
设计部门审核意见： 签字（盖章） 年 月 日	
其他参与单位参阅意见： 签字（盖章） 年 月 日	
填表说明	施工单位填写后报送投资人与设计等单位，审核中各单位应填写意见

第四节 施工阶段的现场综合考评

一、目的

加强施工现场管理，提高管理水平，实现文明施工，确保工程质量、施工安全及成本节约。

二、依据

（1）绩效考核表。

（2）实地考察。

三、内容

（1）每一个项目部项目工程施工的全过程。

（2）对工程施工参与各方在施工现场中各种行为的评价。

（3）在工程施工现场综合考评中，施工单位的施工现场管理活动和行为占有绝大多数的权重，是最主要的考评对象。

项目现场综合管理成果考评的目的、依据、对象和负责考评的主管单位等概况见表 8-15。

表 8-15　　施工项目现场管理考评的概况

考评内容	内容说明
考评目的	加强施工现场管理，提高管理水平，实现文明施工，确保工程质量和施工安全
考评依据	现行《建设工程施工现场综合考评试行办法》
考评对象	（1）每一个建设工程及建设工程施工的全过程。 （2）对工程建设参与各方（投资人、监理、设计、施工、材料及设备供应单位等）在施工现场中各种行为的评价。 （3）在建设工程施工现场综合考评中，施工项目经理部的施工现场管理活动和行为占有90%的权重，是最主要的考评对象
考评管理机构及考评实施机构	（1）国务院建设行政主管部门归口负责全国的建设工程施工现场综合考评管理工作。 （2）国务院各有关部门负责所直接实施的建设工程施工现场综合考评管理工作。 （3）县级及以上地方人民政府建设行政主管部门负责本行政区域内的建设工程施工现场综合考评管理工作。 （4）施工现场综合考评实施机构（简称考评机构）可以在现有工程质量监督站的基础上加以健全或充实

项目现场综合考评的内容详见表 8-16。

表 8-16　　施工现场综合考评的内容

考评项目（满分）	考评内容	有下列行为之一则该考评项目为 0 分
施工组织管理（20 分）	合同的签订及履约情况； 总分包、企业及项目经理资质； 关键岗位培训及持证上岗情况； 施工项目管理规划编制实施情况； 分包管理情况	（1）企业资质或项目经理资质与所承担工程任务不符。 （2）总包人对分包人不进行有效管理和定期考评。 （3）没有施工项目管理规划或施工方案，或未经批准。 （4）关键岗位人员未持证上岗
工程质量管理（40 分）	质量管理体系； 工程质量； 质量保证资料	（1）当次检查的主要项目质量不合格。 （2）当次检查的主要项目无质量保证资料。 （3）出现结构质量事故或严重质量问题
施工安全管理（20 分）	安全生产保证体系； 施工安全技术、规范、标准实施情况； 消防设施情况	（1）当次检查不合格。 （2）无专职安全员。 （3）无消防设施或消防设施不能使用。 （4）发生死亡或重伤二人以上（包括二人）事故
文明施工管理（10 分）	场容场貌； 料具管理； 环境保护； 社会治安； 文明施工教育	（1）用电线路架设、用电设施安装不符合施工项目管理规划，安全没有保证。 （2）临时设施、大宗材料堆放不符合施工总平面图要求，侵占场道，危及安全防护。 （3）现场成品保护存在严重问题。 （4）尘埃及噪声严重超标，造成扰民。 （5）现场人员扰乱社会治安，受到拘留处理

续表

考评项目（满分）	考评内容	有下列行为之一则该考评项目为0分
投资人、全过程工程咨询单位的现场管理（10分）	有无专人或委托监理管理现场； 有无隐蔽工程验收签认记录； 有无现场检查认可记录； 执行合同情况	（1）未取得施工许可证而擅自开工。 （2）现场没有专职管理技术人员。 （3）没有隐蔽工程验收签认制度。 （4）无正当理由影响合同履约。 （5）未办理质量监督手续而进行施工

施工项目现场综合管理综合考评办法及奖罚见表8-17。

表8-17　　施工现场综合考评办法及奖罚

	主要条款
考评办法	（1）考评机构定期检查，每月至少一次；企投资人管部门或总包单位对分包单位日常检查，每周一次。 （2）一个施工现场有多个单体工程的，应分别按单体工程进行考评；多个单位工程过小，也可按一个施工现场考评。 （3）全国建设工程质量和施工安全大检查的结果，作为施工现场综合考评的组成部分。 （4）有关单位和群众对在建工程、竣工工程的管理状况及工程质量、安全生产的投诉和评价，经核实后，可作为综合考评得分的增减因素。 （5）考评得分70分及以上的施工现场为合格现场；当次考评不足70分或有单项得0分的施工现场为不合格现场。 （6）建设工程施工现场综合考评的结果应由相应的建设行政主管部门定期上报并在所辖区域内向社会公布
奖励处罚	（1）建设工程施工现场综合考评的结果应定期向相应的资质管理部门通报，作为对建筑业企业、项目经理和监理单位资质动态管理的依据。 （2）对于当年无质量伤亡事故、综合考评成绩突出的单位予以表彰和奖励。 （3）对综合考评不合格的施工现场，由主管考评工作的建设行政主管部门根据责任情况，可给予相应的处罚。 （4）对建筑业企业、监理单位有警告、通报批评、降低一级资质等处罚。 （5）对项目经理和监理单位有取消资格的处罚。 （6）有责令施工现场停工整顿的处罚。 （7）发生工程建设重大事故的，对责任者可给予行政处分，情节严重构成犯罪的，可由司法机关追究刑事责任

第五节　项目施工组织协调

一、目的

施工阶段参建单位众多，各参建单位均要实现各自的目标与利益，各参建单位处理事情的角度与习惯也不尽相同，并且不少工作成果往往是多个参建单位共同努力的结果，所以各参建单位之间的沟通、协调必不可少。全过程工程咨询单位是各参建单位工程管理工作的集成者，所谓集成，在很大程度上就是指为了实现项目总目标，积极主动实施沟通、协调，调动各参建单位积极性，将各参建单位形成目标一致、步调协调的整体，排除各项干扰，协调各项矛盾，使施工顺利进行。一个成功的全过程工程咨询单位最主要的任务之一就是充分发挥自己的沟通能力，开展沟通和组织协调工作，使全过程工程咨询单位更加合理和高效地工作，使各参建单位为实现项目总目标努力奋斗。沟通是组织协调的信息保证和手段，没有良好的沟通就不会有效地协调；组织协调是沟通的目的之一，也是沟通过程的基本内容，没有协调的需求，沟通则失去方向。所以沟通和组织协调是有机的整体，不可分割。

项目沟通管理主要体现在全过程工程咨询单位协助配合投资人、施工单位以及其他参与方进行沟通，对相关信息的收集和传递，信息收集的准确性、及时性和全面性对项目实施的影响非常大。信息传递的时效性、对称性、确认性以及传递的方法，小则影响工作效率，大则影响工期和造价，甚至引发争议和诉讼。比如，环境管控文件、停水停电通知、道路限行公告等这些外部信息都是全过程工程咨询单位必须及时准确收集和传递的，否则都可能从技术上、质量上、进度上对工程产生影响，并且易引起“非承包商原因”引发的争议和索赔。因此，上传下达无障碍沟通，能够及时准确地实现利益相关者的意图，最终达到项目利益相关者的目标，是项目沟通管理的目的。

二、原则

建设工程项目主要包含三个主要的组织系统，即项目业主、承包商和监理，而整个建设项目又处于社会的大环境中，项目的组织与协调工作包括系统的内部协调，即项目业主、承包商和监理之间的协调，也包括系统的外部协调，包括政府部门、金融组织、社会团体、服务单位、新闻媒体以及周边群众等的协调。项目组织协调工作包括人际关系的协调、组织关系的协调、供求关系的协调、配合关系的协调、约束关系的协调。各种关系的协调均应遵守以下原则。

（1）守法原则。守法是组织与协调工作的第一原则。协调必须以事实为依据，以有关的法律法规规章和标准规范、工程建设文件、有关的建设工程合同为准绳。只有这样，才能做好组织与协调工作，才能确保工程建设实现自己的目标。

（2）公正原则。组织协调要维护公正原则，这既是对监理企业的一个基本要求，也是监理单位从事监理工作必须遵循的原则。监理人要站在项目的立场上，公平地处理每一起纠纷，一切以最大的项目利益为原则，维护合同双方的利益，做到不偏不斜，只有这样，才能确保工程建设实现自己的目标。

（3）一致原则。所谓一致是指协调与控制目标一致。在工程建设中，应该注意质量、工期、投资、环境、安全的统一，不能有所偏废。只有协调与控制的目标一致，才能保证协调不脱离建设目标。与此同时，要把工程的质量、工期、投资、环境、安全统一考虑，决不允许强调某一目标而忽视其他目标。

（4）动态原则。在工程建设中，随着运行阶段的不同，所存在的关系和问题都有所不同，因此，协调工作应根据不同的发展阶段，及时、有效地沟通关系、化解矛盾，提高项目运行的效率和效益。

三、作用

1. 纠偏和预控错位

施工中经常出现作业为偏离合同和规范的标准，如工期的超前和滞后、后续工序的脱节，由于设计修改、工程变更和材料代用给下阶段施工带来的影响变更，以及地质水文条件的突然变化造成的影响，或人为干扰因素对工期质量造成的障碍等，都会造成计划序列脱节，这种情况在作业面越广、人员越多时发生的概率就大。监理协调的重要作用之一就是及时纠偏，或采用预控措施事前调整错位。

2. 控制进度的关键是协调

在建设施工中，有许多单位工程是由不同专业的工程组成的，通常又都是分别由专业化施工队进行施工，这必然就存在着多类工程的相互衔接和队伍间相互协作的问题，而进度控制的关键是搞好协调。

3. 协调是平衡的手段

多支施工队伍必然存在着一定的协调问题，在一些工程施工过程中，一项工程往往有许多队伍同时上阵，形成会战局面，既有总包又有分包，既有纵向串接又有横向联合，各自均制订有作业计划、质量目标，而集中这些计划后，必然存在一个协调问题。作为监理工程师，从工程内部分析，既有各子系统之间的平衡协调，又有投资、质量、进度三类工程的平衡协调，还有队伍之间的协调。此外，还有上下之间、内外之间的一些协调。总之，由于监理工程师在工程项目中的特殊地位和现场项目管理中的核心作用，必须突出其“协调”功能。

四、范围

监理进行协调的范围包括监理内部协调和项目参建各方之间的协调，具体包括人员之间关系协调，项目实施过程中人、材、物、技术、管理等方面的协调，项目各方组织分工与配合的协调等。

五、内容

管理实践证明，在工作中出现矛盾常常是由于信息不畅通，在建设的过程中各有关单位自行其是造成的。因此，我们必须建立有效的沟通体系，通过有效的协调，使信息在整个工程建设的系统中得到良好的传递。尤其要做好与业主、监理、施工、设计的沟通管理，一般工程项目协调内容如下。

1. 与业主之间的协调

监理单位接受业主的委托对工程项目进行监理，因此要维护业主的法定权益，尽一切努力促使工程按期、保质、尽可能低的造价建成，尽早使业主受益。因此，监理工程师应充分尊重业主，加强与业主及其驻工地授权代理的联系与协商，听取他们对监理工作的意见。在召开监理工作会议、延长工期、费用索赔、处理工程质量事故、支付工程款、设计变更与工程洽商的签认等监理活动之前，应征求业主的同意。当业主不能听取正确的意见，或坚持不正当的行为时，监理工程师应采取沟通、说服与劝阻的方式，不可采取硬顶和对抗的态度，必要时可以发出备忘录，以记录在案并明确责任。但应坚持原则，业主对工程的一切意见和决策必须通过监理工程师后再实施。否则监理工程师将失去监理协调工作的主动权。监理工程师要以自己的工作及成果赢得业主的支持和信任，这是沟通的基础条件。

（1）与业主的请示、报告一般应通过项目总监进行，以保证传递信息的完整、统一。

（2）项目总监应直接向业主代表请示、汇报工作。

（3）向业主提交的报告、发文等均应经项目总监审核批准并加盖项目部公章后才能发出，发文应有专门立档的签收记录表和有关人员签字。

（4）业主给项目部的批示、发文等应单独立档保存。

（5）指导日常工作的月、周工作计划，管理月报由信息工程师准时报送业主。

（6）及时收集业主的反馈意见，对业主的投诉和不满应及时向主管领导和总经理汇报，并做出相应处理。

（7）与业主方领导的不定期沟通，及时协调处理有关问题。

2. 与承包单位之间的协调工作

监理机构与承包单位之间是监理与被监理的关系。监理机构按照有关法令、法规及施工合同中规定的权利，监督承包单位认真履行施工合同中规定的责任和义务，促使施工合同中规定目标实现。在涉及承包单位的权益时，应站在公正的立场上，不应损害承包单位正当权益。在施工过程中监理工程师应了解和协调工程进度、工程质量、工程造价的有关情况，理解承包单位的困难，使承包单位能顺利地完成施工任务。对工程质量必须严格要求、一丝不苟，当不符合设计文件及施工技术规范要求时，监理工程师一定要拒绝验收、拒绝支付工程款。专业监理工程师与承包单位各专业施工技术人员之间、总监与项目经理之间，都应加强联系、加强理解、互通信息、互相支持，但应注意限度，保持正常工作关系。

（1）监理、施工单位的沟通一般通过会议、发文及口头等方式，按专业对口的原则进行。

（2）对施工单位现场质量、进度的问题，一般应通过监理单位处理，必要时可组织有业主、施工单位参加的专题会。

（3）邀请业主参加由总监理工程师组织各相关方的监理交底会、工程例会，在施工现场应注意维护监理工程师的权威和尊严。

（4）对施工单位的指示和安排，一般应由监理单位发布和安排。

（5）对分包单位现场质量与进度的管理，一般应通过总包进行。

（6）与各方的收、发文件均应单独立档保存。

3. 协调业主与承包单位之间的工作

协调业主与承包单位间的工作是监理现场协调的重点，也是监理协调工作的主要方面。

本工程体量大，参建单位众多，业主与众多承包单位之间的协调工作量非常大，也有可能出现矛盾、焦点而导致工作进展受挫，因此需要监理在其中起到协调作用，帮助业主正确处理好关系。工程能否按计划实施，业主与承包单位做到同心同力，其内部的工作配合十分重要。主要包括对工程质量是否认同一致，对工期控制与管理认可，对施工环境变异的看法，对施工用材料、设备等的采购形式、指定分包等承包单位能否接受，施工索赔与反索赔，设计变更及工程变更，现场文明与安全施工和管理，工程付款等诸多方面。而这些方面的协调工作主要由监理部承担。

如果在协调中业主和承包单位不能达成一致意见，监理首先要求承包单位在保证安全、质量的前提下继续施工，不能耽误工期，其他问题可以搁置的先暂时搁置，待时机成熟再处理；如果不能搁置急需处理的，则应立即采取协商、讨论等形式予以解决。在任何时候、任何场合不允许承包单位以争议、协调问题为借口而降低工程质量标准、安全标准、拖延工期。对不服从管理的承包单位，监理将采取相应的合同、经济等措施予以管理。

4. 与设计单位的协调工作

监理单位与设计单位之间虽只是业务联系关系，但围绕在建工程项目，双方在技术上、业务上有着密切的关系，因此设计工程师与监理工程师之间、总监与工程项目设计主持人之间，应互相理解与密切配合。监理工程师应主动向设计单位介绍工程进展情况，充分理解业主、设计单位对本工程的设计意图，并促其圆满地实现。如监理工程师认为设计中存在不足之处，则必须通过业主和设计单位。同时监理工程师应配合设计单位做好设计变更、工程洽商工作。

5. 与建设工程质量监督部门之间的协调工作

建设工程质量监督部门与监理单位之间是监督与配合的关系。工程质量监督部门作为受政府委托的机构，对工程质量进行宏观控制，并对监理单位工程质量行为进行监督。监理机构应在总监的领导下认真执行工程质量监督发布的对工程质量监督的意见，监理应及时、如实地向工程质量监督部门反映情况，接受其监督。总监应与本工程项目的质量监督负责人加强联系，尊重其职权，双方密切配合。总监应充分利用工程质量监督部门对承包单位的监督强制作用，完成工程质量的控制工作。

（1）应充分了解、掌握政府各行业主管部门的法律、法规、规定的要求和相应办事程序，在沟通前应提前做好相应的准备工作（如文件、资料和要回答的问题），做到“心中有数”。

（2）充分尊重政府行业主管部门的办事程序、要求，必要时先进行事先沟通，决不能“顶撞”和敷衍。

（3）发挥不同人员的相应业绩关系和特长，不同的政府主管部门由不同的专人负责协调，以保持稳定的沟通渠道和良好的协调效果。

6. 与供货单位之间的协调工作

在现有体制下，很多工程建设项目的大宗材料设备均由建设单位采购，两者间有合同关系。这就要求监理工程师与供货单位发生关系，首先要以监理合同为依据，分清是否是委托监理范围之内的验货，若是则应由业主在签订采购合同时，明确监理责权，监理机构按正常监理工作执行，特殊情况明确驻厂（场）监理，进行过程监督检查。对非委托监理的范围应协调供货单位与承包单位的各种关系，如进场时间、场地、垂直运输、保管、防护等；应要求双方签订配合协议，并依此进行协调。

7. 项目监理机构内部的协调工作

监理部承担施工现场的“三控三管”的责任，目的是保证工程项目目标的如期实现。为了很好有效地展开监理工作，需要树立监理对现场管理问题上的权威，发现现场的施工质量、进度问题，能及时地与有关各方进行沟通协商，坚持通过监理给施工单位发出相应的工作指令，同时，充分发挥监理在现场施工质量、工期和工程量计量方面的监督管理作用，尤其是现场施工重大问题的处理与决策，事先双方要力争能协商一致。

要做好上述工作，监理要加强自身素养。需要全面掌握设计内容，了解业主意图，对工程管理做到心中有数；要掌握各承包单位所承担的任务内容、大小、难易程度、采用的主要施工工艺、机具以及工程的施工进度计划；要熟知各个分包合同，对分包单位可能出现的矛盾，进行预先分析，在工作中发现矛盾应及时加以解决；要抓好施工关键部位，以及各施工单位的衔接界面，以避免和减少因工作划分不清引起的各种矛盾；此外要重视开好工程例会、等各种会议，做到会前有准备、会中有重点、会后有检查，确保组织协调工作的效果。

六、某工程项目施工协调方案举例

1. 项目组织协调的原则与方法

（1）项目沟通协调的原则。项目管理小组的沟通协调管理是对项目中存在的所有活动及力量进行联结、联合、调和的工作。沟通协调是管理机构管理工作的重要方面，做好沟通协调管理工作应有系统观念和风险意识，加强信息管理，不断总结沟通协调技巧。项目管理小组做好沟通协调工作首先应科学设置好沟通协调控制点，以预先设定的方法对有关问题进行沟通和协调。

1）完善工程项目的计划系统。计划是做好沟通协调管理的基本保证。计划的内容主要有工期、投资（或成本）和资源三个方面，计划与各方面的协调关系有：各级计划之间的协调；计划上与设计、下与控制手段之间的协调；各种内容计划之间的协调，如资金、材料、人力、设备以及批文的协调等。

2）掌握项目运行的节奏。对于新的专业技术应用，物资采购初期等，工程项目管理小组应有“试验”的意识，应适度控制有关工程的进度。这是基于系统以及风险认识的考虑。应在取得一定数据或根据后上报。

3）重复或多次保险的方法。基于对风险的认识，对于特别重要的工作，应在组织、技术等方面进行重复或多次保险，如多级审核，对重要参数的多次确认等。例如，在物资采购、订制中，在与供应商签订合同，对方采购原材料、正式加工等各阶段前，对要求提供的物资数量、规格进行多次确认生效下，就给偶然的错误及可能的变更留下余地。

4）避免管理中的“责任环”。基于对风险的认识，项目负责人应尽量避免在管理中出现“责任环”，即项目组织成员之间的相互责任关系形成环路的情况。

5）把握沟通协调文件中的“责任尺度”。项目负责人应根据有关责任的分权性原则，对各种工作选择合理与适当的文件形式进行协调。除了合同条款外，可将协调文件按责任大小做如下排序：单独设计或者提供参数，以及会议记录的整理方，承担全部责任；共同签署类，如共同设计、会签等，各方承担相应责任；通知、会议记录的接收方，承担有条件责任：根据合同接收文件一定期限内不提出异议，可视为认可。

6）避免“跨合同”管理。合同关系是沟通协调的最基本依据。基于对风险的考虑，项目负责人应尽量避免自己“跨合同”管理行为，严防因“跨合同”管理而造成“责任环”。

7）对合同风险的全面控制。项目负责人对合同风险应做出全面的评估与控制。例如，合同中关于工期的奖惩条款（包括设备供应商供货期限）其设置的目的在于使对方的违约不致影响项目总工期以及项目总体效益。

8）发挥“信息中心”的职能。项目负责人对信息的输入、输出、处理和存储的管理，应做到程序化、制度化。为使项目参与者在项目起始就清楚应从何处取得信息，清楚组织内由谁负责信息的处理和存储，清楚谁需要自己提供信息和控制点。

（2）组织协调的方法。

1）项目管理协调的主要方法：召开会议。项目负责人和工程项目干系部门之间除了正式和非正式会谈外，为保证沟通的连续性并为以后作好记录，应在合同的执行全过程中举行经常性的正式会议；可以计划在任何时间召开会议，以解决问题；重要会议应定期举行，并在合同开始后确定。主要会议如下。

a. 项目启动会。

主持：项目负责人。

与会：工程部、市场部、安质部、物流部、业务部、外包单位、材料设备供应单位。

内容：项目情况介绍；项目编号确认；澄清项目中可能存在的问题；协调各方解决。

b. 周例会时间：（例如每周四下午 3 点）。

主持：项目负责人。

与会单位：项目干系各部门。

内容：上周项目回款开票情况说明；工程进度说明；采购进度情况说明；包括且不限于质量控制和审查议题、安全议题、定期进度审查议题和业务部门/承包单位协调议题等。

c. 质量控制和审查会议（不定期）。主要议题是针对工程中发现的质量问题进行讨论，根据规范，提出解决的方案；对业务部门/承包单位提交的施工方案进行审查批准。

d. 业务部门/承包单位协调会（不定期）。承包单位协调会议将按要求安排，以讨论需要承包单位协调的问题。

e. 定期进度审查（每周）。该会议将着重讨论并解决业务部门/承包单位施工过程面临的问题，审查承包单位的工作，评估工作进度和计划，协调相关各方的活动。通常这些会议，要求用最小的投入获得最大的产出。

f. 安全会议。主要议题是针对施工中发现的安全问题提出警示，要求相关部门及时做出改进。

g. 特殊会议（不定期）。特殊会议将按要求安排，以讨论非正常问题等。视问题的性质确定参加人员，会议形成纪要或报告归档。

h. 合同收尾会议（不确定时间）。当合同工作完成或其后不久，项目负责人及其他项目干系部门负责人和承包单位应举行合同收尾会议。此会议的目的是对所有遗留问题，如合同变更、回款开票最终支付数额等达成协议。

i. 其他会议。可能需要召开的与工程相关的会议（如与当地政府职能机关举行的协调会议、设计交底会等，不确定时间）。

通常会议将安排在现场，但是，如需要则承包单位应参加在其他地点召开的会议。

业务部门/承包单位出席各类工程会议的代表必须是承包单位项目经理或其授权的相关人员。

j. 会议纪要。项目负责人将为上述所有会议准备会议纪要。会议纪要将记录会中所有重要议题并尽快送工程施工单位确认。工程施工单位确认后将被正式散发。

2）文档控制的方法。项目负责人和工程项目干系部门之间除了会谈、会议外，为保证沟通的连续性和易评估性，应在合同的执行全过程中用文档作为输出作为控制项目的一种方法。主要以项目推进计划、周报、总结、问题清单等信息资料为媒介，以合理规范推进项目进程。主要文档输出如下。

a. 项目推进计划（项目启动阶段输出）。

作者：项目负责人。

内容：项目开始及结束时间确定；项目各阶段任务确定；项目合作方式确定；项目可能存在的问题澄清；解决问题的方式确定；项目各阶段各部门输出文件确定。

b. 项目周报：（每周五下午 3 点输出）。

作者：项目负责人。

内容：对上周财务方面（开票回款）、上周物流方面（采购进度）、上周工程方面（工程项目类执行进度/贸易产品项目类进展情况）、上周业务方面（项目承担情况，对上周投标项目、项目承担情况，含本周投标情况、中标情况及未经投标确认由我公司承担的项目汇报）、风险管理情况、包括且不限于质量控制和审查议题、安全议题等按照标准规格进行输出。

c. 项目总结（项目结束阶段输出）。

作者：项目负责人。

内容：项目信息说明（项目目标、商业环境信息、历史数据）；项目实现情况与目标对比（质量、时间控制、成本支出、客户反馈）；工程项目评审情况；项目经验总结；项目建议。

d. 文档审批。

项目负责人将负责审核批准上述文档。

3）技术会签的方法。对项目实施过程中提出的技术参数或设计文件，组织有关部门、单位进行会签的方法，此方法是避免部门间推诿和单位间索赔的很实用的协调方法。

（3）项目沟通协调的主要控制点。

1）项目预审。工程项目各个环节的审批，根据历史数据及实际情况评估等的沟通协调。

2）开票回款。对工程项目开票回款情况方面与各单位之间协调和沟通。

3）材料、设备采购。其规格、型号、数量、技术要求、到场时间等参数由物资、工程技术、项目管理及监理等综合、协调确定。

4）质量事故处理。其性质的判定、处理方案、审批以及处理结果的认定，以设计意见为依据。改变项目使用功能的，应以使用人意见为导向。

5）联合验收。对于技术复杂专业程度较高的分部分项工程，如设备基础、单体调试、单系统联合调试，应组织所有有关部门和单位参加，以减少多次重复验收或坐失整改时机。

6）对于变更、变动的管理。项目系统中任何元素的变化，如项目管理体系、项目组织、项目目标及行为的变化，必然导致相应的一系列变化。项目管理小组在变更的确立、变更中的一系列调整过程中，要采取系统的方法。

2. 项目组织协调、沟通的范围

（1）与工程部门协调。项目负责人首先要理解工程总目标、理解工程部门运行项目流程机制。对于未能参加项目决策过程的项目管理人员，必须了解项目构思的基础、起因、出发点，否则可能对项目管理目标及完成任务有不完整的理解，会给他的工作造成很大的困难。

（2）与市场部门的协调。协调市场部门与其他相关部门的关系。

（3）与安置部门的协调。要求安置部门全面负责工程项目安全质量监督管理、检验设备材料质量、督促按计划落实工程进度、监督项目违纪行为，每月初报送项目月报。

（4）与业务部门的协调。坚持原则，实事求是，严格按规范、规程办事，讲究科学态度。

（5）与物流部门的协调。项目管理人员在管理工作中应强调各方面利益的一致性和建设工程总目标：项目管理人员应鼓励承包商将建设工程实施状况、实施结果和遇到的困难和意见向其汇报，以寻求对目标控制可能的干扰。双方了解得越多越深刻，管理工作中的对抗和争执就越少。

协调不仅是方法、技术问题，更多的是语言艺术、感情交流和用权适度问题。有时尽管协调意见是正确的，但由于方式或表达不妥，反而会激化矛盾；而高超协调能力则往往能起到事半功倍的效果，令各方面都满意。

（6）施工阶段协调工作的主要内容如下。

1）与工程项目经理关系协调。从工程部门及其工程师的角度来说，他们最希望从项目负责人员处得到明确而不是含糊的指示，并且能够对其询问的问题给予及时的答复；希望项目负责人员的指示能够在他们工作之前发出。一个既懂得坚持原则，又善于理解工程部门项目经理的意见，工作方法灵活，随时可能提出或愿意接受变通办法的项目管理人员肯定是受欢迎的。

2）进度问题的协调。由于影响进度的因素错综复杂，因而进度问题的协调工作也十分复杂。实践证明，有两项协调工作很有效：一是代建和业务部门双方共同商定计划，并由双方主要负责人签字，作为工程合同的附件；二是设立提前竣工奖，由监理工程师按一级网络计划节点考核，分期支付阶段工期奖，如果整个工程不能保证工期，则由项目管理人从工程款中将已付的阶段工期奖扣回并按合同规定予以罚款。

3）质量问题的协调。在质量控制方面应实行安置部门工程师质量签字认可制度。没有出厂证明、不符合使用要求的原材料、设备和构件，不准使用；对工序交接实行报验签证，对不合格的工程部位不予验收签字，也不予计算工程量，不予支付工程款。在建设工程实施过程中，设计变更或工程内容的增减是经常出现的，有些是合同签订时无法预料和明确规定的。对于这种变更，安置工程师要认真研究，合理计算价格，与有关方面充分协商，达成一致意见。项目负责人员履行复查、监督职责。

4）合同争议的协调。对于工程中的合同争议，项目管理小组应先通过相关部门采用协商解决的方式，协商不成时才由当事人向合同管理机关申请调解。只有当对方严重违约而使自己的利益受到重大损失且不能得到补偿时才采用仲裁或诉讼手段。如果遇到非常棘手的合同争议问题，不妨暂时搁置等待时机，另谋良策。

5）对外包单位的管理。主要是对分包单位明确合同管理范围，分层次管理。将总包合同作为一个独立的合同单元进行投资、进度、质量控制和合同管理，不直接和分包合同发生关系。对分包合同中的工程质量、进度进行直接跟踪监控，通过总包商进行调控、纠偏。分包商进行中发生的问题，由总包商负责协调处理。当分包合同条款与总包合同条款发生抵触时，以总包合同条款为准。此外，分包合同不能解除总包合同所承担的任何责任和义务。

（7）与政府部门及其他单位的协调。重大质量事故，在工程部及相关部门采取急救、补救措施的同时，应立即向政府有关部门报告情况，接受检查和处理。

第九章 工程项目施工咨询案例

某高原高寒地区演艺中心项目全过程工程咨询案例

一、项目概况

某景区演艺中心项目，建筑面积 24286.13m²，工程类别为房屋建筑（文化观演类综合体），工程造价 21585 万元。

1. 项目概况

某景区演艺中心包含 1 号、2 号楼两栋单体建筑，位于四川省甘孜州稻城县，距日瓦镇 2～3km。施工承包范围包括建筑、结构、给水排水、电气（含强弱电）、暖通、舞台机械设备、观众厅声学设计、室内装修、室外景观等。子项 1 号楼为演艺中心，建筑面积约 20328.62m²，檐口高度 23.9m，地上 5 层，地下 1 层，建筑使用性质为文化观演，观众座位 1544 个。2 号楼为员工宿舍，建筑面积：3957.51m²，地上 4 层，地下 1 层。

2. 建设意义

近年来，此地区加强旅游业转型升级，着力推动产业融合发展、构建“全域旅游”大格局，使得旅游产业核心竞争力不断提升，旅游收入对 GDP 的贡献率达到 50%。本项目所在地是外来游客抵达景区的必经之路，该项目的建设有利于进一步推动景区开发建设，对打造国际精品旅游区有着积极的作用。演艺中心建成后，将作为保护甘孜境内的民间音乐、民间舞蹈、传统戏剧等非物质文化遗产的重要阵地，向游客展示、传承具有特色的非物质文化遗产节目，能够让游客欣赏、体验到原汁原味的民间乐舞与传统戏曲，有利于提高某景区的吸引力。

3. 计价特点

本项目为 BT 模式，招商人按 4∶3∶3 比例，三年内完成回购。综合单价为依据《建设工程工程量计价规范》（GB 50500—2013）和四川省 2009《建设工程工程量清单计价定额》及相关配套文件规定组价（其中材料单价由发包人认质核价），工程量按施工图设计文件及批准的施工组织设计和方案按实计算。

4. 专业特点

本项目造型较复杂，具有很强的艺术性及民族特色，包含异形大跨度钢结构工程，且在舞台控制系统方面专业要求很高。

5. 管理特点

本项目建设单位某旅游开发有限责任公司，擅长的是旅游开发、管理及文化艺术的经营管理，对工程项目基本建设程序、承发包合同管理、设计管理、施工管理、投资控制等力量相对薄弱。

6. 地域特点

本项目位于少数民族聚居区和风景名胜区，对自然环境的保护要求严格，且存在人工及机械降效、材料运输距离长、运输费用高的情况。

7. 咨询工作重点

上述特点决定了本项目的咨询单位不仅要擅长投资控制，更需要做好以下咨询工作：①协助建设单位规范基本建设程序、完善项目管理制度；②协助建设单位对设计、施工、监理等参建单位的履约情况进行管理；③加强对各种设计方案和施工方案进行比选优化；④加强过程中的验收、收方，验证设计文件和施工方案的实施情况；⑤加强地材来源和特殊材料设备调查，准确核实材料设备单价；⑥帮助委托人规范存档资料。

8. 项目实施成效

在批复的规模（30164m^2）和投资额（估算投资 21000 万元，实际投资略有增加，未超 10%）范围内实现了项目决策所确定的经济、社会、环境效益目标。

二、咨询服务范围及组织模式

1. 咨询服务的业务范围

某咨询公司在本项目受建设单位委托，提供从设计阶段到竣工结算的全过程工程咨询，咨询合同约定的业务范围主要包括以下几项。

（1）审核项目设计概算。

（2）限额设计、设计优化造价咨询。

（3）分包合约规划与招采策划、招标代理。

（4）编制和审核施工图预算。

（5）施工阶段过程控制包括：造价控制；施工方案和措施优化；设计变更经济分析；合同管理、合同造价条款变更、管理；参与现场隐蔽验收及材料进场验收；预付款、进度款、变更款、索赔款审核；材料、设备价咨询。

（6）配合竣工验收，审核工程竣工结算、规范存档资料。

2. 咨询服务的组织模式

对于本全过程工程咨询项目，该咨询公司为本项目成立固定项目团队驻场进行咨询服务，及时处理项目在技术、经济、管理、法律方面的问题，公司董事长作为总协调人，负责为项目协调各类人员、设备、类似项目数据库的支持。项目负责人作为对外联络人及团队组织者以及质量第一级复核，项目负责人受总协调人领导。专业总监提供各专业第二级复核。公司总工办为项目团队提供技术支持及质量控制，作为第三级复核。

公司设计、招投标、法律、施工、监理、会计方面的专家团队是项目强有力的后台支持，为项目全过程控制中遇到的相关问题提供专业的建议。

（1）项目组织结构图如图 9-1 所示。

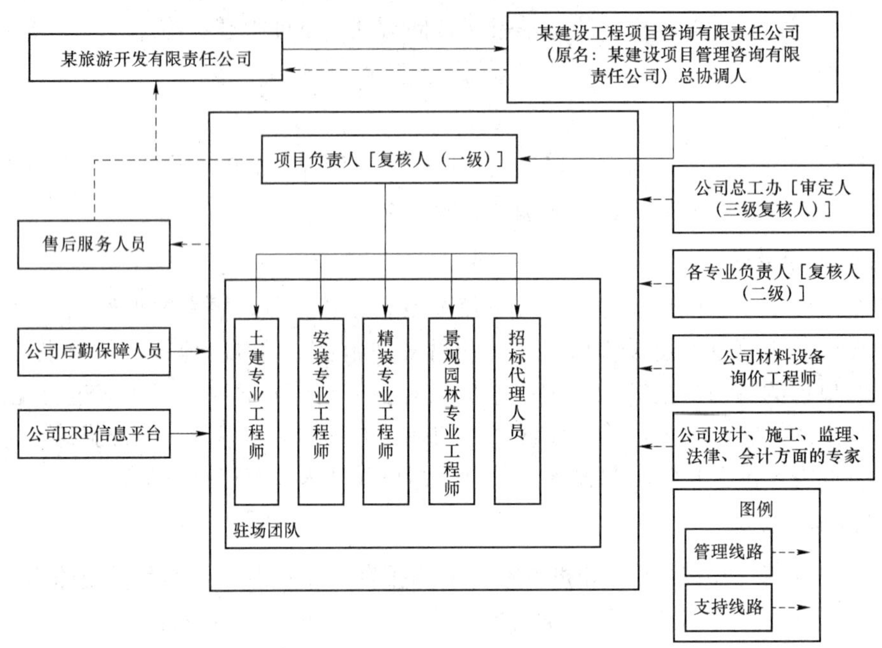

图 9-1 项目组织结构图

（2）实施人员名单、在本项目任职及工作职责见表 9-1。

表 9-1 人员配置及工作职责表

序号	姓名	职务	职责	备注
1	明某某	总协调人	负责项目总体协调，解决重大问题	
2	刘某某	项目负责人	对外联络人及团队组织、统筹全过程咨询各管理事项，以及咨询质量第一级复核，并负责项目合同管理方面的工作	阶段性驻场
3	王某某	土建专业工程师	负责 1 号楼土建算量计价，对项目的设计、实施管理过程提出与土建专业相关的咨询建议	阶段性驻场
4	彭某某	土建专业工程师	负责 2 号楼土建算量计价	阶段性驻场
5	刘某某	土建专业工程师	负责 1 号、2 号楼钢结构算量计价	阶段性驻场
6	黄某某	土建驻场工程师	负责过控现场日常事务，如现场巡查、收方、隐蔽工程取证、材料进场检查、签证变更测算、各类台账建立、过控日志记录、填报周（月）报	全程驻场
7	王某某	土建驻场工程师	负责过控现场日常事务，如现场巡查、收方、隐蔽工程取证、材料进场检查、签证变更测算、各类台账建立、过控日志记录、填报周（月）报	全程驻场
8	程某某	安装专业工程师	主要负责安装工程强电方面的算量、计价、驻场测算，对项目的设计、实施管理过程提出与安装专业相关的咨询建议	全程驻场

续表

序号	姓名	职务	职　责	备注
9	王某某	安装专业工程师	主要负责安装工程弱电、消防的算量、计价、驻场测算，对项目的设计、实施管理过程提出与安装专业相关的咨询建议	全程驻场
10	邵某某	装饰专业工程师	负责精装工程的算量、计价，对项目的设计、实施管理过程提出与装饰专业相关的咨询建议	阶段性驻场
11	高某某	装饰专业工程师	负责精装工程的算量、计价，对项目的设计、实施管理过程提出与装饰专业相关的咨询建议	阶段性驻场
12	杨某某	招标代理人员	负责招标代理相关工作	招投标阶段

3. 咨询服务工作职责

本项目建设单位人员主要擅长的是旅游开发、管理及文化艺术的经营管理，基本建设程序、承发包合同管理、设计管理、施工管理、投资控制等力量相对薄弱：设计单位主要侧重于项目技术上的实现；监理单位主要侧重于实施过程中的质量、安全监督。

该咨询公司作为建设单位委托的全过程工程咨询单位，是以投资控制为主线，将上述单位职能进行综合，同时协助甲方对设计、监理在履行合同过程中涉及项目效益的行为进行管控。对项目设计、招投标、合同、验收、签证、变更、价款支付等事项进行全过程控制，最终实现项目全生命周期成本最优的目标。

三、咨询服务的运作过程

1. 总体思路

本项目的过程咨询是从设计阶段介入的，从项目投资控制角度而言，越早介入效果越好，决策阶段、设计阶段、发承包阶段、实施阶段、结算阶段，对项目投资的影响程度是依次递减的。因此，本项目的全过程咨询思路是：加强设计阶段测算和方案比选、设计优化；加强招投标阶段策划、招标文件及合同条款的设置，合理分配风险；加强过程中的精细化管理和证据收集，为结算打下坚实基础；发现问题及时向委托人汇报并提出处理建议，并通过周报（月报）定期向委托人反映全过程咨询情况。

为保证项目服务目标的达成，本全过程工程咨询的运作过程是采用 PDCA 循环的机制，即计划、执行、检查、处置，重点在于前期的计划安排及执行过程中的检查纠正。

具体来说，计划及交底使全体参与人员明确：要达到的目标，在什么时间需要做什么事，每个人的职责分工是什么，项目的重难点以及三级复核各级关注点，质量偏差及时限延误所需承担的处罚等内容。

而全程跟进的过程复核则将随时掌控项目的质量与进度，将问题处理在过程中。

上述工作过程都基于公司的 ERP 信息平台，得以将现场工作人员与公司后台专家连接在一起，并提供类似项目数据库作经验、指标及价格的参考。

2. 运作过程

（1）公司董事长亲自作为分管领导，保持对委托人需求及项目进展的关注，保证人力物力资源调配的力度。

（2）指定专业配置齐全相对固定的项目执行团队，保证工作的延续性以及对特定委托人要求的熟悉程度。

（3）收集整理委托人内部管理制度、项目所在地区的相关制度文件，并对全体相关人员做交底、培训。

（4）根据项目实施进度，按项目规模、专业、时限要求组织人员实施各项咨询内容。

（5）以公司类似项目数据库作支撑，提供特殊材料、设备价格的参考。

（6）过程中加强全程三级复核，随时跟踪项目进度和质量情况，最终达到在要求的时限内出具符合质量标准的成果文件。

（7）事后内部对项目进行总结，并向委托人进行回访，特别关注需要改进的地方，以期服务质量不断提高。

对应的控制措施包括：人员岗位职责的约束机制；ERP 信息平台的监控措施；三级复核对于服务及成果质量的打分、打分结果与绩效工资挂钩的绩效考核制度；企业文化对员工内在动力的引导；技术培训对员工技能提高的保证措施等。

3. 各项咨询服务遵照的规范、标准

（1）《建设工程造价咨询规范》（GB/T 51095—2015）。

（2）《建设项目设计概算编审规程》（CECA/GC 2—2015）。

（3）《建设项目工程结算编审规程》（CECA/GC 3—2010）。

（4）《建设项目全过程造价咨询规程》（CECA/GC 4—2009）。

（5）《建设项目施工图预算编审规程》（CECA/GC 5—2010）。

（6）《建设工程招标控制价编审规程》（CECA/GC 6—2011）。

（7）《建设工程造价咨询成果文件质量标准》（CECA/GC 7—2012）。

四、咨询服务的实践成效

该景区演艺中心项目全过程工程咨询，从设计阶段至竣工结算全过程，以投资控制为核心，帮助委托人规范基本建设程序、进行承发包合同管理、设计管理、施工管理、投资控制，保证项目顺利实施，规范了项目资料，使资料与实际相符，保证了结算相关资料的真实性、完整性、合法性，使项目较好地实现了立项时确定的社会效益、经济效益、环境效益目标，获得政府及社会各界的良好评价。本项目在投资控制及建设管理相关方面取得的主要成效见表 9-2。

表 9-2　在投资控制及建设管理相关方面取得的主要成效

序号	事项	节约投资金额（万元）
1	设计方案测算、提出优化建议，将概算投资控制在估算投资限额内	9000
2	合同动态成本管理，节约投资	1600
3	通过对施工组织设计和施工方案进行审核优化，节约投资	764.1
4	通过对绿化工程认价控制，节约投资	65.52
5	通过对进场材料进行检查，节约投资	50

续表

序号	事项	节约投资金额（万元）
6	通过对专业政策的掌握，节约投资	204.25
7	结合审计经验，帮助委托人规范存档资料	—
合计		11683.87

1. 设计方案测算、提出优化建议，将概算投资控制在估算投资限额内

本项目估算投资 21000 万元，第一版设计方案出来后，咨询公司及时进行了测算，本版方案投资额将达 3 亿元，超过了批准的投资额：建设单位希望通过变更立项增加投资的方式，按本版图纸施工，以避免因修改设计而延长工期。

咨询公司与建设单位充分沟通，了解建设单位对本项目的使用需求，提出了设计方案优化建议：首先是建设规模，本版设计建筑面积为 44838.48m^2，其中地下 2 层建筑面积 24520.16m^2，主要功能是停车场，按设计容纳观众数比例，有较大富余，且可设置地面停车场解决，可以考虑将地下室改为一层，这样可以大大降低项目投资额。同时地上 6 层，有 1 层为架空层，从使用功能上属于浪费，也可以取消。可取消最高 63.2m 无实际使用功能的塔尖（并不会损害本项目"造型雄伟、庄严、大方，建筑结构实用坚固，与城镇景观协调和谐"的规划原则），降低建筑高度，降低设计上对于抗震、抗风等方面的考虑及施工措施的难度。咨询公司向建设单位提交了分析建议，虽然修改设计与调整审批相比会增加 3 个月时间，导致工期延长，但可以通过施工组织措施进行压缩，而修改设计可以避免 9000 万元的投资浪费。

建设单位采纳了咨询公司的建议，改版后的设计建筑面积为 20328.62m^2。通过对改版图的测算，改版图的金额控制在估算投资 21000 万元以内。

两版设计方案的比较如图 9-2 和图 9-3 所示。

1 号楼第一版设计：最高点 63.2m，地上 6 层，地上建筑面积 20318.32m^2；地下 2 层，地下建筑面积 24520.16m^2，总建筑面积 44838.48m^2。

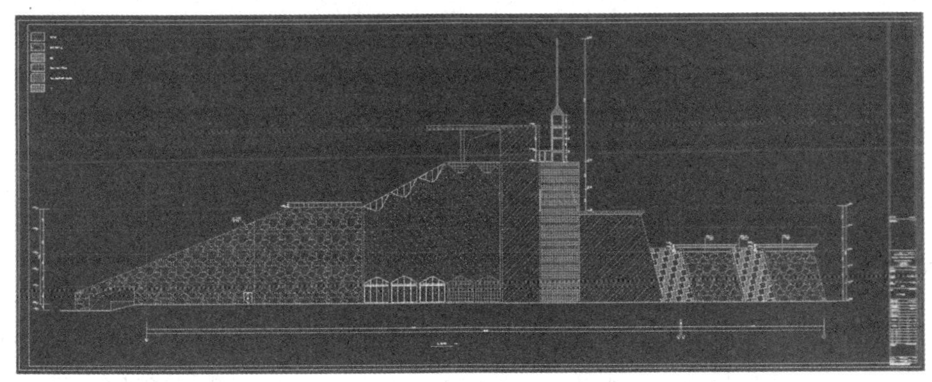

图 9-2 修改前立面图

1 号楼修改后设计：最高点 35.95m，地上 5 层，地上建筑面积 13732.86m^2；地下 1 层，地下建筑面积 6595.76m^2，总建筑面积 20328.62m^2。

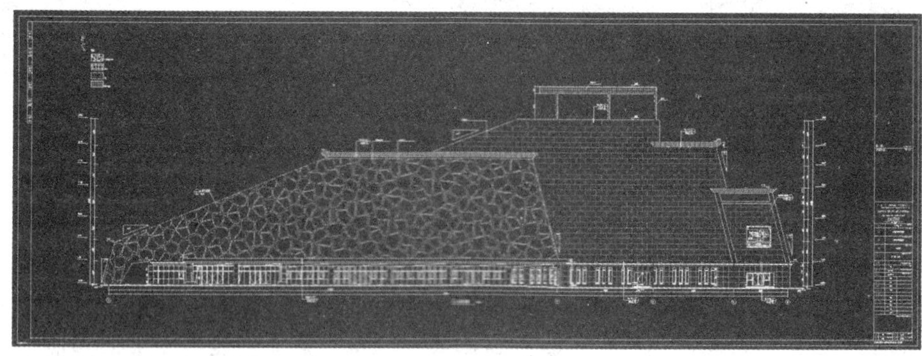

图 9-3 修改后立面图

2. 合同动态成本管理，节约投资 1600 余万元

本项目舞台演出设施设备（含舞台机械系统、舞台灯光系统、舞台音响系统、舞台监督系统、LED 大屏幕系统、声学装修）专业施工，考虑到施工总承包单位的施工能力及资质问题，在甲方委托咨询公司审核的基础上，采用邀请招标的方式，由设计及咨询公司进行市场调查，择优邀请不低于五家企业投标。因定额缺项，所以采用清单固定综合单价招标。招标文件由咨询公司编制，约定招标人的报价应包含货物的制造、包装、运输、装卸、保险、安装、调试、验收、相关鉴定检测、人员培训、验收检验、计量、进口环节税、增值税、其他应缴纳税金等一切费用，即招标文件要求所发生的一切费用均包含在投标总价中，投标报价为一次性包干报价。

通过招标程序，该分包工程中标价 5498.69 万元，由于从招标到实施时间超过两年，咨询公司随时关注市场价格变化，实施前及时掌握了相关设备市场价格大幅下调约 30%的动态，该公司对合同进行了分析，在分包单位未实施采购及进场施工条件下，如终止原合同可能会产生 50 万～100 万元违约金，但重新招标可节约投资约 1500 万元，且也能满足工期要求，故咨询公司收集了相关企业的价格资料，协助业主、总承包单位与分包单位进行谈判。

经反复谈判，分包单位认可相关设备调价的情况，同意将分包合同总价调为 3849.08 万元，减少 1649.61 万元。由总包单位与分包单位以商谈纪要的形式对原合同价格的调整进行确定，如图 9-4 和图 9-5 所示。

3. 通过对施工方案进行审核优化，节约投资 764.1 万元

本项目为 BT 模式，采用定额组价，意味着所有经审批的施工方案均由建设单位买单，这种情况下，施工单位会追求施工方便和利润最大化，而不会考虑方案经济性。作为全过程工程咨询单位，就需要站在建设单位的角度，选择更合理、更节约的方案。

（1）土石方开挖方案如图 9-6 所示。施工单位编制的地下室基坑大开挖边线是按 1∶1 放坡计算的，基坑深度约 10m，则开挖边线需要外放 10m。咨询公司通过分析地勘资料：地层主要为第四系全新统冲洪积（Q1al+p1）卵石层和第四系上更新统冰碛（Q3gl）碎石土层。冲洪积卵石层位于某河河床及阶地，结构稍密，工程地质性质较好；冰碛碎石土层位于河床两岸斜坡地带，结构松散稍密，斜坡地形坡度一般 15°～20°，局部坡度 25°～

35°。自然边坡稳定性较好。良好的地质条件保证了工程建设的可行性。结合类似项目经验，咨询公司向建设单位建议可否按 1∶0.5 进行放坡，这样一方面减少工程量，另一方面也减少对原始地貌和自然生态环境的破坏，并在建设单位组织下与设计、地勘单位一起论证为可行，此项减少土石方开挖、运输、回填工程量 1.2 万 m^3，节约 37.31 万元。

关于拟重新确定《某演艺中心舞台系统设备采购及安装工程》承包价格的工作联系函

××景区旅游开发有限责任公司：

目前，×××景区香格里拉演艺中心工程正在紧张施工过程中，舞台系统设备采购及安装工程经总包单位××建设集团有限公司于 2014 年 9 月完成招标，确定××影视设备科技股份有限公司为本分包工程中标人。

经我公司询价，当前市场上舞台设备的价格有所下调，下调幅度约 20%，鉴于该分包人还未正式进场施工，相关设备也未采购入场。本着实事求是、公平、公正，节约项目投资的原则，建议总承包人××建设集团有限公司与分包人××影视设备科技股份有限公司通过友好协商重新确定工程价格。

附：部分设备供应商调价通知。

××建设项目管理咨询有限责任公司

2016 年 2 月 26 日

图 9-4　工作联系函

《某景区香格里拉演艺中心舞台演出设施设备采购及安装工程》会议商谈纪要

会议时间：2016 年 4 月 6 日上午

会议地点：××公司 2 楼会议室

会议内容：商谈《演艺中心舞台设施、设备》价格调整

会议结果：

1. 双方就×××景区香格里拉演艺中心舞台演出设施设备目标市场实际状况进行了叙述，一致确认目前市场降价属实，确认专业供应商降价幅度属实，并现场电话进行了降价幅度确认，总体综合降价幅度为 25%左右。
2. 双方就原投标文件总价总体下浮进行了商谈，一致同意原中标价（54986900.00 元）总价下浮 30%，按照总价 38490830.00 元（大写：叁仟捌佰肆拾玖万零捌佰叁拾元整）总价包干原则，结算不做调整。
3. ××建设集团有限公司提前支付相应专业设备预付款（约调整后总价的 30%），××影视设备科技股份有限公司收款后及时采购本项目相应设施、设备，如采购不及时价格上调，责任由北京星光影视设备科技股份有限公司自行负责。
4. 本会议纪要报送业主方、业主方确认后双方办理完相关手续后实施。

××建设集团有限公司代表：

××设备科技股份有限公司代表：

图 9-5　会议纪要

图 9-6　基坑开挖

（2）钢结构制作、运输方案。施工单位报送审批的施工方案中，钢结构全部在某地加工为成品，运至现场进行安装。本项目主要构件为箱梁组成的格构及钢网架，大部分构件长度超过 14m、高度超过 3m，其运输属于超限运输，对于车辆的载重能力使用率低，即单位重量的运费较高，本项目钢结构总重 1506.7t，成都加工厂到本项目施工现场距离超过 1000km，此方案钢结构工程施工单位报送的总造价达 4268.94 万元，其中运输费用即高达 1100 万元。咨询公司根据类似项目经验，提出预埋铁件及部分小型钢结构完全可以在现场制作，且只能在工厂加工的大型构件也可以在某地加工成“子构件”运至现场进行拼接、安装，这样可以节省大量的运输费用，按此方案执行后钢结构工程造价为 3542.15 万元，节约了 726.79 万元，如图 9-7 和图 9-8 所示。

图 9-7 演艺中心钢网架

图 9-8 演艺中心钢箱梁

4. 通过对绿化工程认价控制，节约投资 65.52 万元

咨询公司在本项目绿化工程的管控上，有两方面的成效：一是树种选择的建议，二是认价审核方面。

原设计采用了部分外地树种，运输成本较高，且有的不适应当地高寒气候，如香樟适应海拔在 1800m 以下，多喜光，稍耐荫，喜温暖湿润气候，耐寒性不强。咨询公司建议全部采用当地树种，可以降低造价并降低养护难度。

绿化工程中植物价格属于控制重点，根据合同约定，在实施过程中由施工单位报价，咨询公司对认价单进行审核，提出建议价格，报建设单位确认后执行，本项目植物施工单位报送合价 196.11 万元，咨询公司审核合价 130.60 万元，核减金额 65.51 万元。

5. 通过对进场材料进行检查，节约投资 150.69 万元

虽然项目的质量控制是监理单位的职责，但咨询公司作为全过程工程咨询单位，咨询合同要求是对项目管理的各方面都需要进行关注，发现问题并向建设单位提出建议。其中就包括与投资效益密切相关的工程质量，另外从合同管理方面来说，也需要对所有参建单位履行合同的情况进行评价。

如墙面装饰石材（花岗石）总用量 5182m^2，设计厚度为 25mm，经咨询公司过控人员对进场材料进行现场核实，大部分石材厚度为 20mm，少数石材厚度为 22mm；经咨询设计，从使用功能和安全方面可以使用。咨询公司会同建设单位、施工单位、监理单位对现场石材的实际厚度进行了确认，并按实际厚度进行结算。如未关注此问题，事后结算按施工图 25mm 厚计算，则价差将达 50 万元。通过对工程质量的关注，实现投资的效益性即“物有所值”，同时保证了结算的真实性。

6. 通过对专业政策的掌握，节约投资 204.25 万元

本工程地处高原、高寒地区，在此环境施工势必会产生人工及机械降效，而本项目为 BT 模式，招商时没有详细设计图，合同约定为采用定额计价。定额消耗量标准反映的是社会平均水平，高原高寒地区如果直接套用定额不能反映其施工难度和实际成本。安装工程定额中明确了调整系数，而土建装饰工程没有明确。施工单位主张增加 1125.52 万元降效费，经咨询公司查阅相关文件并咨询阿坝州造价站、该省造价站、阿坝州发改委，并通过现场测算比较本项目与成都类似项目典型工序的降效系数，配合建设单位与施工单位反复协商，确定土建装饰工程高原、高寒降效施工增加费参照安装工程海拔 3000～4000m 标准，人工费及机械费增加 40%，计算出增加费为 921.27 万元。与施工单位诉求相比，核减金额为 204.25 万元。

如果本项目为采用工程量清单招标，则可要求投标人在报价时自行考虑此降效费用，中标后不再调整，以此锁定风险。

7. 结合审计经验，帮助委托人规范存档资料

竣工存档资料要求具有真实性、合法性、完整性。咨询公司通过全过程咨询收集现场实际情况第一手资料，对施工单位的送审结算资料进行全面细致的审查，使资料与项目实际相符。

参 考 文 献

[1] 中国施工企业管理协会．建设工程全过程质量控制管理规程［S］. 北京：中国计划出版社，2018.

[2] 张国宗，张丹，邱菀华．大型工程项目全寿命集成管理理论与应用［J］. 科技进步与对策，2013，30（23）：6-9.

[3] 陈金海，陈曼文，杨远哲，等．建设项目全过程工程咨询指南［M］. 北京：中国建筑工业出版社，2018.

[4] 王建中，尹贻林．代建项目管理指南［M］. 天津：天津大学出版社，2013.

[5] 李明瑞，李希胜，沈琳．基于 BIM 的建筑信息集成管理系统概念模型［J］. 森林工程，2015.31（1）：143-148.

[6] 黄爱社，廖进中．范围经济理论与实证方法研究综述［J］. 经济研究导刊，2009（36）：14-16.

[7] 尹贻林，阎贻林．政府投资项目代建制理论与实务［M］. 天津：天津大学出版社，2006.

[8] 周和生，尹贻林．政府投资项目全生命周期项目管理［M］. 天津：天津大学出版社，2010.

[9] 安慧，郑传军．工程项目管理模式及演进机理分析［J］. 工程管理学报，2013，27（6）：97-101.

[10] 严玲，尹贻林．工程造价导论［M］. 天津：天津大学出版社，2004.

[11] 张飞涟，郭三伟，杨中杰．基于 BIM 的建设工程项目全寿命期集成管理研究［J］. 铁道科学与工程学报，2015（3）：702-708.

[12] 杨晓，郭晓川．范围经济研究综述［J］. 资源与产业，2016，18（4）：110-115.

[13] 尹贻林，张勇毅．中国工程咨询业的发展与演进［J］. 土木工程学报，2005.38（10），129-133.

[14] 全国咨询工程师（投资）职业资格考试专家委员会．工程咨询概论（2011 年版）［M］. 北京：中国计划出版社，2011.

[15] 全国咨询工程师（投资）职业资格考试专家委员会．工程项目组织与管理（2017 年版）［M］. 北京：中国计划出版社，2016.

[16] 中国建筑标准设计研究院．15J939-1 装配式混凝土结构住宅建筑设计示例（剪力墙结构）［M］. 北京：中国计划出版社，2015.

[17] 中国建筑标准设计研究院．15G368-1 预制钢筋混凝土阳台板、空调板及女儿墙［M］. 北京：中国计划出版社，2015.

[18] 毛贤良．试论建筑工程机电安装施工技术在实际工程中的应用［J］. 科技创新与应用，2013（09）.

[19] 赵旋．建筑工程机电安装施工技术应用分析［J］. 科技创新与应用，2014（26）.

[20] 中国建筑标准设计研究院．15G107-1 装配式混凝土结构表示方法及示例（剪力墙结构）［M］. 北京：中国计划出版社，2015.

[21] 中国建筑标准设计研究院．15G367-1 预制钢筋混凝土板式楼梯［M］. 北京：中国计划出版社，2015.

[22] 丁士昭．工程项目管理［M］. 北京：中国建筑工业出版社，2006.